제2판 조직행동론

제2판 조직행동론

강정애, 권순원, 김현아, 양혜현, 조은영, 태정원 지음

Σ 시그마프레스

조직행동론, 제2판

발행일 | 2009년 3월 2일 초판 1쇄 발행
2010년 8월 2일 초판 2쇄 발행
2013년 3월 5일 개정판 1쇄 발행
2014년 3월 24일 개정판 2쇄 발행
2015년 8월 17일 제2판 1쇄 발행
2016년 3월 14일 제2판 2쇄 발행

저자 | 강정애 · 권순원 · 김현아 · 양혜현 · 조은영 · 태정원
발행인 | 강학경
발행처 | (주)시그마프레스
디자인 | 송현주
편집 | 이지선

등록번호 | 제10-2642호
주소 | 서울특별시 영등포구 양평로 22길 21 선유도코오롱디지털타워 A401~403호
전자우편 | sigma@spress.co.kr
홈페이지 | http://www.sigmapress.co.kr
전화 | (02)323-4845, (02)2062-5184~8
팩스 | (02)323-4197

ISBN | 978-89-6866-426-7

저자 서문

몇 년 전 숙명여자대학교에서 조직행동론을 강의하던 저자들은 한 학기 동안 학생들이 소화할 수 있는 분량의 꼭 필요한 이론과 내용만 담은 책을 쓰기로 의견을 모았다. 국내 서적과 영문 서적들을 활용하여 조직행동론 교과목을 10년 이상 강의해 오면서 늘 생각했던 내용들과 아쉬웠던 부분들을 반영한 교재를 만들기로 한 것이다. 저자들 각자가 특별히 관심 있는 조직행동론 관련 연구주제를 선정한 결과 1차적으로 15개가 선정되었으며, 이 과정에서 한 학기에 15장의 내용들을 강의하기에는 시간적으로 부족하다는 결론에 이르렀다. 그리하여 학생들을 위하여 한 학기 동안 꼭 필요한 13개의 주제만을 책 출판 범위로 결정하였다. 조직행동론의 개요, 개인차원의 행동 주제로 성격, 지각·학습·태도, 스트레스, 동기부여, 집단차원의 행동 주제로 팀과 집단, 커뮤니케이션, 의사결정, 권력·조직정치·갈등, 리더십, 조직차원의 행동 주제로 조직문화, 조직변화와 조직개발이 그것이다.

전경련 주관으로 기업의 인사업무 관련자들을 대상으로 조사한 연구보고서에 의하면 대학을 졸업하는 예비 사회인에게 꼭 필요한 수강과목으로 조직행동론이 추천되고 있다. 조직행동론 교과목 수강을 통하여 조직의 발전과 성장에 꼭 필요한 인간으로서 갖추어야 할 체계적인 지식과 함께 실천성을 겸비한 조직역량을 지닌 인재를 양성해 사회에 내보내 달라는 요구인 것이다. 저자들은 이 책이 그러한 취지에 적합하게 활용되어 기업과 사회가 필요로 하는 21세기형 인재 양성을 위한 교육에 기여하게 되기를 진심으로 바라는 바이다.

조직 환경과 패러다임이 급변하는 21세기를 살아갈 조직행동론 교과목을 수강하는 학생들을 위하여 이 책을 발간할 수 있게 되어 저자들은 모두 매우 기쁘게 생각하고 있다. 저자들 중에서 특히 태정원 박사는 처음 책을 출판하던 시점부터 수정을 할 때마다 솔선수범하여 교재가 잘 나올 수 있도록 중추적인 역할을 기쁘게 맡아주었다. 권순원 박사는 노사정위원회를 비롯한 최저임금위원회, 기업 등에서 조직행동론과 인사조직 분야 이론을 조직현장에 적용한 후, 다시 그 경험을 대학교육에 담아내고 있다. 조직행동론뿐만 아니라 기업 윤리의 강의를 통해서 조직행동론 교육을 보다 폭넓고 깊이 있는 태도로 임하고 있는 양혜현 박사, 대학을 넘어 사회현장으로 활동 영역을 넓힌 조은영 박사와 김현아 박사, 리더십과 팔로워십 분야 연구에 관심을 가지고 있는 강정애 박사 등도 이 책의 출판과 교육에 기쁘게 임하고 있다. "사공이 많으면 배가 산으로 간다."라는 우리나라의 속담은 저자들에게는 적용이 안 되는 것 같다. 오히려 사공이 많아서 주제 및 역할을 나누어 내용을 심화시킬 수가 있었고, 더 많은 토론과 학습이 이루어질 수 있었으며 책을 쓰는 과정과 수정하는 과정에서도 역할 분담을 할 수 있어서 효율적이다. 한편, 책을 집필하고 수정하면서 저자들도 개인수준의 행동과 집단수준의 행동 주제들을 경험하였으니 이러한 과정들이 조직행동론을 수강하는 학생들의 교육을 위해 교재 작성과 교육에 귀중한 체험으로 작용할 것이라고 여겨진다.

향후에도 저자들은 조직행동론 수업을 진행하는 과정에서 파악된 교재의 문제점들을 개선하도록 주의를 기울이겠으며 노력할 것을 다짐해 본다. 마지막으로 경영학 분야의 권위 있는 출판사인 (주)시그마프레스에서 이 책을 출판하게 된 것을 매우 기쁘게 생각하며, 더 나은 교재가 출판되도록 아낌없는 지원을 해주시고 계신 강학경 사장님을 비롯한 도움을 주신 모든 관계자분들께 깊은 감사를 드린다.

2015년 7월

저자 일동

요약 차례

차 례

제3부　집단차원의 행동　161

제1부

서론

제1장

조직행동론의 개요

학습목표

1. 조직의 개념을 이해할 수 있다.
2. 조직행동론의 개념을 이해할 수 있다.
3. 조직행동론의 학문적 패러다임 변화를 이해할 수 있다.
4. 조직행동론의 학문적 특징을 알 수 있다.
5. 조직행동론의 학문적 분석수준을 알 수 있다.
6. 조직행동론이 추구하는 결과변수들을 알 수 있다.
7. 조직행동론의 학문적 발전과정을 이해할 수 있다.
8. 이 책의 구성을 살펴볼 수 있다.

제1절 조직과 조직행동론의 기본 개념

우리 사회에는 기업, 공기업, 정부, 병원, 군대, 대학, 공공기관 및 NGO 등의 다양한 조직들이 있다. 우리들 중 많은 사람들은 이러한 조직들 가운데 어느 한 조직에 소속되어 그 조직의 구성원으로서 역할과 책임을 다하며, 더불어 그 이외 여러 조직들의 도움을 받으며 일상적인 삶을 살아가고 있다.

위에서 언급한 조직이란 무엇인지에 관해 학자들은 다양한 정의를 내리고 있다. 대표적인 예로 관료제론을 주창한 Weber에 의하면 **조직**(organization)이란 "특정한 목적을 가지고 그 목적을 달성하기 위하여 조직 구성원 간에 상호작용하는 인간의 협동집단"이라고 할 수 있다. Barnard도 "공동의 목적을 달성하기 위해 공헌할 의욕을 가진 2인 이상의 협력체"라고 조직을 정의하고 있다. 환경과의 상호관계에 초점을 둔 Katz와 Kahn은 조직이란 공동의 목표를 가지고 내부관리를 위한 규제 장치와 외부환경 관리를 위한 적응구조를 발달시키는 인간의 집단으로, Selznick은 지속적으로 환경에 적응하면서 공동의 목표를 달성하기 위하여 공식적·비공식적 관계를 유지하는 사회적 구조로 정의하고 있다.

위 학자들의 정의를 바탕으로 조직의 개념을 종합적으로 정리하면 다음과 같다. **조직**이란 공동의 목표를 달성하기 위하여 의도적으로 정립된 체계화된 구조에 따라 구성원들이 상호작용을 하며, 외부환경에 적응하는 경계를 지닌 유기체라고 정의할 수 있다.[1] 그리고 **조직행동론**(organizational behavior)이란 조직 내에서 일하고 있는 인간의 행동을 연구하는 학문이라고 할 수 있다.

조직에 소속된 구성원들은 주어진 직무를 수행하며 조직생활을 한다. 또한 그들은 직무뿐만 아니라 상사, 부하, 동료 및 기타 네트워크 등을 통한 다양한 인적 관계를 맺으며 살고 있다. 따라서 어느 조직에 소속되든지, 또 어느 직무를 수행하게 되든지, 조직생활을 잘하기 위해서는 조직행동론의 개념들을 이해할 필요성이 있다. 조직행동론의 이해를 통하여 개개인은 조직역량을 향상시킬 수 있고, 더 나아가서는 직위에 걸맞은 역할을 수행하며 조직목표와 조직성과를 향상시키는 데 기여할 것이다. 조직차원의 경영자는 사람을 관리하는 데 필요한 다양한 이론들을 바탕으로 조직목표를 달성하고 성과를 향상시킬 수 있을 것이다.

제2절 조직행동론의 학문적 패러다임 변화

1980년대에 Alvin Toffler는 제3의 물결에서 인류 문명을 농경 시대, 산업화 시대, 정보화 시대로 구분하였다. 글로벌화가 가속화되고 정보화 시대가 심화된 21세기 지식기반시대를 맞이하여 기업이 강한 경쟁력을 확보하기 위해 경영혁신, 조직혁신, 가치혁신, 제품혁신, 기술혁신 및 인사혁신 등 모든 부분에 혁신을 강조하고 있음은 잘 알려진 사실이다. 혁신은 기업 이외에도 모든 조직에서 생존과 지속가능한 발전을 위하여 요구되고 있는데 병원, 호텔, 학교, 군대, 교회 등에서도 조직의 경쟁력 강화를 위하여 혁신을 강조하고 있다. Schumpeter는 기존 제품, 질서 및 아이디어 등의 창조적인 파괴를 통하여 신제품, 새로운 질서 및 아이디어 등을 창출할 수 있음을 **혁신**(innovation)이라고 하였는데, 이 혁신을 통하여 자본주의가 발전할 수 있었으며 기업가 정신의 근간을 이룬다고 지적하였다.[2]

오늘날 "사람이 힘이다."와 "사람만이 희망이다."라는 구호가 강조되고 있다. 사실 이 구호는 1960년대 이후부터 우리나라에서 줄곧 강조되어 왔다고 볼 수 있다. 부존자원이 없는 우리나라 실정을 반영하여 볼 때, 오로지 국가 경쟁력을 향상시킬 수 있는 것은 인적자원이기 때문이다. 1960년대 이후의 저임금 노동력을 활용한 경제발전 기틀을 마련하는 과정에서, 산업화 시대의 '사람의 힘'과 개인당 소득 3만 달러를 향한 고부가가치 창출을 할 수 있는 브레인 파워가 강조되는 지식기반시대인 오늘날에 요구되는 '사람의 힘'은 같은 사람을 강조한다고 해도 그 의미가 매우 다름을 우리는 알 수 있다.

1960년대 산업화 시대 패러다임하의 국내 기업은 조직목표 달성을 우선시하는 경제적 측면을 중시하는 경영을 하였다. 이 시대에는 여러 자원 중 한 요소로서 '사람의 힘'을 사용하였다. 3M으로 설명되는 Money(자본), Material(물질), Man(노동)의 개념 중 사람(Man)은 기업 경영을 위한 여러 요소들 중 하나로 산업화 시대의 패러다임에서 저임금 노동력으로 활용되었다. 이러한 현상은 산업혁명 이후 서구 선진국 기업에서도 효율성, 생산성, 성과 등을 우선시하는 경영 패러다임을 유지하고 있는 것에서 발견할 수 있다. 규칙, 규정, 통제 및 감독을 통한 경영관리가 주요한 관점이었으며 이러한 경영관리는 병리현상을 유발시키곤 하였다. Charles Chaplin은 영화 **모던 타임즈**를 통하여 산업화 시대 경영 패러다임의 부작용을 날카롭게 지적한 바 있다.

Alvin Toffler가 주장한 제2의 물결인 산업화 시대를 지나 제3의 물결인 정보화 사회 및 지식기반 사회로 국내 산업의 구조가 고도화되고, 국민 1인당 소득을 2만 달러에서 3만 달러로 제고해야 하는 현 실정에서 국내 기업들은 고부가 가치창출을 할 수 있는 경쟁력 원천으로서 '사람의 힘'을 강조하고 또 강조한다. "사람만이 희망이다."라는 구호는 기업에게 진정한 의미의 창의력을 통한 부가가치를 향상시킬 수 있는 '사람의 힘'

으로 재해석되어 재등장하게 된 것이다. 국내의 주요 대기업들은 한 사람이 만 명을 먹여 살릴 수 있는 '핵심인재'의 중요성을 강조하며 우수인재 확보와 개발에 박차를 가하고 있다. 핵심인재의 강조뿐만 아니라, 조직 내의 모든 구성원들이 창의력을 발휘하여 높은 성과를 창출할 수 있도록 조직 구성원들을 동기부여시키고 조직성과로 이어질 수 있게 하는 부분에도 많은 관심을 기울이고 있는 실정이다.

21세기를 맞이하여 조직의 지속가능한 성장을 위해 조직목표 및 **조직효과성**(organizational effectiveness) 달성을 제고시킬 고부가가치를 창출할 수 있는 '사람의 힘'이 발휘될 수 있도록 조직행동론 연구는 학문으로서 지평을 확대시켜 나갈 것이 요구된다. 이제까지의 산업화 시대를 이끌어 왔던 여러 요소 중 하나인 '사람의 힘'이 아니라 모든 요소들을 뛰어넘는 조직 발전을 위한 가장 핵심 요소로서 '사람의 힘'을 활용하고 개발할 것이 지식기반 시대를 맞이한 조직행동론의 학문적 패러다임이라고 할 수 있다.

제3절 조직행동론의 학문적 특징

조직행동론의 학문적 특징은 크게 세 가지로 나누어 설명할 수 있다. 먼저, 인간과 관련이 있는 학문 분야들 간의 **학제적 응용학문**이라는 측면과 조직의 경영성과를 창출하는 데 기여할 수 있는 **성과지향적 실천학문**, 학문으로서 요구되는 엄격한 **과학적 연구방법 적용** 등의 특징을 지니고 있다. 즉 조직행동론은 인간을 대상으로 한 학문으로서 인간과 관련된 학문들 간의 통합적 관점에서 연구가 이루어지고 있다. 한편으로는 순수학문 자체로 연구 결과들이 존재하는 것이 아니라 조직의 경영에 기여할 수 있는 연구 결과를 지향하는 것이다. 조직행동론은 학문으로서 기본적으로 요구되는 이론연구나 문제해결을 위한 연구 등 다른 학문들과 마찬가지로 과학적인 방법론을 통하여 연구가 이루어지고 있다.

1. 학제적 응용학문

경영학을 포함한 대부분의 경영 관련 학문은 미국을 중심으로 발전되어 온 학문적 배경과 비슷하게 조직행동론도 미국에서 정립한 학문적 체계에 의존하여 발전되어 왔다. 그 이후 조직행동론 분야에서도 한국적 상황을 고려한 학문적 연구가 필요하다는 인식이 확산되며 지속적인 연구 노력들이 가시적인 성과를 거두고 있는 실정이다.

조직행동론은 학문적으로 인적자원관리론, 조직구조 및 설계론, 조직개발론 등과 서로 밀접하게 연관되어 있으며 이들 학문들이 변화하고 발전됨에 따라 서로 연계되어 영향력을 받고 있다. 이보다 더 근본적으로 조직행동론의 학문적 토대는 경영학을 포함한 여러 학문 분야로부터 많은 이론들을 받아들여 오늘날에 이르러서는 조직행동론이라는 독자적 학문 영역을 구축하고 있다. 조직과 인간의 행동과 관련된 다양한 학문의 영향을 받아 응용학문으로 탄생된 조직행동론은 행동과학 분야의 발전에 직접적 영향을 받으며 학문적 발전을 이루어 나가고 있다.

조직행동론의 학문적 발전에 기여한 여러 학문들이 많이 있지만 **개인수준의 조직행동론**은 심리학에서 가장 큰 영향을 받았다. **집단수준의 조직행동론**은 사회학과 사회심리학에서 큰 영향을 받았으며, **조직수준의 조직행동론**은 문화인류학 등에서 큰 영향력을 받았는데 구체적인 내용은 다음과 같다.[3]

심리학(psychology)은 인간의 마음, 의식과 행동을 연구하는 순수학문이다. 심리학자들은 개인의 행동을 이해하는 데 관심을 두고 있는데, 조직행동론 개인차원의 행동에서 다루어지고 있는 성격, 가치관, 지각, 인지, 학습, 태도 및 동기부여 등에 관한 주제의 학문적 기반을 제공하고 있다. 초기의 산업심리학자들은 업무 수행의 효율을 떨어뜨리는 작업환경과 피로, 태만 등에 초점을 맞추어 연구하기도 하였으며 최근에 와서는 직무만족, 성과평가, 종업원 선발, 직무설계, 스트레스 등의 영역으로 관심 분야를 확대시키고 있다.

사회학(sociology)과 관련하여 사회학자들은 개인이 소속되어 있는 사회 시스템을 연구대상으로 삼는다. 사회학자들이 조직행동론의 발전에 기여한 영역은 복잡한 사회 시스템 안에서 벌어지는 집단행동에 관한 부분이다. 사회학은 구성원들 간의 상호작용, 집단역학, 작업팀, 공식집단 및 비공식집단, 의사소통, 역할, 지위, 권력 등 집단에서 나타나는 행동 주제들의 연구를 통하여 조직행동론의 집단행동 연구에 큰 기반을 제공하여 주었다.

사회심리학(social psychology)은 심리학과 사회학의 개념이 혼합되어 있는 학문 영역이다. 사회심리학의 연구관심 영역은 사람들이 주고받는 영향력에 관한 것이다. 사회심리학은 조직행동론의 주제 중 변화의 실행과 저항의 극복 방법에 대한 부분에 큰 기여를 하였다. 그뿐만 아니라 태도의 측정 및 태도변화에 대해서도 기여를 하였으며 의사소통, 집단 활동을 통하여 개인욕구를 달성하는 법, 집단 의사결정과정 등에 대해서도 기여를 하였다.

정치학(political science)은 조직 내에 존재하는 정치적 환경 속에서 개인 및 집단의 행동을 연구한다. 구체적으로 기여를 한 연구 영역은 갈등구조, 권력배분, 권력행사 등으로 집단수준의 행동차원에서 학문적 기반을 제공하였다.

인류학(anthropology)은 인간활동을 이해하기 위한 부분을 연구하는 학문이다. 인류학에서 관심을 두는 사회는 물리적 특성을 포함하여 사회의 발전과정, 지리적 분산, 집단관계, 관습 등이 포함되어 있다. 문화 및 환경에 대한 인류학자들의 공헌은 국가나 조직에 따른 근본 가치의 차이가 인간의 행동을 이해하는 데 도움을 준다는 것에 있다. 국가별 문화적 특성의 차이에 대한 최근 이론들은 조직수준의 행동인 조직문화 연구 등에 큰 도움을 주었다.

2. 성과지향적 실천학문

조직행동론 연구는 순수학문들과는 달리 조직의 성과를 향상시킬 수 있는 실용적 연구가 요구된다. 조직행동론 연구의 성과지향적 차원은 다음과 같이 조직중심과 구성원중심에 따라 구분하여 설명할 수 있다.[4]

조직행동론의 연구는 조직중심의 관점과 구성원중심의 관점에서 이루어지거나 두 가지의 균형을 추구하는 관점에서 이루어질 수 있다. 조직중심의 관점은 조직을 경영하는 측면에서 구성원들을 어떻게 관리하고 개발시켜 조직이 원하는 목표, 생산성과 성과를 실현할 것인가에 초점을 맞춘다. 반면에 구성원중심의 관점은 구성원 개개인의 조직 내 삶의 질을 높여 주며, 조직에서 그들이 원하는 진정한 욕구를 실현시켜 줄 수 있는가를 추구하는 데 초점을 둔다.

한편, 최근의 조직행동론 연구는 조직목표를 달성하기 위해 구성원들을 단지 활용

표 1-1 **조직행동론의 성과지향적 차원**

관 점	목 적	내 용
조직중심	자원 분배 및 활용	여러 자원 중의 한 요소로 인간을 바라보며 조직 목표 달성을 위해 인적자원을 활용함
	관리적 목적	구성원들을 관리의 대상으로 보고 정해진 규칙을 준수하고 조직의 목표달성에 기여하도록 유도함
구성원중심	구성원 만족	구성원의 조직 내 삶의 질을 높여 주며, 구성원이 추구하는 욕구를 만족시킬 수 있도록 함

만 하는 차원이 아니라 진정한 의미에서 그들이 성취감을 느끼며 창조적으로 역량을 최대로 발휘할 수 있도록 하고, 그들이 원하는 욕구를 충족시켜 줌으로써 이러한 노력이 기업의 경쟁력 확보로 이어진다고 보고 있다. 즉 구성원의 욕구를 배려하고 욕구실현을 지원하는 경영을 통해 조직경쟁력도 확보하고 구성원도 발전해 나갈 수 있다는 것이다.

3. 과학적 연구방법

조직행동론 연구는 다른 사회과학 분야의 학문들과 마찬가지로 과학적인 연구조사방법을 적용하는 학문으로 상황적 특징들을 추가적 변수로 포함시켜 연구를 진행하고 있다. 과학적 연구방법으로 가장 기본적인 이론적 연구방법을 포함하여 문제해결 접근방법, 설문조사방법, 면접, 사례연구, 참여관찰방법 및 실험방법 등이 조직행동론 연구방법으로 채택되어 연구가 이루어지고 있다.[5]

이론적 연구방법은 연구과제에 대한 이론에 관한 사전 조사 및 관련 연구의 선행연구를 기반으로 모든 연구를 진행하는 데 기본이 된다. **문제해결 접근방법**은 조직이 원하는 문제를 해결하기 위한 방법이라고 할 수 있다. 먼저 조직의 현상을 바탕으로 문제를 진단하고, 상황에 따른 문제해결의 기본전제를 정리한다. 이후 문제해결을 위한 전략과 구체적인 계획을 수립한다. 계획에 따른 구체적인 실행을 한 후 성과를 측정하고 그 결과에 대한 피드백 과정을 통하여 문제해결을 해야 할 것이다.

일반적으로 조직행동론을 연구하는 과정은 연구 목표 및 문제제기에 따른 이론적 연구를 바탕으로 연구 목적에 적합한 가설을 설정하고, 모든 변수 간의 관계를 연구에 적합하게 정의하며 설문조사, 면접, 관찰 등의 다양한 방법을 활용하여 연구를 진행한다. 연구를 위한 표본의 산출을 통하여 실증적 연구를 실시한 후, 통계적 방법을 활용하여 가설을 검증한 후 연구 결과를 제시하게 된다. 또한 연구의 시사점 및 한계를 포함한 후속 연구의 방향도 제시한다.

제4절 조직행동론 연구의 분석수준과 추구하는 목표 및 결과

조직행동론 연구는 개인수준, 집단수준, 조직수준에서 연구가 이루어진다. 각 분석수준의 연구주제와 연구가 추구하는 목표 및 결과는 다음의 〈표 1-2〉, 〈표 1-3〉, 〈표 1-4〉에 나타나 있다.[6]

표 1-2 개인차원의 주제와 추구하는 결과

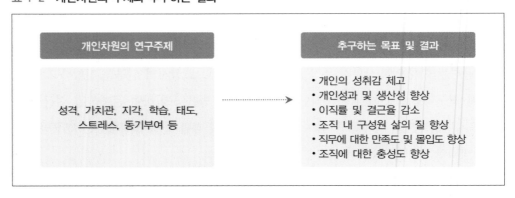

조직행동론 개인차원의 연구는 조직 내의 개인에 대한 특징과 행동을 이해함으로써 구성원의 직무성과 향상은 물론 직무만족도 및 조직몰입도, 조직시민행동 등을 높이는 데 기여할 수 있게 된다. 이는 궁극적으로 조직목표 달성으로 이어진다.

집단차원의 연구주제와 추구하는 결과는 〈표 1-3〉과 같다.

표 1-3 집단차원의 주제와 추구하는 결과

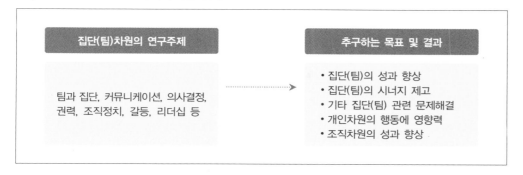

집단과 팀에 관련된 주제들을 통하여 개인의 행동에 따른 성과의 단순한 합이 아닌 개인의 성과들을 합친 것보다 더 큰 시너지를 창출할 수 있으며 집단과 팀을 통한 성과는 조직목표 달성으로 나타난다.

표 1-4 조직차원의 주제와 추구하는 결과

조직차원의 연구주제는 각 조직의 독특한 조직문화를 이해하고, 조직을 둘러싼 환경에 적응하기 위한 조직변화 및 개발을 연구주제로 하여 조직목표 및 성과에 미치는 관계를 규명하고 조직경영에 큰 시사점을 제공하고 있다.

제5절 조직행동론의 학문적 발전

조직행동론의 학문적 발전은 경영학의 학문적 발전과정과 연계되어 고찰되어야 한다. 산업화 시대의 진전에 따라 수많은 기업과 조직이 생기고 조직경영이 중요시되면서 경영학의 학문적 발전도 자연스럽게 이루어지게 되었다. 경영학의 초기 이론들을 **고전이론**(classical theories)이라고 하는데, 이는 모든 조직에 적용되는 경영의 원리가 제시되었다는 데 의의가 있기 때문이다. 초기 이론들 중에서도 경영학 발전과 함께 조직행동론의 학문적 발전에 크게 영향을 준 고전이론으로는 Taylor의 **과학적 관리법**, Fayol의 **일반 경영관리론**, Weber의 **관료제**를 들 수 있다. 그리고 조직행동론의 발전에 큰 기틀을 제공한 Mayo의 **인간관계론**, 조직과 환경의 균형이 중요시되는 이론적 근거를 제시한 **시스템이론** 등은 조직행동론의 학문적 발전에 지대한 공헌을 끼친 중요한 연구들이다.

1. 관료제

Weber(1864~1920)는 산업사회의 발전에 따라 나타난 행정조직, 기업, 군대, 교회 등과 같은 규모가 큰 조직을 대상으로 적용되는 관료제(bureaucracy)를 설명하고 있는데 주요 특징은 다음과 같다.[7]

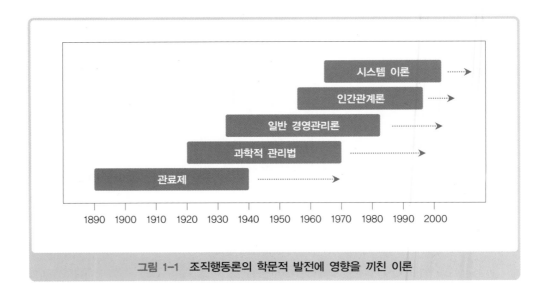

그림 1-1 조직행동론의 학문적 발전에 영향을 끼친 이론

- **계층에 의한 관리** : 계층제의 원칙에 따라 권한과 책임이 주어지며, 명령복종, 통제와 감독기능이 주어진다.
- **합법적인 직무배정과 직무수행** : 조직의 규정에 의하여 직무가 배정되고 권한과 책임이 주어진다.
- **공사분리** : 직무 활동, 직무상의 금전 및 설비 등을 개인의 사유물과 구분한다.
- **규칙·법에 의한 행정** : 공식적으로 확립된 법 체제에 의해서 직무가 집행된다.
- **문서주의** : 모든 직무는 문서에 의하여 진행된다.
- **직무 영역의 전문성** : 각 직책은 다른 직책의 직무들과 명백히 구별된다.
- **신분보장** : 경력(career)을 지향하며 고용안정성을 보장받는다. 해고로부터 보호되며, 영속적으로 직책을 유지하는 것을 기대할 수 있다.

한편, Weber는 권한을 **전통적 권한**, **합리적·법적 권한**, **카리스마적 권한**으로 분류하였는데 합리적·법적 권한에 의해 관료제가 작동한다고 설명하고 있다. Weber가 주장한 관료제론은 오늘날의 합리적 조직경영에 많은 기여를 하고 있음에도 불구하고 문서주의, 형식주의, 무사안일주의, 목표와 수단의 전도, 몰 인간성, 변화에 대한 저항 등과 같은 역기능이 부각되기도 한다.

2. 과학적 관리법

미국의 Taylor(1856～1915)에 의해 제기된 '과학적 관리법(scientific management)'은 **과업관리**(task management)라는 개념을 제공하여 경영학에 큰 기여를 하였다. Taylor는 펜실베이니아에 있는 철강회사의 기술자로 근무하면서 조직의 낮은 생산성을 향상시키기 위하여 과학적 관리법을 연구한 후 다음과 같은 4가지 기본원리를 제시하였다.[8]

(1) 과업관리를 바탕으로 생산성을 향상시킨다.
(2) 과업과 관련하여 종업원을 선발, 훈련, 교육시킨다.
(3) 관리자들과 종업원들은 협력한다.
(4) 관리자와 종업원 사이에 일과 책임을 분할한다.

이러한 기본원리를 바탕으로 Taylor가 제시한 과학적 관리법의 핵심 기법은 다음과 같다.

- **시간 및 동작 연구**(time and motion study) : 모든 작업에 시간 및 동작연구를 통하여 가장 좋은 작업방법을 찾아내어 이를 기준으로 표준시간과 동작을 정한다.
- **차별적 성과급제**(differential-piece-rate system) : 일류 작업자들이 달성할 수 있는 표준작업량을 정하고, 그것을 기준으로 생산량에 비례한 성과급을 지급하는 제도로서 종업원들의 동기부여에 영향을 주어 생산성을 극대화시키고자 하였다.
- **과학적 선발 및 훈련**(scientific selection and training) : 과학적으로 연구한 과업을 수행할 종업원을 선발, 훈련, 교육시킨다.
- **기능적 감독자 제도**(functional foreman system) : 작업의 효율적 진행을 위해 기능별로 검사담당자, 준비담당자, 속도담당자, 수선담당자, 시간담당자, 순서담당자, 훈련담당자를 통한 전문적 지원을 하게 하였다. 이는 Line과 Staff 개념으로 발전되었다.

Taylor의 과학적 관리법은 오늘날까지도 조직의 생산성 향상 및 합리적 경영을 위한 관리기법으로 큰 기여를 하고 있다. 반면에 인간적 요소를 무시하는 **인간 없는 조직**(organization without people)을 초래했다는 비판을 받고 있다.

3. 일반 경영관리론

프랑스의 Fayol(1841~1925)은 경영을 하는 과정에서 경영자(관리자)의 수행과 원칙을 정리하여 일반 경영관리론(administrative theory)으로 제시하였다. Fayol은 경영자가 수행해야 할 다섯 가지의 **관리기능**을 제안했는데 계획(planning), 조직(organizing), 지휘(commanding), 조정(coordinating), 통제(controlling)가 그것들이다. Fayol은 위에서 제시한 다섯 가지 경영관리 기능을 회계, 재무, 생산, 분배 기능 등 **전문기능**과는 구분되는 개념으로 사용하였으며, 관리는 기업을 포함한 모든 조직에 공통적으로 적용된다는 것을 밝혀냈다. 경영관리 기능과 함께 Fayol이 제시한 주요한 관리원칙은 다음과 같다.[9]

- **분업의 원칙**(division of work) : 규모의 경제 실현을 위한 생산수행의 원칙
- **권한과 책임의 원칙**(authority) : 권한에는 반드시 책임이 따름
- **규율의 원칙**(discipline) : 조직의 질서와 규율
- **명령일원화의 원칙**(unity of command) : 한 사람의 상사로부터 명령을 받아야 됨
- **지휘통일의 원칙**(unity of direction) : 통일된 명령과 지시에 의해 행동해야 됨
- **전반적 이익에 대한 개인적 이익 종속의 원칙**(subordination of individual interests to general interests) : 개인이나 하위조직의 이익이 조직 전체의 이익에 우선하면 안 됨
- **공정한 보상의 원칙**(remuneration) : 종업원은 직무수행에 합당한 임금을 받아야 됨
- **집권화의 원칙**(centralization) : 중앙에 권력이 집중됨
- **계층조직의 원리**(scalar chain principle) : 수직적으로 연결되어 있는 계층 구조를 가지고, 의사결정은 계층에 따라야 함
- **질서의 원칙**(order) : 사람과 물건들은 제시간에 적합한 장소에 있어야 함
- **공평의 원칙**(equity) : 상사는 종업원에게 친절하고 공평하게 대해야 함
- **종업원의 지위안정의 원칙**(stability of tenure of personnel) : 고용안정을 유지함
- **창의성의 원칙**(initiative) : 독창적인 실행력을 요구함
- **종업원 단결의 원칙**(esprit de corps) : 단결을 통한 조화로운 조직 추구

　　Fayol이 주장한 경영관리론으로 인하여 오늘날 기업경영, 호텔경영, 학교경영, 병원경영 등 모든 조직에 전문적 기능과 함께 경영관리 기능을 적용시킬 수 있게 되었다. Fayol은 경영관리의 개념을 일반화시킨 공로를 인정받고 있으며 미국에서 그의 이론은 더욱 빛을 발하게 되었다. 1940년대 이후 많은 학자들에 의해 경영관리에 대한 연구가 이어졌으며 **계획**(planning), **집행**(doing), **통제**(controlling)의 세 가지로 관리기능 개념이 수렴되어, **관리순환**(management cycle)을 통해 경영활동이 이루어짐을 설명하고 있다. 그가 제시한 경영관리 원칙은 시대와 상황이 바뀜에 따라 비판을 받기도 하나, 여러 원칙들은 여전히 활용되고 있다.

4. 인간관계론

Mayo(1880~1949)는 산업조직의 심리적, 사회적, 조직적 문제에 대한 광범위한 연구 활동을 하였다. 그가 진행한 미국의 시카고에 있는 서부전기주식회사의 호손 공장에 대한 연구(1927~1932)와 1945년의 캘리포니아 남부의 항공기회사에서의 결근과 이직률에 대한 연구, 필라델피아의 방직공장에 대한 연구 등은 조직행동론의 연구에 중요한 기틀을 제공하였다. 인간관계론(human relation) 및 산업심리학의 대표적 학자로 손꼽히는 Mayo는 작업현장에서 비공식 집단이 개인의 행동에 영향력을 미치는 과정을 제시하였다. 초창기에는 Mayo도 그 시대의 다른 연구자들처럼 피로, 휴식시간, 작업의 물리적 환경과 성과, 종업원의 이직률에 관한 관계 등에 관해 연구하였다.[10]

1) 방직공장 연구

Mayo는 필라델피아의 방직공장 연구에서 모든 부서들의 평균이직률은 6%인데 비하여 이직률이 250%인 부서에 대한 현상을 밝히는 과정에서 휴식시간 제도를 도입하였다. 그 결과 이직률이 높았던 부서의 생산성은 향상되었고 종업원들도 사기가 높아졌다. 이 제도의 운영에 종업원들을 참여시킨 결과, 생산성과 사기에 더욱 긍정적으로 영향을 미친 것으로 나타났으며 이직률도 감소한 것으로 밝혀졌다. Mayo는 이것에 관하여 휴식이 작업의 단조로움을 감소시켜 종업원의 정신적·육체적 건강 상태를 개선하였기 때문이라고 하였으나, 추후 연구 결과에 의해 이와 같은 설명은 수정되었다.

2) 호손 공장 연구

시카고에 있는 호손 공장의 초창기 연구는 조명이 종업원들의 작업결과에 미치는 영향력에 대한 것이었다. 이 연구는 조명의 변화를 주지 않는 집단과 조명에 변화를 준 집단 두 그룹으로 나누어서 연구가 진행되었다. 실험에 의하면 두 집단 모두 조명의 변화와는 상관없이 생산성이 향상되었고 생산성의 차이를 발견할 수 없는 것으로 나타났다. Mayo는 기존가정과는 다르게 나타난 연구 결과에 따라 새로운 연구를 진행하였으며, 1933년에 'The Human Problems of an Industrial Civilization' 연구보고서를 통하여 연구 결과를 다음과 같이 보고하였다.

(1) 계전기조립실험(relay assembly test room) : 작업조건의 변화가 사기와 생산성에 미치는 효과를 관찰하기 위한 것으로 휴식시간 수와 빈도, 감독방법, 근무시간 및 주간 근무일수 등의 변화에 따른 작업성과의 차이를 확인하는 것이었다. 결과는 변화가 주어질 때마다 생산성은 향상되는 것으로 나타났다.

(2) 다음 단계에서는 변화를 주었던 작업환경을 원래의 조건으로 돌린 후, 작업생산성을 측정한 결과에서도 생산성은 높게 나타났다. 이러한 현상들에 대하여 경영진은 **비용과 능률의 원리**(logic of cost and efficiency)를 중요하게 생각하고 종업원들은 **감정의 원리**(logic of sentiment)에 따라 행동한다고 Mayo는 주장하였다.

(3) 다음 단계는 Bank Wiring Observation Room의 종업원들을 대상으로 관찰연구가 진행되었다. 이 과정에서 대다수의 종업원들은 비공식적 작업 기준을 지니며 작업목표를 초과달성하는 경우에는 규칙위반으로, 작업 실적이 너무 나쁘면 잔꾀를 부리는 행위로 간주되어 비공식적 제재의 대상이 되었다. 이 현상을 통해 Mayo는 공식적 집단과 함께 비공식적 집단의 규범이 조직 내에서 중요한 기능을 한다는 것을 제시하게 되었다.

3) 항공기회사 연구

Mayo는 캘리포니아 항공기회사 종업원의 이직률과 결근율에 관한 연구를 바탕으로 1945년에 'The Social Problems of an Industrial Civilization'을 발표하였다. 작업 상황에서 인간적 요인의 중요성을 이해해야 하는데 이는 종업원의 작업성과나 사기를 결정하는 것은 작업조건이라기보다 참여의식, 가치 인정감, 귀속감, 만족감과 같은 사회적, 정서적 조건이라고 강조하였다. 생산성을 결정짓는 중요한 요인 중 사회적 규범(social norms), 비합리적인 집단규범, 감정의 논리를 중시해야 함을 주장하였다.

Mayo에 의해서 제기된 인간관계론의 연구는 조직 내에서 구성원에 대한 관심과 참여, 의사소통의 중요성, **비공식집단의 역할**, **자생적 집단 형성** 개념 등을 통하여 조직 내에서 인간의 행동을 이해하는 데 크게 기여하였다. 인간관계론은 조직경영을 위해 큰 기여를 하였음에도 불구하고 종업원과 경영진과의 갈등을 전제로 하고 있다는 점과 조직적 요소를 무시하여 **조직 없는 인간**(people without organization)을 초래했다는 비판을 받기도 한다.

5. 시스템 이론

자연과학에 기반을 두고 있는 시스템 이론(system theory)은 조직을 연구하는 데 많은 도움을 주었다.[11] 시스템 이론에 의하면 조직은 **개방시스템**(open system)과 **폐쇄시스템** (closed system)으로 구분할 수 있다. 개방시스템은 외부환경과 끊임없이 상호 교류를 하는 조직을 의미하며, 폐쇄시스템은 조직 내에서 모든 활동이 이루어지며 대부분의 요소를 활용하는 조직을 의미한다.

조직행동론 연구에 학문적으로 기여한 시스템 이론의 주요 특징은 다음과 같다.

- 모든 시스템은 하나의 실체로 구성되어 있으며, 상호 연결되고 상호작용하는 여러 하위 시스템으로 구성되어 있다.
- 모든 시스템은 목적을 달성하기 위해 서로 상충되는 목표와 기능을 가지고 있는 부분들 간의 균형을 통하여 유지되고 성장한다.
- 모든 시스템은 외부환경에서 지속적으로 자원을 공급받는다.
- 모든 시스템은 투입, 변환, 산출의 세 가지 과정을 반복한다.
- 모든 시스템은 환경변화에 적응하지 못하면 쇠퇴하거나 소멸하게 된다.

이와 같이 시스템 이론은 시스템의 속성을 지닌 조직을 이해하는 데 많은 기여를 한다. 조직 내의 하부 시스템들 간의 상호연관성과 상호의존성 등도 파악할 수 있을 뿐만 아니라 외부환경까지도 분석할 수 있는 틀을 제공해 준다. 조직의 목표를 달성하기 위해서나 조직이 지속 성장하기 위해서는 투입과정, 변환과정, 산출과정과 함께 외부환경으로서 이해 관계자들을 비롯한 다양한 차원을 고려하여야 한다. 조직으로서 기업을 예로 든다면, 환경으로서 기업의 이해 관계자는 주주, 고객, 공급자, 정부 등 조직의 이해관계를 형성하고 있는 주체들을 의미한다. 시스템 이론에 의하면 조직의 이해관계자들이 무엇을 강조하느냐에 따라 투입과 산출이 달라질 수 있다.

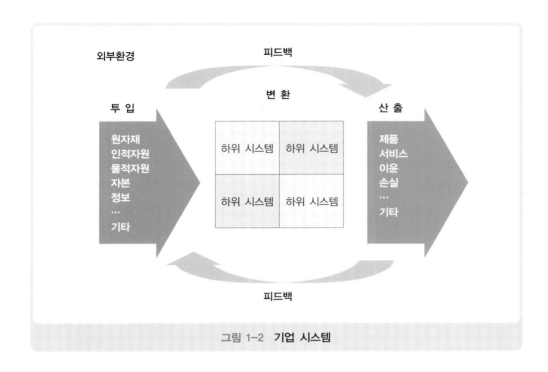

그림 1-2 **기업 시스템**

제6절 이 책의 구성

이 책은 크게 4개의 부문으로 구성되어 있다. 먼저 제1부는 서론으로 조직행동론의 개요에 관하여 설명하였으며, 2부, 3부, 4부에서는 조직 내의 인간행동을 개인차원, 집단차원, 조직차원의 3개의 차원으로 나누어 다루고 있는데 구체적인 내용은 다음과 같다.

제1부는 '조직행동론의 개요'로 조직행동론의 기본개념, 조직행동론의 학문적 패러다임 변화, 조직행동론의 학문적 특징, 조직행동론 연구의 분석수준, 조직행동론의 학문적 발전 및 이 책의 구성이 포함되어 있다.

제2부 '개인차원의 행동'으로 제2장 성격 및 가치관, 제3장 지각, 학습, 태도, 제4장 스트레스, 제5장 동기부여 내용이론과 제6장 동기부여 과정이론으로 구성되어 있다. 조직 구성원의 개인차를 설명하는 성격, 가치관, 지각, 학습, 태도의 이론들에 대하여 살펴보고, 각 주제들이 개인의 행동과 어떻게 연관되는지에 대해서도 살펴보았다. 다음으로 개인이 조직에서 적응하는 과정에서 겪게 되는 스트레스에 대하여 개념, 원인 반응

및 행동 등을 알아보았다. 개인행동의 주요 변수인 동기부여와 관련하여 무엇이 동기부여를 불러일으키는지, 그리고 어떤 과정을 통해 개인이 동기부여되는지에 관한 동기부여의 내용이론과 과정이론으로 구성되어 있다. 이와 같은 개인수준 차원의 행동을 연구하여 조직 구성원으로서 개인과 조직이 균형을 이루어 가며 개인의 목표도 달성하고 조직의 목표도 달성할 수 있는 방안을 살펴보고자 한다.

　　제3부 '집단차원의 행동'에서는 제7장 팀과 집단, 제8장 커뮤니케이션, 제9장 의사결정, 제10장 권력 · 조직정치 · 갈등, 제11장 리더십의 주제를 다룬다. 개인은 집단을 이룰 때 개인차원의 행동과는 다른 집단 내의 구성원으로서 행동을 하게 된다. 집단과 팀은 조직목표를 달성하는 주요한 단위가 되므로 집단과 팀의 속성과 행동방식, 팀의 형성과정, 팀워크에 대하여 파악하는 것은 매우 중요하다. 집단을 이룬 구성원들은 다양한 상호작용과 관계를 형성한다. 집단 속에서 조직 구성원이 어떻게 의사소통하고, 의사결정을 이루어 나가는지 이해하는 것이 필요하다. 또한 부하들로 하여금 조직목표 달성에 기여하고 열정을 발휘하도록 하는 리더십은 매우 중요한 분야이다. 나아가 집단 과정에서 발생하는 권력과 갈등, 조직정치에 대한 개념과 효과적인 관리방안을 알아보고자 한다.

　　제4부 '조직차원의 행동'에서는 제12장 조직문화, 제13장 조직변화와 조직개발의 주제를 다룬다. 조직문화는 조직이 타 조직과 구별되는 정체성을 형성하고 공유하게 되는 조직문화의 개념, 형성과정, 조직문화가 조직행동에 미치는 영향 등을 고찰한다. 조직은 정체된 상태로 존재하지 않는다. 환경에 대한 요구에 부응하여 조직은 적절한 변화와 지속적 성장을 위한 다양한 노력을 행하게 되는데, 이것은 조직 전체의 행동 표출로 나타나게 된다. 조직변화와 개발 부분에서는 구조와 경영방식을 변화시켜 나가는 대상과 방식, 그 과정에서 나타나는 저항의 관리방안을 다루고자 한다.

음악회에서 느낀 기업경영

지휘자 금난새 씨가 진행한 음악회의 프로그램은 관현악 곡뿐만이 아니라 뮤지컬, 댄스 등으로 다양하게 구성되어 있었다. 지휘자의 설명에 의하면 오케스트라와 뮤지컬 싱어가 함께 진행하는 음악회는 서로의 독특한 개성으로 인해 조화롭게 진행하기가 매우 힘들다고 하였다. 그럼에도 불구하고 청중을 위하여 새로운 도전을 시도하였다고 설명하였다. 새로운 가치창출을 위해서 기존 영역의 경계를 넘어서는 블루오션의 시도를, 나는 음악에서도 확인할 수 있었다. 이렇듯 모든 조직의 경쟁력 향상은 고정관념을 타파하는 혁신을 통하여 이루어진다.

음악회는 모든 단원들 각자가 전문가적인 혼을 불어넣은 가운데 진행되었다. 현악기, 관악기, 타악기 등이 조화를 이룬 음악회는 참석한 청중들을 깊은 감동과 행복한 시간으로 빠져들게 하였다. '전문성에 열정을 담아 혼신의 힘을 다하여 연주를 하면 청중들이 감동하듯이, 우리들 각자에게 주어진 역할에 따라 악기를 연주하는 오케스트라 단원처럼 혼신의 힘을 다하였으면 좋겠다. 이렇게만 된다면 자연스럽게 강한 경쟁력을 지닌 개인, 기업, 국가로 발전해 나갈 수 있겠지!'라고 생각하였다.

음악회를 다녀 본 많은 사람들이 인정하는 사실이 있다. 어려운 곡을 이해하지 못할 경우 쏟아지는 졸음을 이겨내느라 구구단을 외우거나 손을 꼬집고 그래도 안 되면 자장가를 들으며 잠을 자는 것! 신년 음악회의 지휘자는 음악회 진행에 앞서 작품해설을 아주 쉽고 재미있게 해 주었다. 덕분에 참석한 어느 누구도 졸지 않고 음악회를 즐길 수 있었다. 이와 관련하여 최근 경영학의 연구주제 중 즐거움을 추구하는 Fun 경영을 생각해 보았다. 기업의 CEO분들이 진행하시는 숙명 멘토링 프로그램 중 '즐거움엔 힘이 있다'라는 주제는 즐거움을 추구하는 변화된 사회가치관을 반영하고 있다. 즐겁게 일을 할 때는 힘든지도 모르게 되어 성과도 크게 오르게 된다. 자기가 맡은 일을 즐겁고 기쁘게 할 때 상상을 초월한 성과를 이룩할 수 있으므로 개인과 기업이 모두 발전하게 된다.

지휘자가 오케스트라의 단원들과 일치된 모습을 보이는 것뿐만 아니라 청중과 호흡을 맞추어 진행하는 모습을 감명 깊이 바라보았다. 훌륭한 연주회를 위해 내부 구성원과 효과적인 의사소통을 하는 것은 당연한 것이다. 나아가 청중과 의사소통을 잘하는 것도 필수적이라는 사실을 지휘자는 잘 알고 있었던 것이다. 신뢰를 동반한 효과적인 의사소통은 조직의 경쟁력 향상에 절대적으로 필요하다. 아울러 오케스트라 단원과 청중 속의 많은 외국인들을 바라보면서 우리 사회가 글로벌 세계의 환경에 적응하는 의사소통 능력도 향상되기를 기원해 보았다.

음악회의 절정은 성공적으로 음악회를 끝낸 후 지휘자가 단원들을 청중에게 소개하며 박수를 청하는 순간이다. 오케스트라 단원의 공헌에 지휘자 자신도 감사를 표하며 청중의 동의를 구하는 피날레 모습이다. 훌륭한 리더가 성공을 구성원에게 돌리는 모습은 지휘자가 단원들의 노고를 치하하는 박수를 자연스럽게 요청하는 아름다운 형태와 같다. 지도자들이 성공에 대한 공로를 구성원에게 돌리고 실패는 자신의 책임이라고 말할 때 구성원들은 리더를 존경하며 따르게 되어 있다.

우리는 음악회에 참석하여 감동을 받더라도 브라보를 외치며 연주자들에게 감사의 마음을 표현하는 것에 익숙하지 못하여 기립박수와 같은 행동이 서양과 비교하여 매우 드문 편이다. 이번 신년음악회의 지휘자는 음악이 감동을 주었다면 브라보를 외치는데 인색하지 말 것을 청중들에게 재치 있게 요청하였다. 참석한 사람들은 곡이 끝날 때마다 브라보! 브라보! 브라보!를 기쁘게 외쳤다. 브라보를 하는 동안 모든 사람들은 행복하였고 이를 경험한 오케스트라 단원들은 자부심을 얻은 표정이었다. 우리 사회가 국가의 경쟁력 향상을 위해 노력하는 기업들과 기업인에게 브라보를 외쳐 준다면 기업은 자부심을 가지고 신바람 나게 최선을 다할 것이며 일자리 창출도 저절로 이루어질 수 있다고 생각해 보았다.

구성원 모두가 하모니를 이루는 기업경영은 음악회의 오케스트라와 같다고 생각한다. 올해는 모두 조화로운 화음을 통해 상생하는 기업경영의 한 해가 되기를 바란다. 아울러 창립 32주년을 맞이한 인간개발연구원에게도 축하를 드리며 브라보! 인간개발연구원!

출처 : 강정애, (사)인간개발연구원 정기간행물 Better People Better World 2007년 2월호 머리글.

토의

1. 자신이 참석했던 음악회의 오케스트라에서 느꼈던 점을 경영과 조직행동론의 관점에서 이야기해 보자.
2. 오케스트라형 조직특성에 대하여 이야기해 보자.

사례 2 **"번쩍이는 달의 시대 지나… 반짝이는 작은 별들이 미래를 이끌 것"**

ALC 참석차 한국 온 알리바바 마윈 회장 인터뷰

－취업 30여 번 낙방, KFC·경찰시험 도전했지만 지원자 중 나 혼자만 떨어져, 수없이 거절당하다 보니 실패가 두렵지 않더라. 불만 가득 찬 청년들, 불평 많다는 건 오히려 기회, 문제를 해결하려는 노력이 알리바바의 오늘을 만들었다.

30대 중국인 청년 마윈(馬雲)은 1995년 미국 시애틀에 있는 허름한 사무실의 컴퓨터 앞에 앉았다. 중국 항저우(杭州) 정부의 업무를 처리하러 파견됐던 마윈은 친구 사무실에 우연히 들렀다가 "뭐든지 찾아 주는 인터넷이라는 것이 있는데 한 번 아무 단어나 써 보라."는 권유를 받았다. 그는 키보드에 머릿속에 떠오르는 단어를 천천히 쳤다. 'beer'(맥주). 종합전자상거래 회사인 '알리바바' 창업자이자 중국 3위 부자인 알리바바그룹 마윈 회장이 인터넷과 처음 맞닥뜨린 순간이었다.

아시안리더십콘퍼런스 기조연설을 위해 한국을 찾은 마 회장은 19일 인터뷰에서, 처음 인터넷을 접하고 이를 계기로 1999년 중국의 첫 전자상거래 회사인 '알리바바'를 세웠던 때를 돌아보며 "15년 전과 비교하면 우리는 확실히 꿈에 한걸음 다가갔다. 그러나 15년 후와 비교하면 우리는 아직 아주 작은 아기이다."라고 했다. 마 회장이 '아시아에도 인터넷을 만들자'라는 생각으로 동업자 17명에게 8,800만 원을 모아 세운 알리바바는 16년에 걸쳐 쇼핑 · B2B (기업 간 거래) · 결제 · 금융을 아우르는 세계 최대 종합 전자상거래 기업으로 성장했다. 계열사 10개로 이뤄진 알리바바그룹은 지난해 9월 뉴욕증권거래소에 사상 최대 규모의 기업공개(IPO) 기록을 세우며 상장했다.

중국 3위 부자인 알리바바그룹 마윈 회장은 자신의 젊은 시절이 '낙방'으로 요약된다며 "수없이 떨어지다 보니 거절당하는 일에 익숙해졌다."고 말했다. 그는 "지금은 세계에 불만이 팽배한 흥미로운 시대"라며 "성공한 기업가는 지금 불평하는 사람이 아니라 그 불만을 풀려고 노력하는 사람 중에 나올 것"이라고 말했다.

21세기 가장 주목받는 경영자 중 한 사람인 마 회장은 양말 위에 가는 발목이 드러나는 소박한 정장 차림으로 인터뷰실 의자에 앉았다. 거물답지 않게 친근한 모습이라고 하자, "나는 내가 거물이라고 생각해 본 적이 없다. 제때, 제대로 된 일을 한 운 좋은 사람일 뿐"이라며 웃었다.

마 회장의 젊은 시절은 '낙방'이란 단어로 요약된다. 그는 중학교 시험에 세 번, 대학에 세 번 낙방했다. 대학 입학시험 준비를 하는 도중에 취업에도 도전했는데 30번 넘게 떨어졌다. 미국을 배우고 싶어 하버드대에 10번 원서를 보냈고, 역시 모두 거절당했다.

왜 그렇게 많이 떨어졌나.

"내가 떨어진 것은 누가 봐도 자연스러운 일이었다. 제대로 된 학위도 없고 집안 배경도 그저 그랬고 생긴 것도 변변치 않았다. 미국 KFC가 중국에 진출한다기에 입사 원서를 넣었다. 24명이 지원했는데 23명이 들어갔다. 나만 떨어졌다. 경찰은 5명을 뽑았는데 4명이 붙었다. 또 나만 떨어졌다. 수없이 떨어지다 보니 내가 거절당하는 일에 아주 익숙한 사람이 되어 있더라."

낙방의 경험이 경영에 도움이 되는 부분도 있나.

"당연하다. 나는 직원들에게 늘 이렇게 이야기한다. 누군가 우리의 제안을 받아들이면 아주 고맙고 영예스러운 일이고, 거절당하면 당연하다고 생각하라고. 거절당하는 것이 두려워서 도전도 하지 않으니 계속 도전해 보는 것이 훨씬 낫다고 말이다. 아무것도 하지 않으면 아무것도 이룰 수 없지 않겠는가."

공부 못하고, 취업 안 되는 젊은이들에게 당신이 큰 롤모델이 될 것 같다.

"나는 학생들을 만나면 '반에서 3등 안에 들려고 애쓰지 마라'고 말한다. 계속 1등만 하는 사람은 패배를 잘 받아들이지 못한다. 또 그 자리를 지키는 데 급급해서 다른 생각을 할 여유가 없다. 나는 사람을 채용할 때도 학위는 별로 신경 쓰지 않는다. 학위는 아무것도 증명하지 않는다. 누군가 박사학위를 가졌다면, 그건 그 사람이 공부에 더 많은 돈을 투자했다는 뜻일 뿐, 그 외에는 아무것도 말해 주지 않는다. 학위를 따고 10~20년 후에 세상에 없던 훌륭한 무언가를 만들어낸 후에야 그 사람이 뛰어난 인재라는 것이 증명된다. 그 전까지는 아무것도 아니다."

한국의 청년들은 그래도 공부 잘하고, 안정적인 직장을 얻기를 원한다. 현대를 세운 정주영이나 삼성의 이병철 같은 '거물 창업자'가 나올 기미가 잘 안 보인다는 우려도 있다.

"나는 한국이 기업가 정신을 잃어버렸다고 생각하지 않는다. 삼성과 현대는 20세기에 큰 성공을 거둔 회사들이다. 한국이라는 나라가 폐허에서 이륙할 때 기업을 만들었고 성장의 거대한 물결을 잘 탔다. 그러나 그 기업들도 지금의 모습을 갖추기까지 수십 년이 걸렸다. 나는 한국의 젊은이들에게도 기업가 정신을 꽃피울 기회를 준다면 충분히 해낼 것이라고 생각한다. 한국의 영화 · 드라마 · 게임 · SNS(소셜네트워크서비스)를 보라. 얼마나 혁신적인가. 젊은이들에게 '너 삼성 같은 회사 언제 만들래?'라고 몰아붙이는 건 불공평하다. 정주영 · 이병철 같은 기업인은 한 세기에 1~2명 나올까 말까 하다. 시대도 바뀌었다. 20세기가 '번쩍이는 달'의 시대였다면 미래는 수많은 '반짝이는 별'들이 만들어 가리라고 믿는다."

젊은이들이 당신 말에 동의할까. 많은 청년들은 한국이 역동적이었던 20세기에 비해 성장이 정체된 이 시대에 태어난 것에 불만이 많다.

"한국만 그런 것은 아니다. 중국 청년도 불만, 유럽도 불만, 대만 · 홍콩 · 미국 청년들이 모두 불만에 가득 차 있다. 세상에 불만이 많다는 것은 이를 해결할 기회가 있다는 뜻이다. 미래의 기업가는 지금 불평하는 사람이 아닌, 이 불만들을 풀려고 하는 사람들 가운데 나올 것이다. 내가 처음 중국에 전자상거래 회사를 세우겠다고 했을 때 다들 미쳤다고 했다. 중국은 얼굴을 맞대고 거래하는 '관시(關係)'로 돌아가는 나라인데 인터넷 거래가 어떻게 가능하냐고 했다. 이런 '믿음의 부재(不在)'라는 문제를 해결하기 위해 우리가 내놓은 해결책이 3자 결제 시스템인 알리페이였다. 이처럼 알리바바의 역사는 언제나 문제를 해결해가는 과정이었다. 나는 언제나 인간이 해결하지 못할 문제는 없고, 세상에는 문제보다 해결책이 훨씬 많다고 믿는다. 불평이 많은 시대야말로 기업가 정신이 빛을 발할 기회다."

마 회장은 "성공담보다는 실패담을 많이 연구한다. 성공한 기업인은 저마다 다른 모습이어서 이를 따라하기 어렵지만, 실패한 기업엔 공통점이 보이기 때문"이라고 말했다.

실패한 기업이 어떤 교훈을 주나.

"경영이란 전쟁터에 나가는 것과 비슷하다. 성공이란 '살아서 돌아올 수 있을까'라는 문제다. 자신을 스스로 보호하고 총알을 안 맞아야 한다. 인간은 모두 비슷하기 때문에 다른 사람이 과거에 했던 실수를 공부하면 실수를 피할 수 있다. 이기심, 지나친 갈구, 욕심, 준비되지 않은 팀… 이런 실수들 말이다."

세계에서 손꼽히는 부자가 됐는데, 취업하려다 30번 떨어졌을 때보다 행복한가.

"사실 난 요즘 그다지 행복하지 않다. 나와 회사 모두 이 정도 부(富)를 누릴 준비가 안 된 것 같다는 생각이 든다. 지난해 사상 최대 규모 IPO 후에 나는 계속 자문한다. '우리는 좋은 회사지만, 정말 사상 최대에 걸맞을 정도로 굉장한 회사일까.' 그 정도는 아닌 것 같다는 생각도 한다. 나는 때

때로 거리를 마음껏 걸어 다니고 노래방이나 술 집에 가서 놀고 싶다는 상상을 하면서 '보통 사람 만큼도 행복하지 못하네'라고 투덜대기도 한다.

이런 생각을 하는 것 자체가 아직 내가 지금의 자 리에 앉을 준비가 안 됐다는 뜻인 듯도 하다."

출처 : 김신영, ALC 참석차 한국 온 알리바바 마윈 회장 인터뷰, 조선비즈 2015.05.21.

토의

1. 미래 트렌드에 대하여 생각해 본 후 이야기해 보자.
2. 그리고 21세기 경영환경과 패러다임에 대하여 토의해 보자.
3. 알리바바그룹 마윈 회장이 전하고자 하는 내용을 이야기해 보자.

요 약

조직이란 공통 목적을 달성하기 위해 상호연결된 구조로 서로 상호작용하며 외부환경 과 연계되어 있는 2명 이상이 모인 의도적인 실체이다. 그리고 조직행동론이란 이러한 조직 내의 인간행동을 연구하는 학문으로 정의할 수 있다.

조직행동론의 연구와 교육도 산업화 시대의 패러다임에서 21세기 지식기반 시대 패러다임으로 전환되어야 한다.

조직 내의 인간행동을 연구하는 학문으로서 조직행동론의 학문적 특징은 학제적 응용학문, 조직성과를 창출하는 데 기여할 수 있는 성과지향적 실천학문, 학문으로서 요구되는 엄격한 과학적 연구방법 적용 등의 특징을 지니고 있다.

조직행동론은 성격, 가치관, 지각, 학습, 태도, 스트레스 및 동기부여 등 개인수준 차원의 연구주제와 팀과 집단, 커뮤니케이션, 의사결정, 권력, 조직정치, 갈등 및 리더 십 등의 집단수준 차원의 연구주제, 개인이나 집단과는 다른 조직수준 차원의 연구주제 인 조직문화, 조직변화 등이 있다.

조직행동론은 경영학의 학문적 발전과정과 함께 연계되어 고찰되어야 하며, Weber

의 관료제, Taylor의 과학적 관리법, Fayol의 일반 경영관리론, Mayo의 인간관계론 및 시스템이론 등이 학문적 발전에 큰 기여를 하였다.

이 책은 제1부 서론, 제2부 개인차원의 행동, 제3부 집단차원의 행동, 제4부 조직차원의 행동으로 구성되어 있다.

참고문헌

1) 김인수, 거시조직이론, 무역경영사, 2000, pp.22-23.

2) J. A. Shumpter, *Capitalism, Socialism and Democracy,* Harper, New York, 1947.

3) S. P. Robbins, *Essentials of Organizational Behavior,* 2005, pp.6-8.

4) 김성국, 조직행동론, 명경사, 2001.

5) 이학종·박헌준, 조직행동론, 법문사, 2004, pp.20-25.

6) 백기복, 조직행동연구, 법문사, 2000.

7) M. Weber, *The Ethic and the Spirit of Capitalism* (Translated by Talcott Parsons), Allen and Unwin, 1930.

8) F. W. Taylor, *Principles of Scientific Magement,* Harper and Row, 1911.

9) H. Fayol, *General and Industrial Management* (Translated by Constance Storrs), Pitman, 1949.

10) G. I. Mayo, *The Human Problems of an Industrial Cicilization*, Macmillan, 1933.

11) J. R. Hackman, "Sociotechnical Systems Theory: A Commentary" In A. H. Van de Van and W. F. Joyce(eds.), *Perspectives on Organization Design and Behavior,* John Wiley & Sons, 1981.

제2부

개인차원의 행동

성격, 가치관

제1절   성격

1. 성격의 개념

조직 구성원들에게 나타나는 다양한 개인차 중에서 성격이 가장 큰 영향을 미칠 것이다. **성격**(personality)이란 개인을 타인과 구별하는 독특하고 안정된 특성이다.[1] 관찰된 행동이나 사고를 바탕으로 개인이 내부에 가지고 있는 성향을 알 수 있다. 일단 한 개인에게 형성된 성격은 같은 상황에서는 같은 모습을 보이나, 개개인마다 다른 모습을 보인다. 즉 성격은 개인이 환경에 반응하는 행동에 영향을 주는 중요한 요소로서 조직행동론에서 개인의 성격에 관심을 두는 이유는 조직 구성원들이 지닌 성격을 통해 개인

차이를 이해할 수 있고, 차이에 따라 관리함으로써 효율적인 조직성과를 낼 수 있기 때문이다.

개인의 성격은 시간이 지남에 따라 또 일생을 통해서 변화할 수 있다. 개인의 성격은 어떻게 형성되는가? 과거에는 성격 형성요인에 대해 유전적 영향과 환경적 영향이라는 두 견해가 대립되었으나 점점 시간이 흐르면서 두 요인이 상호결합한 결과라는 의견과 상황적 요인에도 영향을 받는다고 생각하게 되었다. 개인의 성격 형성이 여러 요인 중 특정 요인에 더 많은 영향을 받더라도 유전과 환경 모두 중요하다는 것이다. 개인의 성격 형성에 영향을 주는 유전적 요인, 환경적 요인, 상황적 요인에 대해 살펴보자.

유전적 요인은 일반적으로 개인의 외모, 체격, 생리적인 조건 등 부모에 의해 영향을 받는다고 생각된다. 따라서 학자들이 유전에 대해 관심을 지니게 된 것은 신체적 구조와 관련된 여러 특성들이 유전된다면, 정신적 영역이나 차원에 있어서도 유전되는 면이 발견될 수 있다는 것이다. Bartlett의 Jim 쌍둥이의 연구는 흥미롭다. 이들은 일란성 쌍둥이로 태어났으나, 출생 후 헤어졌다. 39세에 처음으로 만났지만, 얼굴 생김새는 물론 체질, 취미, 기호, 행동의 많은 부분이 닮아 있었다.[2]

환경적 요인은 사실 유전적 요인보다 더 중요한 요소이다. 대표적으로 성격 형성에 영향을 주는 환경적 요인에는 문화, 사회, 경험이 있을 것이다.

문화는 개인이 속한 사회의 수용될 만한 행동의 규범이고, 사회에서의 역할수행 방식에 대해 정의하게 된다. 예를 들어, 미국 문화는 개인주의 성향을 강하게 할 것이며, 일본 문화는 집단주의 성향을 강하게 할 것이다. 하지만 문화가 성격 형성에 많은 영향을 주더라도 모든 개인이 동일한 영향을 받지는 않을 것이다.

사회집단에서 형성된 가치관, 습관, 규범, 서열관계, 분위기 등이 성격 형성에 중요한 역할을 할 것이다.

개인은 일생 동안 다양하고 독특한 사건들을 **경험**하게 될 것이며, 이때 만나는 사람들과의 상호작용 등이 성격 형성에 중요한 요인이 될 것이다.

상황적 요인은 유전적 요인과 환경적 요인에 의해 형성된 성격에 영향을 미친다. 한 개인의 성격은 안정적이고 지속적이지만 상황에 따라 변할 수 있음을 이해해야 한다. 전혀 예상하지 못한 상황에 놓여 있을 경우 본래의 자신과는 전혀 다른 새로운 측면을 보이기도 한다.

2. 성격의 이론

성격에 관한 대표적인 이론인 성격특성이론, 정신분석이론, 성격발달이론에 관해 살펴
보자.

1) 성격특성이론

성격특성이론(trait theory)이란 성격이 독특한 특성으로 구성되어 개인의 행동을 결정한
다고 보는 이론으로서, 개인의 성격을 구성하는 기본적인 특성이 무엇인가를 밝혀내려
는 이론이다.

　　Allport는 성격이 개인을 특정지을 수 있는 기본 요소로 일반화될 수 있다고 하며
세 가지 종류의 특성들을 제시하였다.[3] 첫째, **기본 특성**은 일반화된 성향이며, 개인의
생활을 체계화한다. 둘째, **중심 특성**은 기본 특성보다 행동을 적게 지배한다. 셋째, **이차
특성**은 개인의 행동에 아주 제한된 방식으로 영향을 준다.

　　Cattel은 요인분석을 통해 16가지 성격차원으로 분류하고 이를 기본특성이라고 하
였다.[4] 〈표 2-1〉에 나타난 바와 같이 기본 특성의 다양한 조합이 개인들의 독특한 성격
을 무한적으로 파생시킨다고 예측할 수 있다.

2) 정신분석이론

정신분석이론(psychoanalytic theory)은 개인의 성격이 내부에 존재하는 상황과 갈등에
의해 발전한다는 것을 전제한다.

　　Freud는 개인의 행동을 지배하는 근본적인 동기는 무의식적 요소라고 하였다.[5] 무
의식 세계에는 인지할 수 없는 사고, 욕망, 충동 등이 존재하고 있으며 개인의 의식적
사고와 행동을 지배한다. 개인마다 기본적인 충동을 처리하는 방식이 다르기 때문에
개인의 성격 차이가 발생한다고 하였다. 이에 따르면 성격은 원초아(id), 자아(ego), 초
자아(superego) 세 부분으로 구성된다.

　　원초아(id)는 성격의 무의식적인 부분으로 기본 욕구의 저장고이며 성격의 기초가

표 2-1 16가지 기본 특성

내향적	외향적
비이성적	이성적
감정적	비감정적
온순적	지배적
신중적	태평적
편의적	양심적
소심	모험적
집념	민감
신뢰적	의심적
현실적	상상적
솔직	영리
자신감	불안감
보수적	진취적
의존적	자주적
비억제적	통제적
여유로움	긴장

출처 : R. B. Cattell, *Personality Pinned Down,* Psychology Today, 1973, pp.40-46.

된다. 원초아는 외부 세계와 아무런 영향이 없는 진정한 정신적 현상으로 내면 깊숙이 자리 잡고 있으며, 즉각적 충족을 요구하는 원시적·무의식적 측면이다. 원초아 안에는 성적 본능과 공격적 본능이 속한다.

자아(ego)는 원초아로부터 분화된 것으로, 원초아가 현실적으로 충족을 가져다주지 못하므로 발달한다. 자아는 원초아, 양심, 현실의 요구들을 중재하는 역할을 하는 성격의 조직적·합리적·현실지향적 체계이다. 즉 적당한 대상과 방법이 발견될 때까지 본능적 충동들의 충족을 지연시키는 작용을 한다.

초자아(superego)는 도덕, 가치관 등을 포함하는데 일반적으로 양심이라고 할 수 있다. 초자아는 용납될 수 없는 원초아의 충동들을 차단하고, 효율성이 아닌 도덕성 쪽으로 가도록 자아에 압력을 가하고, 완성을 추구하도록 사람을 이끈다.

원초아와 초자아는 끊임없는 갈등 상태에 있으며 자아는 이것을 조정하려고 한다.

Jung은 유전적·본능적 요인보다 사회적·환경적 요인을 강조하였다. 자아의 기본

표 2-2 Erikson의 성격발달 단계

발달단계		시 기	특 징	
			성 공	실 패
1단계	초기 유아	출생~1년	신뢰	불신
2단계	후기 유아	1~3년	자주성	수치, 의심
3단계	초기 아동	4~5년	주도성	죄책감
4단계	중기 아동	6~11년	근면	열등
5단계	사춘기 및 청년기	12~20년	자아정체감	역할혼란
6단계	초기 성인	20~40년	친교	고립
7단계	중기 성인	40~65년	생산성	정체
8단계	후기 성인	65년 이상	완전	실망

출처 : E. H. Erikson, *Childhood and Society*, New York : Norton. 1963, 수정 인용.

기능을 사고, 감정, 감각, 직관으로 보고 여기에 내향성-외향성 개념을 도입하였다. Freud의 무의식 개념을 확장하여 모든 개인이 공유하는 원초적인 집단적 무의식을 전제하고 있다. 그리고 집단적 무의식의 내용을 원형(archetype)이라 하고, 예를 들어 신에 대한 상징이나 원시신화 등에서 찾아볼 수 있다고 주장한다.

3) 성격발달이론

성격이 연령에 따라 단계적으로 발달한다는 Freud 및 Erikson의 연구와 연령에 상관없이 수평적으로 발달한다는 Argyris의 연구에 대해 살펴보자.

Freud는 개인의 성격이 성적 본능과 관련 있다고 설명했다. 이는 구순단계, 항문단계, 남근단계, 잠재단계, 생식단계에서 다르게 체험하는 성심리적(psychosexual) 요인들이 성격 형성에 영향을 미친다는 것이다. 즉 다섯 단계에서 욕구충족이 충분할 경우에는 정상적인 성격이, 부족할 경우에는 극단적인 성격이 형성된다고 보았다.

Erikson은 Freud와 다르게 사회적 적응을 중요시하고 〈표 2-2〉에서 볼 수 있듯이 성격의 발달과정을 8단계로 세분하여 설명하였다.

Argyris는 성격은 나이에 따라 발달하는 것이 아니라 미성숙(immaturity)에서 성숙(maturity)한 상태로 발달한다고 보았다.[6]

표 2-3　Argyris의 성격발달 단계

미성숙	성숙
수동적	능동적
의존적	독립적
제한된 행동	다양한 행동
얕은 관심	깊은 관심
단기적 안목	장기적 안목
종속적 지위에 만족	우월한 지위에 만족
자아인식의 결여	자아인식과 통제

출처 : C. Argyris, *Personality and Organization*, New York : Harper & Row, 1975, p.50.

〈표 2-3〉에서 볼 수 있듯이 성격발달을 일곱 가지 차원에서 미성숙 상태에서 성숙한 상태로 설명하고, 유아로부터 성인에 이르면서 점차적으로 성숙된 성격을 형성해 나간다고 한다.

3. 조직행동에 영향을 주는 성격유형

조직 내에서 구성원들의 성격유형에 따라 다른 행동으로 나타나고 조직 성과와도 관련이 있음을 알 수 있다. 다양한 성격 유형과 행동에 대해 살펴보자.

1) A유형/B유형(type A/type B) 성격

개인의 성격을 건강과 관련시킨 성격 유형이다. 심장질환에 대해 연구하던 Friedman과 Roseman에 의해 의학계에서 시작되었는데, 결과가 조직행동에도 적용되어 조직에 영향을 주는 성격으로 관심을 받고 있다.

A유형은 과업지향적이고, 시간에 대한 절박감, 적대적인 경쟁, 높은 표준을 설정한다. **B유형**은 시간에 압박을 받지 않고, 덜 경쟁적이다.

연구 결과 대체로 A유형들이 B유형에 비해 일을 많이 하고, 어렵고 복잡하며 도전적인 과업을 택하는 특성이 있다. 그러나 A유형이 B유형보다 항상 좋은 성과를 내는 것은 아니다. 최고경영자와 같이 여러 가지를 심사숙고하여 차분히 문제를 해결해야 하는 과업의 경우에는 B유형이 효과적이다. 결론적으로 A형, B형의 우열보다는 과업의 특성(시간적 압박 상황, 독립성, 팀워크, 신속성, 정확성)에서 상호보완적 성격 형성 조정이 필요하다고 하겠다.[7]

2) 내향성/외향성(introversion/extroversion)

내향성과 외향성은 상황에 대한 반응에 있어서 개인의 에너지가 내부와 외부 어느 쪽을 더 지향하는가를 말한다.

내향성은 반응 에너지가 개인의 감정이나 사고로 내면화되는 행동경향을 보인다. 집중력 있고 조용한 것을 좋아하며, 세밀한 것에 주의를 기울인다. 따라서 재무, 회계, 기술직에 적합하다.

외향성은 반응 에너지가 외적으로 더 많이 나타나는 행동 유형을 보인다. 표현력이 풍부하고 활동적이며, 모험을 두려워하지 않고, 갈등과 스트레스도 비교적 잘 수용한다. 따라서 판매, 영업, 일반 관리직에 적합하다.

3) 통제 위치(locus of control)

통제 위치란 Rotter에 의해 개발된 것으로 인생의 결과에 대해 자신이 영향을 미칠 수 있다고 믿는 정도를 의미한다. 〈표 2-4〉의 문항에서 알 수 있듯이, 통제 위치가 어디에 있는가에 따라 내재론자(internalizer)와 외재론자(externalizer)로 구분된다.[8]

내재론자는 자신을 자율적인 인간으로 보고 상황을 통제할 수 있고, 자신이 운명의 주인이라고 생각한다. 따라서 자신에게 닥친 일의 원인을 자신의 탓으로 돌린다. **외재론자**는 자신을 운명의 인질이라 생각하고 자신에게 닥치는 일들은 운명 때문이며 삶의 결과는 외부 요소에 의해 결정된다고 믿는다.

통제 위치에 따라 행동적 차이가 나타난다. 내재론자는 외재론자에 비해 동기수준이 높고, 성과를 결정하는 요인을 자신의 노력이라고 인식한다.

통제 위치에 따라 관리 스타일도 달라진다. 내재론자에게는 창조적인 직무를 맡기며 노력에 대한 적절한 보상을 해 주는 것이 좋고 참여적 리더십이 필요하다. 반면 외재론자에게는 높은 복종이 요구되는 단순 노동, 완전한 통제하에 규정대로만 하면 되는 직무가 효과적이며 지시적 리더십이 적당하다.

4) 성취지향성(achievement orientation)

높은 성취목표를 선호하고 높은 수준의 과업에 관심을 두고, 도전적인 기술과 문제해결에 성취동기가 강한 성향을 말한다. 성취동기가 높은 개인에게는 도전을 할 수 있는 어느 정도 수준의 높은 목표, 성과결과에 대한 신속한 피드백, 통제가 허용되는 책임 등을 제공하는 과업수행에서 높은 성과가 나타날 것이다.[9]

따라서 조직에 적용할 때에는 구성원들의 성취동기를 측정하여 과업 난이도에 맞도록 배치한다면 동기부여를 증가시킬 수 있다.

5) 위험선호 성향(risk-taking)

위험선호 성향이란 개인의 행동에서 위험을 감수하거나 회피하고자 하는 성향이다. 의사결정 시에는 위험을 감수하려는 의지의 정도가 각기 다르게 나타난다. 관리자들은 구성원들의 위험선호 성향을 파악하여 각기 적합한 직무를 수행하게 해야 한다.

위험선호 성향이 높은 사람은 신속한 의사결정을 필요로 하는 새로운 시장 개척, 해외시장 침투와 같은 직무에 적합하다. 하지만 감사업무나 회계업무 등에는 이 성향이 낮은 사람이 더 적합할 것이다.

6) 자아개념(self-concept)

개인이 자신에 대해 형성하게 되는 모종의 이미지로서 측정하는 변수에는 자긍심과 자기효능감이 있다. 자긍심(self-esteem)은 개인이 내적으로 가지고 있는 자신에 대해 인식하는 능력과 자아상에 관련된 개념이다. 즉 사람과 상황에 대한 반응, 성공과 실패의 시각, 타인의 의견에 대한 해석 등에 차이를 보일 것이다. 자기효능감(self-efficacy)은 특정 개인이 특정 상황에서 특정의 일을 얼마나 잘할 수 있는지에 관한 스스로의 믿음과 관련된 개념이다.[10] 즉 자긍심이 모든 일에 대해서 일반적으로 갖는 자신감인 반면 자기효능감은 특정한 일에 대한 자신감이다.

자긍심이 높고 자기효능감이 높은 사람이 높은 성과를 보이는 것으로 나타났다.

표 2-4 통제 위치 측정

다음 문항을 읽고 표시하시오.

문 항	1 (아주 반대)	2 (반대)	3 (조금 반대)	4 (찬성도 반대도 아님)	5 (조금 찬성)	6 (찬성)	7 (아주 찬성)
1 내가 원하는 것을 얻을 수 있는 것은 보통 열심히 일했기 때문이다.							
2 계획을 세울 때 달성할 것이라고 거의 확신한다.							
3 마음만 먹으면 거의 모든 것을 배울 수 있다.							
4 나의 주요한 성과는 전적으로 나의 노력과 능력에 의한 것이다.							
5 나는 어떤 종류의 시험 또는 경쟁에서든 다른 사람과 비교해서 상대적으로 얼마나 잘했는가를 알고 싶다.							
6 순수 기술을 요구하는 게임보다는 약간의 행운이 포함된 게임을 선호한다.							
7 목표를 따라가기 어렵기 때문에 나는 목표를 보통 설정하지 않는다.							
8 경쟁은 우수성을 해친다.							
9 사람들에게는 종종 운에 의해서만 앞서갈 수도 있다.							
10 너무 어려운 것을 위해 꾸준히 노력하는 것은 나에게 의미 없는 것이다.							

10문항의 답을 합하시오.

6~10은 문항에 답한 것을 역으로 다시 전환하시오(예 : 1로 답했다면 7로 전환해서 합하시오).

**점수가 높을수록 내적인 통제 위치가 높은 것이다. 낮은 점수는 외적인 통제 위치와 관련 있다(대학생을 조사한 결과, 남자대학생은 평균이 51.8점이었으며, 여자대학생은 52.2점이었다).

출처 : Burger, J. M., *Personality : Theory and Research*, Belmont, Calif. : Wadsworth, 1986, pp.400-401.

7) Big Five 성격 특징

최근 몇 년간 연구자들은 특히 조직과 관련된 다섯 가지 성격 특징을 구분 짓고 있다.[11] 이러한 다섯 가지 범주는 조직 내 개인 행동을 정의 내리는 데 중요한 근본적인 성격 특징을 대표한다. 여기에서 말하는 다섯 가지 요소는 다음과 같다.

- **친화성**(agreeableness)은 타인과 잘 지낼 줄 아는 성향을 말한다. 자신보다는 전체적인 화합을 중시하고 협조적이며 친절하고 타인을 신뢰한다. 친화성이 높은 개인은 상사, 부하, 동료, 고객들과 원만함을 유지한다.
- **성실성**(conscientiousness)은 개인이 초점을 맞추는 목표의 개수를 말한다. 성실성이 높은 개인은 적은 숫자의 주요 목표에만 초점을 맞추기 때문에 구체적이고 체계적으로 목표를 수립하고 실행하며, 완벽하고, 높은 책임감과 자율성을 보인다.
- **정서적 안정성**(emotional stability)은 스트레스에 대처하는 개인의 능력을 말한다. 정서적 안정성이 높은 개인은 침착하고 쾌활하며, 스트레스나 긴장 상태에 감정의 극단적인 변화 없이 안정적으로 극복한다.
- **외향성**(extroversion)은 타인과의 관계를 맺는 것에 편안함을 느끼는 정도를 말한다. 외향적인 사람들은 타인과 얘기하는 것을 즐기며, 자기주장과 자기표현을 잘하고 새로운 관계로 발전시킨다.
- **개방성**(openness to experience)은 개인의 호기심과 관심의 범위를 말한다. 개방성이 높은 개인은 다양한 영역에 대한 호기심으로 끊임없이 새로운 정보를 추구한다. 이때 변화에 대한 높은 수용도, 혁신적인 경험과 상상력으로 정보를 받아들인다.

다섯 가지 성격 특징은 특정 상황에서 특정 행동을 예측할 수 있는 믿을 수 있는 기준을 나타내는 성격 특징들의 통합된 틀이다. 그러므로 구성원의 성격 특징을 이해하고 평가할 수 있는 관리자라면 높은 직무성과를 낼 수 있도록 사원을 선발, 배치할 수 있을 것이다.

8) MBTI(Myers-Briggs Type Indicator) 성격 유형

MBTI[12]는 Jung의 심리 유형론을 근거로 하여 Briggs와 Myers가 보다 쉽고 일상생활에 유용하게 활용할 수 있도록 고안한 자기보고식 성격 유형 지표이다.

개인이 쉽게 응답할 수 있는 자기보고(self-report) 문항을 통해, 선호하는 경향을 찾고, 이러한 선호 경향들이 합쳐져서 인간의 행동에 어떠한 영향을 미치는가를 파악하여 실생활에 응용할 수 있다.

MBTI 성격 유형 네 가지

- **외향형(extroversion)–내향형(introversion)** : 에너지의 방향이 외부에 있는지, 내부에 있는지에 관한 차원이다. 외향형은 폭넓은 대인관계를 유지하며 사교적이며 정열적이고 활동적이다. 내향형은 깊이 있는 대인관계를 유지하며 조용하고 신중하며 이해한 다음에 경험한다.

- **감각형(sensing)–직관형(intuition)** : 무엇에 의존하여 인식하고, 무엇을 보며, 어떤 측면을 표출하는지에 관한 인식의 차원이다. 감각형은 오감에 의존하여 실제의 경험을 중시하며 지금, 현재에 초점을 맞추고 정확하고 철저하게 일처리한다. 직관형은 육감 내지 영감에 의존하며 미래지향적이고 가능성과 의미를 추구하며 신속, 비약적으로 일처리한다.

- **사고형(thinking)–감정형(feeling)** : 개인이 어떻게 결정하는가에 따른 판단적 차원이다. 사고형은 진실과 사실에 관심을 갖고 논리적 · 분석적 · 객관적으로 판단한다. 감정형은 사람과 관계에 관심을 갖고 상황적이며 정상을 참작한 설명을 한다.

- **판단형(judging)–인식형(perceiving)** : 채택한 생활양식에 대한 차원이다. 판단형은 분명한 목적과 방향이 있으며 기한을 엄수하고 철저히 사전계획하고 체계적이다. 인식형은 목적과 방향은 변화 가능하고 상황에 따라 일정이 달라지며 자율적이고 융통성이 있다.

표 2-5 성격 유형과 직업

성격 유형	특 징	적합한 직업의 예
현실적 (realistic)	적극적 행동, 기술, 힘, 조화를 필요로 하는 신체적 활동과 관련	임업, 농업, 건축업
전통적 (conventional)	규칙에 의해 조절되는 행동, 개인의 욕구, 조직에서 얻는 위치와 관련	회계, 재무, 기업의 경영
진취적 (enterprising)	타인에게 영향을 미치고 권력과 지위를 얻는 활동과 관련	법률, 홍보, 소규모 기업 경영
사회적 (social)	지적, 신체적 활동보다는 대인 간의 활동과 관련	외교활동, 사회사업, 임상심리학
예술적 (artistic)	자기표현, 예술적 창조, 정서적 활동 등과 관련	예술, 음악, 작가
탐구적 (investigative)	감정이나 정서보다는 사고와 이해를 필요로 하는 활동과 관련	생물학, 수학, 뉴스보도

출처 : S. P. Robbins, *Organizational Behavior : Concepts, Controversies, and Applications* (2nd ed.), Englewood Cliffs, N. J. : Prentice-Hall. 1983.

4. 성격과 직무의 적합성

개인 성격에 차이가 있듯이 직무 간에도 본질적인 차이가 존재한다. 그래서 성격에 맞는 직무와 맞지 않는 직무가 있다. 예를 들면, 사람과 어울리기 좋아하고 이야기하길 좋아하는 사람이 연구부서에 근무할 때와 영업부서에 근무할 때 성과에 차이가 나타날 것이다. 조직 구성원 성격을 고려하여 적재적소에 배치함으로써 즐겁게 직무를 수행할 것이며 이런 직무만족이 조직의 성과도 높일 수 있을 것이다.

여섯 가지 성격 유형 모형

〈표 2-5〉에 나타난 바와 같이 개인의 성격과 직업 간의 적합성 관계를 여섯 가지로 나누어 직무 또는 직무환경을 분석한 대표적인 연구이다.[13]

이 모형의 시사점은 개인에게는 본질적으로 성격 차이가 존재하고, 직무에 존재하는 특징도 각각 다르므로, 성격 유형에 맞는 직무환경 속에 있을 때 직무성과가 높게 나타난다는 것이다.

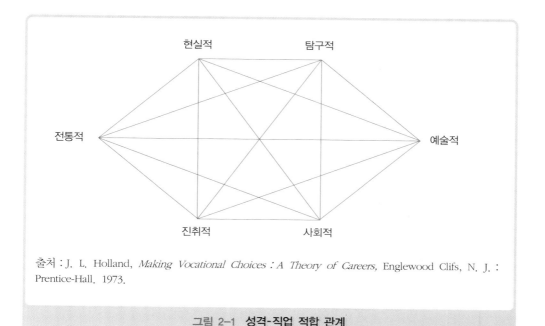

출처 : J. L. Holland, *Making Vocational Choices : A Theory of Careers*, Englewood Clifs, N. J. : Prentice-Hall, 1973.

그림 2-1 성격-직업 적합 관계

또 위의 유형을 토대로 직업선호 목록 설문지(vocational preference inventory questionnaire)를 통해 6개 유형 간의 적합성을 도형으로 나타내었다. 〈그림 2-1〉에서 보는 바와 같이 이 도형에서 유형 간의 거리가 가까울수록 적합성이 높다. 다시 말하면 성격특성과 직무특성(직무에 해당하는 성격 유형)이 일치하거나 거리가 가까울수록 만족도는 높고, 이직률은 낮다는 것이다.

제2절 가치관

1. 가치관의 개념

조직 구성원들이 어떤 가치관에 중요성을 두느냐에 따라 개인의 태도와 행동이 다르게 나타난다. 가치관은 특정 행동양식이 다른 행동양식보다 더 낫다고 생각하는 개인의 확신을 말한다.[14] 따라서 여러 대안 행동 가운데 하나의 행동을 선택할 때 사용되는 판단의 기준이 된다. 이는 매우 추상적인 개념이고, 옳다/그르다와 같이 판단적이고 평가적이다.

　　개인 행동을 형성하는 가치관은 첫째, 개인이 다양한 행동대안 중에서 선택한 행동안에는 옳고, 그른 것 또는 좋고, 나쁜 것이라는 규범적·도덕적·윤리적인 생각들 중에서 개인적으로 선호하는 가치관이 포함되어 나타난 것이다. 둘째, 이런 여러 가지 선호하는 가치관이 개인마다 우선체계의 형태를 갖추고, 가장 중요하다고 생각하는 가치관이 행동에 영향을 미칠 것이다. 셋째, 가치관은 개인 행동을 형성하는 다른 요소들을 이해하는 데 중요한 부분으로 개인에게 형성된 가치관은 오랜 학습에 의해 형성되어 쉽게 변하지 않는 영구성을 지닌다.

2. 가치관의 특징

가치관은 다음과 같은 특징을 가진다.

- **가치관은 태도와 행동으로 유형화된다.** 가치관은 태도와 행동을 유발한다. 즉 모든 개인은 자신의 가치관에 따라 행동하려는 모습을 보인다. 따라서 개인의 태도와 행동을 보면 지향하는 가치관이 무엇인지 알 수 있다.
- **가치관은 개인마다 차이가 있다.** 가치관은 개인이 겪은 독특한 문화적 경험, 종교적 신앙, 철학적 판단 등에 기반을 두고 있다. 모든 개인은 서로 다른 경험을 가지고 가치관을 형성하기 때문에 개인의 가치관은 서로 차이가 있다.

3. 가치관의 유형

가치관의 유형에는 Rokeach의 가치관 분류와 Allport의 가치관 분류가 있다.

1) Rokeach의 가치관 분류

Rokeach가 개발한 개인적 가치 항목으로 각각 18항목의 두 세트의 설문지로 구성된 조사 도구로서 가치요소들에 대한 상대적 중요도를 표시하도록 하여 가치관을 측정, 분석하는 데 도움을 준다. 〈표 2-6〉에 나타난 바와 같이 한 세트는 궁극적 가치(terminal

표 2-6 Rokeach의 궁극적 가치와 수단적 가치

궁극적 가치 (terminal values)	성취감, 평등, 자유, 행복, 내적 조화, 쾌락, 구원, 지혜, 자아존중 편안한 삶, 즐거운 삶, 안정된 가정, 성숙된 사랑, 아름다운 세상, 사회적 안정, 진정한 우정, 세계평화, 국가안보
수단적 가치 (instrumental values)	근면, 능력, 명랑, 청결, 정직, 상상력, 독립, 지능, 논리, 베풂, 용서, 봉사, 사랑, 순종, 공손, 책임감, 자기통제, 용기

출처 : R. Kreitner & A. Kinicki, *Organizational Behavior*, 3rd ed. Chicago, IL : Richard D. Irwin, 1995, pp.98-99.

values)로서, 가장 바람직한 존재양식이 무엇인지를 묻는 것으로, 예를 들어 지혜나 구원과 같이 한 개인이 일생 추구하고자 하는 목표이다. 다른 한 세트는 수단적 가치(instrumental values)로서, 선호하는 행동양식 또는 궁극적 가치를 달성하는 수단이 무엇인지를 묻는 것이다. 예를 들어 행복한 삶이라는 궁극적 가치를 얻기 위해 어떤 사람은 돈을 말할 수도, 어떤 사람은 봉사를 말할 수도 있을 것이다. 한 개인에게 있어 궁극적 가치와 수단적 가치가 서로 일치되고 일관성이 높을수록 가치관 체계는 건전하다고 할 수 있을 것이다.

2) Allport의 가치관 분류

Allport 등은 독일의 철학자 Spranger의 가치관 분류를 기초로 하여 가치관과 행동 경향을 분석하였다.[15]

- 이론적 가치(theoretical values) : 진리 및 기본적인 가치를 추구하고 사실지향적이며 비판적 · 합리적인 접근을 통해 진리를 밝혀내는 데 관심이 크다.
- 경제적 가치(economic values) : 유용성과 실용성을 강조하는 것으로 효율성을 극대화하는 데 관심이 높다.
- 심미적 가치(aesthetic values) : 예술적 경험들이 추구되어 형식, 조화, 균형, 아름다움에 높은 가치를 부여한다.
- 사회적 가치(social values) : 따뜻한 인간관계와 인간애에 높은 가치를 부여하는 것으로, 이타심이 높고 집단 규범을 크게 의식한다.

- 정치적 가치(political values) : 개인의 권력과 영향력의 획득을 강조한다.
- 종교적 가치(religious values) : 우주에 대한 이해와 경험의 통합을 강조하는 것으로 초월적이고 신비적인 경험을 중요시한다.

Allport의 연구는 직업, 인종, 종교가 다른 집단별로, 가치관과 행동경향의 차이를 분석하였다. 예를 들면, 연구·개발 분야의 사람들은 이론적·경제적 가치관에, 영업 분야의 사람들은 정치적·경제적·사회적 가치관에 비교적 강한 성향을 보였다.

4. 가치관의 갈등

개인 행동은 목적지향적이고 개인의 목적은 가치관과 밀접한 관계를 맺고 있다. 따라서 가치관은 개인 행동에 있어서 여러 가지 갈등요소가 될 수 있다. 조직체에서 흔히 나타나는 가치관의 갈등은 개인 내적의 가치관 갈등, 개인 간의 가치관 갈등, 개인-조직체 간의 가치관 갈등이 있다.

- 개인 내적의 가치관 갈등(intrapersonal value conflict) : 개인이 자신의 다양한 가치관의 중요성 등에 혼돈이 일어나서 느끼게 되는 갈등이다. 예를 들어, 상사의 지시에 순종해서 무조건 따를 것인가, 용기내서 실행할 수 없음을 얘기해야 할 것인가 등이다.
- 개인 간의 가치관 갈등(interpersonal value conflict) : 일상생활에서 다른 사람들과의 사이에서 흔히 경험하는 갈등이다. 조직의 업무를 수행함에 있어 부딪히는 다양한 구성원들, 즉 상사, 동료, 부하, 고객과 가치관 차이로 인해 문제가 발생할 수 있다.
- 개인-조직체 간의 가치관 갈등(individual-organization value conflict) : 개인의 가치관 체계와 조직체의 공식 가치체계의 불일치로 느끼게 되는 갈등이다. 개인이 조직에 들어가게 되면 개인의 가치와 조직의 가치가 마주치게 되고 두 가치가 적절히 조화를 이루고 적합성을 가지게 된다면 조직과 개인은 성공을 거둘 수 있다.

사례 1 직업선호도 검사를 통한 개인의 관심·흥미 측정과 적합한 직업탐색

1. 다음 순서대로 click하면 됩니다.
   ① http://www.work.go.kr/index.jsp (무료)
   ② 직업정보, 심리검사 궁금하세요?
   ③ 성인용 심리검사
   ④ 직업심리검사실시 – 성인대상심리검사
   ⑤ 직업선호도 검사 S형(25분) 또는 직업선호도 검사 L형(60분)

2. 검사 점수의 의미 해석을 살펴봅니다. (심리검사 결과조회 click)
   ① 높게 나온 흥미유형을 발표합니다.
   ② 흥미 유형에 따른 대표적 적합직업을 발표합니다.

사례 2 직업가치관 검사를 통한 개인의 가치관 측정과 가치를 충족시킬 수 있는 직업탐색

1. 다음 순서대로 click하면 됩니다.
   ① http://www.work.go.kr/index.jsp (무료)
   ② 직업정보, 심리검사 궁금하세요?
   ③ 성인용 심리검사
   ④ 직업심리검사실시 – 성인대상심리검사
   ⑤ 직업가치관 검사

2. 검사 점수의 의미 해석을 살펴봅니다. (심리검사 결과조회 click)
   ① 높은 점수를 받은 가치가 무엇인지 발표합니다.
   ② 높게 생각하는 가치와 관련된 직업을 발표합니다.

요약

성격이란 개인을 타인과 구별하는 독특하고 안정된 특성이다. 성격은 관찰된 행동이나 사고를 바탕으로 개인이 내부에 가지고 있는 성향을 알 수 있다. 일단 형성된 한 개인의 성격은 같은 상황에서는 같은 모습을 보이며, 개개인마다 다른 모습을 보인다. 조직구성원들이 지닌 성격을 통해 개인 차이를 이해할 수 있고, 차이에 따라 관리함으로써 효율적인 조직성과를 낼 수 있다.

성격에 관한 대표적인 이론에는 성격특성이론, 정신분석이론, 성격발달이론이 있다.

성격특성이론은 성격이 독특한 특성으로 구성되어 개인의 행동을 결정한다고 보는 이론이고, 정신분석이론은 개인의 성격이 내부에 존재하는 상황과 갈등에 의해 발전한다는 것을 전제하며, 성격발달이론은 성격이 단계적으로 발달한다는 이론이다.

조직 내에서 구성원들의 성격 유형에 따라 다른 행동으로 나타나고 조직성과와도 관련이 있음을 알 수 있다. **조직행동에 영향을 주는 성격 유형**에는 대표적으로 A유형/B유형, 내향성/외향성, 통제 위치, Big Five 성격 등이 있다.

개인 성격에 차이가 있듯이 직무 간에도 본질적인 차이가 존재한다. 조직 구성원 성격을 고려하여 적재적소에 배치함으로써 즐겁게 직무를 수행하게 하면 **성격과 직무의 적합성**이 조직의 성과도 높일 수 있을 것이다.

조직 구성원들이 어떤 가치관에 중요성을 두느냐에 따라 개인의 태도와 행동이 다르게 나타난다. **가치관**은 특정 행동양식이 다른 행동양식보다 더 낫다고 생각하는 개인의 확신을 말한다. 따라서 여러 대안 행동 가운데 하나의 행동을 선택할 때 사용되는 판단의 기준이 된다.

가치관의 특징은 첫째, 가치관은 태도와 행동을 유발한다. 즉 개인의 태도와 행동을 보면 지향하는 가치관이 무엇인지 알 수 있다. 둘째, 모든 개인은 서로 다른 경험을 가지고 가치관을 형성하기 때문에 개인의 가치관은 서로 차이가 있다.

가치관의 유형에는 Rokeach의 가치관 분류와 Allport의 가치관 분류가 있다.

Rokeach의 가치관 분류는 가장 바람직한 존재양식과 관련된 궁극적 가치와 선호하는 행동양식 또는 궁극적 가치를 달성하는 수단이 무엇인지와 관련된 수단적 가치로 말하고 있고, Allport의 가치관 분류는 강조하는 요소에 따라 이론적, 경제적, 심미적, 사회적, 정치적, 종교적 가치로 분류하였다.

가치관은 개인 행동에 있어서 여러 가지 갈등요소가 될 수 있다. 조직체에서 흔히 나타나는 **가치관의 갈등**은 개인의 내적 갈등, 개인 간의 가치관 갈등, 개인-조직체 간의 가치관 갈등이 있다.

참고문헌

1) C. S. Carver & M. F. Scheier, *Perspective on Personality*, Boston: Allyn & Bacon, 1988.

2) K. Bartlett, *Twins Study: Influence of Genes Surprises Some*, Lincoln Journal and Star, October 4, 1981, p.3.

3) G. W. Allport & H. S. Odbert, *Trait Names, A Psycho-lexical Study*, Psychological Monographs, 1936.

4) R. B. Cattell, *Personality Pinned Down*, Psychology Today, 1973, pp.40-46.

5) S. Freud, Das Unbehagen in Der Kultur, Vienna(Eng. trans. Jvan Riviere(1930), *Civilization and Its Discontents*, Hogarth Press, 1929.

6) C. Argyris, *Personality and Organization: The Conflict Between System and the Individual*, New York: Harper & Row, 1957, pp.51-53.

7) S. B. Robbins, *Organizational Behavior*, 4th ed., Englewood Cliff, NJ: Prentice-Hall, 1998, p.64.

8) J. B. Rotter, *Generalized Expectations for Internal versus External Control of Reinforcement*, Psychological Monographs, 1966, 80(609).

9) J. B. Miner, *Theories of Organizational Behavior*, Dryden Press, 1980, pp.46-75.

10) A. Bandura, *Social Foundations of Thought and Action: A Social Cognitive Theory*, Englewood Cliffs, NJ: Prentice Hall, 1986.

11) M. K. Mount, M. R. Barrick & J. P. Strauss, *Validity of Observer Ratings of the Big Five Personality Factors*, Journal of Applied Psychology, 1994, pp.272-280.

12) McCrae, R. R. & Costa JR., P. T., *Reinterpreting the Myers-Briggs Type Indicator from the Perspective of the Five Factor Model of Personality*, Journal of Personality, 1989, pp.17-40.

13) J. L. Holland, *Making Vocational Choices: A Theory of Careers*, Englewood Cliffs, NJ: Prentice-Hall, 1973.

14) M. Rokeach, *The Nature of Human Values*, New York: Free Press, 1973. p.5.

15) G. W. Allport, P. E. Vernon & G. Lindzey, *Study of Values*, Houghton Mifflin, 1951.

지각, 학습, 태도

1. 지각과정에서의 중요한 요소를 설명할 수 있다.
2. 지각의 기본적인 오류를 설명할 수 있다.
3. 귀인이 행동에 주는 영향을 설명할 수 있다.
4. 학습에 있어 고전적 조건화와 조작적 조건화의 역할을 설명할 수 있다.
5. 사회적 학습과 조직행동 수정을 통한 행동변화에 대해 설명할 수 있다.
6. 태도를 예측할 수 있는 태도변화 과정을 설명할 수 있다.
7. 효율적인 태도변화 관리를 위한 태도변화 방법을 설명할 수 있다.
8. 직무 관련 태도의 역할과 중요성을 설명할 수 있다.

제1절 지각

1. 지각의 개념

지각(perception)이란 특정 자극이나 대상에 대해 의미를 부여하기 위해 감각을 통해 받아들인 정보를 선택, 조직화, 해석하는 과정이다.[1] 지각이라는 정보처리 과정 후 이미지를 형성하고 마지막으로 반응이나 행동에 영향을 주게 된다. 지각은 머릿속에서 진행되기 때문에 마지막 행동을 보고 나서 알 수 있다. 즉 개인이 행동하는 것은 바로 개인자신의 지각이 결정하는 것이다. 따라서 타인의 행동이나 조직 현상을 올바르게 평가하고 행동하는 것이 개인의 올바른 지각에서 출발함을 알 수 있다.

2. 지각의 과정

지각과정을 지각선택, 지각조직화, 지각해석으로 나누어 살펴보자.

1) 지각선택

개인들은 똑같은 자극을 서로 다르게 지각한다. 이것이 개인들이 같은 상황에서 다르게 행동하는 이유 중 하나이다. 지각선택에 영향을 주는 요인을 크게 세 가지로 나누면 주체, 대상, 상황이다.

(1) 지각의 주체(receiver)

지각하는 개인의 특성, 즉 욕구, 태도, 성격, 동기, 관심, 경험, 가치관 등이 지각에 영향을 미쳐 사람들이 어떤 대상을 보고 지각할 때 반영한다. 예를 들어, 낙관적인 사람은 긍정적으로, 비관적인 사람은 부정적으로 외부 자극을 지각할 것이다.

(2) 지각의 대상(target being perceived)

혼자 고립되어 관찰되는 것이 아니라 배경과의 관계를 통해서 지각과정에 영향을 미친다.

- **강도** : 강하고 강렬하고 밝은 것은 주목의 대상이 된다.
- **크기** : 자극 요인이 크면 클수록 쉽게 선택하게 된다.
- **대조** : 주변 환경과의 대조는 주목과 관심의 대상이 된다.
- **반복** : 반복적 자극은 한 번의 자극보다 민감성을 증대시킨다.
- **동작** : 정지보다 운동하는 물체가 더 자극적이다.
- **특이성과 친밀함** : 지각대상이 특이하고 친밀할 때 주목의 대상이 된다.

(3) 지각을 하는 상황(context)

똑같은 대상이나 자극이라 해도 위치, 조명, 온도뿐만 아니라 사건과 시간도 지각에 영향을 끼친다. 예를 들어, 중요한 비즈니스 협상을 할 때 시끄러운 장소에서 하는 것과 조용한 장소에서 하는 것은 지각에 커다란 차이가 있다. 이유는 두 장소의 상황이 다르고 이것이 서로 다르게 지각에 영향을 미치기 때문이다.

2) 지각조직화

지각선택 단계를 거쳐 들어온 정보를 이해하고 해석하기 위하여 자신의 카테고리에 각각의 정보를 할당하여 나눈다. 사람에 대한 정보는 사람에 대한 카테고리에, 꽃에 대한 정보는 꽃 카테고리에 할당된다. 이때 들어온 정보를 단순화시키는 과정에서 생기는 것이 스키마(schema)이다. 새로운 정보가 들어오면 기존에 가지고 있던 스키마 특성과 비교하여 알맞은 카테고리가 형성된다.

3) 지각해석

지각 조직화 단계를 거친 정보는 개인의 다양한 준거체계에 의해 해석되어 의미를 부여하게 된다. 지각해석은 개인의 주관적인 요소에 의해 영향을 받기 때문에 실재 상황과 다르게 변형되어 지각될 수 있다는 특성을 가지고 있다.

3. 사회적 지각

사회적 지각이란 개인이 타인의 행동을 이해하기 위해 정보를 결합하고 통합시키고 해석하는 것을 말한다. 우리 삶에 있어서 타인에 대한 이해는 중요한 부분이며, 행동의 원인을 올바르게 이해해야만 원만한 인간관계를 유지하고 상호작용을 할 수 있다.

조직행동 분야에서 사회적 지각과정을 설명하는 중요한 이론으로 귀인이론(attribution theory), 행위자-관찰자에 따른 귀인이론이 있다.

1) 귀인이론

우리는 어떠한 행동에 대해 원인을 추론하고자 하는 경향을 가지고 있다. 이것이 귀인이론의 기본 전제이다. 자신 혹은 타인의 행동에 대해 원인과 결과를 밝히는 것을 귀인이라고 한다.[2] 우리는 이러한 귀인 행동에 내재한 법칙을 파악할 수 있다. 일반적으로 사람들은 관찰된 행동에 대해 선행하는 사건들을 고려함으로써 인과관계를 추측한다.

귀인이론의 창시자인 Heider는 인간의 행동에 대한 귀인을 크게 내적 요인에 의한 귀인과 외적 요인에 의한 귀인으로 나누었다. **내적 요인**이란 사람의 능력이나 기술 등 개인 내부적 요소를 말하며 **외적 요인**이란 직무의 특성이나 상급자의 특성 등 외부적,

환경적 요소를 뜻한다. 즉 어느 한 사람의 행동이나 행동의 결과에 대해서 보는 사람에 따라 통제능력, 경험 등 내적 요인들을 원인으로 여기는 경우도 있고, 행동을 한 상황이나 운 등의 외적 요인을 원인으로 생각하는 경우도 있다는 것이다.

　　Kelly는 행동에 대한 귀인에 있어서의 내적·외적 요인 개념을 좀 더 발전시켰다. 사람들이 행동에 대한 원인을 규명하려 하는 경우에 합의성, 특이성, 일관성의 세 가지 요소가 귀인이론을 형성한다고 보았다.

- **합의성** : 한 사건의 결과를 다른 사람들이 얻은 결과와 비교하여 귀인하려는 경향
- **특이성** : 한 사건의 결과를 비슷한 다른 사건의 결과와 비교하여 귀인하려는 경향
- **일관성** : 한 사건의 결과를 과거 역사와의 비교를 통하여 귀인하려는 경향

예를 통해 합의성, 특이성, 일관성에 대해 설명해 보도록 하자.
K 양은 조직행동론 기말고사에서 낮은 점수를 받았다.

- **합의성** : K 양 자신만 기말고사를 못 보았는가? 아니면 다른 학생들도 못 보았는가? 만약 다른 학생들의 시험결과도 나쁘게 나왔다면, 합의성이 높고, 그녀는 자신의 시험결과가 나쁜 것을 시험이 어려웠다는 외적 요인에 원인을 두려 할 것이다.
- **특이성** : 이번 기말고사에서 함께 본 마케팅, 리더십론, 재무회계 등 여러 과목 중에서 조직행동론만 낮은 점수인가? 아니면 모두 낮은 점수인가? 다른 과목들은 모두 결과가 좋게 나왔는데 조직행동론만 낮은 점수라면 특이성이 높고, 조직행동론 시험이 무척 어려웠다는 외적 요인에 원인을 두려 할 것이다.
- **일관성** : K 양의 조직행동론 시험 점수가 이번에만 낮게 나왔는가? 아니면 과거의 중간고사 점수도 낮게 나왔는가? 중간고사에서도 나쁜 점수를 받았었다면 일관성이 높고, 시험 준비를 하지 않은 내적 요인에 원인을 두려 할 것이다.

이 세 가지 정보를 종합적으로 고려하여 타인의 행동 원인을 결정하게 된다. 합의성, 특이성이 높고, 일관성이 낮다면, 타인의 행동을 외적 요인으로 귀인하게 될 것이며 합의성과 특이성이 낮고 일관성이 높다면, 타인의 행동을 내적 요인으로 귀인한다고 판

표 3-1 **Kelly의 귀인이론**

	귀인이론 형성요소	비교 결과	귀인
합의성	다른 사람들이 얻은 결과와 비교	높음	외적 요인
특이성	다른 사건의 결과와 비교	높음	외적 요인
일관성	과거 역사와 비교	높음	내적 요인

단할 수 있다.

Kelly의 귀인이론을 〈표 3-1〉로 정리하였다.

2) 행위자-관찰자에 따른 귀인이론

귀인의 유형이 행동 결과의 좋고 나쁨에 따라서 달라지기도 하지만 자신이 한 행동의 결과에 대하여 귀인하는 경우와 타인이 한 행동의 결과에 귀인하는 경우에도 차이가 난다.

〈표 3-2〉에 나타난 바와 같이 일반적으로 사람은 자신이 한 일인가, 타인이 한 일인가에 따라서 귀인을 달리하는데, 자신이 한 일이 성공했을 때는 자신의 능력이나 노력과 같은 내적 요인에 귀인하려는 경향이 강하고, 자신의 일이 실패로 끝났을 때는 상황, 운, 다른 사람 때문 등과 같이 외적 요인에 귀인하려는 경향이 있다. 이러한 귀인 패턴은 타인이 한 일의 결과에 대해서는 정반대로 작용한다. 즉 타인이 한 일의 결과가 성공적이었을 때 그 사람의 능력보다는 상황이나 운과 같은 외적 요인에 귀인하려는 영향이 강하나 타인이 한 일의 결과가 실패했을 때는 그 사람의 능력이나 노력 부족 등과

표 3-2 **행위자-관찰자에 따른 귀인이론**

귀 인		내적 귀인	외적 귀인
성공	자신	충분한 능력, 노력	
	타인		좋은 운, 쉬운 상황
실패	자신		나쁜 운, 어려운 상황
	타인	능력, 노력 부족	

같이 행위자의 내적 요인에 원인을 돌리려는 경향이 있다.

예를 들어, K 양이 중요한 면접에서 떨어졌을 때 결과에 대하여 K 양 자신은 상황적 요인으로 생각하려는 경향이 있으나 다른 사람이 K 양의 면접 실패에 대하여 귀인할 때에는 "K 양의 능력에 문제가 있는 것 같다." 등과 같이 K 양 본인 때문인 것으로 귀인하려는 성향이 강하다.

4. 지각과정에서 발생하는 오류 및 감소방안

우리는 타인과의 상호작용에서 오해하거나 행동상의 과오를 범하는 경우가 종종 있다. 이러한 것은 의도적인 것이 아니라 인지체계가 불완전하거나 상황을 잘못 이해하기 때문에 일어난다. 주관에 따라 좌우되는 지각은 오류의 소지 또한 크다고 말할 수 있다.

▌ 범위 제한의 오류

관대화 경향(leniency tendency)이란 개인을 평가할 때 가급적이면 긍정적으로 관대하게 평가하여 평가결과의 분포가 위로 편중되게 하는 경향이다.

가혹화 경향(harsh tendency)이란 관대화 경향과는 반대로 개인을 가혹하게 평가하여 평과결과의 분포가 아래로 편중되게 하는 경향이다.

중심화 경향(central tendency)이란 긍정, 부정의 양극단을 피하여 대다수의 평가가 가운데로 몰리도록 하는 경향이다.

위와 같은 경향들은 통솔력, 지도력의 부족으로 평가결과가 나쁠 경우, 곤란할 것을 우려한 경우, 훈련 부족으로 평가자의 평가방법이 충분하지 못하다고 생각되는 경우, 평소에 피평가자의 관찰 부족으로 잘 모르고 적당히 평가한 경우, 의도적으로 피평가자를 유리 또는 불리하게 평가한 경우 등을 원인으로 발생할 수 있을 것이다.

▌ 후광효과(halo effect)

현혹효과라고도 불리며 지각대상(즉 여기서는 사람이나 조직)의 어느 한 특성을 중심으로 대상 전체를 평가하는 오류이다.[3] 조직 내에서 상급자는 하급자의 행동 중 일부분 눈에 띄는 부분이 관찰되면 다른 것으로 보완하기 어려운 일이 발생한다. 예를 들어, 하급자가 자신에게 인사를 잘하는 것만으로 다른 직무수행에서도 성실한 사람일 거라고 평가하는 경향이다.

▌유사효과(similar-to-me effect)

자신이 좋아하는 사람을 더 호의적으로 평가하는 오류이다. 개인은 자신과 유사한 사람을 좋아하는 경향이 있기 때문이다. 입사 면접 시 면접관이 자신과 같은 학교 출신의 피면접관을 더 좋게 평가하는 것도 이 오류의 예라 할 수 있다.

▌대조효과(contrast effect)

지각자가 시간적으로 이전의 것, 공간적으로 바로 옆의 것과 대조해 현재의 대상을 지각하는 데 영향을 끼치는 것이다. 면접 시 두 피면접자가 들어왔을 때 한 사람이 서류 전형이나 일차 인터뷰에서 최하위권의 성적을 기록한 사람이라면 다른 한 사람은 그렇게 뛰어나지 않아도 이전 사람에 비해 더 돋보여 평가될 수 있다.

▌최근효과(recency effect)

자신이 얻은 가장 최근의 정보를 중시해 지각대상을 평가하는 것이다. 예를 들면, 연봉 협상이 매년 12월에 이루어진다면 상반기 실적보다는 하반기 실적이 평가의 많은 부분을 차지하게 될 것이다.

▌초기효과(primacy effect)

최근효과와 반대로 초기에 얻은 정보를 더 잘 기억하고 그것을 중시하는 데서 발생하는 오류이다.

▌투영효과(projection)

투사효과라고도 불리는 이 오류는 자기 자신이 갖는 감정이나 특성을 다른 사람에게 투영시킴으로써 발생하는 지각의 착오이다. 즉 다른 사람이 자신과 같을 것이라 가정하여 자신의 주관적인 감정을 객관화시켜 다른 사람에게 적용하려는 것이다.[4]

▌지각방어(perceptual defense)

지각방어는 자신에게 불쾌한 감정이나 이전의 고정관념과 흐름을 달리하는 상황이 발생할 때 이를 회피함으로써 자신을 보호하고 방어하는 경향에서 일어나는 오류이다.[5]

■ 인상(impression)

타인을 평가할 때 처음에 받는 첫인상이 평가의 70% 이상을 차지한다고 한다. 이러한 경향을 가지고 개인을 판단할 때 첫인상이 강하게 작용해 첫인상과는 다른 정보가 추가되어도 재고하지 않고 자신이 받은 인상에만 치중하여 지각하는 오류이다. 대부분의 개인들은 이렇게 처음에 형성된 인상에 지배되어 장기간 동안 지각오류를 범할 수 있다.[6)

■ 스테레오 타입(stereotyping)

스테레오 타입이란 어떤 사람이나 사물을 볼 때 그들이 속한 집단 또는 범주에 대한 자신의 지각범주를 기준으로 지각해 지각대상에 대한 부정확한 지각을 하게 되는 오류이다. 이 오류는 역시 개인의 차이를 인정하지 않고 타인이 속한 집단이나 타인의 행동을 그 집단의 속성으로 범주화, 집단화시키는 것이 특징이다.[7)

대표적인 예로 독일인이 가진 유태인에 대한 스테레오 타입이 있다. 또 남성과 여성은 역할수행 시 일이 달라야 한다는 스테레오 타입이 존재하기도 한다.

■ 자성적 예언(self-fulfilling prophecy : pygmalion effect)

이는 기대성 착오의 개념과 같다. 사람이나 사물의 특성 또는 사건의 발생에 대해 미리 개인이 가진 기대를 바탕으로 무비판적으로 사실을 지각하는 것이다. 즉 자신의 기대에 따라 기대한 바를 찾아 내거나 만들어 내는 경향이다. 자성적 예언은 피그말리온 효과라고도 한다. 그리스 신화에 나오는 피그말리온은 상아로 처녀상을 만들고 처녀상을 사랑하게 된다. 이를 본 사랑과 미의 여신 아프로디테가 조각상에 생명을 불어넣어 준 것처럼 타인의 기대나 관심으로 인하여 기대치에 맞는 긍정적인 결과를 낳게 하는 효과이기도 하다. 조직 내에서 리더가 구성원들을 바라볼 때 충분히 목표를 달성할 수 있다는 기대를 가지고 리더십을 발휘한다면 구성원 역시 기대에 따라 동기부여가 되면서 조직성과를 달성할 수 있을 것이다.

조직 구성원들은 조직 내에서 일어나는 모든 사건과 상황에 대하여 지각하고 반응한다. 이때 지각에 오류가 발생해서 실제와 다르게 받아들여 조직목표 달성에 부정적인 영향을 끼칠 수 있는 가능성이 존재한다. 따라서 조직 구성원들은 자신들의 지각에 오류가 발생할 수 있음을 알고 그렇게 하지 않도록 노력해야 할 것이다. 또한 조직 관리자는 조직 구성원의 지각 오류를 감소시킬 수 있는 방안을 모색해야 하는데 아래와 같은 방법이 있을 수 있다.[8]

▌자기이해(self-understanding)와 자기인정(self-acceptance)

조직 구성원은 누구나 지각오류가 발생할 수 있음을 알게 하는 것이다. 조직 구성원 자신이 완전한 인간이 아니라는 것과 자기 자신이 바람직하지 않은 특성과 성격을 지니고 있을 수 있음을 인식하게 함으로써 지각오류를 감소할 수 있을 것이다.

▌의식적 정보처리(conscious information processing)

많은 지각오류가 무의식적인 지각과정과 해석에서 발생함에 따라 과정을 정확하게 함으로써 오류 발생을 줄일 수 있다. 의식적 정보처리는 지각과정에서 사실을 의식적으로 검토하도록 하여 지각과정을 정확하게 하는 것이다.

▌객관성 테스트(reality testing)

객관성 테스트는 지각해석을 다른 측정치와 비교하여 자신의 지각해석이 정확한지를 결정할 수 있도록 하는 방법이다. 지각에 대한 객관성 테스트는 동일한 지각대상을 하나 또는 그 이상의 측정치와 비교함으로써 오류를 감소시킬 수 있다. 일반적으로는 다른 사람과의 의사소통 기회를 증대함으로써 실천할 수 있을 것이다.

▌기타

새로운 정보를 접할 때 자신의 지각을 바꿀 수 있도록 한다면 오류를 극소화할 수 있다. 또한 세계를 동태적인 관점에서 바라보는 것 역시 지각오류 감소의 방법이 될 수 있다. 지금의 지각이 옳다 하더라도 시간이 지나 현상이 바뀜에 따라 그것이 옳지 않은 것이 될 수 있다는 것을 인정하는 것이다.

제2절 학습

1. 학습의 개념

학습(learning)이란 연습이나 경험을 통해서 형성되는 비교적 영구적인 행동의 변화이다.[9] 보고 배우는 것으로 인간이 태어나서부터 줄곧 일상생활 속에서 겪는 것이 학습이다. 조직의 입장에서 학습이란 주제는 구성원들에게 바람직한 태도와 행동을 새롭게 배워 지속시키는 데 더 큰 관심이 있다.

학습은 다음과 같은 중요한 특성을 갖고 있다.

학습은 행동과 관련된 것이다. 학습이론은 인간의 행동에 초점을 맞춘다. 학습이론가들은 태도와 행동 간의 관계가 직접적이지 않으므로 행동을 직접 통제하고 측정하는 것이 더 효과적이라고 주장한다.

학습은 변화를 수반한다. 학습이 수반하는 변화는 긍정적일 수도 있고 부정적일 수도 있다. 이때의 변화는 행동의 변화뿐 아니라 행동 잠재력의 변화까지 포함하므로 성격, 판단, 태도, 동기, 의도의 변화까지 포함한다.

학습은 경험이나 연습을 통해서 일어난다. 학습은 직·간접적인 경험과 연습의 결과로써 수행된다. 그러므로 신체의 성장에 의한 행동의 변화는 학습의 결과로 간주하지 않는다.

학습에 의한 변화는 지속적이어야 한다. 일시적인 행동의 변화는 자극에 대한 반응일 뿐 학습이라고 볼 수 없다. 자극이 사라지면 다시 원점으로 돌아가기 때문이다.

2. 학습이론의 발전단계

학습이론의 발전단계는 다음과 같다.

1) 고전적 조건화(classical conditioning)

러시아의 생리학자인 Pavlov가 수행한 실험을 통하여 고전적 조건화 과정이 처음 발견되었다.[10] 개에게 종소리를 들려준 후 음식을 준 다음 타액의 분비량을 측정한다. 이러한 과정을 반복한 후에 이번에는 종소리를 들려주고 음식은 주지 않은 채로 타액의 분비량을 측정한다. 이때 개는 음식을 주지 않았음에도 불구하고 음식을 주었을 때와 같은 반응을 보이며 이는 자연적 반응이 아니므로 학습이 일어난 것을 알 수 있다.

고전적 조건화가 조직행동을 설명하는 데 도움을 주기는 하지만 한계는 분명하다. 고전적 조건화는 기본적으로 비자발적이고 자동적인 특성을 갖는 반사적 행동을 다루기 때문에 직무상에서 발생하는 더욱 복잡하고 다양한 행동들에 대해서는 적용이 불가능하다. 또한 리더의 입장에서는 조직원들의 반사적인 행동이 아닌 자발적인 행동의 변화에 관심을 갖는다. 따라서 조작적 조건화이론이 등장하게 되었다.

2) 조작적 조건화(operant conditioning)

조작적 조건화 과정은 Skinner에 의해 개발되었다.[11] 내부에 먹을 것이 나오는 접시와 튀어나와 있는 지렛대가 있고, 이 지렛대를 누르면 음식물이 나오도록 조작되어 있는 상자에 쥐를 집어넣는다. 쥐가 우연히 지렛대를 눌러 음식을 얻게 된다. 최초로 지렛대를 누르기까지의 속도를 작동기 수준이라고 부른다. 작동기 수준이 결정된 이후 실험자는 쥐가 지렛대를 누를 때마다 음식을 제공하고 쥐가 지렛대를 누르는 비율을 측정한다. 먹이는 지렛대를 누르는 행동을 강화시켜서 쥐가 지렛대를 누르는 비율이 급격히 증가하고 만약 먹이 제공을 멈췄을 경우 비율은 감소한다. 실험자는 불이 켜져 있을 때는 지렛대를 눌렀을 때 음식물을 제공하고, 불이 꺼져 있을 때는 지렛대를 눌러도 음식물을 제공하지 않는 변별조건(불)을 설정할 수 있다. 이런 선택적 강화를 통해서 쥐는 불이 켜져 있는 동안에만 지렛대를 누르도록 조건 형성된다. 즉 조작적 조건화란 반응에 대하여 강화를 시킴으로써 반응이 일어날 확률을 증가시키는 것을 말한다.

고전적 조건화가 전제하는 반사적 행동은 무의식적이며 수동적인 데 반하여 **조작적 조건화**가 중요시하는 조작적 행동은 원하는 결과를 위해 의식적으로 하는 행동으로서 원하는 결과를 산출하기 위하여 환경과 교류하면서 학습되는 행동을 뜻한다. 즉 조작 과정에서 개인의 욕구와 동기를 자극하고 반응행동에서 얻은 결과물이 만족스러울 때 똑같은 반응행동이 반복되고 이것이 습관화되어 학습으로 연결된다.

고전적 조건화에서는 자극에 따른 반응과 반응에 따른 결과는 서로 독립된 과정이지만, 조작적 조건화에서는 반응행동은 어떠한 결과를 조작시키려는 데서 나타난다고 전제하고 학습과정에 보상이나 벌(punishment) 등의 조작적 요소가 중요시되고 있다. 이처럼 조작적 조건화를 따르면 인간이 행동의 주체자로서 역할하기 때문에 고전적 조건화보다 훨씬 광범위한 인간행동을 학습시킬 수 있다.

조작적 조건화는 조직 내에서도 흔히 볼 수 있다. 자신의 직무를 성실히 수행해 내는 조직 구성원에게 그에 상응하는 보상이 주어질 것이고, 인정을 받았다는 만족감을 작동시키기 위해 더욱 성실하게 직무를 수행하게 될 것이다. 이때 주어진 보상은 성실히 직무를 수행하게 한 만족감을 작동시킨 강화요인으로서 행동을 유도한 결정적인 역할을 한 것이다. 즉 조작적 조건화에서는 강화요인을 사용하여 구성원이 추구하는 욕구를 자극함으로써 행동변화와 연결하게 되는 것이다.

3) 사회적 학습(social learning)

조작적 조건화에서 학습을 단순히 자극-반응-강화-결과의 기계적 작동에 따른 행동변화로 봤던 것과는 다르게 학습을 개인의 성격과 인지가 결합된 복잡한 과정으로 인식한다. 개인은 환경적 자극 없이도, 즉 직접적인 경험 없이도 인지과정을 통해서 학습이 가능하다는 것을 설명한다. Skinner가 환경의 자극과 행동의 결과에 의해 행동이 통제된다고 한 반면, 사회적 학습을 주창한 Bandura는 인간의 인지적·정신적 과정이 환경에 대한 반응형태를 결정한다고 말했다.[12] 이처럼 개인의 인지구조가 학습의 중요한 요인으로 인식됨에 따라 개인의 학습효과에도 차이가 발생한다.

사회적 학습에서는 인간의 행동을 개인적 결정요인과 환경적 결정요인의 연속적인 상호작용으로 보고 대리적(vicarious), 상징적(symbolic), 자기규제적(self-regulatory) 과정을 통해 설명한다.

대리적이란 대리학습 또는 관찰학습(observational learning)으로 모델의 시범을 관찰함으로써 학습하게 된다는 것이다. 개인은 타인을 관찰하는 과정에서 행동과 결과에 대한 이미지를 인지구조 속에 형성하고 유사한 상황에 접했을 때 이미지를 따라 행동하는 것을 시도한다. 이때 얻은 결과가 긍정적이면 앞으로도 행동을 반복하게 되고 결과가 부정적이면 행동을 그만두게 된다.

상징적이란 개인들이 환경에 반응하게 해 주는 상징물을 사용할 수 있는 능력을 갖고 있으며, 이 상징물을 이용해 시각적 경험들을 처리하며 기억해서 행동을 이끄는 데 사용한다는 것이다. 즉 사람은 과거의 경험을 통해 행동을 하기 이전에 행동에 따른 결과를 미리 예측하고 그에 따른 다양한 방안을 선택하거나 행동하지 않는 것을 선택할 수 있다는 것이다.

자기규제적이란 인간은 환경적 자극을 조정하여 자신의 행동을 통제하기 위해 어떤 조치를 취할 수 있다는 것이다. 또 개인은 어떠한 성취를 이루었을 때 자기만족이나 구체적인 보상을 줌으로써 스스로 바람직한 성과를 달성하는 데 필요한 노력을 기울인다.

4) 조직행동 수정(organizational behavior modification)

조작적 조건화의 개념 또는 강화이론을 체계적, 대규모적으로 도입해서 조직 구성원들에게 새로운 행동을 학습시키고 강화시키는 것을 말한다.[13]

조직행동 수정 계획은 다음과 같은 근거를 바탕으로 세워진다.

첫째, 행동 수정의 지지자들은 개인이 기본적으로 수동적 반응을 보인다는 입장을 취한다. 따라서 개인은 책임을 지고 어떤 행동을 주도하기보다는 환경에서 들어오는 자극에 반응하기만 한다고 생각한다.

둘째, 행동 수정의 지지자들은 행동 자체, 특히 관찰 가능하고 측정 가능한 행동에 초점을 둔다. 이에 반해 인지이론은 동기부여와 관련하여 관찰 불가능한 요소에도 관심을 기울인다.

셋째, 행동 수정에서는 항구적인 변화가 강화의 결과에 의해서만 가능하다고 주장한다. 적극적으로 강화된 행동들은 반복되는 반면, 강화가 안 된 행동들은 사라지게 된다.

조직행동 수정이 성공을 거두기 위해서는 다음과 같은 다섯 가지 단계를 거친다.[14]

1단계 : 중심행동의 규정

성과에 중대한 영향을 미치는 중심행동을 파악하고 적합한 행동을 규정하는 것이다. 중심행동을 확인할 때는 관찰 가능하고 측정할 수 있는 행동만을 포함시켜야 한다.

2단계 : 중심행동의 관찰과 측정

중심행동이 현재 상태에서 얼마나 발생하고 있는가에 대한 측정이다. 측정을 통해 중심행동에 대한 객관적인 빈도 자료를 찾고 이에 대한 개입전략을 수행한 후에 변화의 정도를 비교, 확인하기 위한 과정이다. 행동의 측정에는 기록용지를 사용하는 것이 효과적이며 빈도를 측정하기 위한 정확한 정의를 기준으로 "예", "아니요" 양식의 방법을 많이 쓴다.

3단계 : 중심행동에 대한 원인분석

기능분석이란 어떤 행동의 원인과 결과를 알아내는 것이다. 행동 수정은 행동의 결과라는 조작적 조건화에 기초하고 있으므로 원인분석을 통해 구성원의 행동과 결속관계를 지닌 결과의 사용이 구성원의 행동 수정에 영향을 줄 것이다.

4단계 : 개입전략의 개발과 적용

실행 이전의 3단계가 끝나면 구성원을 원하는 방향으로 변화시킬 전략을 개발하고 실제로 사용하는 단계이다. 전략을 사용하는 목적은 바람직한 행동을 강화시키고 바람직하지 않은 행동을 약화시키는 것이다.

5단계 : 성과개선의 확인과 평가

전략을 적용하고 일정한 시간이 지난 후에는 계획 실시 전과 실시 후 행동의 변화에 대한 성과를 확인하고 평가해야 한다. 이때는 구성원의 변화뿐만이 아니라 조직효과성에 주는 영향까지도 평가해야 한다.

3. 행동변화의 전략

1) ABC 원칙

조작적 조건화 과정의 환경적 자극을 A(Antecedents)로 표시하고, 자극에 대한 반응(행동)을 B(Behavior)라고 하며, 행동에 따르는 결과를 C(Consequences)로 표시한다. 〈그림 3-1〉을 보면 특정한 자극 A가 주어졌을 때 개인이 보여줄 수 있는 자극에 대한 여러 가지 반응행동들 중에서 긍정적 결과 C+를 가져오는 행동(예 : B1)은 강화되고 부정적

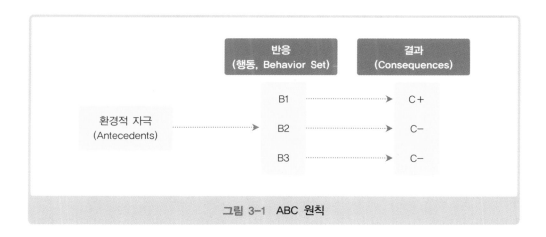

그림 3-1 ABC 원칙

결과 C-가 따르는 행동(B2, B3)은 소멸된다는 것이다.

2) 강화법칙

Skinner의 조작적 조건화 원리를 이용해서 개인의 행동을 변화시킬 수 있는 학습기법이다. 외부 자극에 대한 반응 행동에서 긍정적 결과를 가져오는 행동은 강화되고 부정적 결과를 가져오는 행동은 소멸되는 것이다. 이때 조작적 행동을 유도해 내는 결과를 강화요인(reinforcer)이라고 한다.

(1) 긍정적 강화(positive reinforcement)

자극과 반응과의 관계에 있어서 반응행동의 결과가 만족스러울 때 자극과 반응의 관계를 강하게 해 주는 강화요인을 긍정적 강화요인(positive reinforcer)이라고 하고 긍정적 강화요인이 적용된 학습과정을 긍정적 강화라고 한다. 예를 들면, 열심히 일한 것에 대해 칭찬과 보상을 제공하는 것이 긍정적 강화의 전형적인 예이다. 긍정적 강화의 원리는 강화물은 바람직한 행동이 수행되었을 때만 제공되어야 하고 바람직한 행동이 일어났을 때 즉시 제공해야 하며 그 규모는 행동과 개인과의 관계에 따라 결정하고 강화물의 혜택을 받지 못한 사람일수록 강화물의 효과가 크다는 것 등이다.

(2) 부정적 강화(negative reinforcement)

부정적 강화란 불만족스러운 결과, 즉 불유쾌하고 부정적인 결과를 제거해 줌으로써 바람직한 행동이 반복되도록 하는 것이다. 예를 들어, 생산실적이 떨어진 구성원에게 벌점을 주었다가 실적이 올라간 후 벌점을 제거해 주는 것이다.

(3) 벌(punishment)

행동에 따르는 불유쾌한 결과로 행동의 빈도를 감소시키는 것이다. 벌은 바람직하지 않은 결과를 제거하기는 하지만 벌에 대하여 저항감을 가질 경우 그보다 큰 부정적 결과를 초래할 수도 있다. 벌은 바람직하지 않은 행동을 제거하기보다는 단기적으로 억압한다. 따라서 장기적인 유지를 위해서는 지속적인 벌이 필요한데 벌은 개인의 진취성과 융통성을 억압하고 관리자에 대한 조건화된 공포를 창출하는 등의 부작용이 있으며 벌의 대상인 개인이 상황으로부터 도피하려는 시도를 하기도 한다. 긍정적인 강화의 가능성은 바람직한 행동의 빈도를 증가시키는 반면에 벌은 바람직하지 않은 행동의 빈도를 감소시킨다. 즉 벌은 학습효과에 있어 오히려 비효과적일 수도 있으므로 조심스럽게 적용되어야 한다.

(4) 소거(extinction or omission)

소거란 긍정적 강화물을 중단하는 것이다. 소거의 절차는 첫째, 감소되거나 제거되어야 할 행동을 규명하고 둘째, 행동을 유지하는 강화물을 규명하고 셋째, 강화물을 중단한다. 그러나 소거가 중단되었을 경우 바람직하지 않은 행동이 다시 회복될 수 있으므로 소거를 적용할 때는 바람직한 행동을 유도할 다른 방법과 함께 적용되어야 한다. 예를 들어, 실적이 떨어진 구성원에게 보너스를 삭감시키는 것이다.

3) 강화스케줄(reinforcement schedule)

강화요인을 제공하거나 제거할 때 언제 할 것인지, 어느 정도의 간격을 가지고 할 것인지, 어느 정도의 빈도를 둘 것인지에 따라 효과가 달라진다.

(1) 연속 강화스케줄(continuous reinforcement schedule)

가장 단순한 강화스케줄로 바람직한 행동이 발생할 때마다 강화요인을 적용하는 방법이다. 매번 강화요인을 제공하기 때문에 학습효과를 단기간에 올릴 수 있는 장점이 있는 반면 강화요인이 제거될 경우 학습효과가 감소될 수 있다는 단점도 있다. 뿐만 아니라 강화요인이 연속적으로 반복됨에 따라 학습자가 쉽게 싫증을 내거나 당연하다는 태도를 보이는 포만효과(satiation effect)가 발생하여 강화효과가 감소할 수 있다. 또한 관리자가 매번 강화요인을 적용하는 것도 어려운 일이 될 것이다.

(2) 단속 강화스케줄(partial or intermittent reinforcement schedule)

바람직한 행동을 하더라도 강화요인의 연속적인 제공이 아니라 부분적으로 또는 불규칙적으로 강화요인을 제공하는 것을 말한다. 연속 강화스케줄에 비해 학습효과가 느린 반면에 학습의 항구적인 보존효과가 발휘될 수 있다.

▌고정간격법(fixed interval schedule)

반응행동이 발생한 후 일정한 시간이 경과한 다음 강화요인을 적용하는 방법이다. 이때 강화요인으로서 보상을 제공할 경우 개인은 자신의 행동에 대해 즉시 보상이 따르지 않는다는 사실을 알고 있기 때문에 강화 이전보다 행동의 빈도와 강도가 약해질 수 있다. 예를 들면 매월 받는 급여나 3개월마다 지급되는 보너스 등이다.

▌변동간격법(variable interval schedule)

강화요인이 불규칙한 시간간격에 따라 제공된다. 예를 들어, 관리자는 평균적으로 일주일에 한 번 현장을 시찰하나 요일이나 시간은 정해져 있지 않다. 따라서 조직 구성원들은 자신의 행동의 평가를 예측할 수 없다. 이런 상황에서 조직 구성원들은 항상 바람직한 행동을 보이고 최선을 다하는 자세를 취하게 된다. 또 1년에 3번 보너스를 주되 지급 날짜는 정하지 않는 경우이다. 이 방법은 매우 강력하고 지속적인 성과 향상을 가져올 뿐만 아니라 강화요인을 소거했을 때도 바람직한 행동이 지속되는 경향이 강하다.

▌고정비율법(fixed ratio schedule)

바람직한 행동이 일정한 수만큼 발생했을 때 강화요인을 적용하는 것이다. 강화요인으로서 보상을 제공할 때 이런 방법을 적용하면 사람들은 보상을 받기 위해 가능한 한 빨리 업무를 달성하고 반응을 하려고 한다. 대표적인 예는 성과급 제도이다. 따라서 고정비율법을 이용한 보상관리는 지속적이고 높은 반응률을 달성하게 된다.

표 3-3 강화스케줄

강화스케줄		내 용
연속 강화스케줄		바람직한 행동이 나올 때마다 강화요인(보상)을 제공
단속 강화스케줄 (부분적으로 강화요인을 제공)	고정간격법	일정한 시간 간격을 두고 강화요인을 제공
	변동간격법	불규칙한 시간 간격에 따라 강화요인을 제공
	고정비율법	일정한 빈도(수)의 바람직한 행동이 나타났을 때 강화요인을 제공
	변동비율법	불규칙한 횟수의 바람직한 행동 후 강화요인을 제공

▌변동비율법(variable ratio schedule)

불예측적인 횟수의 바람직한 행동을 보였을 때 강화가 이루어지는 방법이다. 예를 들어, 보너스 지급 시 횟수와 금액을 정하지 않고 불규칙하게 지급하는 경우이다. 이 방법은 강력하고 지속적인 행동을 낳으며 강화요인이 소거되어도 지속되는 경향이 강하다.

강화스케줄 중에서 행동 수정 효과면에서는 변동비율법과 변동간격법이 가장 강력하고 고정간격법이 가장 약하다. 그럼에도 불구하고 실제 사회에서 고정간격법을 가장 많이 쓰는 까닭은 경제생활 측면의 안정성 때문이다. 가정 경제를 꾸려나감에 있어서 고정적으로 비용이 지출되야 하는 상황에서 구성원들에게 변동비율이나 변동간격으로 급여를 지급하게 되면 많은 문제점들이 야기될 수 있을 것이다. 때문에 변동법은 급여의 일정 부분에 대해서 시행하는 것을 고려해야 한다.

제3절 태도

1. 태도의 개념

태도(attitudes)는 조직 구성원들의 행동에 영향을 주는 또 다른 형태의 개인차이다. 어떤 대상에 대한 믿음(belief), 느낌(feeling), 그리고 행동 의도(behavioral tendency)가 결합되어 있는 정신적 준비 상태를 의미한다. 쉽게 말해 태도는 개인이 갖는 어떤 대상에 대한 감정 및 평가라고 할 수 있겠다. 가령, "나는 나의 일을 좋아해."라는 말은 자신의 직무에 대한 긍정적인 평가로서 자신의 일에 대한 평가자의 태도 또한 결정된다.

태도에는 세 가지 중요한 특징이 담겨 있다.

첫째, 태도는 일종의 가설적 개념이다. 태도를 직접 관찰할 수는 없으나 결과로 나타나는 행동은 볼 수가 있다. 즉 태도의 결과는 관측 가능하지만, 태도 자체는 관측이 불가능하다는 것이다. 이는 행위의 원인이 되는 태도가 개인 내면에 존재하리라는 가정을 하고 있는 것이다.

둘째, 태도는 단일 차원 변수적 개념이다. 어떤 대상에 대한 태도는 일반적으로 '좋다'/'나쁘다', '바람직하다'/'그렇지 않다' 등 호의적이거나 비호의적인 양극단을 지니기 때문에 태도는 일차원적인 연속선으로 표현된다는 가정이다. 즉 동일한 대상에 대해 두 가지의 태도가 나타나지는 않는다는 점이다.

셋째, 태도는 행동과 관련이 있다. 태도의 정의에 사람이 어떻게 느끼는가에 따라 행동할 것이라 이미 가정되어 있기 때문이다. 즉 개인의 태도와 행동의 관계를 조심스럽게 파악해야 한다.

태도의 정확한 이해를 위해서 세 가지 형성요소에 대해 살펴보겠다. 하지만 이 요소들은 서로 분리되어 존재하거나 또는 기능하는 것이 아니라 상호작용한다.

인지적 요소(cognitive component)는 대상 혹은 사건에 대해 갖고 있는 정보이다.

예를 들어 직무와 관련시켜 본다면, 내가 하고 있는 일은 자율성이 없고 장래가 없다. 나에게 어렵다는 정보를 갖고 있는 상태를 말한다.

정서적 요소(affective component)는 대상 혹은 사건에 대한 개인의 감정이다.

인지적 요소에 직접적인 영향을 받아, 앞의 예에서 직무에 대한 불만이 생기게 되고 그것이 결국 하기 싫다는 감정을 낳게 된다.

행동적 요소(behavior intention component)는 대상 혹은 사건에 대해 특별한 방식으로 행동하려는 의도이다. 정서적 요소에 힘입어, 앞의 예에서 하기 싫다는 감정이 곧바로 열심히 일을 수행하지 않거나 이직 의도로 변하는 상태를 말한다.

2. 태도의 형성

태도는 어떻게 형성되는 것일까? 요인에는 여러 가지가 있겠지만 성격, 경험, 문화, 집단 내 구성원 위치로 설명하려고 한다.

1) 성격

개인이 가지고 있는 성격은 선천적인 요소도 있겠지만 대부분이 후천적으로 변화된 것이나, 변화 가능성이 있는 것이라고 할 수 있다. 한 개인이 소극적인 성격을 가지고 있다면 그 사람은 어떤 대상이나 상황을 대할 때 있어서 자신의 입장을 명확히 표현할 수 없을 수도 있다.

2) 경험

개인은 자신이 경험해 봄으로써 대상에 대한 느낌, 감정을 결정지을 수 있다.

3) 문화

같은 장소에서도 어떤 문화 속에서 살아왔느냐에 따라 개인의 행동, 태도가 다를 수 있다. 개인은 자신이 살아온 가정 환경이나 속해 있는 집단, 어떤 교육을 받고 살아왔는지에 따라 다른 태도들을 보일 수 있다.

4) 집단 속 구성원 위치

개인은 대상에 대한 자신의 감정을 그대로 행동에 반영하지 않는다. 대상에 대한 자신의 태도는 비호의적일지 모르지만 구성원으로서의 자신의 위치가 그것을 그대로 표현하기 곤란할 때는 다른 태도를 보일 가능성이 높다는 것이다.

3. 태도의 변화

조직 구성원의 긍정적인 태도는 바람직한 행동을 유발하지만, 부정적인 태도는 역기능을 초래할 것이다. 조직 구성원들의 태도를 바람직한 방향으로 변화시키는 것은 중요할 것이다. 지금부터 태도변화의 이론, 과정, 저항과 방법에 대해 살펴보자.

1) 태도변화의 이론

태도변화와 관련된 연구 결과들은 다양하다. 태도변화에 대해 세 가지 이론을 알아볼
것이다.

(1) 행동주의이론(behavioral theory)

행동주의자들의 주장은 태도변화도 자극 → 반응의 원리인 학습에 의해서 가능하다는
것이다.[15] 새로운 학습이 없는 한 개인의 태도는 불변인 채 지속될 것이지만 자극을
하면 새로운 태도를 갖게 할 수 있다는 것이다. 따라서 새로운 태도를 갖도록 구성원의
이익과 욕구와 관련된 자극이 필요할 것이다.

(2) 장이론(field theory)

장이란 개체와 그 주변을 모두 포함하여 일컫는 말이다. Lewin에 의하면 인간의 심리상
태인 태도는 고정적이거나 안정되어 있는 것이 아니라, 겉으로는 그렇게 보일지라도 실
제로는 서로 상충되는 힘의 작용으로 동적인 세계에서 균형 상태를 유지하고 있을 뿐이
라는 것이다. 따라서 이 균형 상태에 변화를 주려면 어느 정도의 힘(특정 상황에 영향
을 주는 모든 변화)을 강하게 또는 약하게 만들면 된다. 만일 현재의 태도를 바람직한
태도로 변화시키려 한다면 변화를 추진하려는 힘과 저항하려는 힘으로 나누어지는데,
이때 추진하려는 힘을 강화시키면 행동변화를 이루게 될 것이다.

(3) 인지부조화이론(cognitive dissonance theory)

Festinger가 개인의 태도와 행동 간의 관계를 설명하기 위하여 주창한 이론이다.[16] 두
가지 신념 간에 혹은 신념과 태도 간에 혹은 태도와 행동 간에 불일치가 발생하면 개인
은 인지부조화를 경험하게 된다. 인지부조화는 개인의 심리적 균형을 깨뜨리기 때문에
이를 감소시키려는 쪽으로 노력하게 된다. 또한 태도와 행동 간의 부조화가 발생한 경
우 이미 이루어진 행동을 바꾸는 것보다는 자신의 태도를 바꾸는 것이 인지부조화를
해소하는 보다 쉬운 방법이다.

인간이 인지부조화를 감소시키고자 하는 욕망의 크기는 다음 세 가지 요인, 즉 부
조화가 생기게 된 요소의 중요성, 개인이 요소에 대해 미칠 수 있다고 생각하는 영향력

의 정도, 부조화에 수반된 비용에 의해 결정된다.

　인지부조화이론은 바람직한 방향으로 조직 구성원들의 태도와 행동을 변화시킬 수 있을 것이다.

2) 태도변화의 과정

태도변화는 기존의 태도에 겹치게 되는 정보가 들어오게 되는 경우에 발생하는 어떤 스트레스를 해결하는 하나의 방안으로 이해할 수 있다. 일반적으로 태도는 인지적 요소와 정서적 요소 간에 균형 상태를 이루고 있으며 이들 간에 일관성을 유지하려고 한다. 따라서 외부의 어떤 정보가 들어오게 되면 일차적으로는 저항을 하고, 그러한 저항이 불가능할 경우 인지적 요소와 정서적 요소 간의 불균형을 일으키는 요인을 분리시켜 처리하며, 더 나아가서는 새로운 태도를 수용함으로써 태도의 일관성을 유지하려고 한다.

　Lewin의 태도변화는 〈그림 3-2〉와 같이 크게 해빙, 변화, 재동결의 3단계로 구성된다는 순환과정을 제시하였다. 이 이론은 조직에서 모든 수준의 변화, 즉 개인, 집단, 조직 등의 태도변화에도 전반적으로 적용될 수 있다.

(1) 해빙

개인이나 집단의 태도에 대하여 변화의 필요성을 느끼고 새로운 태도를 받아들일 준비를 하는 단계이다. 다시 말하면 어떤 일을 하는 데 있어서 지금까지의 고정화된 태도가 잘못되었음을 스스로 깨닫게 하고 개인의 사고, 습관, 전통을 얼음 녹이듯이 녹여 가는

그림 3-2 태도변화 과정

과정을 통해 변화시키는 과정이다.

(2) 변화

해빙단계를 거치며 태도의 잘못을 인식한 후에 태도를 변화시키기 위해 어떠한 조치를 취하는 단계이다. Kelman은 어떤 개인의 태도에 영향을 미치는 사회적 영향력이라는 관점에서 변화단계가 순응, 동일화, 내면화의 세 가지 과정을 통하여 일어난다고 보았다.[17]

- **순응**(compliance) : 보상을 기대하거나 처벌을 회피하기 위해 다른 사람 혹은 집단의 영향력을 수용하는 것이다. 하지만 변화 담당자가 있을 때는 변화가 생기는 것 같지만, 담당자가 감시를 안 한다든가, 영향력을 행사하던 집단이 압력을 풀게 되면 다시 원래 생각으로 회귀하게 된다.
- **동일화**(identification) : 어떤 개인이 다른 사람이나 집단과의 관계에서 만족을 하고, 다른 사람이나 집단의 태도에 동화되어 자기가 일체화될 수 있다는 느낌을 갖는 것을 의미한다. 특히, 개인에게 가장 가깝게 소속되어 있는 일차적 집단인 가족집단에서의 영향력이 더욱 크게 나타나며 구성원 간의 상호작용이 태도에 있어서 가장 잠재적인 영향력을 미치게 된다.
- **내면화**(internalization) : 동일화의 경우보다 훨씬 심층적인 태도변화로 어떤 개인에게 영향을 줄 수 있는 사람이나 집단의 주장이 한 개인의 가치체계에 부합될 때 수긍하여 받아들임으로써 자신의 행동을 변화하려는 것을 의미한다.

(3) 재동결

해빙과 변화과정을 통하여 새로 획득된 태도, 지식, 행동이 개인의 성격에 고정되는 단계이다. 개인의 태도변화가 내면화되어 깊이 정착되고 시간이 지나도 소멸되지 않도록 하기 위해서 재동결의 과정을 반복함으로써 강화시켜야 한다. 만약 사회적인 지원이나 강화를 얻지 못한다면 원래 영향을 주던 모델과 목표가 관련성을 가지는 한에서만 재동결이 지속될 것이다.

3) 태도변화의 저항과 방법

경영자는 구성원의 행동을 통제하기 위해 개인이나 집단의 태도를 변화시킨다. 태도는 비교적 안정된 상태를 이루고 있지만 개인들은 태도의 일관성을 유지하지 못할 만한 자극이 있을 때 어떠한 저항적인 특성요인으로 태도의 비일관성을 극복하고자 한다. 이러한 현상을 태도변화에 대한 저항이라고 볼 수 있으며 몇 가지의 저항 메커니즘이 있다.

첫째, 태도와 상반된 주장에 대해 기존 입장이 더 정당성이 있음을 입증하려 강한 반박을 시도한다.

둘째, 태도변화를 유발하는 정보 원천에 대해 부정적으로 반응을 보인다.

셋째, 메시지 자체를 왜곡시켜 자신의 태도와 일치되게 한다.

보다 효율적인 태도변화 관리를 위해서는 과정에 대한 이해와 더불어 이를 위한 구체적 방법에 대한 검토가 이루어져야 한다. 태도는 인지적, 정서적, 행동적 요소로 구성되는데 한 가지 요소만 변화시켜도 태도의 변화는 가능해진다. 여기서는 스스로 자기의 태도를 변화시킬 수 있는 개인적 차원과 사람들과의 교류 혹은 리더와의 관계를 통해 태도를 변화시킬 수 있는 대인적 차원의 방법으로 나누어 살펴보기로 한다.

(1) 개인적 차원의 태도변화

▮ 자기변화에 관한 서적 읽기 및 훈련

자기변화에 관한 저서들은 남과의 관계에서 격려, 터놓고 이야기하기, 이해성 키우기, 남의 말 경청하기, 감사하기, 존중, 겸손, 관심의 태도 등을 통해 자신을 변화시키도록 권고하고 있다.

▮ 자기암시

정신을 집중해서 자신의 어떤 측면에 자극을 가함으로써 실제로 자기 최면 상태에 이르는 것을 말한다. 긴장을 풀고 싶다든가 자기 나름의 여러 생각을 자신에게 암시한 뒤 정신을 집중하여 문제해결에 이르게 하는 방법이다.

▌자기분석

자기 내면에 들어 있는 여러 기억들을 정직하게 분석하여 불건전한 태도의 원인을 밝혀 내 자신을 보다 긍정적으로 만드는 것을 말한다. 자기분석은 숨은 원인을 찾아내 건전한 태도변화를 일으키는 데 도움을 준다. 자기분석 결과 자기에 대한 통찰력을 갖게 되면 그것이 자동적으로 태도의 개선을 가져온다.

(2) 대인적 차원의 태도변화

▌설득

가장 많이 사용되는 태도변화 방법으로 언어, 문서 및 영상 등의 메시지를 통한 논리적 주장과 사실의 확인에 의해서 태도를 변화시킨다. 효과적 설득이 되기 위해서는 먼저 커뮤니케이션 과정에서 설득자, 설득 메시지 및 피설득자 등에 대한 검토가 필요하다.

▌토론

조직 구성원이 토론을 통해서 자신의 태도에 대한 좋고 나쁜 점을 터득하게 하고 이를 바탕으로 태도변화의 필요성을 자인할 수 있도록 하는 방법이다.

▌의사결정 참여

의사결정 과정에 개인을 참여시키는 것도 중요한 태도변화의 방법이다. 일반적으로 자신이 결정과정에 참여한 안에 대해서는 책임감과 함께 수용의 범위가 확대된다. 그 결과 일부에서는 참여 자체만으로도 개인의 태도를 변화시킬 수 있다고 한다. 그러나 이 경우 참여가 보다 효과를 거두기 위해서는 기계적이 아닌 참여자의 감정을 고려하고 직무성과와 관련된 실질적 참여가 이루어져야 한다.

▌공포의 유발과 감축

공포의 유발이나 감축도 태도변화의 방법이 된다. 우선, 공포의 감축은 새로운 기술이나 작업방법을 도입할 때 개인의 불안감 해소와 관련해서 변화를 수용하게끔 태도를 변화시켜 줄 수 있다. 그러나 일반적으로는 공포의 감축보다는 유발에 따른 태도변화가 대부분이다.

▌여론 지도자의 활용

여론 지도자의 효과적 활용도 태도변화에 중요한 방법이다. 여론 지도자는 외부로부터의 정보를 구성원들에게 전달하고 해석해 주는 역할을 한다. 따라서 이들을 태도변화에 활용할 수 있다는 것이다.

▌계획적 태도변화

조직 구성원의 자율적이고 적극적인 직무관 및 태도를 갖게 하기 위해 조직은 여러 가지 계획된 변화를 시도한다. 조직이 구성원의 태도변화를 위해 사용하고 있는 것으로는 경력개발 계획, 훈련개발 계획, 경영참가 제도, 감수성 훈련, 그리드 훈련, QC 등이 있다.

▌모델링 학습

태도를 포함한 인간행동의 변화를 예언하는 이론 중의 하나인 모델링이론을 적용한 것이다. 이 이론에 의하면 직접적인 경험을 통해 습득되는 모든 학습현상은 다른 사람들의 행동과 행동에 수반되는 결과를 관찰하는 대행 또는 간접경험을 통해서도 발생할 수 있다고 보았다. 따라서 적절한 모델의 행동을 관찰함으로써 복잡한 행동양식을 습득하고 태도를 변화시킬 수도 있다.

4. 직무와 관련된 태도

조직 구성원들이 조직에 대해 매우 다양한 태도를 지니고 있다. 이 가운데 가장 중요하게 다루어지고 있는 것이 직무만족, 조직몰입이다.

1) 직무만족(job satisfaction)

직무만족은 조직 구성원 개인의 직무에 대한 태도, 긍정적인 감정 상태라고 할 수 있다. 즉 직무만족이 높은 사람은 자신의 직무에 대해서 긍정적인 태도를 가지고 있고, 반대로 직무만족이 낮은 사람은 직무에 대해 부정적인 태도를 갖고 있다고 말할 수 있으며 직무에 대한 높고, 낮음의 개인 평가는 자신이 처한 작업과 작업환경, 개인특성 등 여러 측면에 의하여 이루어진다고 할 수 있다.

(1) 직무만족의 중요성

직무만족의 중요성을 조직 외적 측면과 조직 내적 측면으로 나누어 살펴볼 수 있다. 구성원 개인의 권리와 조직의 이윤추구 목적에 따라 내용이 달라진다.

▌개인 측면

첫째, 가치판단적 측면의 중요성으로, 직장은 개인에게 만족의 기회를 제공하여야 하고, 개인에게 만족을 주는 것이 사회적 책임의 한 범주가 되는 것이다.

둘째, 정신건강적 측면의 중요성으로 직장생활의 불만족이 가정생활 등으로 이어져 삶 전체로의 불만으로 정신건강까지 해롭게 할 수 있다.

셋째, 신체건강적 측면의 중요성으로 불만족을 느낄 경우 소화불량, 고혈압 등의 질병을 발생시킬 수 있다.

▌조직 측면

첫째, 직무만족은 성과로 이어질 수 있다.

둘째, 조직 내 인간관계도 원만히 유지함으로 시너지효과를 창출할 수 있다.

셋째, 이직률과 결근율의 감소로 조직의 비용을 절감시킬 수 있으며, 생산성 증가의 효과를 올릴 수 있다.

넷째, 개인의 직무생활에 긍정적인 감정을 가지고 있는 사람은 외부 사회에 자신이 소속된 조직에 대해서 호의적으로 이야기하게 되고 더불어 조직의 긍정적인 광고효과 기능을 수행하고, 나아가 인력공급의 원활한 충원과 일반 대중으로부터 조직에 대한 호감을 유도하는 등 조직의 이미지까지도 향상될 수 있다.

(2) 직무만족의 측정

직무만족을 측정하는 방법은 크게 두 가지로 구분된다. 한 가지는 직무만족을 여러 측면들의 집합으로 보고 각 측면에 대한 근로자의 긍정적 또는 부정적 평가의 합을 개인의 직무만족으로 보는 방법과 복합척도로 직무만족을 측정하여 각 직무 상황에 대한 개인의 평가를 종합한 방법이 있다. 직무만족은 개인의 마음속에 존재하기 때문에 물리적 척도로 측정될 수 없다. 직무만족의 측정방법에는 안면기법, 미네소타 만족 설문지,

당신이 수행하고 있는 직무의 모든 측면을 고려하여 직무에 대한 당신의 느낌을 가장 잘 나타내고 있는 얼굴에 표시하시오.

출처 : R. B. Dunham, *Organizational Behavior : People and Processes in Management,* Richard D. Irwin, 1984, p.43.

그림 3-3   안면기법

직무기술 인덱스, 조직반응 인덱스 등이 있다.

▌안면기법(faces techniques)

직무만족을 측정하기 위한 가장 단순한 접근방법의 하나로 〈그림 3-3〉의 안면기법이 있다.[18] 안면기법은 전반적인 만족도를 측정하기 위해 개발된 것이나 특정한 단면에 초점을 맞추어 개별 단면의 만족도를 측정할 수도 있다.

▌미네소타 만족 설문지(Minnesota Satisfaction Questionnaire, MSQ)

MSQ는 다양한 만족 단면과 관련된 이슈에 대해 응답자들이 얼마나 만족하고 있는가를 응답하도록 하는 방법이다.[19] 안면기법보다는 정확하나, 〈그림 3-4〉에서 보는 바와 같이 설문지 항목의 수가 많음으로 인하여 응답에 비교적 많은 시간이 소요되고, 마찬가지로 응답을 왜곡하는 경향이 있기도 하다.

▌직무기술 인덱스(Job Descriptive Index, JDI)

현재의 직무(work on present job), 현재 직무에 있어서 상급자의 감독(supervision on

현재 당신의 직무에 대한 느낌을 표시하시오.

측정항목	만족하지 않음 (not satisfied)	조금 만족 (slightly satisfied)	만족 (satisfied)	매우 만족 (very satisfied)	극도의 만족 (extremely satisfied)
직무안정성	1	2	3	4	5
직무 보상	1	2	3	4	5
작업 조건 (온도, 조명, 환기)	1	2	3	4	5
승진 기회	1	2	3	4	5

출처 : D. J. Weiss, R. V. Davis & Lofquist, *Manual for Minnesota Satisfaction Questionnaire* (Minnesota Studies in Vocational Rehabilitation No. 22), Mineapolis, Mn : University of Minnesota Relations Center, Work Adjustment Project, 1967.

그림 3-4 미네소타 만족 설문지의 예

present job), 현재 직무와 관련하여 상대하는 사람들(people on your present job), 현재의 보수(present pay), 승진의 기회(opportunities for promotion) 등 다섯 가지 측면을 통해 직무만족을 측정한다. 이는 직무 태도 중 정서적 측면을 측정하는 방법으로 〈그림 3-5〉에서 볼 수 있듯이 응답척도가 Likert식 5점 척도인 MSQ보다 응답 폭이 적은 세 가지(yes/no/?)로 측정된다.

▍조직반응 인덱스(Index of Organizational Reactions, IOR)

IOR은 기술적, 정서적 및 행동적 문항들을 종합해서 사용하고 있다.[20] 실제 IOR은 서로 다른 문화적 배경을 갖고 있는 조직에 주로 활용하기 위해 개발되었기 때문에 다양한 직무와 조직의 직무만족 측정을 비교하는 데 주로 활용한다. 〈그림 3-6〉에서 볼 수 있듯이 IOR의 측정항목들은 MSQ와 같은 다른 설문에서 사용된 측정항목에 비해 직무만족에 대해 다소 간접적으로 질문을 하고 있어 응답 결과에 대해 다소 주관적인 해석을 필요로 하는 한계가 있다.

당신이 수행하고 있는 현재 직무를 생각하라.
현재 직무를 잘 설명하고 있다면 '예', 올바르게 설명하고 있지 않다며 '아니요', 결정을 내리기 어렵다면 '?'에 표시하시오.

측정항목		응답척도		
22 a. 매력적이다	예	아니요		?
b. 일상적이다	예	아니요		?
c. 만족스럽다	예	아니요		?
d. 많은 압박감을 느낀다	예	아니요		?
e. 지루하다	예	아니요		?

출처 : P. C. Smith, L. M. Kendall & C. L. Hulin, *The Measurement of Satisfaction in Work and Retirement*, Chicago, Rand Mcnally, Copyright Bowling Greenstate University, Bowling Green, Ohio, Department of Psychology, 1975.

그림 3-5 직무기술 인덱스의 예

1. **당신을 감독하는 사람들은**
   ① 나쁜 특성보다는 좋은 특성을 훨씬 더 많이 가지고 있다.
   ② 나쁜 특성보다는 좋은 특성을 더 많이 가지고 있다.
   ③ 나쁜 특성과 좋은 특성을 대략 비슷하게 가지고 있다.
   ④ 좋은 특성보다는 나쁜 특성을 더 많이 가지고 있다.
   ⑤ 좋은 특성보다는 나쁜 특성을 훨씬 더 많이 가지고 있다.

2. **당신을 감독하는 사람들의 노력이 당신이 속한 부서의 성공에 주는 영향은**
   ① 매우 큰 영향을 준다.
   ② 상당한 영향을 준다.
   ③ 조금 영향을 준다.
   ④ 매우 조금 영향을 준다.
   ⑤ 영향이 거의 없다.

출처 : F. J. Smith, *The Index of Organizational Reactions*, JSAS Catalog of Selected Documents in Psychology, Copyright by Smith, F. J., 1976.

그림 3-6 조직반응 인덱스의 예

(3) 직무만족과 행동과의 관계

직무만족은 직무 상황의 각 측면들과의 관계에 있어서 종속변수가 되지만, 그 자체가 독립변수로도 사용된다. 첫째, 직무만족과 이직, 결근 관계는 명확하지는 않지만 반비례적인 현상을 보인다. 이직과 결근으로 인해 발생되는 비용은 구성원이 직무에 만족을 느낌으로써 개선될 수 있을 것이다. 둘째, 직무만족과 보상의 관계에서 공정한 보상체계를 수립해서 구성원들이 공정하다고 판단하고 만족을 느끼게 함이 필요할 것이다.

셋째, 직무만족이 조직시민 행동에 긍정적인 영향을 주는 것으로 나타난다. 구성원들이 직무에 만족을 느끼고 조직을 위해 자발적으로 행동하도록 하는 것이 필요할 것이다.

2) 조직몰입(organizational commitment)

특정한 조직의 구성원으로 남아 있고자 하는 강한 욕망, 조직을 위해 기꺼이 높은 수준의 노력을 경주하는 정도, 조직의 목표와 가치를 수용하는 단호한 신념으로 정의할 수 있다. 이는 조직에 대한 각각의 구성원이 가질 수 있는 일체감과 몰입의 상대적 정도를 말하는 것으로 어떤 사람이 조직에 대해 심리적으로 동화되어 동일시가 되거나 일체감을 느낄수록 조직에 몰입되어 있으며, 그렇지 않을 경우는 반대로 몰입되어 있지 않다고 말할 수 있겠다.

조직몰입은 크게 세 가지 구성요소로 이루어진 다차원적인 개념이다.

정서적 몰입(affective commitment)은 조직에 대한 개인의 진실한 참여 열망, 정서적으로 애착과 일체감을 가지고 몰입하는 차원의 정도를 의미한다.

지속적 몰입(continuance commitment)은 조직을 삶의 중심요소로 여기어 구성원이 조직을 떠나 다른 조직으로 옮길 때 발생하는 비용에 기초한 몰입의 차원을 의미한다.

규범적 몰입(normative commitment)은 조직을 자아의 핵심요소로 여기어 마땅히 조직에 머물러 있어야 한다는 의무감에 기초한 몰입의 차원이다. 자신을 평가하는 데 조직을 반드시 언급해야 하는, 즉 조직에 근무하는 것에 대해 강한 자부심을 느끼거나 조직의 명예를 자신보다 소중히 여기는 사람들을 말할 수 있겠다.

조직몰입의 영향요인은 다음의 네 가지 측면이 있다.

첫째, **개인적 요인**으로는 나이, 성취욕구, 학력, 교육수준 및 근무연수 등이 있다. 즉 연령이 많고 근무연수가 긴 구성원일수록 이에 비례하여 조직에 대한 투자가 증가하게 되고 이직 시 개인적인 비용이 발생하기 때문에 몰입도가 높다. 또한 성취욕구가 높을수록 참여욕구가 증대되어 조직몰입의 수준이 높은 것으로 나타난다.

둘째, **역할 관련 요인**으로는 역할 갈등과 역할 모호성이 있다. 구성원이 역할에 대해 갈등을 느끼거나 역할이 명확하지 않고 모호할수록 조직몰입의 수준이 낮다. 반대로 직무 충실화가 이루어져 있고 역할 갈등과 역할 모호성이 적을수록 직무몰입도가 높다.

셋째, **조직특성 요인**으로는 조직의 크기, 노조의 존재, 관리의 폭, 조직의 분권화 정도 등이 있다. 즉 조직이 분권화될수록 개인이 의사결정에 참여 가능성이 높아지고, 개인에게 동기를 부여하게 되어 조직몰입 수준이 높아진다.

넷째, **작업경험 요인**은 개인이 조직에서 근무하는 동안 일어나는 개인적 느낌을 의미한다. 수행하는 직무가 조직에 중요하다고 느낄 때, 조직을 통해 개인의 기대가 실현된다고 느낄 때, 조직의 관심과 동료의 긍정적인 태도 등이 조직몰입의 수준에 영향을 준다.

위의 영향요인을 통해서 기대할 수 있는 네 가지 결과는 다음과 같다.

첫째, **참여도**의 측면으로 조직의 목표나 가치를 받아들이는 구성원은 조직의 활동에 적극적으로 참여하게 되며, 결근율도 낮아지게 된다.

둘째, **잔류의도**의 측면으로 조직몰입이 높은 구성원일수록 조직에 남아 있으려는 욕망도 크기 때문에, 조직몰입도와 이직률 간에는 역의 관계가 있다고 할 수 있다.

셋째, **조직목표 달성**의 측면으로 구성원이 조직에 일체감을 느끼고, 조직목표를 신뢰할수록 직무에 보다 몰입함으로써 목표달성에 영향을 줄 것이다.

넷째, **직무노력**의 측면으로 조직몰입이 큰 구성원일수록 조직을 위해 상당한 노력을 기울이게 된다는 것이다.

다음 〈표 3-4〉는 조직몰입 측정 설문이다.

표 3-4 **조직몰입 측정**

현재 조직에 대한 자신의 느낌을 기준으로 7항목 중 하나에 표시하시오.

1=전혀 그렇지 않다, 2=그렇지 않다, 3=별로 그렇지 않다, 4=보통이다,
5=다소 그런 편이다, 6=그렇다, 7=매우 그렇다.

	문 항	1	2	3	4	5	6	7
1	나는 조직의 성공을 위해서 일반적인 기대 수준 이상의 많은 노력도 기꺼이 할 수 있다.							
2	나는 친구들에게 내가 일하는 곳이 일하기에 매우 좋은 조직이라고 얘기한다.							
3	나는 이 조직에 충성심을 거의 느끼지 못한다(R).							
4	나는 이 조직의 직무가 유지되게 하기 위해 어떤 종류의 직무도 거의 받아들일 수 있다.							
5	나의 가치와 조직의 가치가 매우 유사하다고 생각한다.							
6	나는 이 조직의 일원이라고 다른 사람들에게 말하는 것을 자랑스럽게 생각한다.							
7	나는 직무 유형이 비슷하다면 다른 조직을 위해서 일할 수도 있다(R).							
8	이 조직의 직무 수행방식은 나에게 매우 고무적이다.							
9	이 조직을 떠나는 것은 나의 현재 환경에 있어서 변화를 거의 야기시키지 않는다(R).							
10	내가 입사 당시 고려했던 다른 조직 대신에 이곳을 선택한 것을 매우 기쁘게 생각한다.							
11	내가 지금 근무하는 이 조직에 계속 있어도 이득이 많지 않을 것이다(R).							
12	나는 구성원과 관련된 주요 사안에 대한 조직의 정책에 동의하기가 종종 어렵다(R).							
13	나는 진심으로 이 조직의 운명에 대해 걱정한다.							
14	나에게 있어 이 조직은 내가 일할 수 있는 가능한 조직들 중 최선이다.							
15	이 조직에 종사하기로 결정한 것은 내게 있어서는 명백한 실수였다(R).							

출처 : R. T. Mowday, R. M. teeres & L. W. Porter, *The Measure of Organizational Commitment,* Journal of Vocational Behavior, 1979, p.288.

사례 1   박 신입의 하루

오늘은 수요일이다. 오랜만에 박 신입은 업무량이 적어서 한가한 시간을 보내고 있었다. 부장님이 때마침 회의에 쓸 자료라면서 복사할 자료를 맡겼다. 박 신입은 "네"라고 큰소리로 대답하고 벌떡 일어나 씩씩하게 복사기 앞으로 갔다. 너무나 익숙하고 빠르게 복사물을 완벽하게 45부를 만들어서, 부장님이 말씀한 부분이 아니었지만 회의가 열릴 세미나실에 바로 사용할 수 있도록 비치해 놓았다. 그랬더니 부장님은 박 신입에게 이렇게 말씀하시며 어깨를 툭툭 쳐주셨다.

"자네같이 사소한 일에도 최선을 다하는 능력 있고 책임감 있는 직원이 있어야 회사의 사기도 올라가고 업무 효율도 오르는 것일세. 난 오늘 아주 자네에게 좋은 인상을 받았네."

그 이후로도 박 신입은 부장님을 볼 때마다 칭찬을 떠올리며 기분이 좋아져, 주어진 크고 작은 일들을 열심히 하여 항상 좋은 결과를 만들어 내는 성실한 직원이 되었다.

토의

1. 박 신입의 태도에 대해 토의해 보자.
2. 부장님의 긍정적 강화와 조직성과에 대해 토의해 보자.
3. 비슷한 사례를 놓고 긍정적 태도와 부정적 태도에 대해 토의해 보자.

사례 2   합격과 불합격

제43차 공인회계사 합격자 발표 날, 저긍정 양과 나부정 양은 컴퓨터로 합격자 명단을 확인한다. 둘 다 합격자 명단에 없었다. 나부정 양은 '시험 난이도가 너무 높았다', '공부하지 않은 부분에서만 나왔다', '문제의 오류도 많은 것 같다'며 투덜대는 반면, 저긍정 양은 앞으로 더 노력을 해야겠다며 그동안 열심히 하지 않은 자신을 반성한다.

다음 해, 제44차 공인회계사 시험 장소. 차분히 앉아 두 손을 모으고 '나는 할 수 있다. 나는 이번에 꼭 합격한다'를 마음속으로 외치고 있는 저긍정 양. 분주하게 책을 넘기며 다급한 마음으로 정리를 하면서 '아, 이번에도 떨어지면 큰일 나는데…. 그동안 놀지 말고 공부 좀 할 걸…. 이번에도 예감이 안 좋아'를 생각하는 나부정 양. 시험 결과 저긍정 양은 합격을 하였고 나부정 양은 또다시 불합격을 하였다.

토의

—■———————

1. 저긍정 양과 나부정 양의 귀인이론의 차이점에 대해 토의해 보자.
2. 피그말리온 효과에 대한 경험에 대해 토의해 보자.
3. 당신이 CEO라면 저긍정 양과 나부정 양 중 어떤 사람을 채용할 것인지 토의해 보자.

요 약

지각이란 특정 자극이나 대상에 대해 의미를 부여하기 위해 감각을 통해 받아들인 정보를 선택, 조직화, 해석하는 과정이다. 지각이라는 정보처리 과정 후 이미지를 형성하고 마지막으로 반응이나 행동에 영향을 주게 된다. 지각은 지각선택, 지각조직화, 지각해석의 3단계 과정을 거치게 된다.

조직행동 분야에서 사회적 지각과정을 설명하는 가장 중요한 이론으로 **귀인이론, 행위자-관찰자에 따른 귀인이론**이 있다.

개인은 타인과의 상호작용에서 오해하거나 행동상의 과오를 범하는 경우가 종종 있다. 이러한 것은 의도적인 것이 아니라 인지체계가 불완전하거나 상황을 잘못 이해하기 때문에 일어난다. 주관에 따라 좌우되는 지각은 오류의 소지 또한 크다고 말할 수 있다. **지각의 오류**에는 후광효과, 스테레오 타입, 투영효과 등이 있다. 오류의 감소방안에는 자기이해, 자기인정, 의식적 정보처리, 객관적 테스트 등이 있다.

학습이란 연습이나 경험을 통해서 형성되는 비교적 영구적인 행동의 변화이다. 보고 배우는 것으로 인간이 태어나서부터 줄곧 일상생활 속에서 겪는 것이 학습이다. 그런데 조직의 입장에서 학습이란 주제는 구성원들에게 바람직한 태도와 행동을 새롭게 배워 지속시키는 데 더 큰 관심이 있다.

학습이론의 대표적 발전단계는 고전적 조건화, 조작적 조건화, 사회적 학습, 조직행동 수정이론 등이 있다.

태도는 조직 구성원들의 행동에 영향을 주는 또 다른 형태의 개인차이다. 어떤 대상에 대한 믿음, 느낌, 그리고 행동 의도가 결합되어 있는 정신적 준비 상태를 의미한다.

보다 효율적인 **태도변화 관리**를 위해서는 과정에 대한 이해와 더불어 이를 위한 구체적 방법에 대한 검토가 이루어져 한다. 태도는 인지적, 정서적, 행동적 요소로 구성되는데 한 가지 요소만 변화시켜도 태도의 변화는 가능해진다. 태도변화 방법에는 스스로 자기의 태도를 변화시킬 수 있는 개인적 차원과 사람들과의 교류 혹은 리더와의 관계를 통해 태도를 변화시킬 수 있는 대인적 차원의 방법이 있다.

조직 구성원들이 **조직과 직무에 대해 매우 다양한 태도**를 지니고 있다. 이 가운데 가장 중요하게 다루어지고 있는 것이 직무만족, 조직몰입이다.

참고문헌

1) S. P. Robbins, *Management* (4th eds.), Prentice-Hall, 1994, p.135.

2) H. H. Kelley, Attribution in Social Interaction, in Jones, E. et al.(eds.), *Attribution: Perceiving the Causes of Behavior* (Morristown, NJ: General Learning Press, 1972, pp.1-26.

3) D. Helliegel, J. W. Slocum & R. W. Woodman, *Organizational Behavior* (4th eds.), West Publishing Company, 1983, p.90.

4) R. B. Dunham, *Organizational Behavior: People and Processes in Management,* Richard D. Irwin, 1984, p.254.

5) D. J. Cherrington, *Organizational Behavior: The Management of Ind-ividual and Organizational Performance,* Allyn & Bacon, 1989, pp.94.

6) Ibid., pp.95-96.

7) D. Helliegel, J. W. Slocum & R. W. Woodman, *Organizational Behavior* (4th eds.), West Publishing Company, 1983, p.102.

8) D. J. Cherrington, *Organizational Behavior: The Management of Individual and Organizational Performance,* Allyn & Bacon, 1989, pp.259-261.

9) H. M. Weiss, Learning Theory and Industrial and Organizational Psychology, in Dunnett, M. D. & Hough, L. M. *Handbook of Industrial & Organiational Psychology,* 2nd ed. Palo Alto, CA: Consulting Psychologist Press, 1990, pp.170-221.

10) I. P. Pavlov, *The Work of the Digestive Glands,* London: Charles Griffin, (translated by W. H. Thompson), 1902.

11) B. F. Skinner(1953), *Science and Human Behavior,* New York: Free Press; Skinner, B. F.(1969), *Contingencies of Reinforcement,* East Norwalk, CT: Appleton-Century-Crofts; Skinner, B. F.(1971), *Beyond Freedom and Dignity,* New York: Bantam Books.

12) A. Bandura, *Social Learning Theory,* Englewood Cliffs, N. J.: Prentice-Hall, 1977.

13) F. Luthans & R. Kreitner, *Organizational Behavior Modification and Beyond,* Glenview, Ⅲ.: Scott Foresman., Sutherland, V., Makin, P., Bright, K. & Cox, C.(1995), *Quality Behavior for Quality Organizations,* Leadership and Organization Development Journal, 16(6), 1985, pp.10-16.

14) F. Luthans, *Organizational Behavior,* 5th ed., New York: McGraw-Hill, 1989, pp.321-332.

15) K. Lewin, *Field Theory in Social Science,* New York: Harper, 1951

16) L. Festinger, *A Theory of Cognitive Dissonance,* Stanford, CA: Stanford University Press, 1957

17) H. C. Kelman, Three Process of Social Influence, in Hollander, E. P. & Hunt, R. G., *Current Perspectives in Social Psychology,* New York: Oxford Univ, Press, 1963, pp.454-462.

18) R. B. Dunham, *Organizational Behavior: People and Processes in Management,* Richard D. Irwin, 1984, p.41.

19) D. J. Weiss, R. V. Dawis, G. W. England & L. H. Lofquist, Manual for the Minnesota Satisfaction Questionnaire, *Minnesota Studies in Vocational Rehabilitation,* Mineapolis, MN, 9167.

20) F. J. Smith, The Index of Organizational Reactions, *JSAS Catalog of Selected Documents in Psychology,* 1976.

스트레스

제1절 스트레스의 개념

스트레스(stress)라는 단어는 일반 사전에 의하면, 중세 영어 'stresse(고난, 고통)'에서 파생되었다. stresse는 고대 프랑스어 'estresse(좁음)'에서 유래했고, 이 단어는 라틴어 'stringere(팽팽하게 당기다, 팽팽하게 죄다)'의 과거분사 'strictus(팽팽하다, 좁다)'에서 나온 통속 라틴어 'strictia'에서 유래했다.[1]

스트레스는 개인에게 주어진 각종 요구들이 개인이 해결할 수 있는 능력을 넘어선다고 생각될 때 나타나는 흥분, 걱정 및 신체적 긴장 상태이다.[2] 스트레스란 보통 불쾌한 것을 의미하는 것으로서, 개인들이 일상생활에서 느끼는 각종 압력을 설명할 때 사용하는 일반적인 용어이다.

생물학적으로 스트레스라는 개념을 맨 처음 정리한 Selye에 의하면 스트레스 상태가 점차 명확해지는 생리적 반응을 일반적응증후군(General Adaptation Syndrome, GAS)이라고 명명하였다.[3] 일반적응증후군은 경고단계, 저항단계, 고갈단계라는 세 단계를 거친다. **경고단계**(alarm stage)에는 외부의 자극에 의해 호르몬이 분비되고, 심장박동수와 혈압이 증가한다. 이 상태의 스트레스가 지속된다면, **저항단계**(resistance stage)로 넘어가며 신체가 충격에 대처하는 데 필요한 내부기관을 모음으로써 신체의 항상성을 유지하려 한다. 이때 하나의 요인에 대해 많은 저항을 하며 다른 요인에 대해서는 거의 저항이 없게 된다. 극심한 긴장 상태 후 몸살 등 다른 질병이 나타나는 경우를 보게 된다. 이후 스트레스가 장기간 지속된다면, 마지막 **고갈단계**(exhaustion stage)로 들어가게 된다. 이는 저항단계의 적응 기제가 고갈되어 직무에 대한 긍정적 강화요인이 결여되고 냉소적 태도 등의 특징을 갖게 된다.[4]

스트레스의 대표적인 특징은 다음과 같다.

첫째, 스트레스는 건설적·긍정적인 순기능적 성격과 파괴적·부정적인 역기능적 성격의 양면성을 가지고 있다.

둘째, 지각 또는 경험을 통해 발생된다. 이때 지각된 스트레스를 실제적 스트레스라 하고 그렇지 않은 스트레스를 잠재적 스트레스라 한다.

셋째, 스트레스는 단순한 자극이나 반응이 아니라 자극과 개인의 반응 간의 상호작용의 결과이다.

넷째, 스트레스를 받는 상황이 동일하다 할지라도 각 개인 간의 반응의 방법과 정도는 같지 않다.

다섯째, 스트레스는 부적합 또는 불균형 상태에서 발생한다. 그러므로 균형을 맞추기 위한 적응적 반응이 강조된다.

다음 〈표 4-1〉은 스트레스를 측정하기 위한 설문이다.

표 4-1 스트레스 측정

다음은 당신의 스트레스 원인을 알려 주는 문항입니다. 상황을 가장 잘 설명한 것에 표시해 주십시오.

1 = 전혀 스트레스의 원인이 아니다.
2 = 거의 스트레스의 원인이 아니다.
3 = 가끔 스트레스의 원인이다.
4 = 때때로 스트레스의 원인이다.
5 = 자주 스트레스의 원인이다.
6 = 통상 스트레스의 원인이다.
7 = 언제나 스트레스의 원인이다.

문 항	1	2	3	4	5	6	7
1 나의 업무 책임과 작업 목표는 불분명하다.							
2 나는 불필요한 작업 또는 프로젝트를 한다.							
3 나는 밤에 집으로 일거리를 가지고 가거나 주말에도 일에 매여 있다.							
4 내게 요구되는 업무수준이 부적절하다.							
5 내게 적당한 승진의 기회가 이 조직에는 부족하다.							
6 나는 다른 종업원들을 개발시켜야 하는 책임이 있다.							
7 누구에게 보고를 받아야 하고, 보고해야 하는지 불분명하다.							
8 나는 상사와 부하 사이에서 곤란을 겪는다.							
9 나는 업무와 관계가 없고, 중요하지 않은 회의 참석에 너무 많은 시간을 보낸다.							
10 내게 할당된 업무들이 때때로 너무 어렵거나 복잡하다.							
11 내가 승진을 원한다면 다른 조직에서 일자리를 찾아야 한다.							
12 나는 업무수행에 필요한 권한이 부족하다.							
13 나는 부하들을 상담하고 문제를 해결하도록 도와주어야 한다.							
14 공식적인 명령체계가 확고하지 않다.							
15 나는 동시에 수행할 수 없는 많은 프로젝트나 업무할당에 대한 책임이 있다.							
16 업무들은 점점 더 복잡해지는 것 같다.							
17 몸담고 있는 조직에서 나의 경력이 퇴보하고 있다.							
18 나는 다른 사람의 안전이나 복지에 영향을 주는 조치를 취하거나 의사결정을 한다.							
19 나에게 기대하는 것을 완전하게 이해하지 못한다.							
20 나의 업무수행은 다수가 아닌 소수 사람에 의해서만 용인되는 일이다.							

(계속)

표 4-1 스트레스 측정(계속)

문 항	1	2	3	4	5	6	7
21 나는 평상시에 할 수 있는 것보다 더 많은 일을 해야 한다.							
22 조직은 내가 제공하는 기술과 능력보다 더 많은 것을 요구한다.							
23 나는 업무를 하면서 새로운 지식이나 기술을 배우고 기를 기회가 거의 없다.							
24 나의 책임은 일에 대한 것보다 사람에 대한 것이 더 많다.							
25 조직 전체의 목표에 나의 업무가 기여하는 부분을 잘 모르겠다.							
26 나는 둘 이상의 사람들로부터 상충되는 요구를 받는다.							
27 나는 일하는 중에 쉴 틈이 없다.							
28 나는 임무를 잘 수행하기 위해 필요한 훈련이나 경험이 충분하지 않은 편이다.							
29 나의 경력은 정체된 상태에 있다.							
30 나는 다른 사람의 미래(경력)에 대한 책임이 있다.							

스트레스 점수 계산

스트레스 요인 영역	문항번호	점수합계
역할 모호성	1, 7, 13, 19, 25	
역할 갈등	2, 8, 14, 20, 26	
역할 과중(양적)	3, 9, 15, 21, 27	
역할 과중(질적)	4, 10, 16, 22, 28	
경력개발	5, 11, 17, 23, 29	
사람에 대한 책임	6, 12, 18, 24, 30	

각 스트레스 요인 영역의 점수에 의해 스트레스 수준을 다음과 같이 예측할 수 있다.

총점이 10 이하	낮은 스트레스 수준
총점이 10~24	중간 정도의 스트레스 수준
총점이 25 이상	높은 스트레스 수준

출처 : J. M. Ivancevich, M. T. Matterson, *Stress and Work : A Managerial Perspective*, Glenview : Scott-Foresman, 1980, pp.118-120. 수정 인용.

제2절 스트레스의 유형

스트레스는 긍정적 측면과 부정적 측면을 모두 가지고 있다. Selye는 스트레스의 유형을 유스트레스(eustress)와 디스트레스(distress)의 두 가지로 구분하였다.[5]

유스트레스는 바람직하고 좋은 일로 발생하는 스트레스의 긍정적인 측면으로, 유쾌하고 건설적인 결과로 나타나는 현상을 말한다.

디스트레스는 바람직하지 않고 좋지 않은 일로 발생하는 스트레스의 부정적인 측면으로, 불쾌하고 개인의 건강에 유해한 결과를 가져오는 현상을 말한다.

스트레스가 적정한 수준까지 증가한다면 성과를 개선할 수 있는 단계(유스트레스)에 도달하여 긍정적인 결과를 나타낼 수 있다. 그러나 적정수준을 넘어 과도한 스트레스를 받는 단계(디스트레스)에 도달하면 성과는 다시 감소한다고 하였다.

적당한 스트레스(유스트레스)는 오히려 조직과 개인에게 건설적인 결과를 가져옴으로써 유용하게 작용한다는 사실을 알 수 있다. 경영자는 디스트레스의 원인을 파악하여 사전에 발생을 통제하고 예방할 수 있는 조치를 취하는 것이 필요하다.

제3절 직무 스트레스

미국의 기업들은 스트레스로 인한 구성원의 결근이 연간 680억 달러의 생산성 손실을 가져오는 것으로 예상하고 있고, 스트레스 비용은 회사 이윤의 10%에 이르는 것으로 주장하고 있다. 또 건강관리 전문가들은 환자의 90%가 스트레스 관련 증세나 질환을 가지고 있는 것으로 설명하고 있다.[6]

이와 같이 개인 측면뿐만 아니라 조직 측면에서의 비용, 생산성 등의 이유로 기업의 직무 스트레스에 대한 관심은 증가하고 있다.

직무 스트레스는 업무상 요구사항이 구성원의 능력이나 자원, 바람(요구)과 일치하지 않을 때 생기는 유해한 신체적, 정서적 반응이라고 정의할 수 있다.[7]

직무 스트레스의 요인, 직무 스트레스의 반응 결과, 직무 스트레스를 조절해 주는 변수에 대해 살펴보자.

1. 직무 스트레스의 원인

직무 스트레스 원인으로 개인적 차원과 조직적 차원으로 구분하여 생각할 수 있다.

첫째, **개인적 차원**은 조직 구성원의 개인적 변수로서 성격, 역량, 개인성장과 개발에 대한 압력, 경력개발의 필요성, 조직에 대한 헌신과 책임 등이 있다.

둘째, **조직적 차원**은 조직 관련 차원, 직무 관련 차원, 역할 관련 차원, 대인관계 차원으로 나누어 살펴보자.

조직 관련 차원은 조직구조, 조직풍토와 같은 조직과 관련된 특성이 구성원에게 스트레스를 제공한다. 조직구조와 관련해서 Ivancevich와 Donnelly는 탈중앙집중적 조직일수록 직무만족이 높고 직무 스트레스가 적으며 직무수행이 높다고 보고했다.[8] 조직구조의 형태에 따른 차이는 구성원의 의사결정 증가가 직무에 대한 의미를 증가시키고, 자율성, 책임성, 확실성, 통제성 및 소유권을 제공하기 때문인 것으로 보여진다.[9] 의사결정의 대부분이 최고경영층에서 이루어지는 중앙집중적 조직구조보다는 구성원에게 의사결정 참여와 재량권을 부여하는 탈중앙집중적 조직일수록 스트레스가 적음을 알 수 있다. 조직풍토는 구성원에게 공유되는 기대나 신념으로 정의되며, 조직풍토에 의해서 직무 스트레스가 발생할 수 있다. 예를 들어, 조직정치에 의한 스트레스 발생을 보고하고 있다.

직무 관련 차원으로는 물리적 환경요인과 직무특성과 관련된 요인이 있다. 물리적 환경요인은 소음, 온도, 조명, 진동, 대기오염 등이 관련되며, 이와 같은 작업환경은 주관적 경험으로서 개인에 따라 다르고 동일한 개인이라도 시점에 따라 다르나 구성원의 신체적 상태와 태도에 매우 중요한 요소가 된다. 직무특성과 관련된 요인은 과업 속도, 과업의 반복성, 과업교대 등과 관련되며, 과업속도에서는 과업의 속도를 누가 또는 무엇이 통제하는가로서 통제감의 결여에서 스트레스가 나타나고 있다. 과업의 반복성이란 동일한 순서로 계속해서 반복되는 과업에서 스트레스를 경험하게 된다. 과업교대는 직간접적으로 신체적 효율성과 동기부여에 영향을 미친다.

역할 관련 차원의 대표적 요인으로 역할 과부하(role overload), 역할 모호성(role ambiguity), 역할 갈등(role conflict)이 나타나고 있다. 역할 과부하는 주어진 시간 안에 개인이 처리하기에 너무 많은 업무로 인한 양적 과부하(quantitative overload)와 개인이 처리하기에 너무 어려운 업무조건인 질적 과부하(qualitative overload)로 구분되고 있다. 역할 모호성은 개인의 책임한계나 직무목표가 명확하지 않을 때 발생한다.[10] 역할 갈등은 개인이 조직 내에서 두 가지 이상의 요구로 인해 발생한다.

대인관계 차원에서는 조직 내에서 상사, 동료, 부하, 고객과의 관계에서 갈등, 낮은 신뢰도 등이 직무 스트레스 요인으로 나타나고 있다.

2. 직무 스트레스 반응 결과

직무 스트레스 결과 개인이 나타내는 행동 반응은 다음과 같다.[11]

첫째, **생리적 반응**으로, 심장혈관 증상(혈압과 콜레스테롤 수준의 상승), 생화학적 측정치(카테콜라민이나 요산), 소화기관 증상(위궤양 등) 등을 포함한다.

둘째, **심리적 반응**으로, 분노, 좌절, 적대, 흥분과 같은 정서 상태와 싫증, 탈진, 피로, 우울감 등의 부정적인 반응 등이 있다.

셋째, **행동적 반응**으로, 직무행동(직무수행, 사고, 약물 사용), 반사회적 행동(직장에서 절도, 이탈(결근, 이직) 등이 나타난다.

3. 스트레스를 조절하는 변수

개인변수와 상황변수들이 스트레스 원인의 영향을 조절하거나 완화시킬 수 있다.

직무 스트레스를 조절할 수 있는 개인변수로서 A, B 성격 유형, 통제의 위치에 따른 성격특성이다. A유형의 성취지향성, 경쟁성, 성급함은 스스로가 스트레스 상황을 유발하게 된다. B유형의 사람들은 여유롭게 매사를 쉽게 생각하는 경향이 있으므로 스트레스와 관련된 문제를 적게 갖는 편이다. 통제의 위치가 내부에 있는 내재론자들은 자신에게 일어나는 모든 일들을 자신이 통제할 수 있다고 믿기 때문에 스트레스 원인에 대해 적극적인 행동을 취하거나 스트레스에 의한 영향을 감소시키려고 노력할 가능성이 크다. 직무 스트레스를 조절할 수 있는 상황변수에서 가장 중요한 변수는 사회적 지원이다. 스트레스를 받더라도 조직, 동료의 지원을 받을 경우 스트레스에 대한 완충역할을 하여 대처할 수 있다.

제4절 스트레스 관리

스트레스에 효과적으로 대처할 수 있게 하려는 다양한 방안들이 생기고 있다. 스트레스 관리란 스트레스의 원인을 파악하고, 스트레스 반응을 이해하며, 스트레스로 인한 부정적인 결과들을 최소화함으로써 스트레스를 감소하려는 시도들을 말한다.[12]

스트레스 관리방법에는 개인의 스트레스 지각수준을 변화시켜 사후적인 대처방식을 강조하는 개인차원의 대처전략과 스트레스가 유발되는 직무환경을 변화 또는 개선시켜 스트레스 잠재요인 제거에 초점을 맞춘 조직차원의 대처전략이 있다.

1. 개인 차원의 대처전략

1) 규칙적인 운동

가벼운 운동으로 혈액의 순환을 촉진, 신체 중에 산소를 공급하여 머리를 맑게 하고 육체적 건강을 유지하여 정신적으로도 안정시키는 방법이나, 조깅, 수영, 테니스, 골프 등 자신의 신체조건과 처지에 맞는 운동을 골라 비경쟁적인 육체적 활동을 하는 것이 바람직하다.

2) 긴장이완 훈련

직접적으로 스트레스 상황을 제거하거나 효과적으로 관리하는 것이다. 이에는 명상, 최면, 요가, 바이오피드백 등이 있다.

3) 인지 재구성 방법

비현실적이고 비합리적인 개인의 생각이나 믿음을 바로잡아 줌으로써 스트레스를 줄이는 기법으로, 스트레스 상황에 대한 환자의 반응을 평가하고 문제해결 기술을 가르친 뒤 가상적 환경을 설정해 치료한다.

4) 자기조절

상황이 자신을 통제하도록 내버려두는 것이 아니라 자신이 상황을 통제하도록 함으로써 자기조절력을 이루게 한다. 자신의 한계를 인지하고 실현 가능한 목표를 설정해서 융통성 있는 계획으로 자신을 관리하는 것이다.

5) 약물 사용과 음식 조절

스트레스에 대한 반응으로 불안감과 우울증이 심해지면서 적응이 어려운 경우에 신경 안정제나 항우울제의 사용으로 불안과 우울 상태를 완화시킬 수 있다. 그러나 이와 같은 약물 사용은 반드시 의사의 진단과 처방에 따라야 한다.

2. 조직차원의 대처전략

조직차원의 스트레스 관리는 직무 스트레스 요인을 규명하고 변화시키며 제거하거나, 스트레스 결과에 대해 구성원들의 효율적인 대처를 돕도록 설계되어야 한다.

1) 직무설계

직무분석을 통해 역할과중, 역할과소, 불건전한 업무 조건 등을 찾아내서, 개인의 능력과 적성에 맞게 직무를 설계한다면 스트레스는 확실히 제거될 수 있다.

2) 역할분석

여기에는 두 가지가 고려되어야 한다. 첫째, 다른 사람이 과업에 대해 바라는 기대역할 (expected role)을 분명하게 정의하는 것이고, 둘째, 규정역할(enacted role), 즉 역할에 대한 행동을 명확하게 규정해 주는 것이다.[13] 역할분석을 통해 개인의 역할을 분명하게 해 줌으로써 스트레스 요인을 제거해 주는 데 목적이 있다.

3) 조직구조의 변화

분권화(decentralization)를 통해 구성원에게 자율성을 부여하고, 목표를 설정하도록 하여 적합한 계획을 수립하도록 한다. 또, 의사결정 과정에 구성원을 참여시키고, 구성원 간의 직무에 관한 정보를 공유할 수 있도록 정보를 개방함으로써 커뮤니케이션 채널을 활성화한다.

4) 사회적 지원의 제공

스트레스 상태에 있는 개인을 정신적, 물질적으로 위로하여 안정을 찾도록 해 주는 것이다. 격려와 칭찬으로 자긍심을 키워 주고 자기 자신을 가치 있는 중요한 사람으로 인식하게 한다든지, 다양한 정보를 공유함으로써 문제점의 해결책을 강구한다든지, 문제를 해결함에 있어 필요한 자원(돈, 부족한 것)을 제공하는 방법들이 제시된다.[14]

사례1 Fun 경영에 의한 스트레스 관리

직장인의 스트레스가 갈수록 심각해지고 있다. 이는 기업의 경영환경이 치열해지면서 조직 구성원들에게 요구되는 업무 전문성과 강도가 갈수록 높아져 가고 있기 때문이다.

"상사가 퇴근 무렵 일을 던져 놓고 내일 아침까지 해오라고 합니다. 그러다 보니 야근을 밥 먹듯이 하고, 제 능력에 비해 기대가 너무 높아 어떨 때는 숨이 막히고 목이 조여 옵니다. 게다가 내 생산성과 창의성이 얼마나 회사에 기여를 하나 생각하면 가슴이 답답해집니다."

이러한 기업들의 분위기 속에서 LG전자의 방침은 이색적이다. LG전자는 직무 스트레스를 감소시켜서 조직효율성을 창출하려는 목표하에 FUN 경영을 시도했다. LG전자 2,000여 명의 연구원들은 글로벌 경쟁력의 근간이 되는 원천기술을 확보하기 위해 밤낮을 잊고 연구에 매진한다. 통상적으로 하나의 프로젝트에 참여하면 수개월 이상 매달리게 되는데 이 기간에는 연구소에서 숙식을 해결하며 며칠씩 집에도 못 들어가는 경우가 다반사다. 그러다 보니 과중한 업무에서 오는 스트레스도 적지 않다.

연구원의 건강이 회사의 경쟁력임을 인식한 LG전자 구자홍 부회장은 '1등답게, 재미있게, LG답게'라는 경영 슬로건을 내놓았다. 비단 연구원에만 한정시키지 않고 각 사업장에도 Fun 경영을 하기 위해 노력한다. 임원들의 사원 이름 외우기 대회, 바둑 알까기 최강전, 신입사원 100일 기념 파티, 미혼사원 미팅 주선 등 다양한 프로그램을 선보이고 있다. 또한 매달 열리는 경영 회의도 '보고는 간략히, 토론은 격렬하게' 방식으로 바꾸어서 보고는 이메일로 간단히 하고 회의장에서는 이슈중심으로 자유 토론을 한다. 이때 경영 회의에 참여하는 사람들의 복장은 정장이 아닌 평상복이다.

Fun 경영이 LG전자의 기업 성과를 얼마나 증가시켰는가에 대한 수치화된 결과는 없다. 하지만 업무 부담과 스트레스 완화로 인한 효율성 증가를 비롯해 상급자와 하급자의 관계 개선과 팀원들끼리의 단결을 가져와 팀워크를 증가시켰다는 점에서 임직원들에게 좋은 호응을 얻고 있다. 이러한 Fun 경영은 신바람 나는 일터 만들기를 바탕으로 한 조직문화가 기업의 상품과 서비스에도 접목될 수 있도록 추구하는 경영전략이다.

삶의 질을 소중히 여기는 현대인들에게 즐거움이란 생활의 비타민 같은 것이다. 아무리 많은 금전적 보상이 따른다 해도 살벌하고 경직된 직장에서 일하길 원치 않으며 그러한 환경에서는 구성원들의 열정과 창의성을 이끌 수 없다.

토의

1. 조직 구성원들의 업무에서 받는 스트레스가 업무성과에 미치는 영향에 대해 토의해 보자.
2. 사례처럼 구성원의 스트레스 관리를 위해 LG에서는 Fun 경영을 시도하고 있다. 이처럼 기업이 구성원의 스트레스 관리를 위해 시도할 수 있는 방법들에 대해 토의해 보자.
3. 기업차원에서 개인의 스트레스를 줄여 주기 위한 스트레스 관리가 점점 늘어나고 있는데, 스트레스의 관리가 오늘날 중요시되는 이유에 대해 토의해 보자.

사례 2 펀드매니저의 스트레스

증권회사 김 사장이 집무실에서 서류를 검토하고 있을 때 박 펀드매니저가 출입문으로 들어왔다. 박은 유능한 펀드매니저로서 회사 내 최고의 실력을 갖추고 있었다.

박이 말을 꺼냈다.

"사장님, 얘기를 좀 하고 싶습니다. 저는 학교를 졸업하자마자 5년 동안 이 일을 해왔습니다. 저는 이 일이 매력적이고, 제가 희망했던 바로 그러한 일이라 생각했습니다. 저는 여기에서 많은 시간을 보냈습니다. 규칙적으로 평일 날은 하루 12시간씩 일을 했고, 지난 석 달 동안에는 매주 토요일에도 일을 했습니다. 저는 이 일을 사랑합니다. 학교를 졸업했을 때는 65kg이었으나 지금은 80kg이 넘습니다. 요즘은 담배를 하루에 3갑이나 피웁니다. 지난 여섯 달 동안 수면 때문에 고생했습니다. 잠자기 전에 긴장을 풀기 위해 술을 마십니다. 이제 저는 제 삶의 전부인 이 일로부터 벗어나, 이보다 압박감이 적은 다른 일을 찾고자 합니다. 그래서 사직서를 썼습니다."

박 펀드매니저는 사직서를 김 사장에게 건네주면서 이렇게 말했다.

"저는 이것이 해결책이 아니라는 것을 확신하면서도 그 해결책이 무엇인지 도저히 모르겠습니다."

토의

1. 박 펀드매니저의 주된 스트레스 요인에 대해 토의해 보자.
2. 박 펀드매니저의 스트레스에 의한 생리적, 심리적, 행동적 반응에 대해 토의해 보자.
3. 박 펀드매니저의 스트레스 해소를 위한 바람직한 장기적인 해소방안에 대해 토의해 보자.

요 약

스트레스는 개인에게 주어진 각종 요구들이 개인이 해결할 수 있는 능력을 넘어선다고 생각될 때 나타나는 흥분, 걱정 및 신체적 긴장 상태이다.

스트레스의 일반적응증후군은 경고단계, 저항단계, 고갈단계라는 세 단계를 거친다. 첫 번째, 경고단계에는 외부의 자극에 의해 호르몬이 분비되고, 심장박동수와 혈압이 증가한다. 두 번째, 저항단계로 넘어가면 신체가 충격에 대처하는 데 필요한 내부 기관을 모음으로써 신체의 항상성을 유지하려 한다. 이때 하나의 요인에 대해 많은 저항을 하며 다른 요인에 대해서는 거의 저항이 없게 된다. 세 번째, 고갈단계로 들어가게 된다. 이는 저항단계의 적응 기제가 고갈되어 직무에 대한 긍정적 강화요인이 결여되고 냉소적 태도 등의 특징을 갖게 된다.

스트레스 특징에는 첫째, 건설적, 긍정적인 순기능적 성격과 파괴적, 부정적인 역기능적 성격의 양면성을 갖고 있다. 둘째, 지각 또는 경험을 통해 발생된다. 이때 지각된 스트레스를 실제적 스트레스라 하고 그렇지 않은 스트레스를 잠재적 스트레스라 한다. 셋째, 스트레스는 단순한 자극이나 반응이 아니라 자극과 개인의 반응 간의 상호작용의 결과이다. 넷째, 스트레스를 받는 상황이 동일하다 할지라도 각 개인 간의 반응의 방법과 정도는 같지 않다. 다섯째, 스트레스는 부적합 또는 불균형 상태에서 발생한다. 그러므로 균형을 맞추기 위한 적응적 반응이 강조된다.

스트레스의 유형에는 긍정적 측면인 유스트레스와 부정적 측면인 디스트레스의 두 가지가 있다. 적당한 스트레스(유스트레스)는 오히려 조직과 개인에게 건설적인 결과를 가져옴으로써 유용하게 작용한다.

직무 스트레스의 원인은 개인적 차원과 조직적 차원(조직 관련 차원, 직무 관련 차원, 역할 관련 차원, 대인관계 차원)으로 구분하여 생각할 수 있다.

직무 스트레스의 반응 결과로는 첫째, 생리적 반응으로, 심장혈관 증상, 생화학적 측정치, 소화기관 증상 등을 포함한다. 둘째, 심리적 반응으로, 분노, 좌절, 적대, 흥분과 같은 정서 상태와 싫증, 탈진, 피로, 우울감 등의 부정적인 반응 등이 있다. 셋째, 행동적 반응으로, 직무행동(직무수행, 사고, 약물 사용), 반사회적 행동[직장에서 절도, 이탈

(결근, 이직)I 등이 나타난다.

개인차원의 스트레스 대처전략은 개인의 스트레스 지각수준을 변화시켜 사후적인 대처방식을 강조하는 것으로 규칙적인 운동, 긴장이완 훈련, 인지 재구성 방법, 자기조절, 약물 사용과 음식조절 등이 있다.

조직차원의 스트레스 대처전략은 스트레스가 유발되는 직무환경을 변화 또는 개선시켜 스트레스 잠재요인 제거에 초점을 맞춘 것으로 직무설계, 역할분석, 조직구조의 변화, 사회적 지원의 제공 등이 있다.

참고문헌

1) L. Levi, Introduction: Spice of Life or Kiss of Death? In: *Handbook of Stress, Medicine, and Health,* Ed by Cooper Cary L. CRC Press, 1995, pp.2-3.

2) J. Barling, E. K. Kelloway & M. R. Frone(eds.), *Handbook of Work Stress,* Thousand Oaks, CA: Sage, 2005

3) D. W. Organ & T. S. Bateman, *Organizational Behavior,* Boston, Ma.: Irwin, R. d., Inc., p.370.

4) Organ and Bateman, op. cit., 1991, p.383.

5) H. Selye, *The Stress of Life,* New York: McGraw-Hill, 1956, p.74.

6) V. M. Gibson, *Stress in the Workplace: A Hidden Cost Factor,* HR Focus, 1993, p.15.

7) NIOSH, *Stress at Work,* DHHS(NIOSH) Publication, 1999, pp.99-101.

8) J. M. Ivancevich & J. H. Donnelly, *Relation of Organizational Structure to Job Satisfaction, Anxiety-stress and Performance: Measures, Research and contingencies,* Administrative Science Quarterly, 20, 1975, pp.72-280.

9) R. S. Schuler, *Definition and Conceptualization of Stress in Organizations,* Organizational Behavior and Human Performance, 24, 1980, pp.115-130.

10) J. J. Ivancevich & M. T. Matteson, *Stress and Work: A Managerial Perspective,* Glenview, IL: Scott Foresman, 1980.

11) R. L. Kahn & P. B. Byosiere, Stress in Organizations, In M. D. Dunnette & L. M. Hough (Eds.), *Handbook of Industrial and Organizational Psychology* (2nd ed., Vol. 3,

pp.571-650). Palo Alto, CA: Consulting Psychologsts Press, 1992.

12) B. L. Seaward, *Managing Stress: Principles and Strategies for Health and Well-being,* 4th ed., Sudbury, MA: Jones & Bartlett Publishers, 2004.

13) J. C. Quick & J. D. Quick, Organizational Stress and Preventive Management, McGraw-Hill, 1984, p.177.

14) D. Etzion, *Moderating Effects of Social Support on the Stress Burnout Relationship,* Journal of Applied Psychology, 1984, pp.615-622.

동기부여 내용이론

제1절 동기부여의 기본 개념

1. 동기부여란

경영자나 구성원이 조직생활을 하는 데 있어 중요한 것은 신나게 자발적으로 일하는 것이다. 100m 달리기를 할 때 아무리 빨리 달릴 수 있는 능력이 있어도 의욕이 없으면 좋은 결과를 낼 수 없고, 1등을 하려는 의지와 의욕이 넘쳐도 능력이 없으면 발보다 몸이 먼저 나가서 균형을 잃고 쓰러지고 말 것이다.

생각

—■——

한 청년이 대학을 졸업하고 미국 뉴욕박물관에 임시직 사원으로 취직했다. 청년은 매일 남들보다 한 시간씩 일찍 출근해 박물관의 마루를 닦으며 항상 행복한 표정을 지었다. 어느 날 박물관장이 물었다. "대학교육을 받은 사람이 바닥청소를 하는 것이 부끄럽지 않은가?" 청년은 이렇게 대답했다. "이곳은 그냥 마룻바닥이 아닙니다. 박물관의 마룻바닥입니다."

청년은 성실성을 인정받아 정식직원으로 채용됐다. 그는 알래스카 등을 돌아다니며 고래와 포유동물에 대한 연구에 몰입했다. 몇 년 후에는 세계에서 가장 권위 있는 '고래박사'로 불렸고 뉴욕 박물관 관장까지 맡았다. 그가 R. C. Andrews 박사다.

성공한 사람들의 최고 자산은 '성실성'과 '기쁜 마음으로 일하는 것'이다.

질문

—■——

1. 내가 이러한 상황이라면 어떤 자세로 일하겠는가?
2. 나는 무엇 때문에 일을 하는가?
3. 내가 가장 기쁘게 일했던 때는 언제였나? 이야기해 보자.

좋은 성과를 내며 목표에 도달하려면 능력을 가져야 함은 물론 자발적으로 힘차게 달리려는 동기부여가 되어야 한다. 직무성과(job performance)는 능력과 환경, 그리고 동기부여에 의해 영향을 받는다. 이들 요소들의 관계를 수식으로 나타내면 다음과 같다.

$$성과 = f\,(동기부여 \times 능력 \times 환경)$$

즉 조직이 높은 수준의 성과를 내기 위해서 종업원은 자발적이며 지속적으로 동기가 부여되어야 하며, 능력을 높이기 위해 교육훈련 시스템을 갖추고 끊임없이 새로운 것을 배우는 학습조직이 있어야 하며, 바람직한 내·외부적 환경을 구축해야 한다. 토마스 제이 왓슨 전 IBM 회장은 이러한 동기부여의 중요성에 대해 다음과 같이 말하고 있다. "어떤 기업이 성공하느냐 실패하느냐의 실제 차이는 그 기업에 소속되어 있는 사람들의 재능과 열정을 얼마나 잘 끌어내느냐에 달려 있다고 믿는다."

　동기부여(motivation, 모티베이션, 동기유발, 동기화)란 라틴어의 'movere'에서 유래된 것으로 '움직이다'(to move)라는 의미를 지닌다. 동기란 어떤 것을 하고자 하는 의욕이며, 사람들은 어떤 욕구를 충족시키기 위해 동기가 유발된다. 사람들의 동기를 이해하기 위해서는 그들이 어떤 욕구를 갖고 있으며 이러한 욕구를 어떻게 충족시키는가에 대한 이해가 필요하다.

　조직행동론에서의 **동기부여**란 "**달성목표를 향하여 인간행동을 자극하고, 방향을 설정하고, 유지하는 일련의 과정**"[1]이며, "개인의 목표지향적 행위에 영향을 주는 심리적인 과정"[2]으로 정의할 수 있다. 즉 개인적 욕구충족을 위한 노력을 어떻게 조직의 목표로 이어나갈 것인가를 뜻한다(needs → effort → organizational goals).

2. 동기부여의 구성요소

동기부여가 광범위하고 복잡한 개념이지만 조직전공자들은 위의 정의에 포함된 기본특징에 동의하고 있다. 〈그림 5-1〉은 정의 설명에 도움을 줄 것이다.

　첫째, 동기부여는 인간행동을 **자극**(arousal)하는 것이다. 자극은 인간행동 뒤에 숨어 있는 에너지를 가동하고 동력화하는 것이다. 예를 들어, 인간은 다른 사람에게 좋은 인상을 주고, 좋아하는 일을 수행하고, 수행하는 일을 성공하는 것에 흥미를 보인다. 자극은 인간이 목표달성을 향해 행동하도록 동기부여하는 것이다.

　둘째, 동기부여는 인간의 행동에 대해 **방향설정**(direction)을 하는 것이다. 어떻게 동기를 유발하게 할 것인가? 예를 들어, 어떤 종업원이 상사에게 좋은 인상을 심는 것에 관심이 있다 하자. 그러나 좋은 인상 심기의 양상은 각각 다르게 나타날 수 있다. 일을 잘해 칭찬을 받는 것, 상사에게 특별히 호의적으로 대하는 것, 또는 주요 프로젝트에서 눈에 띄게 열심히 일을 하는 것 등이다. 이러한 여러 양상들은 개인목표 달성경로를 인식하게 된다.

　셋째, 동기부여는 인간행동을 **유지**(maintaining)하는 것이다. 얼마나 오랫동안 목표달성을 위한 시도를 할 것인가의 문제이다. 목표달성을 포기한다는 것은 처음의 인간행동에 자극을 주었던 욕구충족에 실패한 것을 의미한다. 목표에 도달하지 못한 사람은 높게 동기유발되었다고 말할 수 없다.[3]

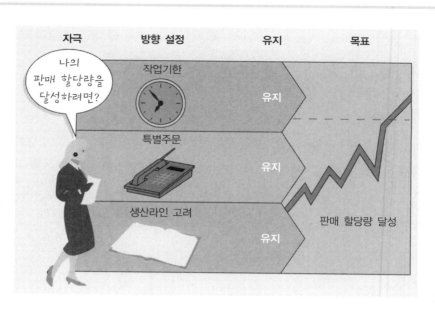

출처 : Jerald Greenberg & Robert A. Baron, *Behavior in Organization*, Pearson Prentice Hall, 2008, p.249.

그림 5-1 동기부여의 기본 구성요소

결론적으로 동기부여란 세 가지 구성요소-목표지향적 행동을 자극하고, 방향설정하고, 유지하는 것을 요구한다.

동기부여는 내재적 동기부여과 외재적 동기부여의 두 종류로 나눌 수 있다. 내재적 동기부여(intrinsic motivation)는 내재적 보상에 의해 동기유발되는 것을 말한다. 대부분 직무 자체와 직접 관계되는 것으로, 일을 하면서 느끼는 성취감 · 도전감 · 자기효능감 등을 예로 들 수 있다.

외재적 동기부여(extrinsic motivation)는 외재적 보상에 의해 동기유발되는 것을 말한다. 대부분 직무환경과 관련이 있으며, 급여 · 승진 · 권한위양 등을 예로 들 수 있다.

3. 동기부여이론의 분류

동기부여에 관한 여러 이론들은 연구 초점에 따라 크게 동기부여 **내용이론**(content theory)과 **과정이론**(process theory)으로 구분한다.

내용이론은 동기부여를 일으키는 요인이 '무엇(what : content)'인가에 관한 이론이다. 즉 사람들이 무엇을 원하고 필요로 하는지를 연구한 것으로 주로 인간 내부에 존재하는 욕구의 종류와 욕구충족 여부에 초점을 맞추며 과정이론에 비해 단순하고 정태적이다.

과정이론은 동기부여가 '어떤 과정(how : process)'을 통해 일어나는가에 관한 이론이다. 내용이론이 개인행동의 원동력인 욕구에 초점을 두었다면 과정이론은 행동이 어떻게 동기화되고 어떤 과정을 통해 이루어지는가에 관심이 있으며, 개인의 행위와 환경과의 상호작용을 이해해야 하는 점에서 내용이론에 비해 복잡하고 동태적이다.

이 장에서 살펴보게 될 대표적 내용이론으로는 Maslow의 욕구단계이론, Alderfer의 ERG이론, McClelland의 성취동기이론, Herzberg의 2요인이론, Hackman과 Oldham의 직무특성이론이다.

제2절   욕구단계이론

인간의 욕구나 동기부여에 대해 가장 잘 알려진 이론은 심리학자 Maslow가 제안한 욕구단계이론(need hierarchy theory)이다.[4] 그는 1943년에 그때까지의 임상 결과를 바탕으로 인간의 욕구를 구분·서열화하고 각 단계로의 이동을 결정하는 요소를 분석한 욕구단계이론을 발표하였다. 1954년에 그의 욕구단계이론이 유명해지는 결정적 역할을 한 저서 동기와 성격(*Motivation and Personality*)을 출판하였는데, 여기서 인간 내부에는 다섯 가지 욕구가 있으며, 이 욕구들은 계층을 이룬다는 욕구단계설을 발표하였다.

Maslow의 욕구단계이론은 "인간은 기본적 욕구의 결핍 상태에서는 건강하지 않으며 사회에 적응하지 못한다."[5]는 기본전제에서 시작하며, 다음과 같은 가정을 갖고 있다.

첫째, 인간은 다섯 가지 욕구단계를 가지며

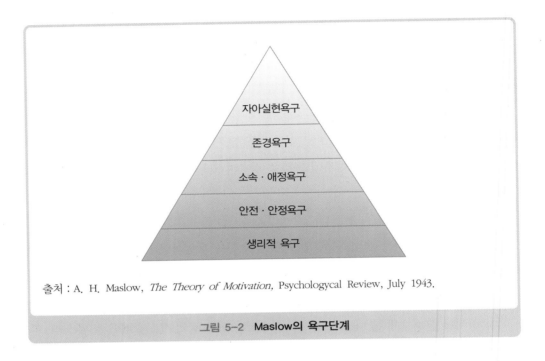

출처 : A. H. Maslow, *The Theory of Motivation*, Psychologycal Review, July 1943.

그림 5-2   **Maslow의 욕구단계**

둘째, 하위단계의 욕구가 충족되면 상위단계의 욕구가 지배적으로 작용하고

셋째, 한순간 개인의 의식을 지배하는 욕구는 하나이며

넷째, 어느 정도 충족된 욕구는 더 이상 동기부여의 효과가 없고

다섯째, 하위수준보다 상위수준 욕구에 더 다양한 충족방법이 있다는 것이다.

Maslow가 주장하는 다섯 가지 욕구단계는 〈그림 5-2〉와 같으며, 각 욕구에 대하여 자세히 설명하면 다음과 같다.

1. 생리적 욕구

생리적 욕구(physiological needs)는 삶을 유지하기 위한 인간의 기초적 욕구로 최하위 단계의 욕구이다. 음식·성·호흡·목마름·추위나 더위로부터의 보호 등 주로 신체적 욕구이며 생리적 욕구가 만족될 때까지 다른 수준의 욕구는 거의 자극을 받지 못하는 경향이 있다.

조직에서 고려해야 할 생리적 욕구와 관련된 요소로는 기본임금·휴식·작업환경

등이다.

2. 안전 · 안정욕구

안전 · 안정욕구(safety & security needs)는 신체적 안전과 심리적 안정을 추구하는 욕구이다. 자기방위욕구라고도 하며 신체적 · 정신적 위험에 대한 두려움으로부터 멀어지려는 욕구이다.[6] 일단 생리적 욕구가 어느 정도 충족되면 집을 사서 안정된 생활을 영위하려 하고, 연금계획을 세워 노후를 대비하는 행위, 각종 보험에 가입하려는 행위가 이에 속한다.

조직에서 고려해야 할 안전 · 안정욕구와 관련된 요소로는 물가 상승에 따른 임금인상 · 직무안정 · 직업보장 · 작업환경의 안전 · 부가급부에 대한 것이다.

3. 소속 · 애정욕구

소속 · 애정욕구(belongingness and love needs)는 사회적 욕구(social needs)라고도 하며 사회적 일원으로서 어딘가에 소속하려는 욕구이며, 동료나 이성 간의 교제를 갈구하는 것과 결혼을 원하게 되는 것도 이와 관련된 욕구이다. 개인은 고독감 · 사회의 추방 · 소외 · 배타감을 느끼게 되고, 친구나 친척 · 배우자한테 소속하고자 하는 욕구를 지니며, 한 집단 안에서 인식되기를 소망하게 된다. 대학 입학 후 동아리활동을 하는 것도 소속욕구의 예라 할 수 있다.

조직에서의 소속과 애정욕구는 작업집단의 분위기를 조성하는 것과 각종 단체(골프회, 산악회, 신우회, 봉사단체 등)를 통하여 소속감과 동료애를 높이는 방법을 통해 충족될 수 있다.

4. 존경욕구

존경욕구(esteem needs)는 자존심을 갖고, 자신을 존중하며, 타인으로부터 존경받기를 바라는 욕구이다. 존경의 욕구는 두 가지 측면에서 발현되는데 일차적으로 본인 스스로를 중요하게 느끼며, 다음으로 타인에게 인정을 받아야 진정한 의미의 자기존중의 욕구가 충족된다. 자기존중욕구가 충족되면 자기확신·자기가치감·자기유능감을 느끼며, 충족되지 않으면 신경이 과민해지거나 무기력하거나 열등감에 사로잡혀 자신감이 결여된다. 개인적으로 전문직의 타이틀을 갖고자 하는 것이 이에 속한다.

조직에서의 존경욕구는 직위상승, 어려운 업무의 성공적 완수, 동료보다 높은 성과급, 승진 등을 통해 충족될 수 있다.

5. 자아실현욕구

자아실현욕구(self-actualization needs)는 자신의 잠재적 능력을 최대한 실현하고자 하는 욕구이다. Maslow의 욕구단계 중 최고단계로 그는 자아실현의 욕구를 "될 수 있는 것에 반드시 도달하려는 욕구(What a man can be, he must be.)"라 말하였다.[7] 자아실현욕구단계에 있는 사람이 자아완성을 한 구체적 모습은 개인에 따라 다르게 나타난다. 예를 들어, 김연아 선수처럼 세계적 선수의 모습일 수도 있고, 빌 게이츠처럼 한 기업을 이끄는 훌륭한 CEO일 수도 있으며, 개인적으로 박사학위를 취득하는 것일 수도 있다. 조직에서의 자아실현욕구는 도전적 직무를 제공하는 것, 개인의 기술 향상, 창조적 활동 등을 통해 충족할 수 있다.

Maslow는 자아실현을 이룬 사람들의 연구로 유명하다. 그는 자아실현적 삶을 영위한 주위 사람이나 역사적 인물(링컨, 간디 등)이 지닌 특성을 연구하여 성격이론의 기틀을 만들기도 하였다. 그가 말한 자아실현한 사람의 특징을 보면 다음과 같다.

- 주변세계를 명확·객관적으로 지각하며, 불확실성과 모호성을 잘 수용한다.
- 자기·타인·자연을 있는 그대로 받아들인다.
- 자발적으로 행동한다(개방·솔직·자연스럽다).
- 문제중심으로 사고하며 중요한 목표가 있다.
- 사적 자유를 즐기며, 타인에게 매달리지 않는다.
- 인식이 신선(반복되는 경험조차도 새롭게 평가)하다.
- 가끔은 무아경·놀라움·경외심·즐거움을 경험한다.
- 사회적 관심(보편적 동정과 공감)을 가진다.

- 소수의 깊은 대인관계를 갖는다.
- 민주적 성격구조(관대, 인종·종교·사회적 편견 없음)를 갖는다.
- 수단과 목표를 구별한다.
- 창의성·독창성이 있다.
- 특정 문화에 집착하지 않는다.

Maslow는 인간의 다섯 가지 욕구단계를 저차원 욕구와 고차원 욕구로 구분하였다. 생리적 욕구와 안전·안정의 욕구는 저차원 욕구로, 소속·애정의 욕구와 자기존중의 욕구 그리고 자아실현의 욕구는 고차원 욕구로 표현했다. 저차원 욕구는 주로 외부적 요인(임금, 고용기간)에 의해, 고차원 욕구는 내재적 요인에 의해 충족되는 차이점을 주장하였다. 이후에 Maslow는 자아실현욕구는 다른 네 가지 욕구와 많은 차이가 있다고 보아, 자아실현욕구는 성장욕구(growth needs)로, 나머지는 결핍욕구(deficiency needs)로 구분하였다.

욕구단계이론의 특징을 살펴보면 다음과 같다.

첫째, 이론 자체가 선구적이고 인간욕구에 대한 체계적 인식을 가능하게 했다.

둘째, 다섯 욕구를 저차원 욕구(생리적 욕구와 안전·안정욕구)와 고차원 욕구(소속·애정욕구, 존경욕구, 자아실현욕구)로 구분하였다.

셋째, 다섯 가지 욕구는 동시에 발생하는 것이 아니라 순서에 따라 하위욕구가 충족되면 상위욕구가 발생한다(단계적 원리 : progression principle).

넷째, 만족-진행(satisfaction progression)의 특성을 지닌다. 즉 미충족된 욕구가 동기요인이 되며, 낮은 수준의 욕구가 만족된 후에 다음의 높은 수준으로 진행된다.

다섯째, 동기부여는 결핍의 원리(deficit principle)를 따른다. 즉 욕구가 충족되지 않은 상태에서 충족시키고자 할 때 동기가 부여된다.

Maslow의 욕구단계설은 경영학을 연구하는 많은 사람들이 자주 언급하고 있지만 비판할 점도 많다.[8]

첫째, 욕구가 과연 Maslow의 주장처럼 5단계로 세분화되어 있는가의 문제이다.

둘째, 저차원의 욕구가 충족되고 나서야 다음 단계 욕구충족을 위한 동기유발이 된다는 가설은 타당한 것인가?[9] 이는 실증적으로 검증된 바 없으며, 다른 욕구로의 전이는 사람마다 다양한 패턴을 보이는 것으로 밝혀졌다.

셋째, Maslow는 인간행동이 항상 하나의 욕구충족을 위해 하나의 행동이 일어난다고 보았으나, 인간은 두 가지 이상의 복합적 욕구에 의해 하나의 행동을 유발한다고 보는 것이 타당하다.

넷째, 다섯 욕구 이외의 욕구는 존재하지 않는가의 문제이다.

다섯째, 욕구단계설은 미국의 개인주의 문화를 전제로 하고 있다는 점이다. 집단문화가 발달된 국가에서는 적용이 어렵다.

구하라. 그러면 너희에게 주실 것이요.
찾으라. 그러면 찾을 것이요.
문을 두드리라. 그러면 너희에게 열릴 것이니(마7 : 7).

생각

미국의 한 실업자가 이 회사 저 회사를 다니면서 직장을 구하고 있었다. 어느 회사 문 앞에 'PUSH(미시오)'라고 써 붙인 것을 보고 문을 밀고 들어갔다. 그때 그 회사의 지배인이 "왜 들어오셨습니까?"라고 물었다. 그래서 젊은이는 "문에 밀고 들어오라고 해서 그렇게 했습니다."라고 대답했다. 그랬더니 그 지배인은 "당기지 말라고 주의를 주기 위해 '미시오'라고 써 붙인 것일 뿐이오."라고 했다. "그렇습니까? 그렇지만 나는 직장을 구하고 있습니다. 저 문에 쓰인 '미시오'라는 글을 보는 순간 내 인생을 맡길 만한 문이라고 생각되어 문을 밀고 들어온 것입니다. 그러니 제게 일자리를 주십시오."

젊은이의 말에 감동한 지배인은 이 젊은이를 그 자리에서 채용했다고 한다.

질문

1. 이 젊은이는 욕구단계설 중 어느 욕구에 목말라 있는가?
2. 나라면 이런 절박한 경우에 어떻게 하겠는가?

3단계 욕구 찾기 게임

행동하게 하는 힘을 욕구라고 하며, 자신에게 부족한 욕구를 충족시키기 위해 우리는 행동을 한다. 어떤 욕구가 높은지 조사하여 자신이 어떤 사람인가를 파악해 보자.

Ⅰ단계 : 욕구 측정의 단계

방법 : 아래 질문에 대해 점수를 준다.

전혀 그렇지 않다 : 1점, 별로 그렇지 않다 : 2점, 때때로 그렇다 : 3점,
자주 그렇다 : 4점, 언제나 그렇다 : 5점

1. 생존의 욕구

1. 돈이나 물건을 절약하는가?   1 2 3 4 5
2. 외모를 단정하게 가꾸는 데 관심이 있는가?   1 2 3 4 5
3. 건강유지에 관심이 있는가?   1 2 3 4 5
4. 부득이한 경우가 아니면 모험을 피하고 싶은가?   1 2 3 4 5
5. 쓸 수 있는 물건을 버리지 않고 간직하는가?   1 2 3 4 5

2. 사랑과 소속의 욕구

1. 친구를 위한 일에 시간을 내는가?   1 2 3 4 5
2. 사람들과 함께 있는 것을 좋아하는가?   1 2 3 4 5
3. 다른 친구가 나를 좋아해 주길 바라는가?   1 2 3 4 5
4. 다른 친구들에게 친절하게 대하는가?   1 2 3 4 5
5. 아는 사람과 가깝고 친밀하게 지내는가?   1 2 3 4 5

3. 힘과 성취의 욕구

1. 내가 하는 공부나 일에 대해 사람들로부터 인정받고 싶은가?   1 2 3 4 5
2. 친구나 다른 사람에게 무엇을 하라고 잘 지시하는가?   1 2 3 4 5
3. 사람들에게 칭찬 듣는 것을 좋아하는가?   1 2 3 4 5
4. 내 분야에서 최고의 사람이 되고 싶은가?   1 2 3 4 5
5. 어떤 집단에서든 지도자가 되고 싶은가?   1 2 3 4 5

4. 자유의 욕구

1. 부모님, 선생님이 내게 어떻게 하라고 지시하는 것이 싫은가?   1   2   3   4   5
2. 내가 원하지 않는 일을 하라고 하면 참기 어려운가?   1   2   3   4   5
3. 누구나가 인생을 살고 싶은 대로 살 권리가 있다고 믿는가?   1   2   3   4   5
4. 내가 하고 싶은 일을 하고 싶을 때 하는가?   1   2   3   4   5
5. 모든 사람은 자유롭다고 믿는가?   1   2   3   4   5

5. 즐거움의 욕구

1. 큰 소리로 웃기를 좋아하는가?   1   2   3   4   5
2. 유머를 사용하거나 듣는 것이 즐거운가?   1   2   3   4   5
3. 뭐든지 유익하고 새로운 것을 배우는 것이 즐거운가?   1   2   3   4   5
4. 흥미 있는 게임이나 놀이를 좋아하는가?   1   2   3   4   5
5. 영화나 비디오 보기를 좋아하는가?   1   2   3   4   5

Ⅱ단계 : 각 욕구의 총점을 낸다.

점수 : 생존(   ) 사랑(   ) 힘(   ) 자유(   ) 즐거움(   )

Ⅲ단계 : 자기 모습 찾기

방법 : Ⅱ의 점수가 가장 높은 욕구를 찾아본다.

- 가장 높은 득점이 생존의 욕구일 때 → 생존형

  나는 돈이나 물건을 절약하고 보수적이며 건강유지에 관심이 많다.

- 가장 높은 득점이 사랑과 소속의 욕구일 때 → 소속형

  나는 친구를 좋아하고 다른 사람들과 사귀며 좋은 사람으로 인정받기 원한다.

- 가장 높은 득점이 힘과 성취의 욕구일 때 → 성취형

  나는 다른 사람과 경쟁을 통해 성취감을 얻고 인정받고 싶고 최고가 되고 싶다.

- 가장 높은 득점이 자유의 욕구일 때 → 자유형

  나는 간섭받길 싫어하고 누가 뭐래도 내 마음대로 자유롭게 살고 싶다.

- 가장 높은 득점이 즐거움의 욕구일 때 → 재미형

  나는 잘 웃고 뭐든지 재미있고 새로운 것을 배우기를 좋아한다.

제3절 ERG이론

C. P. Alderfer가 1969년 제시한 ERG이론은 Maslow의 욕구단계이론의 한계점과 비판점을 근거로 제시된 이론이다. 욕구단계이론에 기초하여 다섯 가지 욕구를 세 가지 욕구로 줄였지만, 욕구단계 간 이동을 한다는 점에서 더욱 유연한 이론이다.[10]

Alderfer는 욕구를 존재(**E** : existence), 관계(**R** : relatedness), 성장(**G** : growth) 등 세 범주로 분류하였으며, 각 욕구를 설명하면 다음과 같다.

1. 존재욕구(E : existence needs) = physiologic+safety

존재욕구는 인간이 존재하기 위해 필요한 생리적 및 안전과 관련된 욕구이다. Maslow의 생리적 욕구와 물질적 측면의 안전욕구가 이에 속한다.

2. 관계욕구(R : relatedness needs) = social+external component of esteem

관계욕구는 인간이 타인과의 만족스러운 대인관계에 대한 욕구이다. 가족, 동료나 친구, 감독자와 의미 있는 관계를 갖고 싶은 욕구이다. Maslow의 소속 · 애정욕구와 존경욕구 일부가 이에 속한다.

3. 성장욕구(G : growth needs) = internal component of esteem+self-actualization

성장욕구는 자신의 잠재력 개발과 관련된 욕구이다.[11] 이 욕구는 대인관계에 있어서 타인과 비교하여 얻은 자존심이 아니라 스스로 얻게 되는 자신감과 자기완성의 욕구이다. Maslow의 존경욕구 일부와 자기실현욕구가 이에 속한다.

ERG이론과 Maslow의 욕구단계이론과 비교할 때 다음과 같은 차이점이 있다.

첫째, Maslow의 5단계 욕구를 세 가지로 단순화하였지만 각 개념은 포괄적이다.

둘째, 단계적 · 계층적 개념이 아니라 구체성 정도에 따라 분류해 놓은 것이기 때문에 어떤 순서가 있는 것이 아니다.

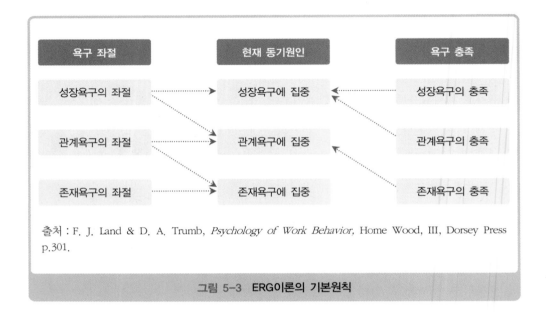

출처 : F. J. Land & D. A. Trumb, *Psychology of Work Behavior,* Home Wood, III, Dorsey Press p.301.

그림 5-3 ERG이론의 기본원칙

셋째, 동시에 둘 또는 세 가지 욕구가 작용하여 동기유발할 수 있다.

넷째, 고차원적 욕구가 만족되지 않거나 좌절되면 저차원적 욕구가 더 커져 하위욕구로 돌아가는 좌절-퇴행(frustration-regression) 개념을 도입했다.[12]

Maslow가 만족-진행의 상향일변도 원리를 적용했다면, Alderfer는 만족-진행관계와 좌절-퇴행관계의 양방향 원리를 적용했다. ERG이론의 기본원칙을 표시하면 〈그림 5-3〉과 같다.

첫째, 존재욕구가 충족되지 않으면(좌절) 존재욕구에 집중하게 된다. 예를 들어, 너무 배가 고프면 아무것도 머리에 들어오지 않고 먹는 것만 생각하게 된다(관계욕구가 좌절되면 관계욕구에 집중하며, 성장욕구가 좌절되면 성장욕구에 집중하게 되는 것도 같은 원리이다).

둘째, 하위욕구가 충족되면 상위욕구에 집중하게 된다. 존재욕구가 충족되면 관계욕구에 집중하게 된다. 직장에서 임금을 충분히 받게 되면 동료들과 서로 어울리며 좋은 관계를 맺으려고 한다(관계욕구가 충족되면 성장욕구에 집중하는 것도 같은 원리).

셋째, 상위욕구가 충족되지 않으면 하위욕구에 집중한다. 관계욕구가 충족되지 않으면 존재욕구에 집중하게 된다. 예를 들어, 조직에서 동료들과 우호적 관계를 맺는 것에 한계를 느끼면 임금이나 직무안정 등에 의미를 부여하게 된다(성장욕구가 좌절되면 관계욕구에 집중하는 것도 같은 원리).

넷째, 성장욕구는 충족될수록 더욱 강해진다. 이 원칙은 Maslow의 자아실현욕구와 같이 완전히 충족시킬 수 없는 특징을 갖는다.

ERG이론의 특징을 살펴보면 다음과 같다.

첫째, ERG이론은 Maslow의 이론보다 탄력적이며 현실적일 가능성이 있다. 인간이 어떤 욕구에 대해 충족하게 되면 상위욕구에 집중하고 동기유발된다는 점에서 Maslow의 이론과 공통점이 있다.

둘째, 그러나 상위욕구에 좌절되면 하위단계로 퇴행한다는 좌절-퇴행원리는 인간이 상위욕구와 하위욕구에 대해 동시에 동기유발된다는 가능성을 제시하고 있다.

셋째, 욕구구조의 개인차를 인정하고 있다.

ERG이론의 비판점은 다음과 같다.

첫째, 정확성이나 유용성면에서 실증자료가 별로 없다.[13]

둘째, 주장하는 원리 중 일부는 타당성이 입증되었으나 일부 경로(존재욕구 충족 → 관계욕구 집중)는 타당성이 입증되지 않았다.

셋째, 욕구중심이론이 갖는 한계점에서 완전히 벗어날 수 없다.

제4절 성취동기이론

성취동기이론(achievement motivation theory)은 미국의 심리사회학자 D. C. McClelland가 제시한 이론이다. 성취동기란 중요 목표에 대해 능력을 발휘하고 어려운 문제해결에 도전하며 과거보다 혁신적이고 효율적 목표를 달성하려는 동기를 말한다. 하버드대학 교수인 Henry Murray로부터 시작하여 McClelland의 연구를 거쳐 John Atkinson으로 이어져 발전한 이론이다.

Murray는 인간이 환경과 작용하면서 획득한 매우 다양한 욕구(굴종욕구, 성취욕구, 친화욕구, 공격욕구, 자율욕구, 방어욕구, 지배욕구, 배척욕구, 인내욕구 등 20가지)를 밝혀냈으며, 그중 조직관리와 관련된 욕구들은 성취욕구, 친화욕구, 권력욕구 등이라고 설명하며, 성취동기의 중요성에 대해 주장하였다.

이를 바탕으로 McClelland는 욕구를 측정하기 위해 TAT법(Thematic Apperception Test, 주제통각검사)*을 사용하여 작업과 관련하여 조직 구성원에게 중요시되는 다음의 세 가지 욕구를 규명하였다.

1. 성취욕구

성취욕구(Need for Achievement, N-Ach)는 우수한 결과를 얻기 위해 높은 기준을 설정하고 이를 달성하고자 하는 욕구이다. McClelland는 권력욕구와 친화욕구보다 성취욕구에 대해 많은 연구를 하였으며 성취욕구가 동기부여와 직결된다는 결과를 얻고 있다.

성취욕구가 강한 사람은 다음과 같은 특징을 보인다.

첫째, 노력이나 능력을 통해 무엇인가를 성취할 수 있는 상황을 선호한다. 결과에 대해 기꺼이 책임지려 한다.

둘째, 목표달성 가능성이 중간 정도일 때 가장 잘 동기유발된다. 아주 쉽거나 어려운 목표를 피하고 달성 가능한 중간 목표를 선호한다.

셋째, 노력의 결과에 대한 즉각적이며 효율적 피드백을 원한다. 즉 성공이나 실패를 분명하게 알 수 있는 상황을 선호하며 이에 대한 적당한 보상을 기대한다.

이러한 성향을 근거로 구성원들의 성취욕구 수준을 측정하여 이에 적합한 목표를 설정하고, 알맞은 작업 상황을 제공하며, 적당한 피드백을 제공한다면 성과도 높이고 개인의 성취욕구도 향상시킬 수 있게 된다.

McClelland는 성취욕구를 개별적으로 고려해야 함은 물론 사회 전체에도 적용할 수

---

* TAT(Thematic Apperception Test, 주제통각검사)는 1935년 하버드대학의 Murray와 Morgan에 의해 만들어진 것으로 '과제통각검사' 또는 '테마해명검사'라고도 불린다. 이는 주로 인물이 등장하는 30매의 카드와 한 장의 백색카드로 구성되며, 그림을 보고 과거 · 현재 · 미래의 이야기를 꾸미도록 하는 것이다. 이 검사는 드러나지 않는 요구 · 충동 · 감정 · 갈등 등을 조사하는데, 검사결과의 분석과 해석은 통찰과 심층심리학에 근거하기 때문에 결과해석에는 전문적 훈련과 경험이 요구된다.

있다고 주장하였다. 후진국 국민이 선진국 국민에 비해 성취욕구가 낮다는 점을 제시한 McClelland는 그 이유를 후천적 교육제도·열악한 환경·비도전적 적응력·종교문화의 차이 등에서 찾고 있다.[14] 성취욕구는 선천적이라기보다는 후천적 특성이 있으므로 학습을 통해 습득되어야 하며 성취동기 제고를 위한 훈련이 필요하다는 점을 알 수 있다.

2. 친화욕구

친화욕구(Need for Affiliation, N-Aff, 귀속욕구)는 다른 사람과 친하고 밀접한 관계를 맺으려는 욕구이다. Maslow의 욕구단계설과 비교하면 소속과 애정의 욕구와 유사하다. 인간은 강한 권력획득이나 성취욕구보다는 타인과 호의적인 관계를 유지하는 것에 많은 시간과 노력을 할애한다.

친화욕구가 강한 사람은 (1) 어려운 상황에 있는 사람을 위로하고 도와주고, (2) 다른 사람으로부터 인정을 받으려 하며, (3) 타인의 흥미와 감정을 존중하는 특성이 있다.

친화욕구가 높은 사람을 동기부여하려면 친화적 상호작용이 높은 과업을 수행하도록 하며, 적당한 피드백을 제공해야 한다. 즉 구성원의 친화욕구 수준을 평가하여 이에 알맞은 직무배치를 하는 것이 중요하다.

3. 권력욕구

권력욕구(Need for Power, N-Pow)는 타인에게 영향을 미치고 통제하며 타인을 변화시키려는 욕구이다. 이러한 사람들은 리더가 되기를 원하며 강압적이며 거침없이 말하는 특징이 있다. 업무의 효율성보다는 명성을 얻는 데 더욱 관심을 갖는다.[15]

권력욕구가 높은 사람은 두 가지 권력충족 방법―개인중심적 권력(personalized power), 사회중심적 권력(socialized power)―을 사용하여 욕구충족을 하는데, 각각의 특징은 다음과 같다.

1) 개인중심적 권력추구자(예 : 봉건시대 군주)

타인을 지배 정복해야 욕구가 충족된다. 조직보다 개인이익 획득에 많은 노력을 기울이며, 욕구좌절 시 술과 같은 수단을 이용하여 심리적 만족효과를 유도할 수 있다. 개인적 권력추구자는 권력획득의 목적이 성취되면 노력을 하지 않는 경향이 많다.

2) 사회중심적 권력추구자

집단 목표 및 구성원들의 동기화 활동에 관심을 둠으로써 욕구를 충족시킨다. 공동목표 과정에서 권력욕구를 충족하기 때문에 자신뿐 아니라 집단성과를 높이는 데 기여할 수 있다. 조직경영에서는 사회중심적 권력을 높이는 것이 바람직할 것이다.

성취동기이론의 특징을 살펴보면 다음과 같다.

첫째, 성취동기이론은 욕구는 학습되는 것이고, 욕구 서열에도 개인차가 있다고 가정한다.

둘째, 기업가 정신을 정립하였다. 성취욕구가 높은 사람은 기업가적 행동, 예를 들면 창업, 자기충족적 사업운영 등에서 성공할 확률이 높다.

셋째, 완전한 경제발전 이론은 아니지만 경제발전의 변수로서 성취욕구를 언급한다.

넷째, 동기부여이론의 영역을 거시경제 이론까지 확대시킨 점이 두드러진다.

성취동기이론의 비판점은 다음과 같다.

첫째, 성취욕구가 학습되는 것이라는 주장에 대한 비판이다. 비판자들은 성취욕구가 어려서 결정되며 성인이 되어서는 쉽게 변하지 않는다고 주장한다.

둘째, 습득된 욕구가 지속되는가에 대한 의문점도 제기된다.

셋째, 동기측정 사용법인 TAT기법이 과학적으로 문제가 있는 것으로 나타났다.

제5절 2요인이론

동기-위생이론으로도 불리는 2요인이론(two-factor theory, motivation-hygiene theory)은 심리학자인 Frederick Herzberg가 제시한 이론이다.[16] 그는 200여 명의 회계사와 기술자를 대상으로 12회에 걸친 면접을 하였는데 질문내용은 "직무와 관련하여 특별히 만족스럽던 상황과 특별히 나빴던 상황을 말해 달라."는 것이었다. 그 결과를 모아서

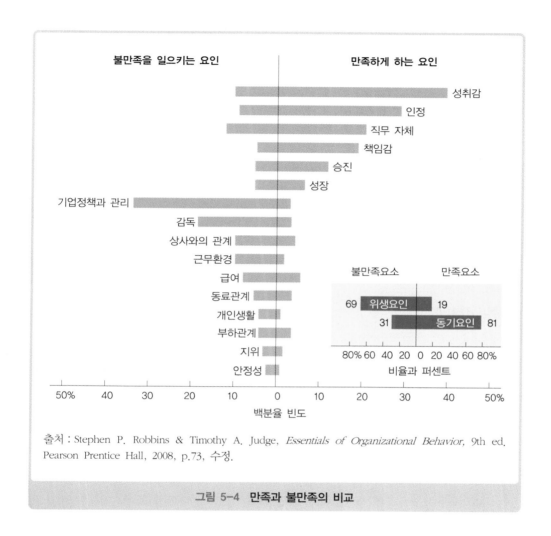

출처 : Stephen P. Robbins & Timothy A. Judge, *Essentials of Organizational Behavior*, 9th ed. Pearson Prentice Hall, 2008, p.73, 수정.

그림 5-4 만족과 불만족의 비교

범주화한 것이 2요인이론이다.[17]

　Herzberg는 사람들이 직장에서 만족하는 상황과 불만을 느끼는 상황이 확실히 구분된다는 것을 발견하였다. 어떤 특성은 일관되게 직무만족과 관계를 보였으며, 어떤 특성은 직무불만족과 밀접한 관계를 보였다(그림 5-4).

　〈그림 5-4〉를 중심으로 Herzberg의 2요인을 설명하면 다음과 같다.

1. 위생요인

불만족요인(dissatisfiers)으로도 부르는 위생요인(hygiene factors)은 불만족을 초래하는 요인이다. 대표적인 불만족요인으로는 회사정책과 관리 · 감독 · 상사와의 관계 · 근무조건 · 임금 · 동료와의 관계 · 지위 등을 들 수 있다. 주로 직무 외재적 요소(환경, 직무상황)가 이에 속하는데, 이들 요인이 적당하면 사람들은 불만을 느끼지 않지만 불만이 해소되었다 하여서 만족한다는 뜻은 아니다.

예를 들어, 생계비에 미달되는 저임금을 받으면 불만을 갖지만 임금이 기대치 이상으로 상승해도 불만만 없어지는 것이지 직무에 대해 만족감을 갖고 적극적으로 동기유발되는 것은 아니다.

2. 동기요인

만족요인(satisfiers)이라고도 하는 동기요인(motivators)은 사람들에게 만족감을 주게끔 동기부여하는 요인들을 말한다. 만족요인으로는 성취감 · 인정 · 직무 자체 · 책임감 · 도전감 · 발전 · 성장 등의 내재적 요인을 들 수 있다. 동기요인은 충족되지 않아도 불만은 없지만 충족되면 만족감을 주고 동기부여의 역할을 할 수 있다는 데 특징이 있다.

이 두 가지 요인을 정리하면 〈표 5-1〉과 같다.

사람들은 직무와 관련하여 좋게 느끼는 것은 직무 내적인 요인에서 찾는 반면, 불만을 지닌 근로자들은 외적 요인 때문에 불평하는 것으로 나타났다. 이 이론에 따르면

표 5-1 위생요인과 동기요인

위생요인(불만요인) : 주로 직무환경과 관련	동기요인(만족요인) : 주로 직무와 관련
회사정책 및 관리	성취감
감독	인정
상사와의 관계	직무자체
근무조건	책임감
임금	도전감
동료와의 관계	발전
지위	성장

그림 5-5 직무만족·직무불만족에 대한 관점

직무만족에 영향을 주는 요인과 직무불만족에 영향을 주는 요인은 상관이 없는 것으로 나타났다. 즉 불만족을 초래하는 요인을 제거하면 평온해지지만 동기유발이 되는 것은 아니다.

2요인이론은 만족과 불만족을 동일선상의 요소로 파악하여 불만해소가 곧 만족이라고 가정하였던 과거와는 달리, 불만족과 만족은 별개의 차원이며 각 차원에 영향을 주는 요인 또한 별개라고 설명한다. 즉 Herzberg는 그의 연구에서 '불만'의 반대는 '불만이 없는 것'이며, '만족'의 반대는 '만족이 없는 것'이라는 이중연속체의 실체를 주장하고 있다(그림 5-5).

2요인이론은 동기부여의 원천으로서 내재적 요인을 주목하였다는 공헌이 인정된다. 경영자들은 근로자의 내적 욕구를 충족시키는 동기요인이 일 자체와 연관되어 있기 때문에 직무내용을 개선·향상시키며 직무를 과학적으로 설계하여 내재적 동기부여를 시킬 수 있는 방안을 제시하였다. 그중 대표적인 방법이 직무확대(job enlargement)와 직무충실화(job enrichment)이다.

직무확대는 현재 하고 있는 과업에 같은 수준의 과업의 수를 증가시키는 방법으로서 다른 과업을 추가하여 보다 많고 다양한 과업을 하도록 직무의 양적 확대를 하는 것이다. 직무의 수평적 확대(horizontal job loading)라고도 불리는 이 접근은 미국에서 1940년대 후반부터 1950년대까지 계속되었다.[18] 직무확대는 한 가지 직무를 할 때보다 단조로움에서 벗어나고 자신이 여러 기능을 사용하고 전체 업무에 보다 많이 관여하고 있다는 만족감을 줄 수 있다.

직무충실화란 직무에 보다 많은 책임감·인정감·성장 발전 기회를 제공하도록 재설계하여[19] 직무를 '풍요롭게 하는(enrich)' 것이다. 미국에서 1960년대 주로 관심을 가졌던 이 운동은 직무의 '수직적 확대(vertical job loading)'라고도 불린다. 은행원이 입금 및 계좌이체 등의 일상적 업무를 자동화기기에 넘기고, 좀 더 높은 수준의 기술과 지식을 요구하는 복잡한 업무를 하는 것을 예로 들 수 있다. 종업원에게 보다 높은 수준의 기술과 과업을 요구하기 때문에 종업원훈련과 교육이 필요하게 된다.

직무충실화를 위한 가장 일반적 방법은
- 종업원 스스로 작업일정을 계획하도록 하며
- 작업수행방법을 종업원 스스로 결정하도록 하며
- 스스로 작업을 통제하며
- 종업원들이 스스로 기술을 익히도록 허락하는 것 등이다.

직무확대가 직무의 양적·수평적 확대라면 직무충실화는 직무의 질적·수직적 확대라고 말할 수 있다. 직무충실화 개념은 이후에 Hackman과 Oldham의 직무특성이론이라는 대표적 직무설계이론으로 확장되었다.

2요인이론의 특징은 다음과 같다.

첫째, Maslow의 이론이 보편적 인간욕구에 대한 이론임에 비해, 2요인이론은 경영을 고려한 구성원의 동기유발에 관한 이론이다.

둘째, 종업원들이 불만을 갖지 않도록 위생요인을 적절히 관리하고, Maslow의 하위욕구처럼 적절히 충족시켜야 한다는 점을 제시하고 있다.

셋째, 동기요인은 동기부여의 중요 요인이다. 동기요인이 종업원 만족을 가져오고 동기를 유발하기 때문에 관리자는 직무내용을 개선 향상시키는 데 주의를 기울여야 할 것이다.

2요인이론에 대한 비판은 다음과 같다.

첫째, 방법론의 한계성이다. 사람들은 잘되면 자기 탓, 못되면 환경 탓을 한다는 점이다.

둘째, 방법론의 신뢰성도 문제이다. 평가과정에서 유사한 반응을 서로 다르게 해석하였다는 점이다(예 : 급여, 대인관계 등의 위생요인도 경우에 따라 동기요인으로 작용함).

셋째, 전반적 만족도를 측정하지 못했다. 한 사람이 직무의 일부분에 불만족하더라도 전반적으로는 수용 가능하다는 점을 간과했다.

넷째, 상황변수(예 : 통계학적 변수 또는 연령, 성별 등)를 간과하였다.

다섯째, Herzberg는 만족-생산성 간 관련성에 대한 가설을 세웠으나, 연구방법론에서 생산성은 고려하지 않고 오직 만족에만 집중하였다. 연구검색을 위해서는 만족-생산성 사이에 강한 관련성이 가정돼야 한다.[20]

1960년대 중반부터 1980년대 초반까지 널리 유행되었던 Herzberg의 이론은 이러한 비판에도 불구하고 널리 숙지되었으며 그의 제안을 모르는 경영자는 거의 없다. 근로자에게 작업을 계획하고 통제할 수 있도록 책임을 부여해야 한다는 직무충실화 개념은 Herzberg의 공헌이라 평가할 수 있다.

제6절 직무특성이론

직무특성이론(Job Characteristics Model, JCM)은 Herzberg의 내재적 동기유발 방법 중 하나인 직무충실화 개념을 기초로 한다. 1970년대 초 Hackman과 Lawler에 의해 시작된 이 이론은 1975년 Hackman과 Oldham에 의해 체계적인 모습을 갖게 되었다.

직무설계(job design)이론으로서의 직무특성이론은 직무 안에 어떤 핵심특성이 포함되느냐에 따라 노력의 정도가 달라지며, 어떤 요소가 중요한지에 대해 세부적인 내용을 제시하고 있다. 〈그림 5-6〉의 직무특성모형에서 보면 다섯 가지 **핵심직무특성**을 확인할 수 있고,[21] 직무특성이 어떻게 종업원들에게 **중요 심리상태**로 작용하며, 어떻게 **개인과 작업 결과** 등에 영향을 미치는가를 설명[22]하고 있다. 또한 직무를 수행하는 사람의 **성장욕구 수준**(growth need strength)이 이들 관계에 조절변수로 작용하고 있음을 나타내고 있다.[23]

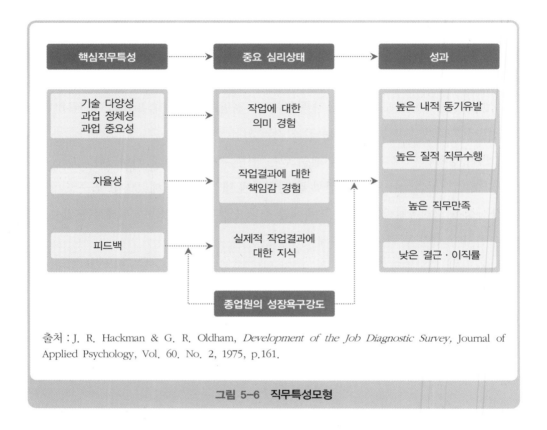

출처 : J. R. Hackman & G. R. Oldham, *Development of the Job Diagnostic Survey,* Journal of Applied Psychology, Vol. 60. No. 2, 1975, p.161.

그림 5-6 직무특성모형

1. 핵심직무특성

핵심직무특성(core job characteristics)은 직무가 가지고 있는 특성 중 가장 중요한 요인으로서, Hackman과 Oldham은 직무가 다섯 가지 핵심직무 차원으로 구분된다고 주장한다.[24] 각각의 정의는 다음과 같다.

1) 기술 다양성(skill variety)

직무담당자가 직무를 수행하기 위해 얼마나 다양한 기술과 재능을 사용해야 하는가의 정도를 뜻한다. 기술 다양성이 높은 직무는 자동차정비업체 장비부장 같이 전기수리, 엔진수리, 차체작업뿐 아니라 고객 응대까지 하는 직무이다. 그러나 기술 다양성이 낮은 직무는 하루 종일 타이어 교체만 하는 신입 정비공의 직무를 예로 들 수 있다. 장비부장이 신입정비공에 비해 자신의 직무에 더욱 큰 의미를 부여하게 되는 것은 당연하다. 직무 다양성을 높이기 위해서 직무확대의 방법을 사용하게 되는 것은 이러한 이유에서이다.

2) 과업 정체성(task identity)

직무가 독립적으로 완성되는가 아니면 전체 일의 일부분만 관여하는가의 정도를 뜻한다. 과업 정체성이 높은 직무는 가구제조업체 공장장같이 목재선택, 가구설계, 조립, 설치까지 전체적인 여러 가지 일을 수행하는 직무이며, 과업 정체성이 낮은 직무는 하루종일 식탁다리만 조립하는 업무이다.

3) 과업 중요성(task significants)

직무가 다른 사람의 삶이나 직무에 얼마나 중대한 영향을 미치는가의 정도를 뜻한다. 과업 중요성이 높은 직무는 신약 연구가나 의사같이 인간의 건강증진과 생명에 관여하는 직무이며, 과업 중요성이 낮은 직무는 세차 후 건조를 하는 직무를 예로 들 수 있다.

4) 자율성(autonomy)

직무를 수행하는 사람에게 자유, 독립, 재량권을 허용하는 정도를 뜻한다. 자율성이 높은 직무는 교수의 강의같이 자신이 강의계획, 교재선택, 평가 등을 할 수 있는 직무이며, 자율성이 낮은 직무는 생산라인 근무자의 직무를 예로 들 수 있다.

5) 피드백(feedback)

직무수행 시 직무성과에 대해 직접적이고 명확한 정보를 획득할 수 있는 정도를 뜻한다. 피드백이 높은 직무는 텔레마케팅 책임자같이 매일 또는 순간마다 얼마나 많은 주문을 받아 판매되었나에 대한 정보를 규칙적으로 받을 수 있는 직무이다.

〈그림 5-6〉의 직무특성모형에서 보면 핵심직무차원 중 처음 세 가지(기술 다양성, 과업 정체성, 과업 중요성)가 결합하여 작업의 의미를 창출한다는 점이다. 즉 세 가지 특성이 자신이 하고 있는 직무 안에 존재할 경우 직무수행자는 자신의 직무를 중요하고 가치 있는 것으로 여기게 된다는 것이다. 또한 자율성은 직무수행자가 결과에 대하여

개인적 책임감을 느끼게 되며, 피드백이 제공되면 작업수행자는 자신이 얼마나 일을 잘
수행하는지를 인지하게 된다.

　　동기부여 관점에서 볼 때 직무특성모형은 사람들이 업무수행에서 의미를 느끼고,
업무수행 결과에 대해 스스로 책임을 지며, 자신의 작업결과에 대해 알 수 있을 때 내적
인 보상이 제공된다고 주장한다.25) 이와 같이 세 가지 중요 심리상태가 존재할 때 높은
내적 동기유발, 높은 질적 직무수행, 높은 직무만족, 낮은 이직·결근율의 결과를 가져
오게 된다.

　　그런데 한 가지 중요한 점은 직무특성차원-결과의 관계는 종업원의 성장욕구, 즉
직무수행자의 자존감과 자아실현욕구에 의해 조절된다. 성장욕구가 높은 사람은 성장
욕구가 낮은 사람에 비해 직무충실도가 높은 직무에서 중요 심리상태를 경험할 가능성
이 높아질 것이다.

　　Hackman과 Oldham은 다섯 가지 핵심직무특성을 측정할 수 있는 설문지(Job Diag-
nostic Survey, JDS)26)를 개발하였으며, 이들이 어떻게 상호작용하면서 동기부여되는가
를 나타내는 동기잠재력지수(motivating potential score, MPS)를 제시하고 있다(표 5-2).

$$\text{MPS} = \frac{\text{기술 다양성}+\text{과업 정체성}+\text{과업 중요성}}{3} \times \text{자율성} \times \text{피드백}$$

　　직무의 동기잠재력지수가 높아지려면 의미를 경험하게 하는 세 가지 요소 중 적어
도 한 가지 요소는 높아야 하며, 자율성과 피드백이 높아야 한다. 특히 자율성과 피드백
의 상대적 중요성을 강조하고 있다. 실증연구 결과에 따르면 MPS가 높은 직무를 담당
하는 작업자는 낮은 직무를 담당하는 작업자보다 동기유발이 잘되고 직무에 대해 만족
하며 높은 성과를 보이는 것으로 나타났다.27)

　　직무특성이론의 특징은 다음과 같다.

　　첫째, 직무특성모형에 관한 많은 연구들이 이루어졌으며, 대부분의 연구가 특성모
형의 많은 부분을 지지한다.28)

　　둘째, 많은 연구들이 이 이론의 일반적인 틀―즉 직무특성이 직무수행자의 성과에

표 5-2 핵심직무특성 진단

	전혀 아니다		중간			매우 그렇다	
기술 다양성							
1. 귀하의 직무는 다양한가?	1	2	3	4	5	6	7
2. 귀하의 직무는 복잡하고 높은 수준의 기술을 사용하는가?	1	2	3	4	5	6	7
3. 귀하의 직무는 많은 기술을 요구하며 비반복적인가?	1	2	3	4	5	6	7
과업 정체성							
4. 귀하의 직무는 부분적인가(1), 전체적인가(7)?	1	2	3	4	5	6	7
5. 귀하의 직무는 한 작업공정을 온전히 마칠 기회를 제공하는가?	1	2	3	4	5	6	7
6. 귀하의 직무는 전체 작업공정의 기회가 있는가?	1	2	3	4	5	6	7
과업 중요성							
7. 귀하가 하는 직무의 결과는 다른 사람의 삶과 복지에 중요한가?	1	2	3	4	5	6	7
8. 직무를 얼마나 잘하느냐가 많은 사람에게 영향을 줄 수 있는가?	1	2	3	4	5	6	7
9. 귀하의 직무는 전체적인 계획에 핵심적이며 중요한가?	1	2	3	4	5	6	7
자율성							
10. 직무수행 시 자율성이 주어지는가(예 : 작업방법 결정 등)?	1	2	3	4	5	6	7
11. 귀하는 감독자 간섭 없이 단독으로 직무를 수행하는가?	1	2	3	4	5	6	7
12. 직무수행 시 나의 직관과 판단을 사용할 기회가 주어지는가?	1	2	3	4	5	6	7
피드백							
13. 귀하의 작업성과에 대한 정보가 제공되는가?	1	2	3	4	5	6	7
14. 직무과정에 내가 잘 수행하는지 알 수 있는 기회가 제공되는가?	1	2	3	4	5	6	7
15. 직무수행을 잘하는지 여부에 대한 풍부한 단서가 제공되는가?	1	2	3	4	5	6	7

점수 계산 기술 다양성(질문 1+2+3)÷3 = 　　 점
　　　　　 과업 정체성(질문 4+5+6)÷3 = 　　 점
　　　　　 과업 중요성(질문 7+8+9)÷3 = 　　 점
　　　　　 자율성(질문 10+11+12)÷3 = 　　 점
　　　　　 피드백(질문 13+14+15)÷3 = 　　 점

동기잠재력지수(MPS) 계산

$$\frac{기술\ 다양성 + 과업\ 정체성 + 과업\ 중요성}{3} \times 자율성 \times 피드백 = \quad 점$$

참고) 최고 : 343점, 중간 : 64~125점, 최저 : 0점

출처 : H. P. Sims, A. D. Szilagyi and R. T. Keller, *The Measurement of Job Characteristics*, Academy of Management Journal, 19, pp.195-212. Jennifer M. George& Gareth R. Jones, *Understanding and Managing Organizational Behavior*, 5th ed. Pearson Prentice Hall, 2008, pp.219-220. 재구성.

영향을 미친다는 사실―을 지지하고 있다.

직무특성이론의 비판점은 다음과 같다.

첫째, 조절변수인 성장욕구 강도에 관한 타당성에 대한 것이다. 성장욕구 강도의 역할에 대하여는 가장 많은 논란점이 제기되었다.

둘째, 성장욕구 강도 외에 많은 다른 요인(예 : 나이·성 등의 인구 통계적 요소, 작업에 관한 가치관, 비교집단과의 형평성 지각)이 조절변수로 제시되기도 한다.

셋째, 직무특성이론의 여러 변수들을 측정하여 현상을 진단할 수 있도록 개발된 설문지(직무진단조사, Job Diagnostic Survey, JDS)에 대한 타당성 문제이다.[29]

사례 1 **워커홀릭 한국인?**

우리나라 근로자들은 1년에 평균 2,193시간 동안 일하는 것으로 나타났다. 주 5일제를 감안할 경우 하루 8.4시간 동안 일하는 셈이다. OECD 평균인 1,749시간보다 20% 이상 많다. 미국 근로자는 하루 6.8시간 정도 일한다.

한국인들이 다른 나라 사람들보다 1년에 444시간을 더 일하는 것이다.

OECD 2010 통계에 따르면 한국 근로자의 연평균 근로시간은 OECD 34개국 중 1위였다. 2위인 칠레(2,068시간)와 125시간 차이가 나고, 근로시간이 가장 짧은 네덜란드(1,377시간)보다 1.59배 일하는 것으로 나타났다.

토의

1. 우리나라 사람들이 세계에서 가장 많이 일을 하게 된 이유를 유추해 보자.
2. 이러한 현상을 이 장에서 배운 동기이론들을 근거하여 토의해 보자.

사례 2 구글의 WLB

구글(Google)은 포춘이 선정한 2012년 일하기 좋은 기업 1위이다(2위 보스턴 컨설팅 그룹, 3위 SAS 인스티튜트). 구글의 경영자들은 구성원들이 행복하게 일하고 있는지, 그들을 구글에서 계속 일하게 만드는 것은 무엇인지 알고 싶었다. 이를 위해 구글은 구성원들의 행복을 측정하는 설문조사를 실시하였다. 그 내용은 구성원들이 얼마나 회사 일에 성실히 임하고 있는지, 성실히 임하게끔 하는 원동력은 무엇이고 또 일에 대한 애정이 식은 이유는 무엇이며, 그리고 구성원들과 관리자들이 현재 중요하게 생각하는 것이 무엇이며, 구성원들에게는 흥미로운 일을 맡아 진행하는지 여부, 지금 하고 있는 일에 대한 만족 여부, 그리고 동기부여를 위해서는 어떤 혜택이 필요하다고 생각하는지 등에 대해서도 의견을 구한다. 구글은 이러한 조사결과들을 직원 개개인의 경력개발에 활용하고 있다. 구성원들에게 더 많은 스톡옵션을 주거나 연봉을 올려 주는 것보다 그들의 경력개발을 돕고 즐겁게 일을 할 수 있도록 만드는 것이 우수 인재를 확보·유지하고 조직성과를 높이는 데 더 바람직하다고 판단한 것이다.

구글은 엔지니어들이 그들의 창의성을 십분 발휘할 수 있도록, 5일 중의 하루를 자신이 선택한 프로젝트를 위해 사용하도록 한다. 그리고 드라이클리닝, 세차, 저녁식사 예약 등 업무 외의 사소한 일을 회사가 대신 처리해 줌으로써 구성원들이 보다 업무에 집중할 수 있도록 한다. 또한 집에서 전화 회의를 통해 급한 업무를 수행하는 것을 장려하고 이로 인해 발생한 전화요금은 회사가 부담한다. 그리고 부득이한 경우가 아니면 아침 일찍, 또는 저녁 늦게 회의 스케줄을 잡지 않도록 유도한다. 구글은 구성원들이 진심으로 즐겁게 일할 수 있도록 배려함으로써 조직성과를 높이고 동시에 일과 생활의 균형도 추구하고 있는 것이다.

토의

1. 구글이 구성원 동기유발을 위해 한 일을 배운 이론들을 적용하여 분석해 보자.

2. 구글이 실천한 WLB 프로그램은 무엇인가?

(참고 : 삼성경제연구소가 최근 국내 대기업 직원을 상대로 '직장생활에서 무엇이 가장 중요한가'를 조사한 결과, 11개 기업 가운데 7개 기업에서 '일과 생활의 균형(Work-Life Balance, WLB)'이 급여수준, 고용안정성, 승진 등을 제치고 1위를 차지하였다.)

요 약

동기부여란 **달성목표를 향하여 인간행동을 자극하고, 인간행동의 방향을 설정하고, 유지하는 일련의 과정**이다. 내재적 동기부여는 내재적 보상에 의해 동기유발하는 것을 말한다. 대부분 직무 자체와 직접 관련이 있으며 일을 하면서 느끼는 성취감 · 도전감 · 자기효능감 등을 예로 들 수 있다. 외재적 동기부여는 외재적 보상에 의해 동기 유발하는 것으로서 직무환경과 관련이 있으며, 급여 · 승진 · 권한위양 등을 들 수 있다.

동기부여에 관한 여러 이론들은 연구 초점에 따라 크게 동기부여 **내용이론**(content theory)과 **과정이론**(process theory)으로 구분한다. 내용이론은 동기부여를 일으키는 요인이 '무엇(what : content)'인가에 관한 이론이며, 과정이론은 동기부여가 '어떤 과정(how : process)'을 통해 일어나는가에 관한 이론이다.

Maslow의 욕구단계이론은 다음과 같은 가정을 갖고 있다.

첫째, 인간은 다섯 가지 욕구단계(생리적 욕구, 안전 · 안정욕구, 소속 · 애정욕구 존경욕구, 자아실현욕구)를 가지며

둘째, 하위단계의 욕구가 충족되면 상위단계의 욕구가 지배적으로 작용하고

셋째, 한순간 개인의 의식을 지배하는 욕구는 하나이며

넷째, 어느 정도 충족된 욕구는 더 이상 동기부여의 효과가 없고

다섯째, 하위수준보다 상위수준 욕구에 더 다양한 충족방법이 있다는 것이다.

Alderfer의 ERG이론은 Maslow의 욕구단계이론의 한계점과 비판점을 근거로 제시된 이론이다. 욕구단계이론에 기초하여 다섯 가지 욕구를 세 가지 욕구로 줄였지만 단계 간 이동을 한다는 점에서 더욱 유연한 이론이다.

Alderfer는 욕구를 존재(**E** : existence), 관계(**R** : relatedness), 성장(**G** : growth) 등 세 범주로 분류하였으며, ERG이론의 특징은 다음과 같다.

첫째, Maslow의 5단계 욕구를 세 가지로 단순화하였다.

둘째, 단계적 · 계층적 개념이 아니라 순서가 있는 것이 아니다.

셋째, 동시에 둘 또는 세 가지 욕구가 작용하여 동기유발할 수 있다.

넷째, 고차원적 욕구가 만족되지 않거나 좌절되면 저차원적 욕구가 더 커져 하위욕구를 돌아가는 좌절-퇴행(frustration-regression) 개념을 도입했다.

McClelland의 성취동기이론은 Murray의 욕구 중 성취욕구, 친화욕구, 권력욕구를 규명했으며 그중에서 성취욕구가 동기부여와 직결된다는 결과를 얻고 있다.

성취욕구가 강한 사람의 특징은 노력이나 능력을 통해 무엇인가를 성취할 수 있는 상황을 선호하며 결과에 대해 기꺼이 책임지려 하며, 목표달성 가능성이 중간 정도일 때 가장 잘 동기유발되고, 노력결과에 대한 즉각적이며 효율적 피드백을 원한다.

이러한 성향을 근거로 구성원들의 성취욕구 수준을 측정하여 이에 적합한 목표를 설정하고, 알맞은 작업 상황을 제공하며, 적당한 피드백을 제공한다면 성과도 높이고 개인의 성취욕구도 향상시킬 수 있게 된다.

Herzberg의 동기-위생이론은 2요인이론으로도 불린다.

2요인 중 하나인 **위생요인**(hygiene factors)은 불만족요인(dissatisfiers)으로도 부르며 이들 요인은 불만족을 초래하는 요인이다. 대표적인 불만족요인으로는 회사 정책과 관리 · 감독 · 상사와의 관계 · 근무조건 · 임금 · 동료와의 관계 · 지위 등을 들 수 있다. 주로 직무 외재적 요소(환경, 직무 상황)로서 이들 요인이 적당하면 사람들은 불만을 느끼지 않지만 만족한다는 뜻은 아니다.

다른 한 요인인 **동기요인**(motivators)은 만족요인(satisfiers)이라고도 하는데, 동기요인은 사람들에게 만족감을 주게끔 동기부여하는 요인들을 말한다. 만족요인으로는 성취감 · 인정 · 직무자체 · 책임감 · 도전감 · 발전 · 성장 등의 내재적 요소를 들 수 있다. 동기요인은 충족되지 않아도 불만은 없지만 충족되면 만족감을 주고 동기부여의 역할을 할 수 있다는 데 특징이 있다.

종업원들이 불만을 갖지 않도록 위생요인을 적절히 관리하고, Maslow의 하위욕구처럼 적절히 충족시켜야 한다. 또한 동기요인이 종업원 만족을 가져오고 동기를 유발하므로 관리자는 직무내용을 개선 · 향상시키는 데 주의를 기울여야 한다.

내재적 동기부여를 시킬 수 있는 대표적인 방법은 **직무확대**(job enlargement)와 **직무충실화**(job enrichment)이다. 직무확대가 양적 · 수평적 확대라면, 직무충실화는 질적 · 수직적 확대라 할 수 있다.

Hackman과 Oldham의 직무특성이론은 직무 안에 어떤 핵심특성이 포함되느냐에 따라 노력의 정도가 달라지며, 어떤 요소가 중요한지에 대해 세부적인 내용을 제시하고 있다. 직무특성모형에서 보면 다섯 가지 **핵심직무특성**(기술 다양성, 과업 정체성, 과업 중요성, 자율성, 피드백)을 확인할 수 있고, 직무특성이 어떻게 종업원들에게 **중요 심리 상태**(작업에 대한 의미 경험, 책임감, 결과에 대한 정보 인지)로 작용하며, 어떻게 **개인과 작업 결과** 등에 영향을 미치는가를 설명하고 있다. 또한 직무를 수행하는 사람의 **성장욕구 수준**(Growth Need Strength)이 이들 관계에 조절변수로 작용하고 있음을 나타내고 있다.

참고문헌

1) Jerald Greenberg & Robert A. Baron, *Behavior in Organization,* Pearson Prentice Hall, 2008, pp.248.

2) Terrence R. Mitchell, Motivation: *New direction for theory, research, and practice,* Academy of Management Review, 1982, p.81.

3) Jerald Greenberg & Robert A. Baron, op. cit. p.249.

4) A. H. Maslow, *The Theory of Motivation,* Psychological Review, July, 1943, pp.370-396

5) Jerald Greenberg, *Managing Behavior in Organizations,* 3rd, ed. Prentice hall, 2002, p.84.

6) Paul Hersey, Kenneth H. Blanchard, Dewey E. Johnson, *Management of Organizational Behavior Leading Human Resources 8th,* Prentice Hall, 2001, p.37.

7) ibid, p.83.

8) M. A. Wahba & L. G. Bridwell, Maslow Reconsidered: *A Review on the Need Hier-archy Theory,* Organizational Behavior and Human Performance, 1976, pp.12-40.

9) E. E. Lawler III & JL. Suttle, *A Causal Correlation Test of the Need Hierarchy Theory,* Organizational Behavior and Human Performance, April, 1972, pp.265-287.

10) C. P. Alderfer, *Empirical Test of a New Theory of Human needs, Organizational Behavior and Human Performance* 4, 1969, pp.142-175.

11) R. E. Coffey, C. W. Cook, P. L. Hunsaker, *Management and Organizational Behavior,* IRWIN, 1994, p.106.

12) Jennifer M. George & Gareth R. Jones, *Understanding and Managing Organizational Behavior,* 5th ed. Pearson Prentice Hall, 2008, p.189.

13) J. P. Wanous & A. Zwany, *A Cross Sectional Test of Need Hierarchy Theory,* Organizational Behavior and Human Performance, vol18, 1977, pp.78-97.

14) D. C. McClelland, *The Achieving Society,* New york: Free press, 1961

15) D. C. McClelland and D. H. Burnham, *Power is the great Motivator,* Harvard Business Review, March-April 1976, pp.100-105.

16) F. Herzberg, B. Mausner, B. Snyderman, *The Motivation to work* (network :Wiley, 1959

17) Stephen P. Robbins & Timothy A. Judge, *Essentials of Organizational Behavior,* 9th ed. Pearson Prentice Hall, 2008, p.72.

18) R. W. Griffin, *Task Design: An Integrative Approach* (Glenview, IL: Scott, Foresman, 1982.

19) R. L. Daft, *Organization Theory and Design,* 8th ed. Thomson south-western, 2004, p.270.

20) Stephen P. Robbins & Timothy A. Judge, op. cit. pp.72-73.

21) J. R. Hackman & G.R. Oldham, *Development of the Job Diagnostic Survey,* Journal of Applied Psychology, Vol.60. No.2, 1975, p.161.

22) Y. Fried & G. R. Ferris, *The Validity of the Job Characteristics Model: A Review and Meta-Analysis,* Personnel Psychology, Summer 1987. pp.287-322.

23) J. R. Hackman & G. R. Oldham, *Work Redesign,* Adapted by permission of Pearson Education, inc. Upper Saddle River, New Jersey. 1980, pp.78-80.

24) J. R. Hackman & G. R. Oldham, *Motivation through the Design of Work: Test of a theory,* Organizational Behavior and Human Performance, August 1976, pp.350-379.

25) Stephen P. Robbins & Timothy A. Judge, op. cit. p.90.

26) Jennifer M. George & Gareth R. Jones, *Understanding and Managing Organizational Behavior,* 5th ed. Pearson Prentice Hall, 2008, pp.219-220.

27) J. R. Hackman, Work design, in J. R. Hackman & J. L. Suttle(Eds.), *Improving Life at Work,* Santa Monica, Ca; Goodyear Publishing Co. p.130.

28) G. Johns, J. L. Xie & Y. Fang, *Mediating and moderating effects in job design,* Journal of Management 18, pp.657-676.

29) J. R. Hackman & Oldham, *Developmentor task design as measured by the Job Diagnostic Survey,* Academy of Management Journal. vol.20. 1975, pp.209-223.

동기부여 과정이론

1. 기대이론의 개요를 제시할 수 있다.
2. 기대, 유의성, 수단성이 왜 동기유발의 핵심인지 설명할 수 있다.
3. 공정성이론을 설명하고, 어떻게 조직 구성원을 동기부여시키는지 적용할 수 있다.
4. 공정성의 중요성과 불공정성의 위험성에 대해 인식하게 된다.
5. 조직정의가 왜 중요한지 이해할 수 있다.
6. 목표설정이론을 설명할 수 있다.
7. 어떠한 목표설정이 직무성과 향상에 사용될 수 있는지 설명할 수 있다.
8. 인지평가이론의 개념을 이해할 수 있다.
9. 내재적 동기부여의 중요성을 인식하게 된다.

내용이론이 인간행동의 원동력은 '무엇'이며, 사람들이 무엇을 원하고 필요로 하는 지를 연구한 것이라면, 과정이론은 동기부여가 '어떤 과정'을 통해 일어나는가에 관한 이론이다. 내용이론이 개인행동의 원동력인 인간의 욕구·본능 등에 초점을 두었다면 과정이론은 행동이 어떻게 동기화되고 어떤 과정을 통해 이루어지는가에 관심이 있다. 또한 개인의 행위와 환경과의 상호작용을 이해해야 하는 점에서 내용이론에 비해 복잡하고 동태적이다.

본장에서 살펴보게 될 대표적인 과정이론은 Vroom의 기대이론, Adams의 공정성이론, Locke의 목표설정이론, Deci의 인지평가이론 등이다.

제1절 기대이론

Vroom의 기대이론(expectancy theory)은 동기부여이론 중에서 가장 널리 수용되는 이론 중 하나로[1] Lewin과 Tolman에 의해 처음 제시되었고, 1964년 Vroom에 의해 발전된 이론이다.

Vroom은 "**모티베이션의 정도는 행위의 결과에 대한 매력의 정도(유의성)와 결과의 가능성(기대) 그리고 성과에 대한 보상 가능성(수단성)의 함수에 의해 결정된다.**"고 주장한다. 즉 인간은 자신의 행동과정에서 여러 대안 중 자신이 원하는 결과를 가져올 행동을 선택한다는 것이다. 물론 기대이론은 이렇게 간단히 설명할 수 있는 이론이 아니라 고려해야 할 점이 많은 동태적인 이론이다.

우선 기대이론은 다음의 내용을 믿는 신념이 있을 때 동기부여가 잘 될 것이라고 설명한다.[2]

첫째, 노력하면 좋은 성과를 낼 수 있을 것이다.
둘째, 좋은 성과는 조직에서의 보상(보너스, 임금인상 또는 승진)을 가져올 것이다.
셋째, 보상은 종업원들의 개인목표를 충족시킬 것이다.

위의 세 가지 신념은 다음의 세 가지 관계에 초점을 두고 있다(그림 6-1).

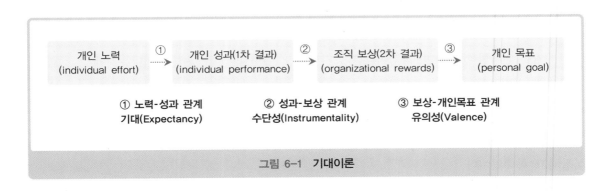

그림 6-1 **기대이론**

① 노력-성과 관계(기대, E)

기대감은 일정수준의 노력을 하면 성과향상이 되리라고 생각하는 개인의 주관적 확률을 의미한다. 이는 목표달성을 위해 자신이 가지고 있는 능력과 가능성에 대해 인식하는 정도를 말한다.

② 성과-보상 관계(수단성, I)

수단성은 일정수준의 성과가 원하는 보상을 가져오리라고 생각하는 개인의 믿음 정도를 의미한다.

③ 보상-개인목표 관계(유의성, V)

유의성은 조직의 보상이 개인목표나 욕구를 충족시키는 정도 그리고 잠재적 매력 정도를 나타낸다.

건설회사의 수주사업부 사원을 예로 들어 설명해 보자. 이 사원이 열심히 수주하여 100% 성과향상을 하면 특별보너스를 받을 가능성(수단성)이 높고, 열심히 공부하여 기술사자격증을 취득하면 승진할 수 있는 가능성(수단성)이 높다고 하자. 그런데 100% 성과향상을 하려면 매일 5시간 초과근무를 해야 하고(기대), 자격증을 따려면 매일 5시간 정도의 기술사 시험 공부를 해야만 가능(기대)할 것으로 보인다. 이때 이 사원이 어떤 길을 선택할 것인지 기대이론에 비추어 생각해 보자(그림 6-2).

우선 그가 특별보너스와 승진에 대해 얼마나 매력을 느끼는가(최종보상에 대한 유의도, 2차 결과에 대한 유의도)가 중요하다. 또 100% 성과향상과 기술사자격증 취득 중 어느 것에 더 매력을 느끼는가(성과수준에 대한 유의도, 1차결과에 대한 유의도)에 따라 달라진다. 그리고 100% 성과향상이 가능한가 아니면 공부하여 기술자격증을 따는 것이 가능할 것인가의 문제가 행동안 중 하나를 선택하는 데 영향을 미칠 것이다. 따라서 이 사원은 이러한 요인들을 고려하여 가장 가능성이 높다고 기대되는 방향으로 행동하게 되는 것이다.

결과적으로 Vroom의 기대이론에서 어떤 한 개인의 동기부여 정도는

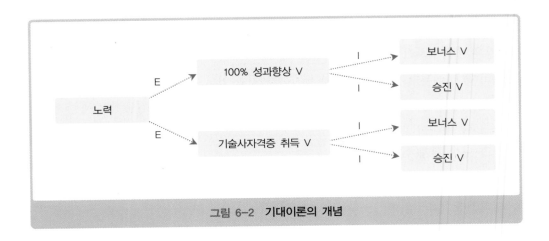

그림 6-2　**기대이론의 개념**

- 최종보상에 대한 개인의 매력 정도(최종보상에 대한 유의성)
- 그것을 얻기 위해 요구되는 성과수준에 대한 개인의 매력 정도(성과수준에 대한 유의성)
- 성과수준에 따라 어떤 최종보상이 주어질 것이라고 생각하는 양자의 관계에 대한 개인의 주관적 확률(수단성)
- 개인이 노력을 기울이면 필요한 성과수준을 달성할 수 있을 가능성에 대한 개인의 주관적 확률 또는 믿음(기대)에 의해 결정된다.

동기부여는 다음 공식으로 표시할 수 있다. 즉 기대이론은 기대감, 수단성, 유의성에 의해 노력의 강도가 결정된다는 것이다. 어떤 직무를 하기 위한 동기유발수준은 개인이 노력해서 직무를 성공적으로 달성할 수 있는가라는 기대감과 성과에 따르는 보상이 확실한가에 대한 수단성, 그리고 보상이 개인에게 얼마나 매력적인가에 대한 유의성에 의해 결정된다는 것이다. 이들이 모두 높으면 개인의 동기부여는 높아지지만, 기대·수단성·유의성 중 하나라도 0이면 동기부여가 안 된다는 것을 의미한다.

$$동기부여(M) = \Sigma\,기대 \times \Sigma\,(수단성 \times 유의성)$$

기대이론이 경영자에게 주는 의미는 위의 세 가지 요소가 높도록 노력해야 한다는 점이다. 즉 경영자는 종업원의 기대값을 높여야 하며(노력-성과), 수단성을 증대해야 하고(성과-보상), 유의성을 높여야 한다(보상-개인목표의 합치).

첫째, **기대값**을 높이는 것(노력하면 성과를 낼 수 있는가)은 종업원 능력과 역량에 관한 문제이다. 위의 예에서 보면, 누구나 열심히 일한다고 100% 성과향상이 가능한 것은 아니며 또한 누구나 5시간씩 열심히 공부하면 기술사자격증 취득이 가능한 것도 아니다. 능력과 자신감이 있어야 가능한 일이다. 이러한 능력을 높이기 위해서 교육·훈련 프로그램, 코칭, 능력 높은 종업원의 선발, 목표의 명확화, 직무설계 등에 유의해야 한다.

둘째, **수단성**을 증대시키기 위해서(성과를 내면 보상이 주어질 것인가)는 경영층과 종업원 사이에 신뢰가 있어야 한다. 위의 예에서 100% 성과향상·기술사자격증 취득 후에 약속했던 보너스나 승진이 지켜지지 않을 때, 종업원들은 경영층에 대한 신뢰도가 낮아지며 동기 유발되지 않을 것이다. 한 조사에 따르면 단지 구성원의 25%만이 성과와 보상 사이의 관계를 인식한다고 한다.[3] 신뢰를 높이기 위해서는 보상에 대한 약속을 정확히 지키며, 직무수행의 성과를 정확하고 공정하게 측정해야 한다.

셋째, **유의성**을 높이는 것(보상이 개인목표나 욕구를 충족시키나)은 종업원이 갖고 있는 욕구체계와 깊은 관련이 있다. 위의 예에서 이 사원은 보너스와 승진 중에서, 또 100% 성과향상과 기술사자격증 취득 중 무엇에 더 매력을 느끼나 파악해야 한다. 결과를 얼마나 매력적으로 받아들이는가는 개인의 태도·성격·욕구에 의해 결정된다. 유의성을 높이기 위해서는 종업원 욕구체계를 명확히 파악하며, 보상내역이 개인목표와 합치하는가를 파악해야 한다.

이제 기대이론의 시사점을 살펴보도록 하자. 지금까지의 연구 결과들은 기대이론의 유효성을 지지한다. 사람들의 선택행위를 예측하고, 개인의 욕구와 목표가 어떻게 노력과 연결되는가에 대해 체계적으로 설명한 점은 괄목할 만하다. 기업은 종업원이 일정한 노력을 기울이면 달성될 수 있는 합리적 성과수준을 제시해야 하고, 성과수준에 따라 주어지는 보상이 무엇인가를 명확히 할 필요가 있다. 또한 종업원 개인이 매력적으로 생각하는 보상을 제공하여 개인목표와 부합해야 한다. 좋은 감독자는 종업원에게 감독자가 기대하는 것이 무엇인지 명시할 뿐 아니라 종업원의 성과수준을 높이는 데

도움을 주어야 한다는 점을 시사하고 있다.[4]

기대이론의 특징은 다음과 같다.

첫째, 개인의 목표와 욕구가 어떻게 행동으로 연결되는가를 설명하고 있다.

둘째, 인간의 인지를 중요시한다. 개인의 직무에 대한 동기력은 노력-성과 관계, 성과-보상 관계, 보상-개인목표 관계에 대한 인지에 의해 결정된다고 주장한다.

셋째, 동기력은 기대, 수단성, 유의성을 곱하여 결정되는 데 세 가지 요소 중 한 가지 요소라도 0이면 전체가 0이 된다는 것이다.

넷째, 개인은 동기력의 값이 가장 큰 대안을 선택한다고 설명하고 있다.

그러나 기대이론은 다음과 같은 비판을 받고 있다.

첫째, 과연 인간이 행동할 때 그렇게 복잡한 과정을 거치는가의 문제이다. 누구나 합리성에 근거하여 결과와 과정에 대한 확률 적용을 하며 행동하는 것에는 한계가 있다. 인간은 완전한 합리성이 아닌 제한된 합리성(bounded rationality)에 따라 의사결정을 한다는 점을 고려해야 한다.

둘째, 변수에 대한 정의가 모호하며 연구자들 간에 일치성이 적다.

셋째, 유의성과 기대감의 곱셈공식으로 효과가 과장될 수 있다.

넷째, 가장 만족이 큰 쪽으로 동기 부여된다는 쾌락주의 가정의 문제이다. 가치부여는 매우 주관적이라 사람마다 다르기 때문이다.

제2절 공정성이론

공정성이론(equity theory)은 형평성이론으로도 불리는데 이는 사회적 비교이론의 하나이다. J. Stacy Adams는 L. Festinger의 인지부조화이론을 동기유발과 연관시켜서 공정성이론을 체계화하였다.[5] 1960년 Adams에 의해 제시된 공정성이론은 종업원들이 직무와 조직에 공헌한 투입과 거기에서 얻은 산출의 관계를 인식하는 것을 전제로 한다.[6]

공정성이론의 핵심은 **자신의 산출/투입의 비율이 타인, 특히 준거집단(reference group)**

맞벌이 부부의 가사분담 불공정성

부부가 똑같이 나가서 돈을 벌어도 가사노동은 당연히 여자 몫이라고 생각하는 남성들이 아직도 많다.

김주희 박사는 '맞벌이 부부의 시간배분을 통해 본 일-생활 유형 연구'(서울대학교 생활과학대, 2012년)에서 맞벌이 부인의 평균 가사노동 시간이 남편보다 7배가량 많은 것으로 밝혔다. 김 박사는 "맞벌이 남편과 부인 모두 평일에 일을 하는 데 상당 시간을 소비하고 있지만 그 외의 생활 영역에서 남편은 여가에, 부인은 가사노동에 시간을 많이 사용하고 있다."고 말했다.

김 박사의 분석에 따르면 맞벌이 부부 중 취업노동시간은 남편이 일일 평균 7시간 46분으로 부인의 6시간 35분보다 많았다. 하지만 가사노동시간은 남편이 평균 25분에 불과한 반면 여성은 2시간 54분이었으며, 여가시간은 남편이 3시간 14분이고 부인은 2시간 30분이었다.

통계청의 2012년 조사 결과를 보면 한국사회의 전체 1,162만 가구 중 맞벌이 가구(43.5%)는 홑벌이 가구(42.3%)를 넘어섰다. 이처럼 맞벌이 가구가 보편화되었지만 가정생활에서는 가사노동의 불균형이 계속되고 있는 것이다.

질문

1. 이러한 현상이 일어나는 원인은 무엇일까?
2. 당신이라면 이 문제를 어떻게 지혜롭게 풀 수 있을까 공정성이론을 근거로 이야기해 보자.

이나 준거인물(reference person)과 비교하여 비율의 형평성을 유지하는 방향으로 동기부여된다는 것이다.

공정성이론은 조직 내 종업원들이 자신의 투입(inputs)과 산출(outputs)을 준거집단이나 준거인물의 그것과 비교한다는 것이다. Adams는 투입과 산출의 비교가 동기부여에 영향을 미친다고 제안한다.[7] 자신의 투입 대 산출의 비율이 타인의 그것과 비교하여 같으면 공정하다고 느껴 조직과 공정한 관계가 이루어졌다고 생각하지만, 작거나 크면 불공정성을 지각하게 되어 불쾌감과 긴장감을 느끼며 불공정성 회복을 위해 노력하게 된다.[8] 이 관계를 요약하면 〈그림 6-3〉과 같다.

공정성이론을 보다 잘 이해하기 위해서는 투입·산출의 구체적 내용, 준거기준에 대해 알아야 한다. 공정성 정도를 판단하는 데 기준이 되는 투입·산출요인들은 〈표

비율 비교*	지각
$\dfrac{O}{I_A} < \dfrac{O}{I_B}$	과소보상으로 인한 불공정성
$\dfrac{O}{I_A} = \dfrac{O}{I_B}$	공정성
$\dfrac{O}{I_A} > \dfrac{O}{I_B}$	과다보상으로 인한 불공정성

* A는 자신,
　B는 준거대상

그림 6-3 공정성이론의 모형

표 6-1 **공정성이론에서 투입과 산출**

투 입	산 출
시간	급여
노력	부가급부
교육·훈련	승진
경험	성장 및 개발 기회
기술	도전감
지적 능력	성취감
나이	인정
건강	근무환경
창의성	직무안정
충성심	의사결정 참여

6-1〉과 같이 정리할 수 있다.

조직 구성원들이 비교대상으로 생각하는 준거가 공정성이론을 더욱 복잡하게 한다.

종업원들은 자신을 다른 조직의 이웃·동료·동창과 비교하거나 산업추세·직업표준과 비교한다. 또한 그들이 일했던 과거와 더불어 현재 직무를 비교하곤 한다. 어떤 준거를 선택할 것인지는 주로 다음의 네 가지 조절변수, 즉 성(gender)·근무기간·조직에서의 지위계층·교육 정도와 전문성 정도이다.[9]

- **성** : 여성과 남성들은 주로 동성과의 비교를 선호한다. 여성은 대체로 남성에 비해 낮은 임금을 받기 때문에 준거로서 여성을 선택하는 경향이 있다.

- **근무기간** : 근무기간이 짧은 사람은 조직 내 타인에 대한 정보가 적기 때문에 자신의 경험에 의존한다. 그러나 근무기간이 긴 사람은 동료에 더욱 의존한다.
- **조직에서의 지위계층** : 상위층 종업원은 다른 조직 내 사람들에 대한 정보를 더욱 잘 아는 경향이 있기 때문에, 외부의 다른 사람들과 비교할 것이다.
- **교육 정도 · 전문성 정도** : 교육 정도가 높은 상위층 종업원은 외부의 다른 사람들과 더욱 비교하는 경향이 있다.

어떤 투입 · 산출 요인이 개인에 의해 인지되고 공정성 인지에 영향을 미치는가는 각 사람에 따라 다르다. 또한 어떤 준거기준을 선택하는가의 문제도 개인차가 있다. 공정성이론에서 불공정하다고 느끼는 경우는 과소보상의 경우와 과다보상의 경우이다. 불공정성을 인지하게 된 후 불공정성 회복을 위해 취하는 방식은 과다보상과 과소보상에서 차이가 나지만, 주로 다음의 다섯까지 대안 중에서 선택하는 것으로 알려져 있다.

(1) 자신의 투입 · 산출을 변경한다.

과소보상 시 지각을 하거나 휴식시간을 길게 갖고 결근 등을 하며, 과다보상 시 직무노력이 증가한다.

(2) 준거인물의 투입 · 산출 변화를 유도한다.

과소보상 시 비교대상에게 좀 더 노력하라고 요구하거나, 과다보상 시 비교대상에게 투입을 줄이라고 압력을 행사하는 경우이다.

(3) 자기 자신 또는 타인의 투입 · 산출을 왜곡한다(인지적 왜곡).

과다보상의 경우 인지적으로 투입 · 산출의 비율을 왜곡하여 심리적으로 공정하다고 합리화하는 것이다. 주로 과다보상 시 많이 사용하며 이러한 이유는 과다보상에 의한 죄책감이 오래가지 않는 이유를 설명할 수 있다.

(4) 준거대상을 변경한다.[10]

준거인물이나 준거그룹을 변경하여 불공정성을 회복하는 방법이다. 예를 들어, 비교대상이 자신이 다니는 회사의 회장 아들이라면 적합한 비교대상이 아니란 결론에 도달한다. 계속 그와 비교한다면 상황갈등을 겪게 되므로 비슷한 사람으로 변경함으로써 공정성을 회복하려 시도할 것이다.

(5) 현장을 떠난다(장 이탈).

불공정을 느낀 현장을 떠남으로써 문제를 해결한다. 다른 부서로 이동을 하거나 이직을 시도한다. 이 방법은 극단적 방법으로 불공정성의 정도가 심각하거나 다른 해결방안이 없을 때 사용한다.

이러한 대안 선택의 결과로 생산성이 높아지거나 낮아지며, 품질이 향상되거나 저하되기도 하고, 결근과 이직이 증가하기도 한다. 이러한 점은 종업원의 동기부여에 대하여 중요한 시사점을 제공해 주고 있다.

공정성이론의 특징은 다음과 같다.

첫째, 사회적 비교이론이다.

둘째, 많은 실증적 연구가 진행되었고, 강한 지지를 받고 있다.

셋째, 종업원의 동기수준은 절대적 보상뿐 아니라 상대적 보상에 더욱 영향을 받는다.

넷째, 불공정성을 지각하면 공정성을 회복하기 위해 노력하며, 회복방식은 과다보상과 과소보상에서 차이가 난다.

공정성이론에 대한 비판은 다음과 같다.

첫째, 비교대상 선정에 어려움이 있다. 사람들이 준거대상을 어떻게 선택하는가에 대해서 분명한 설명이 없다.

둘째, 또한 공정성 정도를 판단하는 기준이 되는 투입과 산출요인을 어떻게 정의하는가의 문제도 지극히 개인적이다. 어떤 사람은 투입을 시간과 노력으로 생각할 수 있고 어떤 사람은 교육 정도·지적 능력으로 생각할 수 있다.

셋째, 투입과 산출을 구성하는 각 항목의 가중치를 어떤 방식으로 조합하여 전체 비율을 만들어내는가의 문제도 공정성이론의 한계라 할 수 있다.

▌조직 정의(organizational justice)

산출물에 대한 공평한 분배를 기초로 한 공정성이론은 종업원들에게 높은 수준의 동기유발을 자극하며, 분배적 정의이론으로도 불린다.[11]

학점 불만

———■———

대학생들은 대부분 학점에 대해 민감한 반응을 보인다. 취업에 영향을 미치는 학점에 민감한 것은 어쩌면 당연할지도 모른다. 우리는 자신이 높은 평가를 받았을 때 공정하다고 말하고 낮은 평가를 받았을 때 불쾌감을 느낀 경험이 있다. 때론 결과에 불공정성을 느끼지만 절차의 공정성으로 그것을 해소한 경험도 있을 것이다.

질문

———■———

1. 여러분의 준거인물(또는 준거집단)은 누구인가?
2. 성적 또는 그 외의 불공정성을 느낀 경험, 불공정성 경험 후의 대응 등을 공정성이론을 중심으로 설명해 보자.

분배적 정의(distributive justice)는 조직에서 산출(임금, 승진, 원하는 작업환경, 배당 등)의 분배에 대한 인지된 공정성을 말한다. 사회적 교환을 평가할 때 투입(inputs)과 산출(outputs)을 어떻게 생각하는지 설명하는 개념이다. 투입과 결과를 비교하여 두 요소 간 분배적 정의를 느끼면 만족을, 분배적 정의를 느끼지 못하면 정의를 느끼는 방향으로 회복을 하게 된다.

그러나 공정성에 대한 지각은 결과의 공정성뿐 아니라 의사결정의 과정에 대한 공정성에 의해서도 영향을 받는다. 산출을 배분하는 데 사용한 절차에 대한 인지된 공정성을 **절차적 정의**(procedural justice)라 한다. 절차적 정의는 실제적 산출분배에 대하여 집중하는 것이 아니다. 오히려 어떻게 성과수준을 평가하고, 불평과 논쟁점을 취급하는가의 문제이다. 절차적 정의는 법체계에서도 오랫동안 관심의 대상이었다. 판결의 공정성뿐 아니라 판결에 이르는 과정 또한 공정해야 하기 때문이다.

제3절　목표설정이론

1968년 Edwin A. Locke에 의해 제시된 목표설정이론(goal-setting theory)은 동기이론 중에서 많은 연구로 인해 그 타당성이 입증된 이론이다. 이 이론의 요점은 **목표달성 의도**

출처 : R. B. Dunham, Organizational Behavior : *People and Process in Management,* Irwin, Inc. 1984, p.179.
E. A. Locke, N. Cartledge & C. S. Knerr, *Studies of the relationship between satisfaction, goal setting and performance,* Organizational behavior and Human Performance, No.1-5, 1970, p.136 재구성.

그림 6-4 목표설정에 관한 개념적 모델

가 동기부여의 원천이 된다는 것이다.[12] 개인적 목표는 과거 성과에 대한 기억 · 상황에 대한 판단 · 자신의 능력 등을 고려하여 설정되는 것이 일반적이다. 목표를 설정하는 사람이 그 목표가 중요하거나 추구할 가치가 있다고 생각하면 목표지향적 행동을 하게 되는 것이다.

목표설정이론의 기본전제는 목표가 설정되어 행위에 영향을 미치는 인지적 과정(cognitive process)을 이해해야 한다는 점이다.[13] 〈그림 6-4〉에서 보듯이 사람은 자신을 둘러싼 환경 가운데서 발생하는 사건을 지각하고 평가하며 발생한 사건을 인지하며 반응하게 된다.[14]

예를 들어, 조직행동론 강의를 수강하는 학생의 인지과정을 살펴보면 다음과 같다. 평소 모든 과목에서 높은 점수를 받던 이 학생이 중간고사에서 70점을 받으면, 낮은 점수에 대해 인지 · 평가하고, 점수에 불만족하여, 점수를 만회하기 위해 기말시험에서 95점 이상의 목표를 설정하게 되며, 목표지향적 행동을 하게 된다. 즉 인간은 미래에 대한 목표를 의식적으로 설정함으로써 반응하게 된다. 이러한 미래에 대한 목표가 행동을 결정하게 된다.

그러면 어떠한 목표가 종업원들의 동기유발에 도움이 될 것인가? 목표설정이론에서는 막연한 목표보다 구체적 목표(specific goals)가, 쉬운 목표보다 어려운 목표(difficult goals)라도 일단 수용되면 높은 성과가 나타나며,[15] 또한 피드백(feedback)이 주어지지 않을 경우보다 피드백이 주어질 때 성과가 높다고 설명한다.

1) 목표 구체성

막연한 목표보다는 구체적 목표를 제시할 때 더욱 높은 성과를 달성한다. '최선을 다하라'라는 목표보다는 '2/4분기에는 전반기 대비 13% 생산량 증가'라는 구체적 목표가 성과에 긍정적 영향을 미친다는 것이다. 구체적 목표는 인간에게 노력의 방향을 제시해 주고 심리적 불확실성을 제거해 준다는 점을 강조한다. 그러나 목표가 구체적이면서 더불어 적절해야 한다는 점도 중요하다. 너무 생산량 증대만 강조한 나머지 불량률이 높아지거나 직무불만족의 결과가 나타난다면 성과향상은 아무 의미도 없게 되는 것이다.

2) 목표 난이도

Locke가 연구한 실증연구 중 많은 연구가 어려운 목표가 성과에 긍정적 영향을 준다는 점을 지지한다. 능력이 동일하고 목표를 수용하기만 한다면 어려운 목표일수록 성과가 높다고 예측할 수 있다. 쉬운 목표가 어려운 목표보다 더 잘 수용되지만 어려운 목표일지라도 일단 수용되면 목표달성을 위해 더욱 노력하게 될 것이다.

3) 피드백

사람들은 자신들의 일이 어떻게 진행되고 있는지 피드백을 받을 때 일을 더 잘하게 된다. 피드백을 통해 지금까지 진행된 과정상 문제점을 확인하고, 행동을 안내하기 때문이다. 그러나 모든 피드백이 다 효과적인 것은 아니다. 종업원 자신이 진척 상황을 점검할 수 있는 자기발생적(self-generated) 피드백이 외부에서 형성된 피드백보다 훨씬 강력하게 동기부여된다고 보인다.[16]

4) 목표 참여도

종업원이 목표를 설정하는 과정에 참여하면 더욱 열심히 일하게 될까? 이에 대한 결과는 일정하지 않다. 참여적 목표가 지시적 목표에 비해 목표 몰입이나 성과면에서 우월하다고 주장하는 한편, 지시적 목표가 우월하다는 결과를 낸 경우도 있다. 이러한 상반된 연구 결과에 대해 Locke는 추가 연구를 한 결과 목표 몰입이나 성과에 있어 참여의 효과가 거의 없는 것으로 나타났다. 목표 난이도에서 살펴보았듯이 어려운 목표일 때 목표수용 가능성은 낮아진다. 그러나 어려운 목표라도 목표설정 과정에 종업원을 참여시킨다면 수용 가능성이 높아진다. 인간은 자신이 참여한 결정사항에 더욱 애착을 갖는 경향이 있다. 그러므로 참여적 목표가 지시적 목표보다 높은 성과는 올리지 못하더라도 참여를 통해 더 어려운 목표를 수용하도록 한다는 점은 명확하다.

이상에서 설명했듯이 구체적인 목표와 수용된 어려운 목표가 높은 성과를 가져온다는 사실은 어느 정도 일반적 지지를 얻는 듯하다. 그러나 이러한 목표의 특성 외의 다른 상황조건은 존재하지 않는 것일까? 피드백 외에 목표-성과 간의 관계에 영향을 주는 요인은 목표 몰입(goal commitment)과 자기효능감(self-efficacy)이다.

5) 목표 몰입 및 자기효능감

목표수용이 목표에 대한 일시적 합의라면 목표 몰입은 지속적으로 목표를 달성하려는 결심과 심리적 애착을 포함하고 있다. 목표 몰입은 일단 수용한 목표를 달성하기 위해 헌신하는 정도를 의미한다. 또한 자기효능감은 과업을 완수할 수 있다고 생각하는 믿음으로 자신감으로도 부른다.

지금까지 목표의 속성에 대해 설명하였다. Locke가 초기 연구에서 목표의 속성과 성과의 직접적 관계에 대해 집중적으로 연구했다면 확장모형에서는 다수의 상황요인을 포함시키고 있다. 확장이론의 개념도는 〈그림 6-5〉와 같다.

목표 구체성, 목표 난이도, 목표 몰입, 목표 참여도 등의 목표속성은 목표지향적 노력에 직접적 영향을 미치게 되지만, 노력이 실제로 성과로 이어지는가의 문제는 상황요인인 조직지원과 개인능력에 달려 있다.

6) 조직적 지원

조직은 목표지향적 노력을 성과로 연결지을 수 있는 계획을 명확히 세우고, 계획달성을 위해 조직원들에게 아낌없는 지원을 해야 한다. 시간, 설비투자, 재무적 지원, 훈련뿐 아니라 정보의 제공도 이에 속한다.

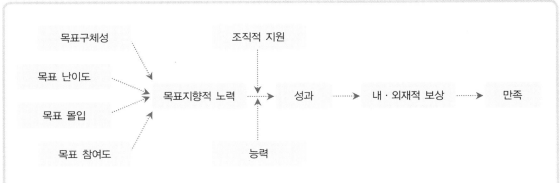

출처 : Gary P. Latham, Edwin & A. Locke, *Goal setting-A motivational technique that works,* Organizational Dynamics, Vol. 8, Issue 2, Autumn, 1979, pp.68-80 재구성.

그림 6-5 목표설정이론의 확장 모델

7) 개인능력

개인능력도 목표지향적 노력이 실제로 성과를 달성하는가에 영향을 미친다. 능력이 부족하면 아무리 노력을 하여도 성과를 높이는 것이 어려워진다. 따라서 조직이 능력 있는 사람을 선발해야 하며, 능력향상을 위해 지속적으로 교육·훈련을 시켜야 하는 이유가 여기에 있다.

이외에도 **보상조건**과 **경쟁상황**도 목표달성에 영향을 줄 수 있다.

보상조건은 내·외재적 보상으로 나눌 수 있는데, 특히 기업의 경우 인센티브를 제공할 때 제공방식이 구성원 성과에 크게 영향을 미침을 유의해야 한다. 인센티브 제공에 가장 널리 쓰이는 방식이 능률급과 보너스인데, 쉬운 목표에 대해서는 보너스가 효과적인 반면 어려운 목표에 대해서는 능률급이 더욱 효과적이다.

경쟁상황은 개인뿐 아니라 조직 전체에 효과적 동기부여를 가능하게 한다. 경쟁은 심한 경우 갈등을 일으키지만 적절한 수준의 경쟁은 조직목표에 대한 구성원들의 집중도를 높여 결과적으로 조직 전체의 높은 성과로 이어진다.

연구의 초기에는 목표의 구체성·난이도·참여도 등 목표 자체의 특성연구에 집중하였으며 그러한 목표 특성이 노력에 어떠한 영향을 주었는가에 집중하였다. 그러나 이후에는 이러한 노력이 실제로 성과와 연결되는 조직적 지원·보상조건·경쟁상황 등의 상황요인 등을 연구하게 되었다.

목표이론의 특성은 아래와 같다.

첫째, 목표달성 의도가 동기부여의 원천이 된다는 점이다.

둘째, 구체적 목표가 막연한 목표보다 높은 성과를 달성하는 데 도움이 된다.

셋째, 일단 수용되면 어려운 목표일수록 성과 향상의 경향이 있다.

넷째, 피드백이 주어지지 않을 경우보다 피드백이 주어질 때 성과가 높다.

다섯째, 개념이 쉽고 간단하므로 직무분석, 인사고과, 교육·훈련, 리더십 등 다양한 분야에서 적용되고 있다.

목표 이론의 한계는 다음과 같다.

첫째, 복수목표의 경우 중요도와 우선순위를 조율하는 문제가 있다.

둘째, 목표설정의 효과를 유지하는 문제이다. 목표설정 초기에는 성과가 높다가 수개월이 지나면 이전 수준으로 성과가 낮아진다는 사실이다.

목표설정이론과 유사한 현대적 관리기법 중 하나가 **목표관리**(Management by Objective, MBO)이다. MBO는 실체적이고 증명할 수 있으며 측정할 수 있는 목표의 참여적 설정을 강조한다.[17] 이미 1954년 미국의 Peter Drucker 교수에 의해 제안된 MBO는 통제에 의한 관리에서 진일보하여 목표를 제시하여 동기부여하는 방법을 제안하였다. 목표를 설정하며 실행하고 결과를 평가하는 과정에 종업원이 참여하는 체계적 방법을 제시한 점이 괄목할 만하다. MBO는 조직 전체의 목표가 조직의 각 수준별 목표(사업부별 목표, 부서목표, 개인목표)로 전환되도록 한다. 그러나 목표설정 시 하부단위의 관리자가 참여하므로 하향적이면서 동시에 상향적인 목표설정이 가능해지며, 그 결과 낮은 단계에서 다음 단계로 이어지는 하나의 목표단계가 탄생하는 것이다. MBO는 개개인 종업원에게 구체적 달성 목표를 제공하게 된다.

MBO 프로그램의 공통 요소로 목표 구체성, 기간의 명시, 의사결정에의 참여, 성과의 피드백을 들 수 있다. MBO의 많은 부분이 목표설정이론의 주장과 합치한다. 예를 들어, MBO에서 목표수행에의 기간명시는 목표 구체성을 강조한 목표설정이론의 강조점과 합치되며, 목표 진척에 대한 피드백도 목표설정이론의 요소와 유사하다. 단지 두 이론 사이에 불합치되는 요소는 참여와 관련된다. MBO는 참여를 옹호하는 반면, 목표 설정이론은 경영자가 할당한 목표가 일반적으로 효과적이라고 주장한다.[18]

제4절 인지평가이론

박옥숙 씨가 말했어요. "나는 자원봉사자로서 병원에서 호스피스로 지난 몇 년간 봉사하게 되었어요. 중환자나 임종을 기다리는 환자에게 성경도 읽어 주고 찬송가도 불러 주며 그들의 손발이 되어 주는 게 얼마나 기쁜지 모릅니다. 그러다가 한 달 전부터 하루에 십만 원씩 수고비를 받는 간병인으로 채용되었어요. 환자를 돌보는 것은 예전과 같은데 이상하게 즐거움을 찾을 수가 없네요."

질문

1. 박옥숙 씨는 왜 일의 즐거움을 잃었을까? 인지평가이론을 중심으로 분석해 보자.
2. 여러분도 이런 경험이 있었는지 이야기해 보자.

E. L. Deci의 인지평가이론(cognitive evaluation theory)은 Bem의 자기귀인(self-attribution : 인간이 행동 원인을 규명하려는 심리적 속성) 이론에 근거한 이론으로, **어떤 직무에 대해 내재적으로 동기유발된 상태에서 외재적 보상이 주어지면 내재적 동기가 감소된다**는 것이 이론의 핵심이다.

위의 예에서 박옥숙 씨는 스스로에 대한 자긍심과 봉사에 대한 즐거움으로 열심히 일했다. 행위의 원인은 일 자체에서 느끼는 보람과 즐거움이라는 내재적 동기에 의거했다. 그러나 수고비라는 외재적 보상을 받자 일에 대한 즐거움을 잃게 된다. 내재적 동기에 의해 일을 할 때는 열심히 일하는 행위의 원인을 일 자체의 특성 때문이라고 인지하지만, 외재적 보상이 투입되는 순간부터 일하는 목적이 일 자체의 즐거움이 아니라 보상 때문이라고 느끼기 때문이다.

인지평가이론의 개념을 설명하면 다음과 같다.

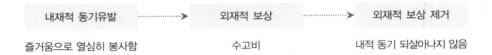

열심히 일하는 이유가 즐거움 → 수고비라고 스스로 평가하게 됨

일반적으로 사람들은 자신이 좋아하는 일을 할 때, 그 일을 더 즐기는 경향이 있다. 이러한 경우 사람들은 어떠한 보상을 위해서 일을 하는 것이 아니라 활동 그 자체에 목적을 두고 일을 하게 된다. 이미 제5장에서 내재적 동기와 외재적 동기의 개념을 설명하였다. 개인이 내적인 이유(재미, 즐거움, 성취감, 개인 숙달 등) 때문에 어떤 행동을 하는 것을 내재적 동기라 한다면, 다른 이유(보상의 획득, 처벌, 회피) 때문에 행동하는 성향은 외재적 동기에 근거한 것이라 설명할 수 있다. Deci의 인지평가이론은 성취감이나 책임감과 같은 내적 동기에 의해 동기유발되어 있는 것에 외적인 보상(승진, 급여 인상, 성과급 등)을 도입하게 되면 오히려 동기유발 정도가 감소한다는 것이다(그림 6-6).[19]

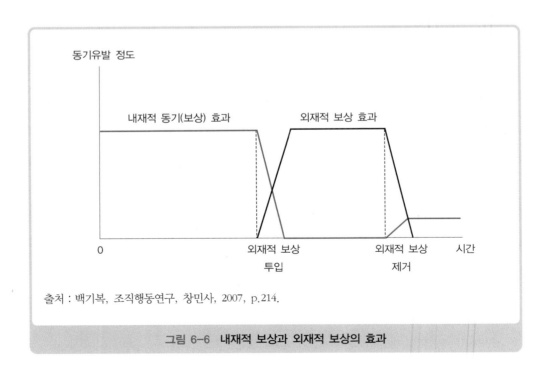

출처 : 백기복, 조직행동연구, 창민사, 2007, p.214.

그림 6-6 내재적 보상과 외재적 보상의 효과

Deci의 실험[20]

그의 실험은 가장 일반적인 외재적 동기요소인 시험과 평가체계를 이용한 실험으로 대학생들을 대상으로 진행되었다. 대학생들을 두 그룹으로 나누어 한 그룹에게는 강의 후 시험과 평가가 있을 것이라고 말하고, 다른 그룹에게는 다른 학생들을 개별지도하는 형식으로 지식을 활용하게 될 것이라고 말한 뒤 아주 어려운 신경생리학 강의를 듣게 하였다.

강의 후 설문지를 통한 내재적 동기부여 정도 측정에서 시험과 평가를 언급한 그룹에서는 낮은 점수를 나타냈고, 계속 진행된 시험에서도 시험과 평가를 전혀 언급하지 않은 그룹이 갑작스러운 시험에도 불구하고 개념적 이해면에서 뛰어난 성과를 나타내었다.

Deci의 인지평가이론에 따르면 개인은 **유능감**(competence)과 **자기결정감**(self-determination)을 추구하는 욕구를 갖고 있으며, 유능감과 자기결정감의 느낌에 의해 내적 동기가 결정된다고 가정한다. 여기서 유능감이란 어떤 일을 잘할 수 있는 능력을 갖고 있다는 자신에 대한 믿음이며, 자기결정감은 어떤 행동을 스스로 결정했다는 느낌이다.

유능감과 자기결정감의 욕구를 충족시켜 주는 사건들은 내적 동기를 높이는 역할을 한다. 즉 내적으로 동기화된 사람들은 어떠한 과제수행에 있어서 그것을 수단이 아닌 목적으로 여기며, 더 흥미롭게 느끼고 즐기며 더 많은 노력을 기울이게 된다. 반면에 외적으로 동기화된 사람들은 과제수행을 보상의 획득이나 처벌의 회피와 같이 일정한 목적을 달성하기 위한 수단으로 여기게 된다.

그리고 Deci는 흥미 있는 어떤 과제를 수행하기 전후에 어떤 개인에게 일어나는 사실들 중에서 내적 동기에 영향을 줄 수 있는 측면을 **통제적 측면**(controlling aspect)과 **정보적 측면**(informational aspect)으로 구분하였다. 여기서 통제적 측면은 그 과제를 외적 힘에 의해 통제받아 행했다고 여기게 만드는 측면이며, 정보적 측면은 그 과제에 대해 유능감을 느끼게 만드는 측면이다. 그래서 정보적 측면이 강한 칭찬은 내재적 동기를 증가시키는 역할을 한다고 하였다.[21]

통제적 측면에서 내적 동기를 저하시키고 반항을 높이는 경우는 마감시간의 설정, 감시 평가 등을 예로 들 수 있다. 반면 정보적 측면의 예로는, 어떤 선수가 탁월한 기량을 발휘한 공로로 MVP로 선정되거나, 열심히 공부한 학생이 학기말에 최우수 성적 장학생으로 선정되는 것 등을 들 수 있다. 이 사실은 그들의 능력에 대한 긍정적 정보를 제공해 주고 그들의 내적 동기를 증가시키게 되는 결과를 가져온다.

인지평가이론의 특징은 다음과 같다.

첫째, 내적 동기이론을 촉진시킨 촉매제 역할을 하였고

둘째, 연구 결과의 양을 보더라도 가장 영향력 있는 이론으로 평가되며

셋째, 소비자 행동, 습관적 행동의 통제 등 다른 영역에서도 활발히 연구되고 있다.

인지평가이론의 한계점은 다음과 같다.

첫째, 정보적 측면으로서의 유능감이나 자기결정감의 증감이 어떻게 영향을 받는지 알 수 없으며,

둘째, 내적 동기가 유능감이나 자기결정감에 의해 결정된다는 주장에 대한 비판 등이다.

사례 1　대학졸업 예정자 이소현 씨의 선택

S 여대 이소현 씨는 졸업 후 진로에 대해 고민 중이다. 공무원 시험 준비와 대기업 입사, 그리고 대학원 진학 이렇게 세 가지 가능성을 놓고 어느 쪽으로 동기가 유발되는지 생각해 보자.

기대감은 실제로 그 일을 얼마나 쉽게 수행할 수 있느냐로 정했다. 치열한 경쟁률이 예상되는 공무원 시험을 통과할 가능성은 0.2, 대기업에 입사할 가능성은 0.5, 대학원에 진학할 가능성은 0.9로 두었다.

가치 비중인 매력 정도(유의성)는 경제적인 문제인 급여, 취업 후 장래성, 해당 직업을 가졌을 때 느낄 성취감과 주변으로부터의 인정 등으로 평가기준을 마련하였다. 각 진로방향과 성과와의 관계인 수단성에 대해서는 다음과 같이 생각해 보았다.

공무원이 되는 것은 적당한 수입이 있으므로 급여는 중간 정도, 장기고용 가능성이 크므로 장래성은 높게 평가하고, 공무원되기가 힘드므로 성취감과 인정 모두 높게 잡았다.

대기업에 취업하는 것은 높은 수입이 예상되므로 급여를 높게 평가하고, 장래성은 고용이 불안하므로 낮게, 대기업에 입사하는 것이 어느 정도 어려우므로 성취감과 인정을 중간 정도로 평가하였다.

대학원에 진학하는 것은 고정된 수입이 없으므로 낮게 예상했고, 학력을 높여 나의 능력을 쌓는 일이므로 장래성은 중간 정도로, 금전적인 부분을 제외하면 진학에 큰 어려움이 없으므로 성취감과 인정을 낮게 평가했다.

이를 정리하면,

   A 안) 공무원 시험 준비   B 안) 대기업 입사 시험 준비   C 안) 대학원 진학

기대감 : 해당 업무를 완수할 수 있는 가능성($0 \leq E \leq 1$)

   A 안 : 0.2   B 안 : 0.5   C 안 : 0.9

유의성 : 해당업무를 수행했을 때 나에게 오는 가치에 대한 호감도($-n \leq V \leq +n$)

   급여 : +8   장래성 : +6   성취감 : +4   인정 : +2

수단성 : 세 안 중 하나를 선택했을 때 원하는 가치를 얻을 수 있을 것이라는 믿음의 정도($-1 \leq I \leq +1$)

   A 안) 급여 : +0.6   장래성 : +0.8   성취감 : +0.7   인정 : +0.7

   B 안) 급여 : +0.8   장래성 : +0.3   성취감 : +0.5   인정 : +0.5

   C 안) 급여 : −0.8   장래성 : +0.6   성취감 : +0.3   인정 : +0.2

대 안	가치체계 (2차적 결과)	유의성 (V)	수단성 (I)	$\Sigma(V \times I)$	기대감 (E)	$F = E \times \Sigma(V \times I)$
A (공무원 시험 준비)	급여	8	0.6	$(8 \times 0.6) + (6 \times 0.8) + (4 \times 0.7) + (2 \times 0.7) = 13.8$	0.2	$FA = 0.2 \times 13.85 = 2.76$
	장래성	6	0.8			
	성취감	4	0.7			
	인정	2	0.7			
B (대기업 취업 준비)	급여	8	0.8	$(8 \times 0.8) + (6 \times 0.3) + (4 \times 0.5) + (2 \times 0.5) = 11.2$	0.5	$FB = 0.5 \times 11.2 = 5.6$
	장래성	6	0.3			
	성취감	4	0.5			
	인정	2	0.5			
C (대학원 진학)	급여	8	−0.8	$[(-0.8) \times 8] + (0.6 \times 6) + (0.3 \times 4) + (0.2 \times 2) = -1.2$	0.9	$FC = 0.9 \times (-1.2) = -1.08$
	장래성	6	0.6			
	성취감	4	0.3			
	인정	2	0.2			

결과를 분석해 보면 B 안이 5.6으로 유인력이 제일 크기 때문에 대기업 입사 준비를 위해 노력할 것이라는 결론을 내릴 수 있다.

토의

1. 졸업 후 자신의 진로선택을 기대이론을 적용하여 생각해 보자.

2. 자신이 취업하고 싶은 직장을 2개 이상 선택하여 어느 쪽으로 더 동기유발되는지 기대이론에 맞춰 설명해 보자.

사례 2 반기문 UN 사무총장

"어려움 속에서도 어린이, 청소년의 꿈은 포기되어서는 안 됩니다. 아무리 절망스러운 상황이라도 마음속에 간직한 꿈은 포기하지 않아야 합니다. 행복은 멀리 있는 것이 아닙니다. 자신이 좋아하는 일을 열심히 할 때 행복해집니다. 또 자기 일이 행복한 사람은 더 큰 일을 할 수 있습니다. 그리고 더 나아가 이 세상의 행복에도 기여합니다."

충북 음성에서 4남 2녀의 장남으로 태어난 반 장관은 '공부가 주특기'였다고 한다. 그는 초등학생 때 충주로 이사 간 뒤 고등학교를 졸업할 때까지 한 번도 반에서 1등을 놓친 적이 없었다. 반 장관이 유엔 사무총장에 오르는 데 결정적 역할을 한 것은 바로 영어실력이다. 그는 충주고 2학년 때 적십자사에서 주관한 '외국학생의 미국방문 프로그램(VISTA)'을 통해 존 F. 케네디 대통령 부부를 만나 대화하면서 외교관의 꿈을 키우게 되었다. 그 후 목표달성을 위해 누구보다 영어공부를 열심히 하였고, '충주의 영어 신동'으로 통하게 되었다. 재학 시절 영어교사가 '무조건 하루에 배운 것을 10번씩 써오라'는 숙제를 내면, 그는 숙제를 하면서 모든 문장을 통째로 암기했다고 한다. 서울대 외교학과를 졸업한 그는 70년

외무고시(3회)에 차석으로 합격했다. 매일 1등만 하던 그가 처음으로 2등을 했지만, 신입 외교관 연수를 마칠 때는 결국 수석을 차지했다고 한다. 2004년 외교통상부 장관을, 2006년에는 한국 역사상 영원히 기록될 제8대 유엔 사무총장에 선출되었다.

이러한 그의 의지는 그의 일대기를 다룬 바보처럼 공부하고 천재처럼 꿈꿔라에서도 볼 수 있다. 그는 "목표를 세울 때는 구체적으로 해야 한다. 막연한 목표는 달성하기 힘들다. 인간이 할 짓이 아니다 생각하면 사람들은 포기하게 된다. 설사 그렇게 하게 되더라도 하다가 흐지부지 된다. 이렇게 목표에 대해 확신이 없고 목표를 의심하는 사람은 집중을 할 수 없다. 무엇보다도 자신의 목표에 확신이 필요하다."고 하며 명확한 목표설정의 중요성을 강조하였다. 부족한 것을 채워 넣는 열정은 외국어에만 그치지 않았다. 오스트리아대사 시절엔 외교행사에 춤이 빠지지 않는 것을 생각하여 몸치극복을 위한 춤을 배우기도 하였다.

그의 일대기와 어록, 위의 기사를 통하여 그의 성공요인은 끊임없는 노력, 성실함과 더불어, 분명하고 뚜렷한 목표설정에 있다고 볼 수 있다.

출처 : 신웅진, 바보처럼 공부하고 천재처럼 꿈꿔라, 명진출판, 2008.

토의

1. 위의 사례를 목표설정이론을 중심으로 분석해 보자.
2. 여러분은 어떠한 구체적 목표를 갖고 있나 말해 보자.
3. 우리 주위에서 목표설정이론을 실천하여 성공을 거둔 인물을 찾아보자.

요 약

내용이론이 인간행동의 원동력이 '무엇'이며, 사람들이 무엇을 원하고 필요로 하는가를 연구한 것이라면, 과정이론은 동기부여가 '어떤 과정'을 통해 일어나는가에 관한 이론이다. 내용이론이 개인행동의 원동력인 인간의 욕구·본능 등에 초점을 두었다면 과정이론은 **행동이 어떻게 동기화되고 어떤 과정을 통해 이루어지는가에** 관심이 있다. 또한 개인의 행위와 환경과의 상호작용을 이해해야 하는 점에서 내용이론에 비해 복잡하고 동태적이다.

Vroom의 기대이론은 동기부여이론 중에서 가장 널리 수용되는 이론 중 하나로 **동기부여의 정도는 행위의 결과에 대한 매력의 정도(유의성)와 결과의 가능성(기대) 그리고 성과에 대한 보상 가능성(수단성)의 함수에 의해 결정된다고** 주장한다. 즉 인간은 자신의 행동과정에서 여러 대안 중 자신이 원하는 결과를 가져올 행동을 선택한다는 것이다.

기대이론이 경영자에게 주는 의미는 위의 세 가지 요소가 높도록 노력해야 한다는 점이다. 즉 경영자는 종업원의 기대값(노력-성과)을 높여야 하며, 수단성(성과-보상)을 증대해야 하고, 유의성(보상-개인목표의 합치)을 높여야 한다.

Adams의 공정성이론은 형평성이론으로도 불리는데 이는 사회적 비교이론의 하나이다. 공정성이론의 핵심은 **자신의 산출/투입의 비율이 타인, 특히 준거집단이나 준거인물과 비교하여 비율의 형평성을 유지하는 방향으로 동기부여된다는** 것이다.

공정성이론을 보다 잘 이해하기 위해서는 투입·산출의 구체적 내용, 준거기준에 대해 알아야 한다. 투입의 내용은 시간·노력·교육·훈련·경험·기술·지적 능력·나이·건강 등이며, 산출의 내용은 급여·부가급부·승진·성장 및 개발 기회·도전감·성취감·인정·근무환경 등이다. 준거선택에 영향을 주는 네 가지 조절변수는 성(gender)·근무기간·조직에서의 지위계층·교육 정도와 전문성 정도 등이다.

불공정성을 인지하게 된 후 불공정성 회복을 위해 취하는 방식은 다음과 같다.

(1) 자신의 투입·산출을 변경한다. (2) 준거인물의 투입·산출 변화를 유도한다. (3) 자기 자신 또는 타인의 투입·산출을 왜곡한다. (4) 준거대상을 변경한다. (5) 현장을 떠난다.

분배적 정의(distributive justice)는 조직에서 산출(임금, 승진, 원하는 작업환경, 배당 등)의 분배에 대한 인지된 공평성을 말하며, 산출을 배분하는 데 사용한 절차에 대한 인지된 공평성을 절차적 정의(procedural justice)라 한다.

Locke의 목표설정이론의 핵심은 목표달성 의도가 동기부여의 원천이 된다는 것이다. 목표설정이론의 기본 전제는 목표가 설정되어 행위에 영향을 미치는 인지적 과정(cognitive process)을 이해해야 한다.

종업원들의 동기유발에 도움이 되는 목표의 속성은 다음과 같다.

막연한 목표보다 구체적 목표(specific goals)가, 쉬운 목표보다 일단 수용되면 어려운 목표(difficult goals)가 높은 성과가 나타나며, 또한 피드백이 주어질 때 성과가 높다고 설명한다. 참여적 목표가 지시적 목표보다 높은 성과는 올리지 못하더라도 참여를 통해 더 어려운 목표를 수용하도록 한다는 점은 명확하다. 이 외에 목표-성과 간의 관계에 영향을 주는 요인으로 목표 몰입(goal commitment)과 자기효능감(self-efficacy) 등이 있다.

목표 구체성, 목표 난이도, 목표 몰입, 목표 참여도 등의 목표속성은 목표지향적 노력에 직접적 영향을 미치지만, 노력이 성과로 이어지는가의 문제는 상황요인인 조직 지원과 개인능력에 달려 있다.

목표설정이론과 유사한 현대적 관리기법이 목표관리(Management by Objective, MBO)이다. MBO는 실체적이고 증명할 수 있으며 측정할 수 있는 목표의 참여적 설정을 강조한다.

Deci의 인지평가이론은 어떤 직무에 대해 내재적으로 동기유발된 상태에서 외재적 보상이 주어지면 내재적 동기가 감소된다는 것이 이론의 핵심이다.

Deci의 인지평가이론에 따르면 개인은 유능감(competence)과 자기결정감(self-determination)을 추구하는 욕구를 갖고 있으며, 유능감과 자기결정감의 느낌에 의해 내적동기가 결정된다고 가정한다.

내적 동기에 영향을 줄 수 있는 측면을 통제적 측면(controlling aspect), 정보적 측면(informational aspect)으로 구분하였다. 통제적 측면은 그 과제를 외적 힘에 의해 통제받아 행했다고 여기게 만드는 측면이며, 정보적 측면은 그 과제에 대해 유능감을 느끼게 만드는 측면이다. 정보적 측면이 강한 칭찬은 내재적 동기를 증가시키는 역할을 한다.

참고문헌

1) Victor H. Vroom, *Work and Motivation,* New York: John Wiley, 1964, p.401.

2) Stephen P. Robbins & Timothy A. Judge, *Essentials of Organizational Behavior,* 9th ed. Pearson Prentice Hall, 2008, p.84.

3) Jerald Greenberg & Robert A. Baron, *Behavior in Organization-understanding and managing the human side of work,* 5th ed., p.145.

4) Jerald Greenberg & Robert A. Baron, *Behavior in Organization,* Pearson Prentice Hall, 2008, p.272.

5) J. S. Adams, *Toward an Understanding of Inequity,* Journal of Abnormal and Social Psychology, vol.67(Nov.1963) pp.422-436.

6) Jennifer M. George& Gareth R. Jones, *Understanding and Managing Organizational Behavior,* 5th ed. Pearson Prentice Hall, 2008, p.193

7) Stephen P. Robbins & Timothy A. Judge, op. cit. 2008, p.80.

8) J. S. Adams, *Inequity in Social Exchanges, in* L. Berkowitz ed. *Advences in experimental Social Psychology,* New York: Academic Press, 1965, p.267.

9) C. T. Kulik & M. L. Ambrose, *Personal and Situational Determinant of Referant Choice,* Academy of Management Review, April 1992, pp.725-735.

10) J. S. Adams, *Toward an Understanding of Enequity,* Journal of Abnormal and Social Psychology, 67, pp.435-436.

11) L. J. Stikaa & F. J. Crosby, *Trends in the Social Psychological Study of Justice,* Personality and Social Psychology Review 7, 4, 2003, pp.282-285.

12) E. A. Locke, K. N. Shaw, L. M. Saari & G. P. Latham, *Goal Setting and Task Performance,* Psychological Bulletin, 1981, p.126.

13) R. B. Dunham, *Organizational Behavior: People and Process in Management, Irwin,* Inc. p.179.

14) E. A. Locke, N. Cartledge. C.S. Knerr, *Studies of the relationship between satisfaction,* goal setting and performance, Organizational Behavior and Human Performance No.1-5, 1970, p.136.

15) Gary P. Latham & Gary A, Yuki, *A Review of Research on the Application of Goal Setting in Organizations,* Academy of Management Journal, 1975, pp.824-845.

16) J. M. Ivancevich & J. T. McMahon, *The Effect of Goal Setting,* External Feedback and Self-Generated Feedback on Outcome Variables: a Field Experiment, Academy of Management Journal, June 1982, pp.359-72.

17) Stephen P. Robbins & Timothy A. Judge, op, cit. 2008, p.77.

18) Ibid., p.78.

19) E. L. Deci, *Effect of externally mediated rewards on intrinsic motivation,* Journal of Personality and Social Psychology 18, 1971, pp.105-115.

20) E. L. Deci, *Why we do what we do,* Understand in self-motivation, 1995, p.47.

21) E. L. Deci, *Intrinsic motivation, extrinsic reinforcement, and inequity,* Journal of Personality and Social Psychology 22, 1972, pp.113-120.

제 3 부

집단차원의 행동

팀과 집단

1. 팀의 기본 개념을 이해할 수 있다.
2. 팀과 집단을 구분하고 각각의 특성을 파악할 수 있다.
3. 팀 유형과 속성을 분석할 수 있다.
4. 팀이 구성되는 이유와 팀 구성과정에서 고려해야 할 요인을 탐색할 수 있다.
5. 작업팀이 구축되고 개선되는 프로세스를 분석할 수 있다.
6. 팀의 성과를 위한 팀워크의 형성과 팀플레이를 가능하게 하는 요소를 탐색할 수 있다.
7. 팀의 역기능에 대해 살펴볼 수 있다.

제1절 팀의 기본 개념

1. 전환과 확산

오늘날 대부분의 기업들은 팀제(team system)를 도입해 운영하고 있으며 그 내용과 방법 또한 매우 다양하다. 세계 유수의 대기업들은 물론이고 중소규모의 제조업 등에서도 대부분 생산 공정에 팀제를 도입해 운영하고 있다. 이와 같이 팀제가 조직 내에 확산되고 있는 배경은 무엇인가? 최근까지의 연구들은 직무의 복잡성으로 인해 과업이 복합적인 기술, 판단력, 경험 등을 필요로 하는 경우 개인보다 팀이 뛰어난 성과를 달성하고 있음을 증명하고 있다. 다수의 기업 경영진들 또한 전통적인 부서별 조직구조나 경직적이며 반영구적인 조직편제보다 팀제에 의해 운영되는 조직이 변화하는 외부환경에 더욱 신축적이며 유연하게 반응한다는 점을 알게 되었다.

　　G. Bodinson과 R. Bunch는 팀에 기반한 기업조직을 미래 경영 시스템으로 간주하며, 매우 빠르게 변화하는 경쟁환경 아래서 시장의 변화에 적절하게 반응할 수 있는 조직적 혁신으로 고려한다. 그는 전통적 방식의 기능중심적 작업단위에 안주하는 것에서 벗어나 기능횡단팀(cross-functional teams)으로 전환한 미국 Boeing Company의 사례에 주목했다. 이 기업은 조직구조의 혁신적 전환을 통해 새 엔진을 설계하고 생산하는 데 소요되는 필요시간을 50%가량 단축시킬 수 있었다(G. Boninson and R. Bunch).[1] G. Bodinson과 R. Bunch의 말에 따르면 기능횡단팀은 성과를 증진시키는 가속기(speed machine)였다.

　　그렇다면 이러한 기업 조직화의 새로운 방법으로 등장한 팀(team)은 전통적인 조직구조와 어떠한 측면에서 일치하고 어떠한 측면에서 다르며, 그 생산력적 비교우위는 무엇일까? 본 장에서는 이러한 문제들에 대한 분석을 통해 조직 혁신의 새로운 대안으로 떠오르고 있는 팀제에 대해 이해해 보고자 한다.

2. 팀과 팀워크

보통 팀이라고 말할 때 우리는 다양한 종류의 스포츠팀(sports team)을 떠올리거나 학교의 교과과정에서 과제수행을 위해 구성되는 학습팀(learning team) 등을 생각한다. 이상의 예로부터 짐작할 수 있듯이 팀은 팀을 구성하고 있는 팀원들의 개별적 목적과 집단으로서의 팀 공동의 목표를 동시에 달성하기 위해 함께 일하는 상호보완적 기술과 능력을 가진 사람들로 구성된 소규모 그룹이다.

　　이러한 팀이 기업조직 내에 구성되어 재화나 서비스 생산의 중요한 단위로서 기능할 때 이는 흔히 작업팀(work team)으로 호명된다. 일반적으로 근로자가 개별적으로 직무를 수행할 때보다 작업팀은 팀원들 간의 협력과 공조를 통해 긍정적인 시너지를 창출하는 것으로 이해된다. 또한 팀 구성원들이 보유한 상호 보완적 기술(complementary skills)의 시너지 효과로 작업팀에서 이루어지는 개별 근로자들의 노력은 개별적 투입량의 산술적 합보다 더 많은 성과를 달성하는 것으로 이해된다.

3. 집단과 팀

우리가 작업팀(work team)을 고려할 때 가장 중요한 비교의 대상으로 떠올리는 것이 작업집단(work group)이다. 일반적으로 우리는 팀과 집단을 구별하는데, 이는 개념에 관련된 본래적 의미의 차이라기보다는 역사적 과정을 통해 구성된 경험적 결과물로 인식하는 것이 옳다. 이러한 개념화의 방법론에 기초해서 이해하자면 집단은 팀에 비해 느슨하게 정의된(loosely defined) 조직으로 간주할 수 있다.[2]

Robbins의 정의에 따르면 집단은 특정한 목적을 달성하기 위해 상호작용하고 상호 의존하는 둘 이상 개인들의 조직이다. 작업집단은 집단의 각 구성원이 각각의 개별적 책임 영역 내에 있는 일을 수행하는 데 있어 과업을 잘 수행할 수 있도록 서로 도움이 되는 정보를 공유하고 의사결정을 내리기 위해 상호작용하는 집단으로 정의된다.[3] Robbins에 따르면 작업집단은 협력을 필요로 하는 공동작업을 수행할 필요나 기회 (chance)가 없다. 따라서 작업집단의 작업수행 성과는 집단 구성원 각자의 개별적 노력을 합한 것으로서 투입량의 합보다 더 큰 수준의 성과를 기대할 수 있는 시너지 효과는 매우 미약하거나 없다.

반면 작업팀은 작업집단에 비해 확장된 목표와 운영 방식에 의해 활동한다. Robbins은 네 가지 차원에서 작업집단과 작업팀의 차이를 분석한다. 네 가지의 기준은 목표, 시너지(synergy), 책임(responsibility), 기술(skills)로서, 작업팀은 조직화를 통한 집단성과의 향상을 목표로 하며, 상호보완적 책임과 기술에 기반한 팀 내 상호작용을 통해 시너지의 효과적 달성을 목표로 한다. 또한 작업팀에서 개별 근로자들 간 책임은

표 7-1 작업집단과 작업팀의 차이(Robbins)[4]

작업집단	구분 기준	작업팀
정보 공유	목표	단체 성과
중립적(때때로 부정적)	시너지	긍정적
개인적	책임	개인적, 상호적
다양함, 임의적	기술	보완적

출처 : Robbins, S. P., *Organizational Behavior*, 13rd ed., New York : Prentice Hall, 2008, p.358.

상호주의의 원칙에 입각해 공유되며, 기술은 상호 보완적이다. 반면 작업집단의 목표는 표에서 보듯이 정보공유로서 기술적 성격이 강하며, 시너지 효과를 기대하기 힘들고, 작업 결과에 대한 책임은 개인에게 귀속된다. 마지막으로 집단 내 기술의 구성은 매우 다양하며 관계적 맥락에서 보면 임의성이 강하다.

　Katzenbach와 Smith의 주장은 Robbins과 일맥상통하지만 다소 다르다.[5] Katzenbach와 Smith는 집단과 팀의 기능상 차이를 인정하면서도 팀을 집단의 특수한 형태로 인식한다. 즉 집단은 팀을 포괄하는 범주로서 적용의 범위가 넓은 것으로 정의된다.[6]

　첫째, 작업집단과 작업팀 모두는 각각 공통의 목적을 추구한다는 점에서 일치한다.

　두 번째, 앞서 Robbins이 정의했듯이[7] 작업팀 내의 다양한 지식과 기술을 보유한 팀 구성원들은 팀작업을 통한 상호협조에 기반해 팀 공통의 목표를 달성할 수 있다. 즉 작업팀은 상호보완적 기술과 지식에 기반해 시너지 효과를 달성할 수 있는 반면, 작업집단은 집단 구성원들이 각자 가지고 있는 능력의 단순한 산술합 이상을 기대하기 어렵다.

　세 번째, 작업집단과 작업팀의 리더십은 그 역할과 구성면에서 차이가 있다. 집단은 보통 권위 관계의 정점에 있는 리더의 지도와 통제를 받는 반면 작업팀에서 리더십은 리더와 팀원이 공유하는 수평적 리더십(leadership sharing)의 성격이 강하다.

　네 번째, 의사결정에 있어서 작업집단에서는 중요한 의사결정의 권한이 정상에 집중되어 있는 반면 작업팀에서는 직급이나 위계에 관계없이 자유로운 의사소통이 가능

표 7-2   작업집단과 작업팀의 차이(Katzenbach와 Smith)

작업집단	구분 기준	작업팀
목표 공유	목표	목표 공유
중립적	시너지	긍정적, 상호보완적
일방적, 지도적	리더십	횡단적, 공유적
리더의 책임	책임(accountability)	팀원 공동의 책임
리더 주도형 의사결정	의사결정	참여적 의사결정

출처 : Katzenbach & Smith, The Wisdom of Teams : Creating the High-Performance Organization, Collins Business Essentials에서 재구성.

하며 의사결정 또한 이러한 소통을 통해 이루어진다.

제2절 팀 유형과 속성

지금까지 (작업)집단과 (작업)팀 간 차이를 알아보았다. 아울러 최근 기업들이 작업과정을 팀으로 재조직하는 이유의 개요를 이해할 수 있었다. 요컨대, 최근 여러 기업들의 조직, 인사, 전략에 관련된 핵심적 관심은 공식집단들(formal groups)을 어떻게 고성과를 가능하게 하는 작업팀으로 전환하느냐에 대한 것이다. 이 절에서는 이렇듯 기업조직혁신의 수단이 되고 있는 작업팀의 유형을 분류하고 각각의 특징을 살펴본다.

1. 기능에 따른 분류

팀은 다양한 기능을 수행할 수 있으며, 다양한 환경과 관련을 맺으면서 역할을 담당한다. 우선 작업팀은 그 기능에 따라 세 가지로 분류할 수 있다.[8]

- **제안팀**(teams that recommend things) : 제안형 팀은 조직 내에 내재하는 특별한 문제들을 탐색하고 그 해결책을 제안(recommend)하기 위해 구성되며, 이러한 팀들은 전형적으로 목표 일정을 설정하고 한시적으로 활동하며, 목표가 달성되면 해산한다. 이러한 작업팀들은 태스크포스팀, 임시위원회(ad hoc committees), 프로젝트팀 등과 같이 한시적으로 운영되는 그룹들이다. 이러한 팀의 구성원들은 관련된 문제를 해결하는 데 필요한 최적의 협력시스템을 조속히 구축하고, 할당된 과업을 성취하며, 나아가 후속의 조치들을 위해 필요한 수단이 무엇인지에 대해 적절하게 제안할 수 있는 방법을 조속히 익혀야 안다.

- **경영팀**(teams that run things) : 경영팀은 팀이나 그룹들을 관리할 공식적 책임이 있는 사람들로 구성된다. 이러한 팀들은 팀리더와 팀원으로 구성된 개별 작업조직에서부터 최고경영책임자(CEO)와 고위관리자들로 구성된 팀에 이르기까지 조직 내 책임의 다양한 단위에서 구성될 수 있다. 이러한 팀들은 다양한 단위에서

작업 프로세스에 창조적 자극을 가할 수 있으며 나아가 복잡한 문제나 불확실한 상황을 다루기 위해 적절한 기회와 방법을 제안할 수 있다. 고위관리자들로 구성된 팀들에 의해 다루어지는 이슈들은, 예컨대 조직의 목적(purposes), 목표(goals), 가치(values) 등을 구성하고 제시하는 것, 이러한 목적에 기초해 조직의 전략을 마련하는 것, 나아가 이러한 추상적 내용들을 조직의 다른 구성원들에게 설득하는 것 등이 포함된다.

- **개발팀**(teams that make or do things) : 개발팀은 마케팅 또는 상품제조 등과 같이 현재 진행 중인 과업의 효과적인 수행을 위해 구성되는 기능 그룹(functional groups)이다. 이러한 팀의 구성원들은 효율적인 작업관계를 지속적으로 유지해야 하며, 견고한 운영체계를 구축해야 하고, 지속적으로 효과성을 성취하는 데 필요한 적절한 외부지원을 획득해야 한다. 그들은 또한 고성과를 유지하기 위해 일상적인 도전에 대응해야 하며, 아울러 적절한 운영 관리를 위한 에너지를 유지해야 한다.

2. 목적에 따른 분류

팀의 유형은 목적에 따라서도 분류될 수 있다. Robbins은 조직에서 볼 수 있는 팀의 유형을 그 목적에 따라 문제해결팀, 자기관리팀, 기능횡단팀, 가상팀 등 네 가지로 분류해 설명한다.

첫 번째, **문제해결팀**(problem-solving team)은 제품 또는 서비스의 품질, 작업효율성 및 작업환경 등을 개선할 수 있는 방법을 토의하기 위해 구성된 집단을 의미한다. 이러한 팀은 전형적으로 동일한 부서에 소속된 5~12명 정도의 종업원들로 구성된다. 문제해결팀에서 구성원들은 작업 공정과 방법을 개선할 수 있는 적절한 아이디어를 토론하거나 제안할 수 있다. 그러나 이 팀은 자신들이 제안한 내용을 실행할 수 있는 권한은 거의 갖지 못한다. 요컨대, 권한부여(empowerment)의 정도가 상대적으로 낮은 작업팀이다(김성국). 이러한 작업팀의 유형으로는 품질관리분임조(quality circles), 태스크포스 팀 등이 대표적이다.[9]

두 번째, **자기관리팀**(self-managed work team)은 보통 10~15명으로 구성되며, 상호

관련성이 높은 직무나 상호의존적인 직무를 수행하는 종업원들로 구성되며, 전통적인 조직에서 감독자가 수행하던 역할의 대부분을 자체적으로 수행한다. 자기관리팀은 작업의 기획 및 일정 조정, 업무 할당, 작업 속도의 관리, 문제해결을 위한 의사결정, 공급자 및 고객 응대 등의 업무에 이르기까지 매우 광범위한 과업을 수행한다. 완전한 자기관리팀은 팀 구성원을 자율적으로 선발하고 구성원들 상호 간 성과를 평가하기도 한다. 그 결과 감독의 중요성이 줄어들며 궁극적으로는 사라지게 된다. 이러한 작업팀은 권한부여(empowerment)의 정도가 가장 높은 팀이다.

세 번째, **기능횡단팀**(cross-functional team)은 어떠한 과업을 달성하기 위해 유사 직위에 있는 상이한 업무 영역의 종업원들로 구성된 작업팀을 지칭한다. 이러한 기능횡단팀은 조직 내 다양한 영역의 사람들이 정보를 교환, 공유하고, 새로운 아이디어를 개발해 문제를 해결하며, 복잡한 프로젝트를 조정하는 데 효과적인 것으로 고려된다. 이러한 기능횡단팀 구성의 초기 단계는 팀구성원들이 다양성과 복잡성을 다루는 방법을 익혀야 하며, 나아가 신뢰와 팀워크를 구축해야 하기 때문에 상당히 많은 시간과 노력이 요구된다. 현재 대부분의 대형 자동차 회사들—Toyota, Honda, Nissan, BMW, GM, Ford, DaimlerChrysler—은 다양하고 복잡한 프로젝트를 조정하기 위해 이러한 기능횡단팀을 운영하고 있다.

네 번째, **가상팀**(virtual team)은 컴퓨터와 네트워크 기술(화상회의 또는 전자메일시스템 등)을 활용해 물리적으로 분산되어 있는 종업원들을 서로 연결해 과업수행에 관련된 상호 협력을 도모할 수 있도록 해 준다.[10] 기능적 차원에서 가상팀은 다른 작업팀들이 수행하는 모든 일을 할 수 있다. 가상팀은 문제를 해결하기 위해 며칠 동안만 활동할 수도 있고, 하나의 프로젝트를 완성하기 위해 몇 달 동안 활동할 수도 있으며 지속적으로 유지될 수도 있다. 가상팀과 오프라인팀을 구별하는 주요한 요인은 세 가지 차원에서 고려할 수 있다. (1) 대면적 상황에서는 유사언어(paraverbal) 또는 비언어(손동작, 표정 등)적 소통이 가능한 반면 가상적 상황에서는 불가능하다. (2) 가상팀에는 사회적인 관계와 직접적인 상호작용이 불가능하다. 즉 친밀감이나 신뢰 등을 형성하기가 곤란하다. (3) 가상팀에게는 시공간의 제약이 없다. 즉 물리적 거리나 시간적 차이가 극복될 수 있어 세계 어디에 있어도 작업팀 참여가 가능하다.

제3절 팀의 효과성

팀워크는 조직 내에서 자연발생적으로 구축되는 것이 아니다. 이는 팀의 구성원들과 리더들이 성취하기 위해 지속적으로 노력해야 하는 대상이다. 예를 들어, 다양한 스포츠에서 코치와 매니저들은 시즌이 시작하는 시기에 팀을 새롭게 구축할 때 팀워크의 형성에 초점을 맞추어 노력한다. 그럼에도 불구하고 경험 많은 팀들조차도 시즌이 진행됨에 따라 문제적 상황에 봉착하게 된다. 팀원들은 해이해지거나 불만을 갖게 된다. 그들 중 몇몇 선수들은 성과의 부진을 경험하고 심지어 몇몇은 다른 팀으로 트레이드되기도 한다. 재능 있는 선수들도 의욕을 상실하거나, 스스로를 위해 변명하고, 팀의 성취를 위해 최선을 다하길 주저할 수 있다. 이러한 상황이 발생했을 때, 구단의 매니저와 감독 및 선수들은 팀의 고성과 달성을 위해 문제를 탐색하고, 팀을 재건하기 위한 적절한 조치를 모색하며, 나아가 팀워크를 회복하기 위해 노력한다.[11]

작업집단과 작업팀 또한 유사한 어려움에 직면한다. 팀이 새롭게 구성되면 작업팀은 팀 구성원들이 통합되는 과정에서 발생되는 도전에 능숙하게 대처해야 한다. 또한 조직이 발전의 계기별 단계를 경과함에 따라 발생할 수 있는 다양한 팀워크의 문제 또한 해결해야 한다. 이것이 팀 구축(team building)이 중요해지는 이유이다. 이러한 팀 구축은 팀워크를 개선하고 집단의 효율성을 증진시키기 위한 일련의 체계적인 과정으로서 집단의 기능에 관한 데이터를 모으고 분석하기 위한 공동의 노력으로 정의된다. 적절한 시기에 올바르게 구성되었을 때, 작업팀은 실제 팀워크의 어려움을 극복할 수 있는 효과적인 방안이 될 수 있다.

효과적인 팀을 어떻게 구성할 것인가에 관련된 논의는 팀작업에 대한 관심이 생겨나면서부터 지속되었다. 조직 내 팀제의 도입을 고려하면서 중요하게 유념해야 할 일은 두 가지로 요약된다. 우선 팀의 형태는 정형화되어 일반적으로 적용 가능한 최적의 모델로 존재하지 않으며 오히려 여러 가지 구조를 갖는 다양한 모델들이 존재한다. 두 번째, 팀작업의 성과가 개별 종업원들의 작업성과에 비해 높아야 한다는 가정이다. 만일 개별 작업자들의 작업성과가 팀의 성과를 능가한다면 팀은 존재의 의미가 없어질 것이다.

1. 효과적인 팀 구성을 위한 요인

Robbins은 효과적인 팀 구성을 위한 전제로서 상황, 구성, 직무설계 및 프로세스의 차
원을 중요하게 고려한다.[12]

표 7-3 **효과적인 팀 구성을 위한 요인**

상황요인	
충분한 자원	적절한 정보, 적절한 설비, 충분한 직원, 격려, 경영지원
리더십 및 구조	팀 리더십, 팀 구성원들 사이의 역할배분과 의사결정 구조
신뢰하는 분위기	구성원들 상호 간 신뢰의 구축
성과평가 및 보상체계	성과평가와 보상시스템 : 집단평가, 이익배분, 성과분배 등
구 성	
팀원의 능력	전문적 기술과 지식, 문제해결 능력, 의사결정 기술, 인간관계 기술
성 격	팀 구성원들의 성격 : 외향성, 친화성, 성실성, 정서적 안정성
역할분담	다양한 종업원 선발, 기대역할에 대한 분명한 정의
다양성	다양한 기술과 지식 : 성별, 연령, 교육, 전문 분야 및 다양한 경험
팀의 규모	효과적인 팀의 규모 : 7~8인. 10인을 초과하지 말 것
구성원의 유연성	유연기능을 보유한 성원 : 팀 적응력 향상, 개인 의존도 경감
구성원의 선호도	집단으로 일하는 것을 선호하는 사람들로 구성
직무설계	
직무설계	동기강화 : 자율성, 기술의 다양성, 과업 정체성, 과업의 중요성, 피드백
프로세스	
공동의 목표	구성원들에게 행동 방향과 추진력을 제공하고 몰입을 유도
구체적 목표	구체적이고, 측정 가능하며, 현실적인 성과목표
팀 효능감	자기 작업팀에 자신감과 성공에 대한 믿음
갈등수준	갈등 : 집단사고의 가능성 감소, 토론 자극, 선택에 대한 비판적 평가
사회적 태만	무임승차자로 집단의 노력에 편승 : 개인 및 팀수준의 책임감 유지

출처 : Robbins, S. P., *Organizational Behavior*, 11st ed., New York : Prentice Hall, 2005에서 재구성.

1) 상황

상황은 다시 충분한 지원, 효과적인 리더십 및 구조, 신뢰분위기, 그리고 팀 공헌도를 반영하는 성과평가와 보상시스템의 네 가지로 구분된다. 첫째, 효과적인 팀의 가장 중요한 특성의 하나는 조직으로부터 받는 지원이다. 이 지원은 적절한 정보, 적절한 설비, 충분한 직원, 격려, 경영지원을 포함한다. 요컨대, 팀이 성공적으로 목표를 달성하기 위해서는 경영진 또는 그에 준하는 그룹들로부터 필요한 지원을 받아야 한다. 둘째, 팀 구성원들 사이의 역할배분과 의사결정 구조에 관한 요소로서 리더십과 구조를 들 수 있다. 요컨대, 팀 구성단계에서 참가자들 사이의 역할배분이 이루어져야 하며 모든 구성원들이 직무수행을 위해 동일하게 기여할 것이라는 믿음이 있어야 한다. 또한 작업일정의 결정, 기술개발, 갈등해결, 의사수정 등에 관해 결정해야 하는데, 이러한 역할을 수행하기 위해서는 팀 리더십과 구조가 필요하다. 셋째, 신뢰의 분위기로서 구성원들 상호 간 신뢰의 구축이 전제되지 않는다면 팀의 형성은 어렵다. 넷째, 성과평가와 보상시스템의 효율적 구축 또한 팀의 구성을 위해 필수적으로 요청된다. 이 경우 경영자는 개인의 공헌도를 평가하고 보상하는 것과 함께 집단평가, 이익배분, 성과분배 및 집단별 인센티브를 통해 종업원의 팀 노력과 몰입을 강화할 수 있을 것이다.

2) 구성

팀 구성에는 구성원들의 능력과 성격, 역할, 다양성, 팀 규모, 구성원의 유연성 및 팀워크에 대한 구성원의 선호도 등이 중요한 요소로 포함된다. 여러 요소를 필요로 하는데 그중 중요한 것은 첫째, 팀원의 능력이다. 그 능력을 대표하는 기술은 팀이 효과성을 유지하려면 세 가지 유형의 기술이 요구된다. 전문적인 기술과 지식, 문제해결 능력과 의사결정 기술, 그리고 마지막으로 인간관계 기술 등이 그것이다. 팀의 잠재력과 실질적 경쟁력은 이러한 기술들을 소유한 구성원들을 확보·유지하고 각 능력을 조화롭게 구성할 수 있느냐의 여부이다. 둘째, 구성원들의 성격은 팀의 성과를 높이는 데 매우 중요한 요소로 고려된다. 특히 외향성, 친화성, 성실성, 정서적 안정성이 높은 팀은 상대적으로 높은 성과 평가를 받는 것으로 나타나고 있다. 셋째, 팀 내 역할 배치와 관련해 작업팀의 목표 함수가 다양하기 때문에 다양한 역할들을 성과 있게 수행할 수 있는 종업원들을 선발해야 한다. 팀을 구성하는 경영자는 팀의 목표를 분명히 함으로써 기대 역할을 분명하게 정의하고 팀의 구성원들이 선호하는 직무를 수행할 수 있도록 역할에 맞는 자리에 배치해야 한다. 넷째, 다양성이다. 팀 활동은 여러 가지 기술과 지식을 필요로 한다. 하나의 팀이 성격, 성별, 연령, 교육, 전문 분야 및 다양한 경험을 팀 내에 포함하고 있을 때 그 팀이 과업을 효과적으로 완수할 가능성이 상대적으로 높다. 여러 연구들이 다양한 팀 내에 갈등이 존재하지만 다양성의 효과가 갈등의 비용을 초과한다는 결과들을 발표하고 있다. 다섯째, 팀 규모 또한 구성적 맥락에서 매우 중요하다. 일반적으로 팀은 7~8명으로 구성되는 것이 이상적이라고 가정되며 구성원이 많아도 10명을 초과하지 말아야 한다는 것이 정설이다. 팀 구성원이 너무 많으면, 응집성과 책임감이 감소하고, 사회적 태만과 도덕적 해이가 발생하며, 구성원 간 대화의 기회가 적어지기 때문이다. 따라서 너무 큰 작업 단위에서 팀제를 필요로 하는 경우 몇 개의 하위 팀들로 구성하는 것이 바람직할 수 있다. 여섯째, 구성원의 유연성을 확보할 수 있는 방법을 모색해야 한다. 작업팀이 다양한 기능을 수행할 수 있는 유연기능을 보유한 성원들로 구성되면 팀의 적응력은 향상되고 구성원 개인에 대한 의존도가 줄어들 수 있다. 따라서 팀원들이 서로의 직무를 대신 수행할 수 있도록 다양한 기능을 훈련시킴으로써 팀의 성과가 개선될 수 있을 것이다. 마지막으로 구성원들의 선호도를 고려해 팀을 구성해야 한다. 일부 종업원들 가운데는 혼자 일하는 것을 선호해 팀에 포함되지 않기를 원하는 사람들이 있을 수 있다. 이러한 사람들에게 팀 작업을 강요할 경우 개인의 만족도는 현저하게 떨어질 것이고 나아가 팀의 성과에도 부정적인 영향을 미칠 것이다. 따라서 집단으로 일하는 것을 선호하는 사람들로 구성된 팀이 우수한 성과를 낼 가능성이 높다.

3) 직무설계

효과적인 팀은 중요한 과업의 수행을 위해 함께 일하고 결과에 대해 책임을 지는 실제적 권한을 갖는 팀으로 구성되어야 한다. 직무설계의 범주는 자율성, 다른 기술 및 능력을 사용할 수 있는 기회(기술의 다양성), 과업이나 제품을 완성할 수 있는 능력(과업 정체성), 그리고 다른 사람들에게 실제적 영향을 미치는 과업이나 프로젝트의 수행(과업 중요성)과 같은 변수가 포함된다. 이러한 특성들은 팀원들의 동기를 강화시키고 팀의 효과성을 향상시킨다.

4) 프로세스

프로세스에는 공동의 목표에 대한 종업원의 헌신, 팀의 세부 목표, 팀의 효능감, 갈등관리 수준, 사회적 태만의 최소화 등이 포함된다. 우선 효과적인 팀은 공동목적을 가지고 있다. 그것은 구성원들에게 행동 방향과 추진력을 제공하고 몰입을 유도한다. 일반적으로 성공적인 팀의 구성원들은 집단 및 개인의 목표에 관해 논의하고, 구체화하며, 협의하는 데 많은 양의 노력과 시간을 투자한다. 다음으로 팀 조직이 성공하기 위해서는 팀 공동의 목적을 구체적이고, 측정 가능하며, 현실적인 성과목표로 전환해야 한다. 이와 같은 구체적인 목적은 명확한 의사소통을 용이하게 한다. 또한 구체적인 목적은 팀이 성과목표를 달성하는 데 집중할 수 있도록 도와준다. 아울러 팀의 목표는 도전적이어야 한다. 팀 효능감(team efficacy) 또한 효과적인 팀 성과의 창출을 위해 중요한 요소이다. 효과적인 팀은 자기 작업팀에 자신감을 가지고 있으며 성공을 의심하지 않는다. 이것이 팀 효능감이다. 경영자는 팀의 효능감을 증가시키기 위해 팀이 작은 성공을 할수 있도록 도와주며 아울러 팀 성과를 위해 필요한 기술을 가르친다. 갈등수준 또한 효율적인 팀 구성을 위해 매우 중요한 요소이다. 갈등은 팀의 효과성을 개선할 수 있는 중요한 계기가 된다. 갈등의 집단사고의 가능성을 줄여 주며, 토론을 자극하고, 문제와 선택 대안에 대해 비판적으로 평가하게 하고, 우수한 팀 결정을 내릴 수 있게 한다. 갈등이 없을 경우 팀은 오히려 정체되거나 무감각해지기 쉽다. 마지막으로 사회적 태만을 관리하는 것 또한 효율적인 팀의 구성과 운영을 위해 필수적이다. 팀 구성원들은 개인의 기여도를 확인할 길이 없기 때문에 각 구성원들은 무임승차자로 집단의 노력에 편승할 수 있다. 효과적인 팀은 개인 및 팀 수준의 책임감을 동시에 유지함으로써 이러한 사회적 태만의 경향을 완화시킬 수 있다.

제4절 작업팀 구축 과정

작업팀 구축과 지속적 개선을 위한 일반적인 프로세스는 아래 〈그림 7-1〉에서 보는 바와 같이 5단계로 구성된다.[13] 일단 작업팀이 구성되면 경영진은 팀의 효과성에 대해 지속적으로 분석하고 평가해야 한다. 그 과정에서 팀 효과성이 문제가 되는 상황에 직면하거나 개선의 여지가 있는 부분이 발견될 수 있다. 이러한 시점에서 작업팀의 재구축이 시작된다.

팀의 구성원들은 문제와 관련된 자료를 수집하고, 관련 자료를 분석하며, 개선을 위한 계획을 세우며, 행동 계획을 이행하기 위해 함께 작업한다. 전체적인 팀 구축 과정은 고도의 협조체제에 기반해야 한다. 모든 사람들은 적극적으로 팀 활동에 참가해야 하며, 장래에 작업팀의 기능을 향상시키기 위해 필요한 것은 무엇인지에 대한 결정을 해야 한다. Hellriegel과 Slocum은 팀의 개발을 위한 절차적 단계를 다섯 가지로 구분한다—형성기, 격동기, 규범화 시기, 성과창출기, 휴식기. 물론 작업팀의 개발 및 발전단계가 명확하게 구분되는 것은 아니다. 그러나 각 단계에 따라 행동의 패턴이나 전략이 변화될 필요가 있으며 이는 팀의 효율적 운영과 효과성에 직접 영향을 미치기 때문에 경영자들과 팀의 구성원들을 해당 단계를 적절히 구분해 이해하는 것이 필요하다.

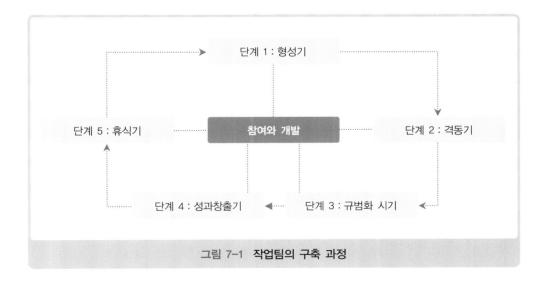

그림 7-1 **작업팀의 구축 과정**

1. 형성기(forming)

이 기간에 작업팀의 구성원들은 팀의 목표를 구성하고 이해하며 목표의 달성을 위한 과업수행의 절차를 개발하는 데 집중한다. 이 단계에서 주요한 목표는 구성원 간 친밀성의 구조를 형성하는 것이며 아울러 구성원 각자의 역할을 이해하고 리더십을 구성하는 것 등을 포함한다. 그러나 조직적 차원에서 이 단계는 구성원이 몇몇의 리더들에게 의존하거나 종속적 관계를 형성해 각자의 역할에 대한 주도성을 약화시키는 등의 행동에 주의해야 한다.

2. 격동기(storming)

격동기는 구성원의 직무행위, 목표의 상대적 우선순위, 구성원들 사이의 책임 배분, 과업 관련 지침, 팀리더의 지시 등을 둘러싼 팀 내 다양한 갈등으로 구성된다. 이 단계의 행위 유형은 갈등적 적대감과 이에 기인한 강한 감정표현이 혼합되어 나타난다. 작업팀 리더들의 역할을 둘러싼 경쟁과 팀 목표를 둘러싼 갈등이 이 단계의 가장 큰 특징이다. 이 단계에서는 팀을 이탈하는 구성원들도 발생하며 심각한 경우 리더십을 둘러싼 심각한 갈등으로 발전할 수도 있다. 이 단계에서 가장 중요한 조직행동 유형은 갈등을 표면화해 공개적으로 관리하는 것이다. 갈등을 억누르게 되면 누적의 효과로 극단적인 갈등이 유도될 수 있다. 요컨대, 갈등을 회피하거나 억압하는 것은 작업팀이 실패하게 되는 가장 빠른 길이 될 것이다.

3. 규범화 시기(norming)

이 시기 동안에 팀 구성원들은 각자의 행위를 결정짓는 정보를 공유하고 서로 다른 조건들을 인정하고 수용하며 목표를 위해 타협이 필요한 부분에서 협력적 의사결정을 하기 위해 노력한다. 이 단계에서 작업팀은 팀의 전반적 운영을 위한 규칙을 구성한다. 팀의 효과성을 향상시키기 위해 팀 구성원들이 응집력을 가질 수 있도록 공감, 관심 및 배려 등의 덕목에 대한 긍정적 재구성을 시도한다. 이를 통해 구성원들 간 협동심과 책임감 및 조직몰입감 등이 향상될 수 있다.

4. 성과창출기(performing)

성과창출기 동안 팀 구성원들은 효과적인 팀 목표의 달성을 위해 몰입한다. 이 단계에서 구성원들은 규범화의 시기를 통해 내면화한 자신의 역할을 이해하고 효율적인 목표 성취를 위해 노력한다. 이 시기 동안 각 구성원들은 팀 목표의 성취를 위해 적극적으로 상호작용하며, 개별 직무 활동과 집단 목표 추구 행위의 전략적 융합을 시도한다. 아울러 이 시기 동안 각 구성원들은 다양한 경험과 학습을 통해 팀과 개인의 발전을 위한 기반을 구축한다. 그러나 이전 시기 동안 통합적 규범을 개발, 구축하지 못한 팀들은 적극적 목표 성취보다는 팀의 존재를 위한 최소한의 성취에 만족해야 할 것이다. 또한 1~2명의 리더들에게 권한이 집중된 경우나 팀의 각 구성원들이 개별적 가치 지향에 몰입하는 경우 팀의 생산성은 현저하게 약화될 것이다.

5. 휴식기(adjourning)

이 시기에는 작업팀에 할당된 과업 목표를 달성하고 활동을 정지하는 시기이다. 작업팀은 다양한 시기에 걸쳐 활동하지만 일반적으로 한시적으로 운영되기 때문에 목표의 달성과 함께 해산하거나 다음 목표의 시작 전까지 활동을 중지한다. 이 시기 동안 목표했던 결과물을 제출한 팀들은 성취에 대한 평가와 피드백을 수행하며 이를 통해 다음 단계를 조직적으로 준비한다. 휴식기 동안 평가와 피드백이 팀 전체 구성원들의 참여 속에 이루어지지 못하면 팀은 이전 시기와 같은 실수를 반복하거나 다음 단계에서의 도약을 위한 기반을 구축하지 못하게 된다.

요컨대, 팀의 구축과 활동 및 결과 관리과정이 단계별로 명확히 구분되는 것은 아니지만 주요한 행위 유형 및 활동 방식에 따라 단계별 분류가 가능하며 이 모든 프로세스는 구성원들의 자발적이며 적극적인 참여와 몰입에 의해 발전한다. 나아가 팀이 성과적으로 유지·운영되기 위해서 팀의 리더들은 과학적 방법에 따라 객관적 정보를 취득하고 이를 각 구성원들과 공유함으로써 '어떻게 하면 과업을 더 잘 수행할 수 있을 것인가' 그리고 '조직원들이 어떻게 하면 집단의 일부로서뿐만 아니라 개인으로서 만족감을 얻을 수 있을 것인가' 등에 대한 적절한 해답을 제공해야 한다.

또한 작업팀의 개발과 지속적 개선을 위해서는 경영자, 팀 리더, 팀 구성원들 모두가 팀의 구축 및 목표의 수립과정부터 참여를 통해 책임을 공유하고 상호작용을 통해 몰입할 수 있는 기반을 구축해야 한다. 이러한 과정에서 팀의 리더들과 각 구성원들은 작업팀의 발전과 성취를 지속적으로 모니터링하고 팀의 효과성 증진을 위해 필요한 일상적 변화를 모색해야 한다.

제5절 팀워크와 팀플레이

1. 팀워크

작업팀의 핵심적 목적과 과업이 무엇이든, 모든 작업팀은 팀의 목표를 위해 과업을 수행하는 구성원이 필요하고, 목표의 달성을 위해 구성원들과 함께 적극적으로 협력하며 일할 수 있는 동기가 필요하다.[13] 따라서 작업팀의 수행성을 높이기 위한 필수적인 전제는 그들이 공동으로 추구해야 하는 집단적 목표와 책임에 대해 구성원 모두가 지각하는 것이다.

　이러한 집단적 목표와 책임에 대한 공통의 지각은 구성원 각자의 지식과 기술이

표 7-4 고성과 작업팀 구축을 위한 방법

- 고성과 기준(high-performance standards)에 관한 의견을 교환하라.
- 최초의 팀 미팅에서 분위기를 설정하라.
- 위기에 대한 인식을 만들어라.
- 구성원이 팀워크를 위해 적절한 기술을 갖고 있다는 확신을 만들어라.
- 팀 행동에 대한 명확한 규칙을 만들어라.
- 리더로서 기대되는 행위의 유형을 만들어라.
- 지속적으로 새로운 정보를 소개하라.
- 구성원들이 함께 시간을 보내도록 하라.
- 긍정적 피드백을 제공하라.

출처 : Schermerhorn, Hunt & Osborn, *Organizational Behavior*, 10th Eds. p.193.

팀 공동의 목표를 성취하는 데 효율적으로 사용될 수 있는 방법의 개발을 가능하게 하며 이를 토대로 작업팀의 성과가 극대화될 수 있다.

팀워크에 대한 몰입은 조직 내 구성원들에 의해 표현된 견해에 대한 경청과 적극적인 반응, 그리고 타인의 성취에 대한 인정과 지지의 제공, 나아가 개인의 이익보다 조직의 이익을 우선한 행동에 대한 적절한 보상 등에 의해 가능하다. 이러한 팀워크의 구축은 고성과팀(high performance team)을 위한 전제이다.

작업팀을 고성과를 위한 조직단위로 구축하기 위해서는 여러 가지 요소들의 융합이 필요하다. 우선 팀 내에서 성과기준에 대한 의견의 교환이 이루어지고 성과에 관련된 조직의 목표가 수립되어야 한다. 개인과 조직의 목표는 팀의 목표와 이러한 목표추구의 행위에 영향을 미친다. 팀의 목표는 개별 구성원들이 추구하는 목표의 산술적 합이 아니라 전체로서 팀이 달성하고자 하는 성과이다.

두 번째, 성과기준이 공유되고 나면 팀 내 성과달성을 위한 분위기(tone)가 조성되어야 한다. 이는 팀 구성원들이 개인적 또는 집단적으로 책임 있는 행동을 할 수 있는 기반이 된다.

세 번째, 팀 구성원들 사이에 여러 가지 요소로부터의 위기에 대한 인식이 공유되어야 한다. 특히 외부환경에 대한 인식은 작업팀의 긴장감을 유지하는 매우 중요한 요소이다. 환경적 위협은 시장, 물리적 자원 및 인적자원 등 여러 가지 요소로부터 발생하며 이러한 조건에 대한 인식은 팀의 성과를 효과적으로 달성하기 위한 전제이다.

네 번째, 팀 구성원들 모두는 팀워크를 통한 성과목표의 달성을 위해 각자 충분한 능력과 적절한 기술을 가지고 있다는 확신을 공유해야 한다. 팀의 존재 이유는 팀 내에 다양한 기술과 능력을 보유할 수 있다는 점이다. 전문적 지식과 기술, 문제해결 능력 및 인간관계 기술 등은 팀의 성과달성을 위한 핵심기술이며 팀 내에 이러한 기술이 확산되어 공유될 수 있도록 전략적 노력을 기울여야 한다.

다섯 번째, 팀을 위한 행위(team behavior)에 대한 명확한 규칙을 제시해야 한다. 각 구성원들에 대한 역할기대와 성과에 대한 명확한 보상이 정의되어야 한다.

여섯 번째, 팀의 리더들에게 기대되는 행위의 모형을 구축해야 한다. 작업팀 내에서는 공식적인 리더십보다도 우발적이고 비공식적인 리더십의 중요성이 크다. 비공식

리더는 개인의 신뢰에 기반해 시간이 지날수록 영향력이 높아지며 이를 기반으로 팀이 목표를 달성하는 데 중요한 역할을 수행하는 사람이다. 이러한 리더들은 팀 구성과 행동의 모든 측면에서 중요한 역할을 담당한다.

일곱 번째, 팀 내에 지속적으로 새로운 정보를 소개해야 한다. 고성과를 유지하기 위해서 작업팀은 환경의 변화에 유연하게 대처해야 하며 조직의 목표와 팀의 목표를 지속적으로 검토해 일관성을 유지할 수 있도록 관리해야 한다. 이를 위해서는 지속적으로 새로운 정보의 유입이 이루어져야 한다.

여덟 번째, 팀 정신(team spirit)의 구축을 위해 구성원들이 자주 교류의 시간을 갖도록 한다. 팀 정신은 팀의 지속 가능성을 확대하는 매우 중요한 매개이다. 팀의 성과가 극대화되고 따라서 고성과가 지속성을 유지하기 위해서는 팀 구성원들 사이의 문화적 일체성과 정서적 동질감이 형성되어야 하고 이는 팀 정신의 형성으로 발전한다. 팀 정신이 형성되면 팀 구성원들 사이의 역할 및 의사소통 갈등의 여지가 줄어들고 개인의 목표보다 팀의 목표와 이익을 우선시할 수 있게 된다. 이러한 팀 정신은 각 구성원들이 팀플레이어로 재생산되는 중요한 촉매의 역할을 한다.

마지막으로 팀 구성원들에게 긍정적인 피드백을 지속적으로 제공해야 한다. 팀 구성원들의 행위에 대한 피드백의 과정을 통해 팀 구성원들은 지속적 자기개발을 위한 자극을 받게 되며 이를 통해 팀과 조직의 성과 또한 극대화될 수 있다.

이러한 요소들이 형성되면 팀 구성원들은 전략적 팀플레이어가 되며 이를 기초로 작업팀은 단순한 집단(simple group)의 성격을 넘어서는 시스템적 팀(systematic team)으로 발전하게 된다.

2. 팀플레이 : 구성원의 역할

팀이 구성되면 팀 구성원들은 팀플레이어로 빨리 전환해야 한다. 조직은 팀을 구성할 때 팀플레이어로 적합한 인재를 선발하기 위해 노력해야 한다. 또한 개인의 업적에 대한 중요성을 강조하는 개인들도 훈련을 통해 팀플레이어로 재생산될 수 있다는 가능성을 배제하지 않아야 한다. 아울러 팀플레이어로의 전환을 장려하기 위해서는 팀워크에 대한 적절한 보상을 제공해야 한다. 이러한 과정을 통해 팀이 구성되면 구성원들이 개

별적인 역할을 수행하게 되는데 이는 크게 세 가지로 유형화될 수 있다.[14]

1) 과업지향적 역할

팀 구성원들의 과업지향적 역할은 과업 관련 의사결정을 조정하고 촉진하며 다음과 같은 행위 유형을 포함한다.

- 팀의 목표 추구 및 운영상의 문제에 대해 새로운 아이디어를 제공하거나 대안적 방법을 제시한다.
- 문제의 해결을 위해 제시된 다양한 제안들을 좀 더 명확히 하고 핵심적인 사실을 얻기 위해 정보를 탐색한다.
- 팀의 목표달성을 위한 다양한 문제, 과업에 관련된 이슈, 목표의 구성 및 수정 등에 관련된 정보를 제공한다.
- 아이디어와 건설적 제안을 분류하고 분석, 조정함으로써 팀 구성원들의 활동이 원활하게 수행될 수 있도록 돕는다.
- 다른 구성원들이 제시하고 있는 아이디어 및 제안의 실용성 등에 대해 분석적으로 질문함으로써 효과적 대안의 형성을 위해 노력한다.

2) 관계중심적 역할

이 역할을 통해 팀 구성원은 감정과 사회적 상호작용을 구축하려고 시도한다.

- 배려와 믿음으로 구성원을 포용하고 이를 기초로 결속력을 구축하며 구성원들의 아이디어를 칭찬하고 수용함으로써 팀에 대한 충성과 몰입을 유도한다.
- 팀 내에 불가피하게 발생하는 긴장과 갈등을 조정하고 중재하며 팀의 전체적 조화를 모색한다.
- 다양한 언어 능력과 사교 기술을 활용해 팀 구성원들의 적극적 참여를 유도한다.
- 팀 목표에 대해 자문하고, 팀 활동 프로세스의 내용과 질을 평가하며 이를 기초로 팀의 성과를 측정할 기준을 제시한다.
- 수용적인 자세로 구성원들을 대하며 건설적인 대안의 제시 등을 통해 팀 내에서

신뢰를 얻는 구성원으로 자리매김한다.

3) 자기지향적 역할

본 역할을 하는 구성원은 팀 또는 집단의 이익을 희생시켜 자신의 이익을 지키고자 하는 자기중심적 행동을 추구한다.

- 고집이 세며 매사에 비판적이고 감정적으로 행동하며 성찰성이 결여되어 있어 팀의 발전에 해가 된다.
- 자기과시욕이 강해 자신의 성취를 과장해 알리기를 좋아하고 타인의 성취를 폄하하며 열등한 지위에 놓이는 것을 두려워한다.
- 항상 자기 자신에게 주의를 집중시키려는 강한 욕구를 갖는다.
- 권위의식이 강해 다른 구성원들에게 명령하고 통제하려 하며, 권위에 아첨해 자신의 지위를 유지하고자 할 뿐만 아니라 다른 사람이 팀 성과에 기여하는 것을 방해하고자 한다.
- 다른 사람과 거리를 유지하고 지배욕구에 사로잡혀 평등한 상호작용을 하려 하지 않으며 팀워크에 참여를 회피한다.

이러한 분류에 기초하면 효율적이고 효과적인 팀의 대부분은 과업지향적인 역할과 관계지향적인 역할을 수행하는 구성원들로 이루어져야 함을 알 수 있다. 또한 자기지향적 역할이 강한 구성원들이 지배적인 팀은 과업수행성이 약할 것이다.

제6절 팀의 역기능

경영자는 조직 내에 작업팀이 구성되어 활동하게 되는 경우 다양한 역기능이 초래될 수 있음에 유의해야 한다. Hellriegel과 Slocum(2007)에 따르면 이러한 부정적 기능은 크게 세 가지로 요약될 수 있는데 집단사고(group think), 무임승차(free riding), 신뢰의 부재 등이다.[15]

1. 집단사고

집단사고(group think)는 팀의 구성원들이 개인의 희생을 감수하고 집단의 의견이나 목표에 일방적으로 동조하게 되는 현상을 일컫는다. 물론 효과적 팀의 운영과 성과의 달성을 위해서 팀 구성원은 개인의 목표를 조직의 목표와 일치시킬 필요가 있다. 그러나 집단사고는 개인목표와 조직목표의 균형적 일치 또는 전략적 통합이라기보다는 개인의 목표가 조직과 팀의 목표에 일방적으로 종속됨으로 인해 발생하는 현상이다. Hellriegel 과 Slocum은 집단사고의 특징을 세 가지로 정의한다.

- **불패의 환상** : 팀 내에 성과달성을 위한 근거 없는 낙관주의가 형성됨으로써 극단적으로 위험한 행위를 추구하게 되는 경우이다. 목표의 일방적 추구로 인해 팀 내에 성찰성이 형성될 여지가 없어 어떠한 수단이라도 정당화되며 다른 팀 또는 집단을 적대화하는 경향이 나타난다.
- **조직적 압력** : 팀의 목표나 철학 및 지향에 반대하는 팀 내 구성원들에게는 직간접의 조직적 압력이 가해지게 된다. 특별히 충성심이 높은 구성원들은 팀 내 반대파들을 비판하며 심한 경우 적대시한다.
- **자기검열** : 구성원들은 팀의 목표 추구나 행위 방식에 대한 의견 형성과정에서 팀의 지향과 다른 견해의 형성을 스스로 억제하며 자신의 생각이 잘못된 것이라고 스스로 정의하게 된다. 이는 비판적 견해에 대한 자기 억압의 형태로 나타난다.

2. 무임승차

팀의 이익과 개인의 이익은 항상 잠재적 갈등의 상태에 있으며 팀의 효과성이 극대화되기 위해서는 구성원의 이해가 팀의 목표와 일치되어야 할 필요가 있음을 앞서 살펴보았다. 그럼에도 불구하고 각 구성원들의 이해와 팀의 이익이 완벽하게 일치될 수는 없으며 이러한 한계로부터 구성원들의 무임승차(free riding) 문제가 발생한다.

무임승차는 팀원으로서 이익을 얻는 구성원이 자신이 수행해야 할 역할과 노력을 다하지 않고 집단의 이익에 편승해 개인의 이익을 취득하는 경우를 말한다. 요컨대, 자신이 투자한 노력에 비해 팀 또는 조직이 달성한 성과로부터 더 많은 것을 취득하는 행위이다.

또한 팀 구성원들 가운데 어느 누군가가 무임승차할 것이라고 가정하는 경우 '봉효과(sucker effect)'라고 하는 것이 나타날 수도 있다. 봉효과는 무임승차 행위에 대한 역작용으로서 나타난다. 팀 내 구성원들 가운데 누군가가 조직의 성과에 무임승차할 것이라고 가정하고 구성원들이 팀 목표의 성취를 위해 노력하지 않는 현상을 말한다. 이러한 봉효과가 발생하는 맥락은 세 가지 차원에서 이해할 수 있다. 우선 팀 구성원들은 무임승차가 공정성 기준에 위배된다고 생각한다. 따라서 자신이 노력한 대가를 무임승차자와 공유하고자 하지 않는다. 다음으로 무임승차는 조직 내 사회적 책임에 위배된다고 생각한다. 즉 조직사회의 일원으로서 팀 구성원들은 책임을 다해야 한다고 생각한다. 마지막으로 무임승차 행위는 호혜성의 원칙에 어긋난다고 생각한다. 즉 복지와 비용이 동등한 비율로 상호배분되어야 정상이라는 사고이다.

팀이 이러한 무임승차와 봉효과를 적절히 관리, 통제하지 못하는 팀은 효율성 부재와 효과성 상실로 존재의 위기를 맞게 될 것이다.

3. 신뢰의 부재

앞서 강조되었다시피 팀 운영의 효율성과 목표달성의 효과성을 결정하는 중요한 변수는 팀 정신의 구축과 팀 구성원들 간 상호신뢰의 유지이다. Hellriegel과 Slocum(2007)은 팀 내 신뢰가 형성되지 못한 상황을 언급하면서 그 특징을 다음과 같은 현상으로 정의한다. (1) 팀 구성원들이 동료 구성원들에게 자신의 약점과 실수를 감추고자 한다. (2) 경쟁의식 등으로 인해 동료가 도움을 요청하는 경우 건설적인 피드백을 제공해 주려고 하지 않는다. (3) 자신의 책임을 벗어나는 영역의 행위 또는 업무에 개입해 도움을 주는 데 주저한다. (4) 다른 사람의 성향, 의도, 생각 등을 명확하게 이해하려고 노력하지 않고 자기중심적으로 결론을 내리고자 한다. (5) 다른 사람의 능력, 기술 및 경험 등을 인정하지 않는다.

이러한 신뢰 부재 현상이 지속되면 조직 또는 팀의 목표는 성공적으로 달성되기 어려우며 팀의 역동성 또한 상실되고 결과적으로 팀은 사라지게 된다.

사례 1 참여적 작업시스템

최근 기업들마다 노사협력 프로그램에 대한 관심이 높아지고 있다. 대립과 갈등의 노사관계를 넘어 상호협력을 통한 상생(Win-Win)의 노사관계에 대한 모색과 노력이 중요하다는 인식에서 출발하고 있다. 정부에서 노사협력 프로그램 재정지원사업을 추진하고 있는 것도 협력적 노사관계가 단순히 구호로 외치는 것만으로 이루어질 수 없다는 판단 때문이다. 좀 더 체계적이고 구조적으로 접근하지 않으면 노사협력을 이룰 수 없다는 이야기다.

협력적 노사관계란 '노사관계 시스템에 호혜성(reciprocity)의 기제가 내재화되어 노사가 상호신뢰에 기초해 공동의 이익과 가치를 창출하는 통합적 파트너십이 형성되는 관계'라고 정의할 수 있다. 즉 노와 사가 상호이익이 되는 관계를 제도화해 공동의 이익과 가치창출을 위해 상호 협력하고 성과와 위험의 공유를 전제로 한 자율적 교환관계를 토대로 통합적 파트너십이 형성되는 것을 말한다.

이런 협력적 노사관계를 구축하는 것은 세 가지 수준을 가지고 있다. 전략적 수준, 인적자원관리 수준, 작업장 수준이라는 세 가지 수준에서 통합적으로 이루어져야 한다. 열린 경영, 투명경영, 윤리경영, 신뢰경영 등이 협력적 노사관계를 구축해 가기 위한 전략적 수준의 임무들이라고 할 수 있다. 다른 한편으로 인적자원관리 수준에서 기업의 구성원이 열정을 가지고 전념할 수 있는 인적자원관리 시스템이 정착돼야 할 것이다. 이는 역량 기반의 인사제도나 성과보상제도, 인적자원 개발제도 등을 통해 구체화된다. 또 작업장 수준에서의 TQM이나 제안제도 활성화 등을 위한 다양한 노력이 필요하다.

우리 주위를 둘러보면 전략적 수준과 인적자원관리 수준에서의 다양한 노력과 그 사례들을 쉽게 찾아볼 수 있으나 작업장 수준에서의 노력은 미흡한 실정이다. 작업장 수준에서의 핵심은 작업장 혁신이다. 작업장 혁신에 대한 선진 사례들을 보면 오래전부터 추진돼 왔다. 특히 경제의 글로벌화가 가속화되고 지식기반경제로의 이행이 요구됨에 따라 인적자원에 기초를 둔 경쟁우위 추구전략의 일환으로서 참여적 작업시스템(high-involvement work system)에 대한 관심이 높아지고 있다. 참여적 작업조직은 기업의 경쟁력을 강화시켜 줄 뿐만 아니라 근로생활의 질을 향상시켜 주는 이중적 기능을 할 수 있다. 따라서 협력적 노사관계를 이야기할 때 가장 중요한 골격 중의 하나다.

작업조직의 개편은 호손의 실험과 인간관계 운동에서 그 원시적 노력을 찾아볼 수 있지만 본격적인 작업장 혁신은 영국 타비스톡 인간관계연구소의 사회기술 시스템이라 할 수 있다. 이와 더불어 일본의 린생산방식은 테일러적 작업조직의 대안이자 최선의 생산시스템으로 등장하기도 했다. 그 과정에서 독일의 혁신팀과 미국의 고성과작업 시스템 등 변형들이 나타나기도 했다.

사회기술 시스템에 입각한 작업조직은 '자율작업팀'으로 불린다. 사회기술 시스템은 노르웨이와 스웨덴의 실험을 거쳐 발전하게 된다. 스웨덴에서의 칼마르공장의 실험은 통해서 조립공정에서 최초로 컨베이어 라인을 폐지하고 제반 인체공학적 고려와 도크(dock)식 조립방법과 같은 혁신적인 시도가 이루어진 바 있다.

한편 린생산방식은 도요타자동차의 생산방식을 지칭하기도 하지만 일본 자동차회사의 대부분이 린생산방식을 채택하게 된다. 특히 도요타와 GM의 합작회사인 누미(NUMMI)에서는 린생산방식의 해외이전의 대표적 사례로서 JIT, 공정 내 품질통제, 생산의 평준화와 같은 일본식 생산방식의 골격을 이식했고, 작업조직 측면에서도 개선활동과 팀작업을 도입했다.

우리나라의 경우에도 작업장 혁신의 사례들이 일반화돼 있지는 않지만 찾아볼 수 있다. 한솔제지의 '자주관리 시스템'이 그 예이다. 자주관리 시스템은 작업장에서 작업과 관련돼 가장 기본적 점검사항인 정리정돈에서 시작해 작업과정상의 문제점을 스스로 발견하고 즉시 개선하는 활동을 한다. 이러한 자주관리활동을 통해 사업장 차원에서는 생산성과 효율성을 제고하고, 구성원의 입장에서는 직무에 대한 몰입도를 향상시킬 수 있다. 자주관리활동 도입 시 구성원의 수용도는 그다지 높지 않았지만 전 구성원을 상대로 한 '실천학교'를 운영함으로써 적극적인 교육과 홍보를 통해 최근 상당한 효과가 나타나고 있는 것으로 평가되고 있다.

유한양행의 '고능률 생산조직(high performance organization)' 사례도 흥미롭다. 유한양행은 생산기능직 사원의 지식근로자화를 목표로 근로자들이 자율적으로 근무방식을 개발하고 공정관리를 수행할 수 있도록 했다. 지속적인 학습과 공정한 평가보상을 지원함으로써 이 제도의 활성화를 도모한다. 4조 3교대제를 근간으로 한 고능률 생산조직은 경영 측면에서의 상당한 성과뿐만 아니라 근로자 측면에서도 고용안정, 이직률 감소, 재해율 감소 등으로 전반적인 근로생활의 질이 향상된 것으로 평가되고 있다.

LG전자의 사례도 많은 시사점을 주고 있다. LG전자는 일본 도요타사의 린생산방식과 미국 모토로라사의 6시그마 제도를 벤치마킹해 다양한 생산조직의 형태를 개발했다. 창원공장의 '주먹밥 시스템', 평택공장의 '바로바로 시스템', 구미공장의 '뚝딱생산 시스템' 등이 있다. 이런 생산조직은 모듈러 셀 방식의 작업조직으로서 기존의 작업조직이 라인 중심이었다면 새로운 작업조직은 작업공정을 모듈화하고 셀 형태로 재편해 직무와 지식을 공유할 수 있는 방식이다. 이는 효율성을 강화하기 위한 생산시스템의 성격이 강하지만 작업조직 자체가 구성원의 자율과 책임, 자발적인 노력이 가장 중요하다.

이런 참여적 작업조직은 과업통합의 정도, 작업집단의 자율성 정도, 그리고 참가의 정도라는 세 가지 기준을 가지고 그 특성을 파악할 수 있다. 과업의 세분화가 고도화돼 있던 테일러적 작업조직과 달리 참여적 작업조직은 직능별 및 계층별로 분화된 과업을 생산작업자의 과업으로 통합해 내는 것이다. 계획 및 관리 직능으로 분화됐던 과업이 직접생산자의 과업으로 통합되면, 작업집단의 자율성이 증대되고 작업의 완결성이 증가돼 노동의 유의미성이 증가할 뿐만 아니라 작업자의 숙련도가 높아지는 효과가 있다. 테일러적 작업조직은 계획과 통제기능을 작업자로부터 분리해서 관리 영역으로 전문화시킴으로써 작업집단의 자율성이 극히 제한됐다면 참여적 작업조직은 작업단위의 자율성을 높여야 한다. 작업집단의 자율성이 증가하게 되면 이른바 자율규제의 생산성효과가 발생한다. 자율의 증가는 책임의 증가를 수반하고 신속한 의사결정을 가능하게 함으로써 효율성을 증진시킨다. 자율의 증가는 작업자들로 하여금 여러 가지 선책이 가능하도록 해 주고, 따라서 작업

단위에서 시행착오에 의한 학습효과를 증진시킨다.

참가는 정상작업과는 별도의 개발적 활동, 즉 문제해결과 개선과정에 작업자들이 개인적 또는 집합적으로 참여하는 것을 말한다. 단순히 협의권만 갖는다는 의미에서 자조적 결정 또는 의사결정의 이양이라는 의미에서의 자율과는 구분된다. 작업자들의 참가를 통한 집합적인 의사결정을 거쳐서 표준의 설정과정에 참여하고 또 표준 자체를 변화시킬 수 있다. 이런 참가를 통해 지속적인 개선이 이루어지는 것은 조직학습이 그만큼 활성화되는 것을 의미한다.

나아가 참가는 공동개선을 위한 노사 간 의사소통의 역할을 하게 된다.

참여적 작업조직은 작업장 혁신의 강력한 방안임에 틀림없다. 그러나 참여적 작업조직은 우리 기업인들의 보수적 의식 속에서 조심스럽게 논의되고 있는 것도 사실이다. 노사관계의 혁신을 전략적이고 장기적 관점에서 생각한다면 작업장 혁신 없이는 이룰 수 없다. 이런 점을 감안한다면 작업장 혁신에 대한 관심과 지속적 노력이 어느 때보다 절실히 요구되고 있다.

출처 : 김용진, 참여적 직업시스템 속속 도입, 한국경제매거진, 2004. 3. 6.

토의

1. 기업이 작업팀의 활용을 통해 얻을 수 있는 효과를 논의해 보자.
2. 작업팀의 효과적 운영을 위해 필요한 것들에는 무엇이 있는지 알아보자.

요 약

팀은 팀을 구성하고 있는 팀원들의 개별적 목적과 집단으로서의 팀 공동의 목표를 동시에 달성하기 위해 함께 일하는 상호보완적 기술과 능력을 가진 사람들로 구성된 소규모 그룹이다. 이러한 팀이 기업조직 내에 구성되어 재화나 서비스 생산의 중요한 단위로서 기능할 때 이는 흔히 작업팀(work team)으로 호명된다. 일반적으로 근로자가 개별적으로 직무를 수행할 때보다 작업팀은 팀원들 간의 협력과 공조를 통해 긍정적인 시너지를 창출하는 것으로 이해된다. 우리가 작업팀을 고려할 때 가장 중요한 비교의 대상으로 떠올리는 것이 작업집단(work group)이다. 일반적으로 우리는 팀과 집단을 구별하는데 이는 개념에 관련된 본래적 의미의 차이라기보다는 역사적 과정을 통해 구성된 경험적 결과물로 인식하는 것이 옳다. 이러한 개념화의 방법론에 기초해서 이해하자면 집단은 팀에 비해 느슨하게 정의된(loosely defined)된 조직으로 간주할 수 있다.

이 장에서는 팀의 유형을 그 기능 및 목적에 따라 각각 세 가지와 네 가지로 분류했다. 기능에 따라서는 제안팀, 경영팀, 운영팀인 3개의 팀으로 분류되었다. 목적에 따라서는 문제해결팀, 자기관리팀, 기능횡단팀, 가상팀 등 네 가지로 분류할 수 있다.

효과적인 팀을 어떻게 구성할 것인가에 관련된 논의는 팀작업에 대한 관심이 생겨나면서부터 지속되었다. 조직 내 팀제의 도입을 고려하면서 중요하게 유념해야 할 일은 두 가지로 요약된다. 우선 팀의 형태는 정형화되어 일반적으로 적용 가능한 최적의 모델로 존재하지 않으며 오히려 여러 가지 구조를 갖는 다양한 모델들이 존재한다. 두 번째, 팀작업의 성과가 개별 종업원들의 작업성과에 비해 높아야 한다는 가정이다. 만일 개별 작업자들의 작업성과가 팀의 성과를 능가한다면 팀은 존재의 의미가 없어질 것이다.

작업팀 구축과 지속적 개선을 위한 일반적인 프로세스는 5단계로 구성된다−형성기, 격동기, 규범화 시기, 성과창출기, 휴식기. 형성기에 작업팀의 구성원들은 팀의 목표를 구성하고 이해하며 목표의 달성을 위한 과업수행의 절차를 개발한다. 격동기는 구성원의 직무행위, 목표의 상대적 우선순위, 구성원들 사이의 책임 배분, 과업 관련 지침, 팀리더의 지시 등을 둘러싼 팀 내 다양한 갈등으로 구성된다. 규범화 시기 동안에 팀 구성원들은 각자의 행위를 결정짓는 정보를 공유하고 서로 다른 조건들을 인정하고 수용하며 목표를 위해 타협이 필요한 부분에서 협력적 의사결정을 하기 위해 노력한다. 성과창출기 동안 팀 구성원들은 효과적인 팀 목표의 달성을 위해 몰입한다. 이 단계에서 구성원들은 규범화 시기를 통해 내면화한 자신의 역할을 이해하고 효율적인 목표 성취를 위해 노력한다. 이 시기에는 작업팀에 할당된 과업 목표를 달성하고 활동을 정지하는 시기이다. 작업팀은 다양한 시기에 걸쳐 활동하지만 일반적으로 한시적으로 운영되기 때문에 목표의 달성과 함께 해산하거나 다음 목표의 시작 전까지 활동을 중지한다.

작업팀의 핵심적 목적과 과업이 무엇이든, 모든 작업팀은 팀의 목표를 위해 과업을 수행하는 구성원이 필요하고, 목표의 달성을 위해 구성원들과 함께 적극적으로 협력하며 일할 수 있는 동기가 필요하다. 따라서 작업팀의 수행성을 높이기 위한 필수적인 전제는 그들이 공동으로 추구해야 하는 집단적 목표와 책임에 대해 구성원 모두가 지각하는 것이다.

팀이 구성되면 팀 구성원들은 팀플레이어로 빨리 전환해야 한다. 조직은 팀을 구성할 때 팀플레이어로 적합한 인재를 선발하기 위해 노력해야 한다. 또한 개인의 업적에 대한 중요성을 강조하는 개인들도 훈련을 통해 팀플레이어로 재생산될 수 있다는 가능성을 배제하지 않아야 한다. 아울러 팀플레이어로의 전환을 장려하기 위해서는 팀워크에 대한 적절한 보상을 제공해야 한다. 이러한 과정을 통해 팀이 구성되면 구성원들이 개별적인 역할을 수행하게 되는데 이는 크게 세 가지로 유형화될 수 있다－(1) 과업지향적 역할, (2) 관계중심적 역할, (3) 자기지향적 역할.

경영자는 조직 내에 작업팀이 구성되어 활동하게 되는 경우 다양한 역기능이 초래될 수 있음에 유의해야 한다. 그 역기능은 보통 세 가지 차원에서 나타나는데 집단사고, 무임승차, 신뢰의 부재 등이 중요한 내용들이다.

참고문헌

1) "AQP's National Team Excellence Award"

2) D. E. Yeats and C. Hyten, *High-Performing Self-Managed Work Teams: A comparison of Theory to Practice* (Thousand Oaks, CA: Sage,1998), K. Y. Williams and C. A. O'Reilly III, "Demography and Diversity in Organizations: A Review of 40 Years of Research," in B. M. Staw and L. L. Cummings(eds.), *Research in Organizational Behavior,* vol.20(Greenwich, CT: JAI Press, 1998), pp.77-140.

3) Stephen P. Robbins, *Essentials of Organizational Behavior,* 13th edition, 2009; L. I. Glassop, "The Organizational Benefits of Teams," *Human Relations,* February 2002, pp.225-50.

4) Stephen P. Robbins, *Essentials of Organizational Behavior,* 13th edition, 2009. p.359 (Exhibit 10-1)

5) Katzenbach & Smith, *The Wisdom of Teams: Creating the High-Performance Organization;* Collins Business Essentials.; K. A. Jehn, G. B. Northcraft, and M. A. Neale, "Why Differences Make a Difference: A Field Study of Diversity, Conflict, and Performance in

Workgroups," *Administrative Science Quarterly,* December 1999, pp.741-63.

6) Katzenbach & Smith, *The Wisdom of Teams: Creating the High-Performance Organization,* Collins Business Essentials.

7) Stephen P. Robbins, *Essentials of Organizational Behavior,* 13th edition, 2009.

8). Schermerhorn, Hunt & Osborn, *Organizational Behavior,* 10th edition, 2007, J. L. Cordery, W. S. Mueller, and L. M. Smith, "Attitudinal and Behavioral Effects of Autonomous Group Working: A Longitudinal Field Study," *Academy of Management Journal,* June 1991, pp.464-76.

9) G. Bodinson and R. Bunch, "AQP's National Team Excellence Award: Its purpose, Value and Process," The Journal for Quality and Participation, Spring 2003, pp.37-42.

10) A. M. Townsend, S. M. DeMarine, amd A. R. Hendrickson, "Virtual Teams: Technology and the Workplace of the Future," *Academy of Management Executive,* August 1998, pp.17-29, D. Duarte and N. T. Snyder, *Mastering Virtual Teams:* Strategies, Tools, and Techniques(San Francisco: Jossey-Bass, 1999)

11) J. R. Hackman, *Leading Teams: Setting the Stage for Great Performance* (Boston: Harvard Business School Press, 2002).

12) Stephen P. Robbins, *Essentials of Organizational Behavior,* 13th edition, 2009. M. J. Stevens and M. A. Campion, "The Knowledge, Skill, and Ability Requirements for Teamwork: Implications for Human Resource Management," *Journal of Management,* Summer 1994, pp.503-30.

13) Don Hellriegel and J. W. Slocum Jr. *Organizational Behavior,* 11th edition, 2007.

13) Schermerhorn, Hunt & Osborn, *Organizational Behavior,* 10th edition, 2007, J. R. Barker, "Tightening the Iron Cage: Concertive Contol in Self-Managing Teams," *Administrative Science Quarterly,* September 1993, pp.408-37

14) Schermerhorn, Hunt & Osborn, *Organizational Behavior,* 10th edition, 2007, C. Margerison and D. McCann, *Team Management: Practical New Approaches* (London: Mercury Books, 1990). E. Salas, C. A. Browers, and E. Edens(eds.), *Improving Teamwork in organizations: Applications of Resource Management Training* (Mahwah, NJ: Lawrence Erlbaum, 2002);

15) Don Hellriegel and J. W. Slocum Jr. *Organizational Behavior,* 11th edition, 2007. S. G. Cohen and D. E. Bailey, "What Makes Teams Work: Group Effectiveness Research from the Shop Floor to the Executive Suite," *Journal of management* 23, no.3(1997), pp.239-90

커뮤니케이션

제1절 커뮤니케이션의 기본 개념

우리나라 한 연구에서 직장인이 겪는 가장 어려움은 '부서 간의 무성의한 협조'로 조사된 바 있으며 해결책을 커뮤니케이션 활성화라고 답하였다. 이처럼 대인 간 갈등의 원인은 주로 서투른 커뮤니케이션이다.[1] 개개인들은 깨어 있는 시간의 대부분을 말하고, 듣고, 읽고, 쓰기 때문에 효과적인 커뮤니케이션이 되지 않으면 성공적인 조직의 성과와 개인의 안정을 달성하기 어렵다.

조직 간, 집단 간, 개인 간은 서로 커뮤니케이션을 하지 않고는 존립이 불가능하다. 사람들은 자신이 전달하고자 하는 의미로 정보와 아이디어를 전달한다. 하지만 커뮤니

케이션은 단순히 의미를 전달하는 것 이상으로 이해되어야 한다.[2]

강의도 일종의 커뮤니케이션이라 할 수 있다. 강의는 교수자와 학습자가 정보를 주고받는 상호작용이다. 최근 여러 대학에서 의사소통센터, 글쓰기센터, 국어소통능력연구센터, 의사소통연구실 등으로 명명한 의사소통기관들의 활발한 활동은 대학생의 효과적 의사소통에 도움을 주고 있다.

1. 커뮤니케이션의 개념

커뮤니케이션이란 발신자(개인, 집단, 조직)가 수신자(개인, 집단, 조직)에게 어떤 유형의 정보(메시지)를 전달하는 과정이다.[3] 커뮤니케이션은 개인 간, 집단 간, 조직 간에 정보, 아이디어, 이해 또는 감정을 전달·교환하는 것이다. 커뮤니케이션은 발신자가 수신자에게 어떤 종류의 정보를 전달할 뿐만 아니라 정보나 아이디어, 느낌 등의 의미를 발신자와 수신자 간에 피드백을 통하여 교환하거나 공유하는 것이다.[4]

2. 커뮤니케이션의 기능

효과적인 커뮤니케이션은 조직행동의 모든 분야에 영향을 미치므로 중요한 요소 중의 하나로 작용한다.[5] 조직 내에서 커뮤니케이션은 여러 기능을 발휘하지만 그중에서 핵심적인 기능으로는 지식제공 기능, 동기유발 기능, 조정·통제 기능, 정서적 기능의 네 가지가 있다.[6]

첫째, **지식제공 기능**(providing knowledge)이다. 조직에서 커뮤니케이션의 첫 번째 기본적인 기능은 직무수행을 효율적으로 하기 위한 정보를 제공한다. 예를 들어, 과업수행방법, 조직의 의사결정 방법, 여러 가지 의사결정에 필요한 대안을 파악하고 진단, 평가하는 데 필요한 정보를 제공해 줌으로써 의사소통이 원활히 이루어지게 한다. 특히 조직의 새로운 입직자의 사회화 과정에서 핵심기능이다.[7]

둘째, **동기유발 기능**(motivationing organizational member)이다. 커뮤니케이션은 조직 구성원들의 동기유발(motivation)을 촉진시킨다. 조직 구성원에게 구체적이고 명확한 목표를 설정해 주고 그러한 목표달성의 진행과정을 피드백하면서 바람직한 행동을 계속 유지하도록 하는 것은 동기유발의 기본적인 과정이며 이 과정에서 커뮤니케이션

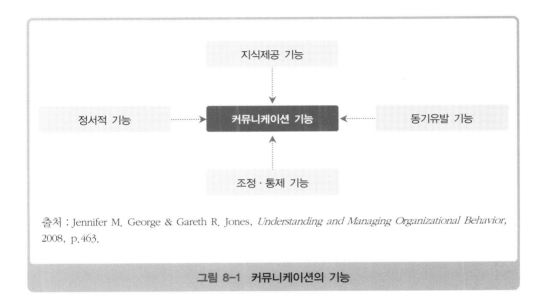

출처 : Jennifer M. George & Gareth R. Jones, *Understanding and Managing Organizational Behavior,* 2008, p.463.

그림 8-1 커뮤니케이션의 기능

은 여러 기능을 발휘한다.

셋째, **조정·통제 기능**(controlling and coordinating group member)이다. 커뮤니케이션은 조직 구성원의 행동을 조정·통제하는 기능을 한다. 조직 구성원들의 행동이 조직이 원하는 특정한 방향으로 움직이도록 통제하는 것은 커뮤니케이션을 통해서 이루어진다.

넷째, **정서적 기능**(expressing feelings and emotions)이다. 커뮤니케이션은 조직 구성원들이 자신의 감정(emotion)을 표현하고 사회적 욕구를 충족시켜 주는 역할을 한다. 구성원들은 자신이 속한 집단이나 조직에서 이루어지는 자신의 고충이나 기쁨, 만족감이나 불쾌감 등을 토로하게 된다. 커뮤니케이션을 통하여 자신의 심정을 표출하고 다른 사람들과의 교류를 넓혀 나가는 것이다.

3. 커뮤니케이션의 과정

커뮤니케이션이 정확하게 이루어지려면 먼저 메시지로 표현되는 어떤 대상이 있어야 한다. 그것이 발신자로부터 수신자에게 전달된다. 이 메시지가 기호화되고 채널종류를 선택하여 수신자에게 전달되면 수신자는 이 메시지를 해독한다. 끝으로 수신자는 발신

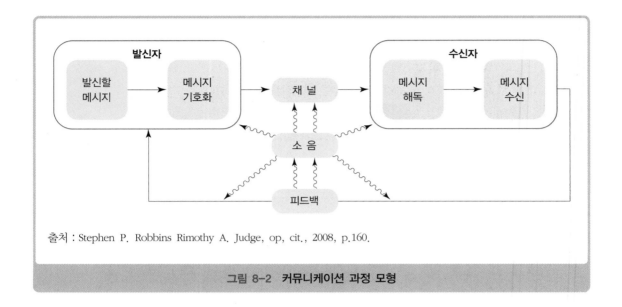

출처 : Stephen P. Robbins Rimothy A. Judge, op, cit., 2008, p.160.

그림 8-2 커뮤니케이션 과정 모형

자에 확인하는 피드백 과정을 거침으로써 한 사람에게서 다른 사람에게로 의미가 전달된다.

〈그림 8-2〉에서 커뮤니케이션 과정을 제시하고 있다. 이 모델은 ① 발신자, ② 기호화, ③ 메시지, ④ 채널, ⑤ 해독, ⑥ 수신자, ⑦ 소음, ⑧ 피드백으로 구성되어 있다.[8]

① **발신자**(sender)는 전하고자 생각을 가진 사람이나 부서이다.

② **기호화**(encoding)는 발신자가 전하고자 하는 것을 말, 글, 부호, 숫자, 몸짓으로 구체화하는 과정이다.

③ **메시지**(message)는 발신자가 기호화하여 만든 가시적인 결과물이다. 사람들이 말할 때 바로 그 말이 메시지이며, 글로 전달하면 그 글이 메시지이다. 또한 사람들이 몸짓을 하면 몸의 움직임과 얼굴 표정이 메시지이다.

④ **채널**(channel)은 메시지의 전달매체이며 과정이다. 채널은 발신자가 메시지 전달의 효율성을 고려하여 선택한다. 발신자는 공식적인 채널을 사용할 것인지, 비공식적인 채널을 사용할 것인지를 결정한다. 조직은 공식적인 채널을 구축하며, 이 채널을 통해 구성원의 업무와 관련된 메시지를 전달한다. 공식적인 채널

은 조직의 명령, 지휘, 명령체계와 일치한다. 개인적 메시지나 사회적 메시지와 같은 종류의 메시지는 조직의 비공식적 채널을 이용한다.

⑤ **수신자**(receiver)는 메시지를 받는 사람이나 부서이다.

⑥ **메시지 해독**(decoding)은 메시지를 받기 전에, 그 안에 있는 상징을 수신자가 이해할 수 있는 형태로 바꾸는 것이다.

⑦ **소음**(noise)은 메시지가 명확하게 전달되는 것을 방해하는 커뮤니케이션의 장애요인을 말한다. 소음의 원천에는 발신자와 수신자의 지각 차이, 정보 과중, 해석하기 어려운 어의, 문화적 차이, 매체 선택의 오류 등이 있다.

⑧ **피드백**(feedback)은 메시지가 원래의 의도대로 얼마나 성공적으로 전달되었는지를 점검하는 것으로, 메시지에 대한 수신자의 반응이다. 피드백을 통해 수신자가 메시지를 이해했는지 확인한다. 그러므로 성공적인 의사소통은 피드백을 통하여 확인하므로 쌍방적인 의사소통이 반드시 필요하다.

제2절　커뮤니케이션의 유형과 네트워크

집단 간, 조직 간의 의사소통도 개인 간의 의사소통을 근본으로 하므로 이 장에서는 개인 간의 의사소통을 언급하지 않고 집단 간의 의사소통을 공식적 커뮤니케이션과 비공식적 커뮤니케이션으로 구분한다. **공식적 커뮤니케이션**은 조직구조, 업무와 관련된 커뮤니케이션이고, **비공식적 커뮤니케이션**은 구성원 사이에 자연발생적인 사적인 만남 등 업무 외적 모임에서 커뮤니케이션을 뜻한다.

1. 커뮤니케이션의 유형

1) 공식적 커뮤니케이션

업무와 관련된 공식적 커뮤니케이션은 커뮤니케이션의 경로에 따라 수직적, 수평적, 대각적 커뮤니케이션으로 구분하고, 수직적 커뮤니케이션은 그 방향에 따라 상향적, 하향적 커뮤니케이션으로 구분된다.[9]

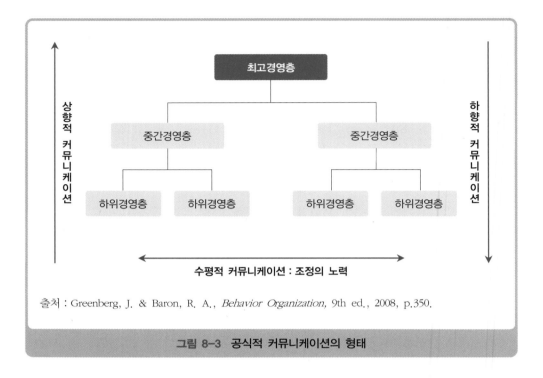

출처 : Greenberg, J. & Baron, R. A., *Behavior Organization*, 9th ed., 2008, p.350.

그림 8-3 공식적 커뮤니케이션의 형태

- **상향적 커뮤니케이션**(upward communication)은 각 정보들이 하급자나 하위계층에서 상급자나 상위계층으로 전해지는 것이다. 상급자에게 보고하는 제안제도나 품의서 작성과 개인적 고충처리도 그 예가 될 수 있다. 그러나 조직의 규모가 비대해지면서 상향적 커뮤니케이션은 제대로 활용되지 못하고 그 단점이 부각되어,[10] 기업들은 옴부즈맨 제도나 팀조직을 통하여 상향적 커뮤니케이션을 활성화하기 위한 제도적 장치를 마련하고 있다. 예를 들어 FedEX에서는 전산화된 상향적 커뮤니케이션 프로그램으로 매년 조직 구성원은 회사분위기를 보고하고, 경영진은 그 보고서를 검토한다. 이러한 프로그램을 FedEX 구성원들은 자랑스럽게 생각한다.[11]

- **하향적 커뮤니케이션**(downward communication)은 업무와 관련된 상급자나 상위계층의 의견이나 전달사항이 공식적인 경로를 거쳐 하급자에게 전달되는, 조직에서 가장 일반적인 의사소통의 형태인 지시·명령을 의미한다. 여기에서 지시나 명령이 반드시 만나서 말로 이루어지는 것은 아니다.[12] 기업의 새로운 윤리강

령에 구성원의 서명을 받기 위해 가정이나 개인적으로 보내는 이메일이나 서신도 포함한다.

　이 커뮤니케이션은 명령, 지휘의 일원화와 책임소재의 확실성을 위해 널리 사용되는 지시적 커뮤니케이션이다. 또한 이 하향적인 방법은 상급자가 하급자에게 정확하게 지시되지 않은 경우 오히려 갈등과 반발을 일으킬 수도 있다.[13]

　우리나라의 보도 자료에 의하면 사원, 팀장급 모두 팀장의 덕목으로 커뮤니케이션 능력을 제1순위로 꼽고, 현 팀장의 문제점으로 커뮤니케이션 능력 부족을 가장 많이 지적함에 따라 직장인들이 직장 내에서 의사소통을 상당히 중요하게 생각하는 것으로 나타났다.[14] 이것은 바로 팀장이 중간관리자로서 상향적, 하향적 의사소통의 주역으로 자신의 역할을 제대로 수행하지 못함을 의미한다.

- **수평적 커뮤니케이션**(horizontal communication)은 조직 내에서 동일한 수준의 지위나 위계에 있는 구성원 또는 부서 간의 커뮤니케이션이다. 이 커뮤니케이션은 조직 내에서 정보의 공유를 통하여 효과적인 커뮤니케이션이 될 수 있다. 그러나 동등한 부서 간의 커뮤니케이션이기 때문에 의사결정의 조정과정에서 상당한 진통이 따르며 그 과정의 성공 여부에 따라 조직의 효과성과 연결된다. 최근 수평적 커뮤니케이션이 조직구조 변화의 계층 단축화와 더불어 중요하게 대두되고 있다. 한 연구에서도 국내외 기업에 재직 중인 20~30대 직장인들이 선호하는 기업문화는 '협의를 통해 의견을 조율하는 수평적 기업문화'인 것으로 나타났다.[15]
- **대각적 커뮤니케이션**(diagonal communication)은 조직도에서 나타난 상위계층의 명령이나 지시를 받는 것이 아니라 집단이나 계층을 달리하는 사람들 간의 의사소통이다. 그 예로서 라인의 의사결정에 스태프의 협조가 필요한 경우가 해당된다. 즉 생산부서 한 구성원이 자신의 경력경로에 대한 정보를 구하기 위해서 인사팀장과 경력상담하는 경우를 들 수 있다.

2) 비공식적 커뮤니케이션

조직에서의 커뮤니케이션은 사전에 결정된 공식적 경로만으로 불가능하며, 비공식적인 경로를 통한 커뮤니케이션도 구성원 간의 서로의 필요에 의하여 상당 부분 이루어지고 있다. 그 대표적인 예가 **그레이프바인**(grape vine)이다. 그레이프바인은 미국의 남북전쟁 당시 전신체계가 제대로 안 갖추어져 있었기 때문에 정보의 전달과 수신 상태가 마치 포도넝쿨과 닮았다고 해서 유래하였다.[16] 그레이프바인은 조직 내에서 정보나 의사가 정확성이 떨어지며 원래 뜻과는 다르게 전달되는 것을 뜻하지만, 조직변화의 필요성에 대해 경고해 주고, 집단응집력을 높이는 역할을 하며, 구성원 간의 아이디어의 전달경로가 되기도 한다.

최근 온라인 취업정보 사이트 '사람인'이 직장인 2,104명을 대상으로 한 조사에 따르면 10명 중 9명이 "직장에서 '뒷담화(뒷말의 속어)'를 경험했다."고 밝혔다. 하루 평균 17분 정도를 '뒷말'에 소비하는 것으로 나타났으며 60분 이상 쓰는 경우도 1.8%였다. 반면 '뒷말 문화'에 대해선 '선입견이 생길 수 있다', '근거 없는 소문이 퍼질 수 있다'며 전체의 55%가 '부정적'이라는 의견을 나타냈다.

'좋지 않다'고 결론을 내리면서 왜 그들은 뒷말을 서슴지 않고 내뱉을까? 전문가들은 '정서적 유대감이 주는 안정감'에서 원인을 찾았다. 즉 '뒷말'은 공유하는 대상과의 정서적 교감을 통해 자신이 처한 스트레스 상황을 이겨낼 수 있는 중요한 자원이 되고 자신의 건강뿐 아니라 조직 생산성에 미치는 악영향에 대해 하나의 완충제(buffer) 역할을 한다는 것이다.[17]

2. 커뮤니케이션의 네트워크

조직 내 구성원 간에 커뮤니케이션의 상호작용이 전반적으로 어떠한 형태인가 알아보기 위해서는 커뮤니케이션의 네트워크를 이해할 필요가 있다. 커뮤니케이션 네트워크는 조직 내 구성원 간의 사전에 정해진 커뮤니케이션 경로(path) 구조를 의미하며 쇠사슬형, 바퀴형, 원형, 상호연결형 등이 있다.[18] 커뮤니케이션 네트워크 형태에 따라 커뮤니케이션의 속도, 정확도, 구성원의 만족도, 권한의 집중도 등에서 서로 차이가 난다.

1) 쇠사슬형

쇠사슬형(chain type)은 대부분 공식적인 명령계통에 나타나는 단순한 형태이다. 공식적인 명령과 지휘계통에 따라 수직적인 경로를 통해서 정보전달이 이루어지는 형태로 조직의 라인이 대표적인 예이다. 쇠사슬형이 기계적인 구조인 관료제에서 많이 나타났으나, 최근에 환경의 불확실성에 대처하기 위하여 쇠사슬형인 수직적 구조에서 탈피하는 경향이다.

2) 바퀴형

바퀴형(wheel type)은 집단 구성원 간에 대부분의 정보가 중심인물에 집중되는 경우이다. 중심인물이 구성원 각각의 개개인에게 정보전달을 하는 형태이다. 그러므로 구성원 개인 간의 커뮤니케이션은 이루어지지 않는다. 이러한 형태는 작업현장에서 감독에게 보고하는 유형으로 나타난다. 이런 경우 문제해결은 간단하고 일상적인 의사소통인 경우에 유효하지만, 복잡하고 비일상적인 경우의 의사소통이 비효율적이다.

3) 원형

원형(circle type)은 집단 내 사회적 서열이나 신분관계가 분명하게 형성되지 않은 경우의 커뮤니케이션 경로로 중심인물이 없는 상태에서 커뮤니케이션의 구성원들 상호 간에 정보가 전달된다. 원형의 장점은 커뮤니케이션 목적이 명백한 경우 구성원의 만족감이 비교적 높으나 정보전달과 수집, 상황의 종합적인 파악, 그리고 문제해결에 많은 시간이 소요된다는 단점이 있다. 태스크포스(task force)나 위원회 구성에서 나타나는 유형이다.

4) 상호연결형

상호연결형(all channel type)은 그레이프바인과 같은 비공식적인 커뮤니케이션 방법으로서 집단 구성원 전체가 서로의 의견이나 정보를 자유의지에 따라 교환하는 형태이다. 따라서 상호연결형은 바람직한 커뮤니케이션 유형으로 구성원 사이의 정보교환이 이루어지는 형태이다. 이 유형의 장점은 상황판단의 정확성이 높으며 특히 복잡하고 어려운 문제에서는 가장 효과적이다. 그러나 단점은 상황의 종합적인 파악과 문제해결에 소요되는 시간이 많이 걸린다는 것이다.

3. 커뮤니케이션의 네트워크 비교

커뮤니케이션의 네트워크는 각 유형마다 장단점이 있으며, 집단의 과업성격과 구성원의 개인적 특성, 구성원 수 등의 상황적인 요소에 따라 그 효율성이 모두 다르다. 커뮤니케이션 네트워크에서 중요한 것은 어떠한 유형이 가장 효율적인가 하는 문제이다. 다음은 네트워크의 각각 유형이 구성원들의 커뮤니케이션에 어떠한 영향을 미치는가를 요약해 본 것이다.[19]

첫째, 메시지를 전달받아서 집단 내에서 문제해결을 할 때 속도 면에서는 바퀴형이 가장 빠르다. 또한 쇠사슬은 수직적 구조이므로 문제해결 속도가 빠르나 반면에 원형과 상호연결형은 상대적으로 느리다.

둘째, 커뮤니케이션의 정확성은 문제의 복잡성 정도에 따라 그 효과가 다르게 나타난다. 단순한 문제는 바퀴형과 상호연결형이 정확성이 높고, 쇠사슬형과 원형이 정확성이 가장 떨어진다. 또한 복잡한 문제에는 원형과 상호연결형은 정확성이 가장 높으며, 쇠사슬형과 바퀴형의 정확성이 낮아진다.

셋째, 구성원의 만족도는 바퀴형, 쇠사슬형에서 낮아지고 원형과 상호연결형에서 높다. 왜냐하면 원형이나 상호연결형의 경우에는 구성원들이 단순한 커뮤니케이션의 수용자가 아니라 의사결정에 직접 참여하기 때문이다.

넷째, 커뮤니케이션의 리더의 권한은 〈그림 8-4〉에서 보면 바퀴형은 가운데 진한 색 표시자가 중심인물이 되고, 쇠사슬형의 경우에는 맨 위가 중심인물이다. 그리고 원형의 경우에는 특별한 리더가 존재하지 않으며, 상호연결형의 경우는 커뮤니케이션에 참여하는 구성원 전원이 중심인물이 된다.

〈표 8-1〉에서 보면 각각의 네트워크의 효율성이 다르기 때문에 그 상황에 맞게 커뮤니케이션 네트워트 유형을 상호보완적으로 적절하게 선택함이 바람직하다.

4. 컴퓨터 기반 커뮤니케이션

오늘날 대부분의 조직에서 **컴퓨터 기반에 의한 의사소통**(computer-aided communication)이 보편화되고 있다. 그의 예로는 이메일, 메신저, 인트라넷, 엑스트라넷, 화상회의, 모바일을 이용한 SNS 등을 들 수 있다.[20] 이메일은 구성원들 간에 공식·비공식적 의사

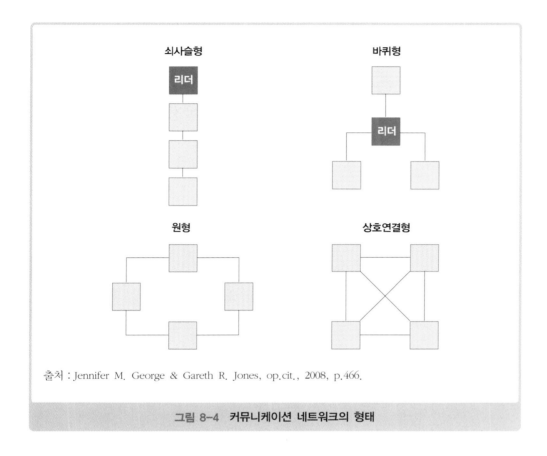

출처 : Jennifer M. George & Gareth R. Jones, op.cit., 2008, p.466.

그림 8-4 커뮤니케이션 네트워크의 형태

표 8-1 커뮤니케이션 네트워크의 효율성 비교

기준 \ 유형	쇠사슬형	바퀴형	원 형	상호연결형
문제해결 속도	보통	빠름	느림	느림
정확성(단순한 문제)	낮음	높음	낮음	높음
정확성(복잡한 문제)	낮음	낮음	높음	높음
구성원의 만족	낮음	낮음	높음	높음
리더의 권한	맨 위의 인물	가운데 인물	중심인물 없음	전원

소통과 공급자·최종 소비자·기타 외부 이해 관계자들과 의사소통을 위해 증가한 반면, 과거에 즐겨 사용해 왔던 메모, 편지, 전화의 횟수와 양을 급격하게 감소시켰다.

1) 이메일

이메일(e-mail)은 인터넷을 이용하여 컴퓨터로 작성한 문서를 주고받는다. 이러한 이메일을 통한 의사소통의 성장은 놀랄 만하다. 사무직 근로자들은 이제 일상적으로 이메일을 사용하기 위해 수시로 컴퓨터에 접속한다. 한편으로는 날아드는 이메일 정리에 시간이 소비되는 것도 사실이다. 최근의 연구 결과에 의하면, 우리나라 중소기업 CEO 198명 중 20%는 출근 후 처음 하는 일이 이메일 확인이라고 하였다.[21] 금융서비스 제공기관인 Grant Thornton의 International Business Owners Survey에 의하면, 세계 24개국 CEO들의 이메일 일일 평균 사용시간은 1시간 30분인 것으로 조사되었다.[22]

의사소통 매체로서 이메일의 장점을 살펴보면 다음과 같다. 이메일 메시지는 사용이 쉽고 빨리 쓰고, 수정 가능하며, 저장된다. 심지어 수신자가 읽기 전에 발송도 취소할 수 있으며, 수신확인도 가능하다. 이메일은 한 사람에게는 물론이고 동시에 수천 명에게도 보낼 수 있다. 이메일은 수신자가 원하는 시간에 언제든지 읽을 수 있다. 공식적인 이메일을 구성원에게 보내는 비용은 서면이나 문서를 작성·제작·배포하는 비용에 비하면 아주 적다. 비공식적인 메시지를 보낼 때는 그림과 음악까지 첨부할 수 있어 감정적인 측면도 수신자에게 전달이 가능하다.

물론 이메일의 단점도 있다.[23] 가장 큰 단점으로는 구성원의 주의력을 작업활동에 집중하지 못하고 분산시킨다는 것이다. 미국의 예를 보면, 워싱턴 주의 공무원은 한 달에 400통의 개인 이메일을 보냈는데, 그중에 일과 관련한 이메일은 단지 14개밖에 되지 않았다.[24] 대면했을 때의 표정과 몸짓, 전화로부터 들려오는 억양이 담고 있는 비언어적 메시지는 이메일에서 얻을 수 없는 중요한 정보를 전달한다. 이메일에서 이모티콘으로 감정을 표현하여도 비언어적 메시지와 같은 효과는 기대할 수 없으며 많은 정보를 제공할 수 없다. 또한 이메일은 냉정하고 비개인적인 측면이 있어서 채용 탈락이나 재계약 탈락 등의 공지에 사용한다.

최근 IT기술 발달로 보안성 문제도 대두되고 있다. 전반적으로 전 세계 비지니스맨들은 인터넷과 이메일의 보안성을 매우 심각하게 받아들이고 있다. 바이러스 방지 및 보안망 관리를 위해 매우 엄격한 관리가 필요하다고 보았다. 즉 이메일은 정보와 파일을 주고받기에 매우 유용한 수단이지만, 사장들이 가장 중요하다고 생각하는 의사결정

내용의 의사소통에는 적절한 수단으로 여기지 않는다고 분석하였다.[25)]

2) 메신저

10여 년 동안 10대들에게 인기가 있었던 **메신저**(instant messaging)는 이제 기업에도 빠르게 전파되고 있다.[26)]

메신저는 실시간으로 이루어지는 이메일이다. 구성원들은 커뮤니케이션을 하고 싶은 동료와 친구들을 등록한다. 그리고 컴퓨터 스크린에 있는 작은 상자에 제시되어 있는 이름을 클릭하고 메시지를 타이프하면, 메시지가 수신자의 스크린으로 바로 전달된다.

메신저의 성장속도는 엄청나다. 예를 들어, 우리나라 한 리서치 기관의 조사에 따르면, 네티즌 10명 중 7명이 메신저를 사용하고 있으며, 7시간 이상 메신저를 이용하는 비율은 연령대별로 살펴봤을 때 20~30대에서 가장 많은 것으로 나타났다.

또한 메신저를 사용하고 있는 직장인들을 대상으로 '직장에서 자주 사용하는 커뮤니케이션 수단은 무엇인가'라는 질문에 메신저와 전화라는 응답이 60% 이상을 차지했으며, 업무 중 메신저 이용에 대해 업무 효율성을 높인다는 응답이 77%를 차지했다.[27)]

이처럼 이미 메신저가 업무 중 직장인들의 중요한 커뮤니케이션 수단으로 사용되고 있으며, 간단한 업무지시나 보고 등 커뮤니케이션 수단으로 업무에 효율성을 높여준다는 인식을 가지고 있음을 알 수 있다.

메신저는 이메일에 비해 또 다른 장점이 있다. 메신저로 메시지를 보내면 바로 수신이 가능하여 지연되는 일이 없다. 받은 편지함에 메시지가 수북하게 쌓이지 않는다. 상사들은 직원들이 사무실에 있는지를 확인하는 데 메신저가 좋은 수단이라는 것을 알았다. 즉 상사는 메신저의 접속 목록을 보고, 현재 자리에 있는 사람과 대화할 수 있기 때문이다.[28)]

그러나 메신저가 이메일을 대신하지는 않을 것이다. 이메일은 저장할 필요가 있는 긴 메시지를 보내는 데 좋은 수단인 반면, 메신저는 한두 줄의 짧은 메시지를 전달하는 데 적합하다. 또한 메신저에 계속 연결되어 있으면 구성원의 업무를 방해하고, 주의를 분산시킨다는 문제점이 있다. 몇 년 전부터 메신저 사용을 차단하는 기업들도 상당수다. 업무 중 딴짓으로 시간을 보낼 우려가 있으며, 회사 기밀 등이 유출될 가능성도 배제할 수 없기 때문이다.

우리나라의 경우 직장인 10명 중 7명은 입사 당시와 비교해 볼 때 자신의 국어능력이 떨어졌다고 생각하며, 국어능력이 떨어진 가장 큰 이유로 메신저 사용을 꼽았다. 그이유로는 '인터넷 메신저 대화로 인한 비문(문법에 맞지 않는 문장)의 일상화'가 48.1%로 가장 많았다. '국어보다 영어를 중시하는 풍조'는 21.1%, '컴퓨터를 이용한 문서 작성'은 20.7%, '구두나 서면 등의 보고체계 간소화'는 9.1% 순이었다.[29]

3) 인트라넷과 엑스트라넷

인트라넷(intranet)은 하나의 조직에서만 사용하는 정보 네트워크이다. 그것은 웹사이트와 같은 것이지만, 그 조직에 근무하는 직원만이 접속할 수 있다. 인트라넷은 기업 내의 구성원들이 서로 커뮤니케이션하기 위해 많이 사용하고 있다. IBM은 월드잼(Worldjam)이라고 불리는 인트라넷을 만들어 5만 2,000명의 직원들이 온라인상에서 조직성과에 관한 모든 사항에 대한 아이디어들은 교환한다.[30] IBM의 내부 블로그인 이노베이션잼(InnovationJam)은 나노기술을 활용한 수질 필터링 개선, 효율적인 태양광 전력시스템 등 혁신적 아이디어를 수차례 제공했다.

이처럼 직장 내 블로그는 직원들 간의 이해와 소통이 강화되고, 평소에 대하기 어려운 상사와도 쉽게 소통할 수 있게 만든다.[31]

여행박사는 회의를 자주 하지 않고도 온라인 게시판을 통한 조직 내부의 의사소통이 원활하다. 매일 10여 건의 글이 올라오는 사내 익명게시판에는 회사의 정책에 대해 논쟁한다. 한 직원은 "익명게시판은 주로 근무연수가 낮은 직원들이 할 말을 할 수 있는 통로가 되고 있다. 여기에 올라오는 글은 절대 무시당하지 않고 문제제기에 해당하는 답변이 달리거나 정책이 수정되기도 한다."고 설명했다.

조직은 내부 구성원과 공급업자, 고객, 전략적 제휴파트너와 연결하는 엑스트라넷(extranet)을 가동한다. GM 직원은 엑스트라넷으로 철강과 고무 공급업체에게 전자메시지와 서류를 전달한다. 월마트의 거래처는 엑스트라넷 시스템에 연결되어 있고, 구매담당자는 언제든지 거래처 사람들과 접속된다. 공급업체는 월마트 매장에 납품하는 상품의 재고 상태를 모니터링한다.

4) 화상회의

화상회의(videoconferencing)는 인트라넷이나 엑스트라넷 시스템을 활용한 것으로 조직 구성원들이 같은 장소에 함께 모일 필요 없이 다른 장소에 있는 사람들과 회의를 할 수 있게 한다.

화상회의는 1990년대 후반, 텔레비전 카메라가 설치되어 있는 회의실에서 이루어 졌다. 최근에는 카메라와 마이크로폰이 개인 컴퓨터에 부착되어 있어 자신의 책상 앞에 서 다른 사람과 보고 말하고 들을 수 있다. 이러한 기술을 이용하는 비용이 점점 줄어 들면서 화상회의는 비용과 시간이 많이 드는 출장의 대체물로 사용된다.

영상회의시스템은 PC에 화상 카메라를 연결해 메신저 기능과 일대일 영상통화 및 다자 간 영상회의 기능을 구현한다.

이 시스템은 전화와 이메일 전송에 비해 업무효율이 높으며 간단한 오프라인 회의 를 대체할 수 있기에 국내외 출장을 줄여 이동 시간과 경비 절감 효과가 크다.

특히 실시간으로 화면을 통해 얼굴을 직접 보고 대화를 나누기 때문에 본사와 해외 사업장 간의 주요 현안을 점검하기 위한 회의나 지방과 해외 사업장 간의 업무 협의에 주로 사용되어 왔다. 관계자는 '급변하는 시장 상황에 신속히 대응하기 위해서는 공간 적 제약을 극복하는 게 필수'라고 영상회의시스템 확대 배경을 설명했다.[32]

5) 모바일을 이용한 SNS(Social Network Service)

최근 모바일 시대로 기업이 직원들과의 소통에서 전통적인 커뮤니케이션 방식에서 소 셜미디어를 활용하는 방식으로 트렌드가 변화하고 있다. 인터넷을 이용하는 성인 35% 가 소셜미디어를 활용하는 만큼 블로그, 유튜브, 미니홈피, 트위터 등 다양한 소셜미디 어를 적극 활용해야 한다는 것이다.

기업들이 블로그나 트위터 등 소셜미디어를 통해 활발하게 의사소통하려고 시도하 는 가운데 직원들과 의사소통에도 소셜미디어를 활용하고 있다. 우리나라 CEO들도 트 위터를 통해 직원들은 물론 지인들과 활발한 의사소통을 나누는 것이다. IBM, P&G, 구 글 등 초일류 기업들도 2000년대 초반부터 소셜미디어를 활용하여 직원들과의 커뮤니 케이션을 시도해 왔다.

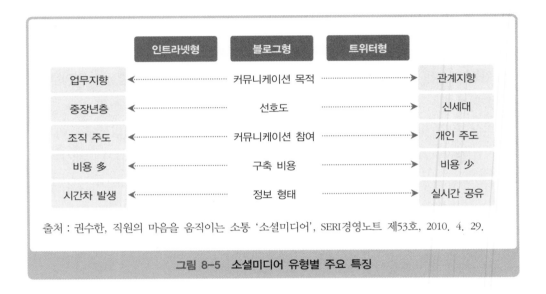

출처 : 권수한, 직원의 마음을 움직이는 소통 '소셜미디어', SERI경영노트 제53호, 2010. 4. 29.

그림 8-5 소셜미디어 유형별 주요 특징

또 신뢰 있는 정보를 제공하고, 사이버 보안의 안정성도 확보돼야 소셜미디어를 통한 소통에 성공할 수 있으며, 소셜미디어 활용에 대한 다양한 인센티브를 제공해 직원들의 참여를 독려하는 것을 전제 요건이다. 소셜미디어의 성공적 도입을 위해서는 무엇보다 소셜미디어 활용에 대한 지속적인 관심과 의지가 필요하다.[33]

제3절 커뮤니케이션 장애요인과 효율화 방안

조직 구성원들은 커뮤니케이션과 관련된 문제를 부지기수로 겪고 있다. 조사된 바에 의하면 회사 간부 응답자의 74%가 조직성과의 장애요인으로 커뮤니케이션을 꼽고 있다.[34] 이러한 커뮤니케이션 문제는 두 가지로 요약되는데 하나는 커뮤니케이션이 없는 것이고 둘째는 커뮤니케이션은 있지만 잘못되어 있다는 것이다. H. Mintzberg의 연구에서 회사의 중견간부의 경우 직장근무 중 업무시간의 80%는 커뮤니케이션이 차지한다는 결과가 나왔다.[35] 상사와 부하, 구성원 간에 정확한 의사전달이 안 될 때 심각한 문제가 발생한다. 따라서 효과적인 커뮤니케이션을 일상적으로 방해하는 주요한 원인을 살펴보고자 한다.

1. 커뮤니케이션의 장애요인

커뮤니케이션 과정에서 발신자가 전하는 메시지가 수신자에게 제대로 전달되지 못하는 경우는 여러 가지 원인이 있는데 여기서 대표적인 장애요인을 알아보고자 한다.

1) 여과

정보를 전달할 때 발신자가 의도적으로 또는 호의적으로 지각하도록 메시지의 사실을 조작(manipulation)하는 것을 **여과**(filtering)라고 한다. 의사소통에서 이러한 여과가 발생하는 것은 액면 그대로 모두 전달되었을 경우 수신자가 싫어하거나 원하지 않을 것이라고 발신자가 먼저 생각하고 사실을 조작하려는 의도를 가지기 때문이다.[36] 주로 이러한 현상을 상향적 의사소통에서 상급자가 듣기 좋은 말만을 한다거나, 하급자에게 유리한 정보를 전달하는 것이다. 또한 조직구조의 계층 수가 많을수록 여과의 기회도 많아진다.[37] 최하위계층 사원이 사실정보를 전달하여도 여러 계층을 거쳐 최고책임자에게까지 올라간 정보는 왜곡되는 경우가 종종 있다.

2) 선택적 지각

수신자는 발신자가 보낸 내용을 100% 모두 지각하지 못하고 일부만 선택된다. 이러한 수신자의 **선택적 지각**(selective perception)은 자신의 욕구, 경험, 배경, 그 외의 개인적 특성에 따라 이루어진다. 즉 발신자가 보낸 메시지를 자신의 욕구와 신념과 일치하는

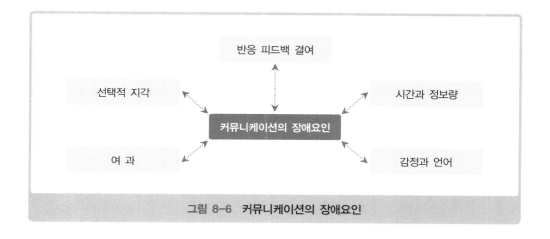

그림 8-6 커뮤니케이션의 장애요인

것만 받아들이고, 자신과 일치하지 않은 메시지를 부정하거나 왜곡하는 경향이 있다.[38]

3) 반응 피드백의 결여

발신자의 메시지에 대해 수신자가 반응을 하지 않거나 부적당하게 반응할 때 의사소통이 실패하게 된다.[39] 특히 부정적인 피드백은 발신자의 메시지에 관심이 없거나 그러한 사람과 의사소통을 하기 싫거나 어렵다는 것을 암시한다. **수신자의 무반응**은 메시지의 전달이 명확하게 이루어졌는지 확인할 수 없게 되어 의사소통 과정의 오류가 발생한다.

4) 시간과 정보량

시간이 촉박하다든지, 전달해야 하는 메시지의 양이 너무 많다든지 하면 커뮤니케이션의 상황이 여러 가지로 불리해진다. 발신자나 수신자가 시간에 쫓기게 되면 의사소통과정이 생략되거나 무시된다. 즉 메시지 내용을 부호화하고 해독하는 과정에서 정확성을 기하기 어려울 것이다.

수신자가 처리할 수 있는 양 이상의 메시지 전달은 당일 처리할 중요한 사안임에도 불구하고 처리 기일을 넘기거나 잊어버리는 경향이 있다. 이러한 **정보의 과중**(information overload)은 수신자의 정보처리 능력을 감소시키고, 중요한 정보의 생략과 손실로 장애를 가져온다.[40]

5) 감정과 언어

메시지를 전달하는 발신자나 확인하는 수신자는 그 당시의 **감정 상태**에 따라 메시지 전달이나 해독하는 영향을 준다. 예를 들어, 실제 조직에서 하급자는 상급자의 기분 상태에 따라 보고나 제안을 한다. 이런 감정 상태에 따른 의사소통이 효율적인 의사소통을 저해하는 것은 두말할 나위가 없다.

의사소통에서 기호화된 언어가 수신자에게 난해하고 복잡한 전문 용어이거나 몸짓일 때 전혀 다른 의사소통이 된다. 한 예로, 우리나라 국어사전에도 '장'이라는 단어가 46개나 있다. 이때 발신자와 수신자가 선택한 단어가 동일하지 않을 경우 의사소통에 장애가 발생한다. 이러한 선택하는 어의상의 문제에는 나이, 교육수준, 문화적 배경이

영향을 미친다.[41]

2. 장애요인의 극복

커뮤니케이션에 많은 장애요인이 있지만 앞에서는 대표적인 것만 나열하였고, 극복요인도 무수하지만, 의미전달에서 주로 발신자와 수신자에 초점을 두어 몇 가지를 살펴보고자 한다.

1) 발신자의 노력

(1) 적절한 매체의 사용

발신자는 전달할 메시지 내용은 소중하게 여기면서 보내는 매체에 대해서는 고려하지 않는 듯하다. 즉 메시지의 내용 전달에 적합한 **매체선정**이 중요하다. 메시지의 내용이 중요하면 여러 매체를 중복하여 전달하면 된다. 예를 들어, 대학생들에게 학사안내는 이메일과 문자를 중복하여 전달한다. 또한 직접 대면해야만 효과적인 의사소통이 가능한 것을 간접적인 서면을 통하여 전달하여 오해를 불러일으키는 경우도 있다. 직접대면을 선택한 발신자가 수신자에게 사과하는 경우 언어적인 부분만 신경을 쓴 나머지 표정이나 몸짓에 미안함이 배어 있지 않으면 소기의 목적을 달성할 수 없는 의사소통이 된다.

(2) 비공식적 네트워크의 이용

비공식적인 네트워크인 **그레이프바인**은 부정적인 소문을 만들어 공식적인 의사소통을 저해하는 역기능도 있으나, 동시에 다음과 같은 순기능도 있어 잘 활용하면 의사소통을 활성화시킨다. 경영자가 새로운 의사결정이나 조직변화에 대하여 사전에 신속한 반응을 얻고자 할 경우나, 부하들의 불평불만을 파악하는 채널로, 또는 조직 구성원 간의 사적인 의사소통으로 응집성을 높이는 역할을 할 수도 있다.

2) 수신자의 노력

(1) 적극적 경청

발신자가 말할 때 수신자는 듣기(hearing)만 하고 경청(listening)하지 않는 경우가 허다하다. 경청은 들으면서 의미를 적극적으로 찾는 행동인 반면에, 듣기는 소극적으로 단지 듣기만 하는 것이다.[42]

수신자는 발신자의 입장에서 **감정이입**(empathy)하여 경청하면 전달하고자 하는 메시지를 쉽게 이해하고 공감할 것이다. 즉 경청을 통해 수신자는 발신자의 입장이 되어 평가적 판단을 지양하고 있는 모습 그대로 판단하여, 발신자의 이해를 촉진하는 분위기 조성이 가능하다.

(2) 피드백의 활용

수신자의 무반응에도 발신자가 계속 메시지를 전달한다면 메시지는 처음 의도한 내용과 다른 방향으로 왜곡될 수 있다. 그럴 경우에 수신자는 발신자가 보낸 메시지 의도를 충분히 이해하고 있음을 발신자에게 반응해 주어야 한다. 또한 발신자는 직접 질문을 할 수 있고, 질문을 하지 않아도 수신자의 눈빛, 끄덕거림으로도 메시지의 이해 여부에 대한 판단이 가능하여 의사소통의 정확성을 기할 수 있다. 이처럼 피드백은 문서, 비언어인 몸짓, 표정으로 가능하다.[43]

3) 발신자·수신자 양자의 노력

감정의 억제

격한 감정 상태에서 메시지가 왜곡되는 것은 당연지사이다. 흥분한 상태라면 감정이 가라앉을 때까지 의사소통을 미루는 것이 좋다. 우리는 메시지를 수신하였을 때 문자로만 해독할 것이 아니라 발신자의 정서 상태나 수신 상태의 정서수준을 감안하여 해독하는 것이 바람직하다.

한편 의사소통의 활성화를 위해서 감정 억제가 과연 효과적인 일인가 생각해 볼 필요가 있다. 발신자가 수신자를 설득하기 위해서 언어적 내용과 그 이상으로 감정을 표현한다면 비언어적 수단이 되어 상승효과를 볼 수도 있다.

3. 조직 커뮤니케이션 활성화 방안

앞에서 열거한 발신자와 수신자 간의 노력 외에도 조직에서는 효율적 커뮤니케이션을 위한 노력들이 제도적 차원으로 중요한 관리요소가 된다.

1) 신뢰분위기의 조성

조직 내에서 공식적으로 상향적·하향적·수평적 의사소통이거나 비공식적인 메시지가 정확하게 전달되기 위해서는 발신자나 수신자 간의 상호신뢰가 우선한다. 이때 조직문화가 **신뢰경영**(Trust based Management)⁴⁴⁾이면 바람직하겠다.

2) 정보흐름의 조정

정보의 과부하로 의사소통의 장애를 해결하는 방법으로 **문지기**(gatekeeper)를 두어 정보를 이해하기 쉽게 분류·정리하는 역할을 수행하게 할 수 있다.⁴⁵⁾ 즉 경영자가 비서에게 정보흐름을 조정하도록 하는 과업을 부여하여 예외적인 일, 중요한 일만 선택하게 하거나 핵심적 내용만 간추려 보고하게 하는 것이다.

또는 직무담당자에게 직무에 대해 충분히 인식하도록 직무기술서와 직무명세서를 공개하여 정보의 집중과 과부하를 완화할 수 있다.

3) 문호 개방(open door)과 현장경영(Management by Wandering Around, MBWA)

상급자가 하급자에게 문호를 개방하여 언제든지 직접대면으로 자유롭게 의사소통을 하는 것이다.⁴⁶⁾ 조직 구성원은 최고경영자의 항상 개방된 집무실을 찾아가서 개방적인 의사소통을 한다. "제 방은 항상 열려 있고 문턱이 낮습니다."라고 말하는 것을 주위에서 볼 수 있다.

현장경영은 최고경영자나 담당 부문의 책임자가 직접 일선현장을 돌아보며 현장종업원을 찾아다니며 의사소통하는 경영방식이다. 이 방식은 탁상행정에서 탈피한 인간중심 경영이며, 이러한 제도가 성공하기 위해서는 경영진이나 상급자가 언행일치를 하며 솔선수범해야 한다.

이상과 같은 제도적인 차원은 조직이 처한 상황에 맞게 종합적이고 시스템적으로 보완해야 의사소통의 활성화가 이루어질 것이다.

사례 1 한 지붕 4세대

현재 우리나라 대기업에는 4개 세대가 함께한다. 1970년대 산업화 시기 직장생활을 경험한 1955년 이전 생인 1세대는 고위직으로 남아 있고, 그 이후부터 1960년대 중반까지 출생한 '베이비 부머'가 2세대다. 주로 부장~임원급에 포진한 이들은 기업이 고속 성장하는 시기를 함께하며 회사의 중추 역할을 맡았다. 이어 민주화와 글로벌화를 겪으며 1~2세대와는 다른 경제적 풍요 속에서 자란 3세대 직장인(1960년대 후반~1970년대 생)들이 'X세대'로 불리는 이들이다.

4세대는 현재 일반 사원이나 대리급인 1980~1990년대 생들이다. 연령대로 보면 베이비 부머의 자녀들이며, 2000년경 본격화된 '조기유학', '해외 어학연수', '배낭여행'을 경험한 세대들이다. 어학실력이 뛰어나고 해외 친구들과 온라인으로 소통하는 이들은 글로벌 네트워크가 강하다. 형제가 적고 귀하게 자라 칭찬받는 문화에 익숙하며, 자신을 중시하는 자아개념을 보이기도 한다. 어렸을 때부터 인터넷을 접해 직접대면보다는 메신저와 소셜 네트워크 서비스를 통한 소통에 더 익숙하다.

이런 상황 속에서 국내 기업 인사관리의 주안점도 빠르게 바뀌고 있다. 기업의 주요 관심사가 수평적 의사소통을 활성화하는 쪽으로 옮겨 가고 있다. 즉 조직 내 세대 간의 의사소통에 충분히 대비하지 못하는 수직적인 기업은 유능한 인재를 놓칠 수밖에 없다.[47]

1세대	2세대	3세대	4세대
1955년 이전 출생 －일부 고위 임원 • 1970년대 산업화 시기 경험 • 개인보다 조직 중시 • 디지털 환경에 익숙치 않음	**1955~1960년대 중반** －부장~임원 • 회사의 고속성장 경험 • 해외경험 부족	**1960대 후반~1970년대 중반** －과장급 실무진 • 민주화 글로벌화, 경제 풍요 속 성장 • 조직보다 개인 중시	**1980~1990년대** －대리~신입사원 • 글로벌 문화에 익숙 • 온라인 커뮤니케이션 선호 • 스마트 환경에 익숙

그림 8-7 우리나라 대기업의 4세대 구조

토의

1. 위의 4세대가 주로 선호하는 의사소통 매체 유형과 공통적으로 사용하는 매체를 이야기해 보자.

2. 조직에서 세대 간의 의사소통을 원활하기 위한 사례를 찾아 이야기해 보자.

사례 2 이메일 에티켓 5계명 - LG전자[48]

이메일은 조직 구성원에게 일상적인 의사소통 수단이다.

　LG전자는 80개 해외법인에서 전 세계를 무대로 24시간 비즈니스가 이뤄지면서 이메일 사용도 크게 늘어나는 추세이다. 최근 한 달간 LG전자 국내외 임직원이 주고받은 이메일은 총 4,500만여 건. 이는 일주일에 1,100만여 건, 하루 220만여 건에 달한다.

　LG전자는 이메일을 효율적으로 사용하기 위해 '이메일 에티켓 캠페인'을 펼치고 있다. 이메일 작성 시 업무 담당자를 명확히 지정하고 작성목적과 핵심내용을 한눈에 파악할 수 있도록 해 업무효율을 극대화하자는 것이다.

　LG전자의 이메일 에티켓 5계명은 다음과 같다.

　첫째, 수신자 지정을 명확히 하라. LG전자 자체 설문조사에 따르면 전체 직원의 90% 정도가 일주일 동안 업무상 관련 없는 이메일을 한 차례 이상 받는 것으로 나타났다.

　이메일을 직접 받는 사람과 참조 용도로 받는 사람 등 업무 관련도에 따라 수신자 지정을 분명히 하면 불필요한 메일 수신을 줄일 수 있다. 이 회사는 To(직접 수신), Cc(참조), Bcc(비밀참조) 기능을 적절히 사용하도록 독려하고 있다.

　둘째, 머리글 사용을 생활화하라. 업무협조, 보고, 결재요청 등 이메일 제목에 머리글을 사용하면 제목만으로도 이메일 작성목적과 업무 우선순위 등을 한눈에 파악할 수 있기 때문이다.

　셋째, 내용을 짧고 명료하게 작성하라. 설문조사 결과 전체 임직원의 45%가 A4용지 절반 분량의 이메일이 읽기에 가장 적당하다고 생각하는 것으로 나타났다. 수신자 입장에서 결론을 먼저 언급하고, 중요사항은 빨간색으로 표시하는 등 짧고 명료하게 작성한다면 이메일 확인으로 인한 업무손실을 줄일 수 있다.

　넷째, 회신은 24시간 내에 하는 것을 원칙으로 하라. 이메일 확인 후 다른 업무를 진행하다 깜빡 잊어버려 회신을 못하는 불상사를 방지하기 위한 것이다. 출장, 휴가 등 불가피한 사정은 예외로 했다.

　다섯째, 답신 시 첨부파일은 제거하자. 이메일 회신 시 용량이 큰 첨부파일을 제거하면 일주일에 한 번꼴로 이메일 수신함을 정리하는 수고와 시간을 줄일 수 있다.

토의

1. 생활에서 자신이 위의 5계명 중 가장 잘 이행하는 것은 무엇이고, 실천되지 않는 것은 무엇인가?
2. 위의 5계명 외에도 더 필요한 사항은 무엇인가?

요약

커뮤니케이션이란 발신자(개인, 집단, 조직)가 수신자(개인, 집단, 조직)에게 어떤 유형의 정보(메시지)를 전달하는 과정이다. 조직 내에서 커뮤니케이션은 여러 기능을 발휘하지만 그중에서 핵심적인 기능으로는 **지식제공 기능**, **동기유발 기능**, **조정·통제 기능**, **정서적 기능** 네 가지가 있다.

커뮤니케이션 과정은 ① **발신자**, ② **기호화**, ③ **메시지**, ④ **채널**, ⑤ **해독**, ⑥ **수신자**, ⑦ **소음**, ⑧ **피드백**으로 구성되어 있다.

의사소통의 유형으로는 집단 간의 의사소통을 공식적 커뮤니케이션과 비공식적 커뮤니케이션으로 구분한다. **공식적 커뮤니케이션**은 조직구조, 업무와 관련된 커뮤니케이션이고, **비공식적 커뮤니케이션**은 구성원 사이에 자연발생적인 사적인 만남 등 업무 외적 모임에서의 커뮤니케이션을 뜻한다.

공식적 커뮤니케이션은 커뮤니케이션의 경로에 따라 **수직적, 수평적, 대각적 커뮤니케이션**으로 구분하고, 수직적 커뮤니케이션은 그 방향에 따라 상향적·하향적 커뮤니케이션으로 구분된다.

커뮤니케이션 네트워크는 조직 내 구성원 간의 사전에 정해진 커뮤니케이션 경로(path) 구조를 의미하며 쇠사슬형, 바퀴형, 원형, 완전연결형 등이 있다. 커뮤니케이션 네트워크 형태에 따라 커뮤니케이션의 속도, 정확도, 구성원의 만족도, 권한의 집중도 등에서 서로 차이가 난다.

요즈음 대부분의 조직에서의 의사소통은 **컴퓨터 기반 기술**(computer-aided communication)에 의해 향상되고 보편화되고 있다. 컴퓨터 기반 커뮤니케이션의 예로는 이메일, 메신저, 인트라넷, 엑스트라넷, 화상회의, 모바일을 이용한 SNS 등을 들 수 있다.

의사소통 과정에서 발신자가 전하는 메시지가 수신자에게 제대로 전달되지 못하는 장애의 여러 가지 원인 중 **여과, 선택적 지각, 반응 피드백의 결여, 시간과 정보량, 감정과 언어**를 살펴보았다.

의사소통의 장애요인 대한 극복요인은 의미전달에 있어 발신자의 노력 측면과 수신자의 노력 측면, 그리고 발신자·수신자 양자의 노력 측면—**적절한 매체의 사용, 비공**

식적 네트워크의 이용, 적극적 경청, 피드백의 활용, 감정의 억제—이 있다.

발신자와 수신자 간의 극복 노력 외에도 조직에서는 효율적 커뮤니케이션을 위한 노력이다. 조직 커뮤니케이션 **활성화 방안인 제도적 차원**으로 중요한 관리요소로는 **신뢰 분위기의 조성, 정보흐름의 조정, 문호 개방**(open door)과 **현장경영**(Management by Wandering Around, MBWA) 등이 있다.

참고문헌

1) K. W. Thomas & W. H. Schmidt, "A Survey of Managerial Interests with Respects to Conflict," *Academy of Management*. Journal, June, 1976, p.317.

2) Stephen P. Robbins & Timothy A. Judge, *Essentials of Organizational Behavior*, 9th ed., Pearson Prentice, New Jersey, 2008, p.158.

3) J. Greenberg & R. A. Baron, *Behavior Organization*, 9th ed., Pearson Prentice, New Jersey, 2008, p.334.

4) A. J. DuBrin & R. D. Ireland, *Management & Organization*, 2nd, South-Western, 1993, p.321.

5) Jennifer M. George & Gareth R. Jones, *Understanding and Managing Organizational Behavior*, 5th ed. Peason Pentice Hall, 2008, p.462.

6) Ibid.

7) Ibid., p.463.

8) Stephen P. Robbins & Timothy A. Judge, op. cit., p.160.

9) D. Katz & R. L. Kahn, *The Social Psychology of Organization*, 2nd ed., 1978.

10) Frank, Allan D, "Trends in Communication: Who Talks To Whom?" *Personnel*, 1985, pp.41-47.

11) Stephen P. Robbins & Timothy A. Judge, op. cit., p.160.

12) Ibid.

13) J. M. Ivancevich & J. M. Donnelly Jr., "A Study of Role Clarity and Need for Clarity in Three Occupational," *Academy of Management Journal*, 1974, pp.28-36.

14) 연합뉴스 2008-03-02.

15) 연합뉴스 2008-03-02.

16) K. Davis, "Grapevine Communication Among Lower and Middle Managers", *Personnel Journal,* 48, No.4, April, 1969.

17) 조선일보 2008-05-27.

18) Jennifer M. George & Gareth R. Jones, op. cit., p.466.

19) L. Hawkins & P. Preston, "Anaiysis of communication,"in Dunham, R.B., Organizational Behavior, *People and Process in Management,* Richard D., Irwin, Inc, 1984, p.280.

20) Stephen P. Robbins & Timothy A. Judge, op, cit., p.165.

21) www.ceoreport.co.kr "중소기업의 ceo의 경영 및 라이프 스타일 조사".

22) Financial Times 2005-02-28.

23) M. Conlin, "Watch What You Put in That Office E-mail," Business Week, Sept. 30, 2002, pp.114-115.

24) D. Parvaz, "E-Mail Abuse Firings Called Unfair," *Seattle Post Intelligencer,* July 17, 2002, p.A1.

25) Financial Times 2005-2-28.

26) A. Harmon, "Appeal of Instant Messasing Extend into the Workplace," New Times March 11, 2003, p.A1.

27) 연합뉴스 2007-07-01.

28) A. Stuart, '*IM Is Here. RU Ready 2 Try It?*" INC., July 2003, pp.76-81.

29) 연합뉴스 2007-10-09.

30) G. Anders, "Inside Job," Fast Company, September, 2001, p.178.

31) 디지탈 데일리 2008-04-16.

32) 연합뉴스 보도자료 2008-01-01.

33) 권수한, 직원의 마음을 움직이는 소통. '소셜미디어'. SERI 경영노트 제53호, 2010. 4. 29.

34) R. Blake & J. Mouton, *Corporate Excellence Through Grid-Organization Development,* Houston, Texas: Gulf Publication, 1968, p.4.

35) R. Nichols & L. Stevens, *Are You Listening?,* New York: McGrew Hill, 1957, p.13의 내용도 Mintzberg의 조사결과와 비슷함.

36) Jennifer M. George & Gareth R. Jones, op. cit., p.473.

37) Stephen P. Robbins & Timothy A. Judge, op, cit., p.168.

38) R. E. Coffey, C. W. Cook & P. L. Hunsaker, *Management and Organizational Behavior,* Richard D. Irwin, 1994. p.208.

39) Jennifer M. George & Gareth R. Jones, op. cit., p.476.

40) H. J. Arnold & D. C. Feldman, *Organizational Behavior,* New York: McGrew Hill, 1986, pp.163.

41) Stephen P. Robbins & Timothy A. Judge, op, cit., p.169.

42) Stephen P. Robbins & P. L. Hunsaker, *Training in Interpersonal Skill,* 3rd ed., Upper Saddle River, NJ: Printice Hall, 2003, pp.40-42.

43) Ibid., pp.53-54.

44) R. J. Lewicki & B. B. Bunker, "Developing and maintaining trust in work relationships". in Kramer R. M. and Tyier T. M (eds.), *Trust in Organization: Frontiers of Theory and Research,,* CA: Sage Publications. 1996, pp.119-124.

45) J. A. Wagner & J. R. Hollenback, *Managemant of Organizational Behavior,* 2nd ed., Printice-Hall, pp.296-297.

46) R. Kreitner, *Management,* 6th ed., Houghton Mifflin, 1995, pp.296-297.

47) 동아일보, 2013-07-15.

48) 매일경제, 2006-12-18.

의사결정

제1절 의사결정의 본질

1. 의사결정의 개념

경영자의 의사결정은 기업의 지속 가능을 위한 과업의 일종이며, 경영자뿐만 아니라 조직 구성원 역시 조직과 개인의 목표달성을 위하여 끊임없이 의사결정을 한다.

의사결정(decision making)이란 바람직한 상태를 위하여 여러 대안 중에서 하나를 선택하는 의식적 과정이다.[1] 이 정의에 따라 의사결정은 다음 세 가지의 특징을 갖는다.

첫째, 의사결정은 **의식적 행동**이다. 반사적인 반응이나 무의식적인 행동은 의사결정이 아니라 습관 또는 반응행동이라고 볼 수 있다.

둘째, 의사결정은 **대안들 중에서 하나**를 의식적으로 선택한다. 어떤 문제에 대하여 해결할 수 있는 대안이 단 하나만 있다면, 의사결정은 할 필요가 없다. 실제 생활에서 대안이 하나만 있는 경우는 거의 없다.

셋째, 의사결정은 의사결정자가 현실과 이상적인 상태 사이의 **문제(problem)를 지각**하면서 출발한다. 의사결정에는 현실에 대한 문제의식을 바탕으로 현실을 개선하고자 한다.

2. 의사결정의 과정

의사결정은 문제의 발생에서 시작하여 해결하는 전체 과정을 포함한다. 문제해결은 의사결정 과정 이후에 의사결정의 실천 및 평가 단계까지를 의미한다. 따라서 문제해결과 관련하여 의사결정을 정의한다면 **문제해결을 위한 행동을 결정하는 과정**이라고 할 수 있다.

문제해결 과정은 다섯 단계로 이루어진다. 〈그림 9-1〉이 단계 중 처음 세 단계인 문제 정의, 대안의 탐색 그리고 선택을 의사결정 과정이라고 한다. 문제해결 과정은 의사결정 과정에 선택된 대안의 실행, 평가라는 사후관리를 포함하는 과정이다.[2]

1) 문제의 정의

현재 상태와 바라는 상태 사이에 차이가 있을 때 문제가 발생한다.[3] 즉 조직이 새로운 목표를 수립할 때 어느 한 상태에서 다른 상태로의 변화가 목적이다. 이런 목적을 만족시키기 위하여 기존 상태의 변화가 기본이다. 이러한 의미에서 정확하게 문제를 파악하는

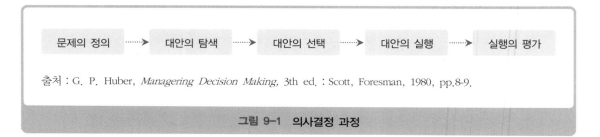

출처 : G. P. Huber, *Managing Decision Making,* 3th ed. : Scott, Foresman, 1980, pp.8-9.

그림 9-1 의사결정 과정

것이 의사결정 과정에서 중요한 단계이다.

　문제의 정의를 정확하게 규명하기 위해서는 문제의 확인, 문제의 원인 규명 그리고 현상진단 과정이 필요하다. 잘못된 의사결정은 의사결정자가 문제를 간과하거나 문제를 잘못 정의하기 때문에 나타난다. 그러므로 문제의 정의가 기초라 할 수 있다.

2) 대안의 탐색 및 선택

두 번째 대안(alternative)을 탐색하는 단계이다. **대안의 탐색단계**는 정보를 수집하고 자료를 분석한 다음 문제해결이 가능한 대안을 작성하고 검토하는 활동이다.

　의사결정자는 대안을 탐색한 후, 각 대안들 중에서 최선의 대안을 선택해야 한다. 대안의 선택과정에서 의사결정자는 세심하게 대안이 무엇을 기준으로 결정하는지, 기준의 가중치는 무엇에 따라 정하는가를 폭넓게 평가해야 하며, 각 대안들이 갖는 장점과 단점을 비교, 검토해야 한다.[4]

3) 대안의 실천 및 평가

문제해결을 위한 대안이 선택되면 이를 실행하기 위한 구체적인 **행동계획이 수립**된다. 선택된 대안의 성공 여부는 구체적인 실천에 달려 있다. 따라서 의사결정자는 최종대안의 실천을 담당하는 구성원들을 지원하여, 선택된 대안이 실천하여 원하는 바람직한 상태에 도달하도록 해야 한다.

　의사결정의 최종 단계는 실천된 **대안의 결과를 평가**하는 것이다. 실천결과의 평가는 실천방법 및 목표달성에 선택된 대안과 그 실천이 과연 효율적이었는가에 대한 관련 정보를 수집하여 검토한다. 그리고 실행결과의 평가는 대안의 장점과 단점 모두 고려한다. 만약 최종대안의 실천결과가 만족스럽지 않다고 판단되면, 즉시 피드백하여 의사결정의 첫 번째 단계인 문제의 정의단계에서 다시 시작한다.

제2절 의사결정의 유형

의사결정의 상황은 다양하다. 어떤 경우에는 갑작스럽고 예외적인 의사결정을 해야 하는 경우도 있고, 아주 단순하고 일상적인 의사결정을 하는 경우도 있다. 한편으로 의사결정의 결과를 아는 상황이 있는 반면에 그 결과가 무엇인지 전혀 모르는 상황도 있다.

이러한 상황들은 의사결정에 있어서의 중요한 두 요소를 반영하는 것이다. 하나는 구조화 또는 비구조화의 정도에 따른 의사결정 상황이고, 다른 하나는 확실성 또는 불확실성의 여부, 즉 위험성을 가지고 있는가 하는 것이다.

1. 구조화된 의사결정과 비구조화된 의사결정

정형적 또는 비정형적 의사결정은 H. Simon이 도입한 개념으로 **의사결정 구조화**의 정도를 설명하였다.[5]

구조화된 의사결정(programmed decision)은 이미 설정된 대안을 기준으로 일상적이며 반복적으로 이루어지는 의사결정이다.[6] 예를 들면, 대학의 출석 점검을 전자출석기로 체크하는 것이며, 조직 구성원이 이직하여 충원이 필요한 경우는 모집계획을 수립하는 것이 구조화된 의사결정이라고 할 수 있다.

반면에 비구조화된 의사결정(nonprogrammed decision)은 사전에 알려진 해결안이 없는 경우에 이루어지는 의사결정이다.[7] 예를 들면, R&D 부서나 투자의 경우는 지금까지 알려지지 않은 창의적인 방법에 의존하게 된다. 또한 최고경영자가 실행하는 조직의 미션을 달성하기 위한 전략적 의사결정이 대표적이다.[8]

〈그림 9-2〉는 구조화된 의사결정과 비구조화된 의사결정을 비교한 것이다.[9]

첫째, 어떤 유형의 **과업**인가 여부이다. 구조화된(정형적) 의사결정은 단순하고 일상적인 과업이며, 비구조화된(비정형적) 의사결정은 독특하며 복잡하고 창의적인 과업으로 이루어진다.

둘째, **조직정책에 대한 의존성**이다. 구조화된 의사결정을 할 때 의사결정자는 조직정책이나 규정에 의한 가이드라인에 의존한다. 즉 과거의 의사결정으로부터 상당한 정보를 얻게 된다. 그러나 비구조화된 의사결정은 처음 실행을 위한 해결안을 창조해야

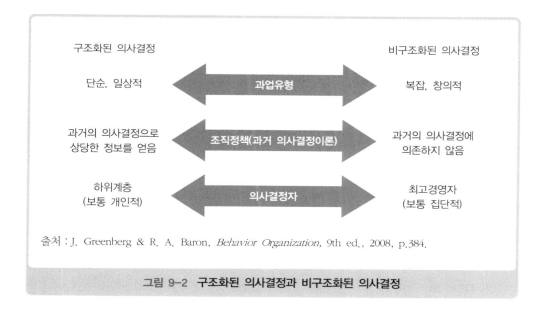

출처 : J. Greenberg & R. A. Baron, *Behavior Organization*, 9th ed., 2008, p.384.

그림 9-2 구조화된 의사결정과 비구조화된 의사결정

하며, 과거의 해결책은 전혀 도움이 되지 못한다.

셋째, **의사결정의 주체**가 누구인가이다. 비구조화된 의사결정은 전형적으로 최고경영층에 의한 전략적 의사결정이며, 구조화된 의사결정은 일반적으로 하위계층 담당자가 수행한다.[10]

2. 의사결정의 확실성, 위험, 불확실성

대부분의 의사결정은 미래에 발생하는 결과를 염두에 두고 현재 시점에서 판단할 수밖에 없는 상황이므로 결과적으로는 불확실성으로 인해 위험이 산출된다.

그러므로 모든 의사결정에는 어느 정도의 **불확실성**(uncertainty)이 내포되어 있다. 또한 잘못된 의사결정이 이루어질 **위험**(risk)의 정도를 나타낸다. 대개 불확실성의 정도는 확률(probability)로 평가되고 있다. 예를 들어, 기상통보관이 오늘 비 올 확률은 50%라고 예측하는 것은 불확실성을 평가하는 것이다.

이에 반대되는 경우로 의사결정을 위한 이상적인 상황은 확실성(certainty)이다. 즉 모든 대안의 결과가 분명하기 때문에 정확한 결정을 할 수 있는 상황이다.[11] 예를 들어, 은행에 예금하기로 결정한다면 은행들이 제공한 정확한 이자율과 예금을 통해 얻을 수 있는 금액과 결과에 대해 확실히 알 수 있다. 그러나 대부분 조직의 의사결정은 반드시 확실성을 보장받는 것은 아니다.

조직에서 훨씬 흔한 상황은 의사결정자가 확실한 결과에 대한 확률을 측정할 수 있는 위험한 경우이다. 결과에 대한 확률을 정할 수 있는 능력은 개인의 경험이나 부차적인 정보에 도움을 준다. 위험하에서 경영자들은 서로 다른 대안들의 확률을 측정할 수 있는 과거자료가 있다.

의사결정은 개인적 신념이나 육감에 의해서도 이루어진다. 이들은 모두 주관적 판단을 근거로 하는 확률이며, 의사결정 상황에서는 바람직하지 않은 특성이다. 따라서 조직에서는 의사결정자가 보다 나은 의사결정을 하기 위하여 불확실성을 감소시키려고 하는 경우를 많이 볼 수 있다.

의사결정의 불확실성을 감소시키기 위한 노력은 수집된 정보의 정확성으로 집약될 수 있다. 과거 및 현재에 대한 지식은 미래에 대한 예측을 하는 데 도움을 줄 수 있다. 최근에는 의사결정을 내리는 데 필요한 자료, 정보, 지식은 정보기술을 활용하여 쉽게 얻을 수 있다. 컴퓨터 기술은 조직 구성원들에게 정확한 정보를 사용하여 신속하게 의사결정하는 데 도움을 주고 있다.[12] 물론 의사결정을 하는 데 필요한 모든 정보가 컴퓨터에 의해서 제공되는 것은 아니다.

현재 이용이 가능한 자료든 과거 의사결정에서 얻어진 경험적 지혜든, 정보는 조직의 불확실성을 감소하는 요인이며 의사결정의 질을 높이는 요소이다.

3. 의사결정의 행동모형

의사결정의 행동은 여러 가지 관점에서 연구되고 있는데, 그중 대표적인 접근방법으로 완전한 합리성 모형과 제한된 합리성 모형으로 나누어진다.

1) 완전한 합리성 모형

완전한 합리성(perfect rationality) 모형은 의사결정 행동의 고전적 연구방법으로서 개인을 합리적인 **경제인**(economic man)으로 전제하고 완전 정보환경에서 가장 합리적인 의사결정 행동을 모형화하고 있다.

경제학에서 합리성이란 최소의 비용으로 최대의 효과를 올리려고 하는 것을 의미하며 이것이 바로 합리적인 인간의 모형이다. 그리하여 인간은 **합리적인 의사결정**을 위해 최소한 다섯 가지 행동단계를 거치게 된다.

첫째, **목표를 설정**한다.

둘째, 목표를 추구하기 위해 **가능한 행동대안을 모두 열거**한다.

셋째, 각 행동대안들이 **어떤 결과를 가져올 것인지를 예측**한다.

넷째, 원래의 목표에 비추어 어떤 행동대안의 **결과가 가장 바람직한가를 평가**한다.

다섯째, 가장 바람직한 결과를 가져오는 **대안을 선택**한다.

여기서 가장 근본적인 의문은 인간이 과연 어느 정도까지 합리적일 수 있는가 하는 것이다. 이 점에 대해서 고전적 의사결정이론은 '완전경쟁'의 가정을 중요시하였다. 완전경쟁의 가정이란 경쟁이 완전하다면 비합리적인 경쟁자가 더 이상 생존할 수 없으며 장기적으로는 합리적인 경제 주체만이 남아 있게 될 것이라는 사고방식을 가리킨다.

그러나 현실에는 완전한 경쟁을 찾아보기가 어려우며 더욱이 단기적으로는 완전경쟁의 조건이 성립하지 않는 경우가 자주 일어난다. 따라서 보다 완전한 의사결정이론을 위해서는 인간의 의사결정 행위를 실제로 관찰하는 것이 필요하다는 주장이 일어나게 되었다.

2) 제한된 합리성 모형

제한된 합리성 모형은 의사결정 과정을 있는 그대로 관찰하고 보다 **현실적인 모델**을 구성하고자 하는 노력에서 발생하였다. 이러한 노력의 시작은 H. Simon의 '제한된 합리성(bounded rationality)' 모형이 있다.[13] Simon의 제한된 합리성 의사결정 모형은 인간의 정보처리 능력을 과대평가하고 있는 점에 착안했다.

인간에게 영향을 주는 환경은 엄청난 정보의 복합체로서 인간의 인지능력으로는 그중 극히 일부의 정보만을 받아 처리할 수밖에 없다. 합리적인 의사결정을 위해서는 대단히 많은 양의 정보처리가 요구되나 현실적인 인간은 대량의 정보처리를 감당하지 못한다. 정보처리에 에너지가 소모된다는 사실에 입각하면 합리적인 의사결정을 하는 것이 반드시 합리적이지 않다. 합리적인 의사결정이 되기 위해서는 많은 비용을 지불해야 하기 때문이다.

따라서 Simon은 아주 단순한 의사결정 상황에서는 합리적 모형이 어느 정도 타당하지만, 복잡하고 애매모호한 의사결정 상황에서는 합리적 모형의 설득력이 크게 떨어진다고 한다. 그러나 현실의 의사결정 과정은 대부분이 복잡하고 애매모호한 상황에서 진행된다.

복잡하고 애매모호한 상황에서는 목표 그 자체가 불분명하고, 그것을 추구할 대안들 역시 불확실하다. 실제 의사결정자는 이러한 상황에서 어떻게 행동할까? 이 문제에 답하기 위해 Simon이 완전한 합리성을 수정한 제한된 합리성은 다음과 같다.[14]

첫째, 의사결정자는 최적화(optimization)가 아니라 **만족**(satisfaction)을 구한다. 의사결정자는 도달 가능한 가장 뛰어난 성과를 향해 무한정 노력하는 것이 아니라 기대수준에 맞는 정도의 성과가 발견되면 거기서 탐색과정을 멈춘다. 이를 Simon은 탐색(search)과 만족의 상호작용으로 설명하였다.

둘째, 의사결정자는 최초에 주어진 추상적이고 전체적인 목표를 도달 가능하고 측정 **가능한 구체적인 하위목표로 대체**한다. 이것을 하위목표 동일화라고 한다. 예를 들어, '인생을 가치 있게 살자'는 것은 추상적이고 모호한 전체 목표로서 이것으로는 구체적인 행동대안을 끌어내기에 부족하다. 따라서 가치 있는 삶에 대한 보다 구체적이고 조작적인 정의가 필요해진다. 명예로운 삶이나 부유한 삶 등의 몇 가지 하위목표들이 있을 수 있다. 의사결정자는 목표를 추구하기 위해서 이러한 눈에 보이는 하위목표를 설정해야 한다. 중요한 것은 이러한 하위목표가 원래의 목표와 일치한다는 보장이 없다는 것이다.

셋째, 의사결정 과정은 한 사람이 전체를 관리하는 것이 아니라 여러 사람에게 나누어 **분권화**된다. 따라서 분권화된 업무는 의사소통이나 권위구조에 의해서 조정, 통합된다.

이처럼 제한된 합리성이론은 의사결정의 모형에서 전통적인 완전합리성을 거부하고 만족적인 의사결정을 택하고 있다. 완전한 합리성의 의사결정과 제한된 합리성의 의사결정을 비교하여 나타내면 〈표 9-1〉과 같다.[15]

표 9-1 완전한 합리성의 의사결정과 제한된 합리성의 의사결정 비교

가 정	완전한 합리성 모형	제한된 합리성 모형
의사결정의 합리성	완전한 합리성	제한된 합리성
정보의 가용성	완전한 접근	제한된 접근
대안의 선택	최적안 선택	만족한 선택
모형의 유형	규범적	기술적

출처 : J. Greenberg & R. A. Baron, *Behavior Organization,* 9th ed., 2008, pp.394-396.

제3절 집단의사결정

1. 집단의사결정 개념과 장단점

의사결정이 **주체가 누구에 의해** 이루어지느냐에 따라서 **개인의사결정**과 **집단의사결정** (group decision making)이 있다. 즉 집단의사결정은 집단의 합의에 의해 이루어진다.

오늘날의 조직에 있어서는 개인의사결정에 비해 집단의사결정의 비중이 높아지고 있는데, 이는 현대의 조직에서는 의사결정이 적용되는 범위가 넓고, 환경이 불확실하고, 문제가 복잡해진 결과로 볼 수 있다.

집단의사결정은 개인의사결정에 비해 여러 가지 장점이 있다. 그러나 집단의사결정이 항상 효과적인 것이라 할 수 없으며, 상황에 따라서는 개인의사결정이 더 효과적일 수도 있다. 따라서 이 두 가지의 의사결정방식은 상황에 따라, 특히 문제의 특성에 따라 적절하게 선택될 때 보다 바람직한 결과를 가져온다. 집단의사결정의 장단점 그리고 효율성은 〈표 9-2〉와 같이 정리할 수 있다.[16]

2. 집단사고

1941년 진주만에서의 대비책 미흡, 미국의 북한상륙, 쿠바 피그만(Bay of Pigs) 침공, 베트남전쟁의 확대 결정에서 집단사고가 발생했음을 알 수 있다.[17] 챌린저 호와 컬럼비아 호 우주선 사고와 허블망원경의 렌즈의 작동실패도 바로 NASA의 집단사고(group think)의 결과라고 Janis를 비롯한 학자들은 주장하였다.[18]

표 9-2 집단의사결정의 장단점과 효율성

장 점	단 점	효율성
조금 완전한 정보와 지식을 투입 다양한 견해를 제공 질 높은 의사결정 해결책의 수용도가 높음	시간과 비용의 낭비가 큼 소수의 의견에 지배되기 쉬움 책임한계가 불명확함	정확성 높음 시간 지연 방지 수용의 정도 높음

출처 : Stephen P. Robbins & Timothy A. Judge, *Essentials of Organizational Behavior,* 9th ed., Pearson Prentice, New Jersey, 2008, p.135 정리.

집단사고란 구성원의 의견의 일치를 이루어 내려는 유형/무형의 압력 때문에 비합리적인 의사결정이 이루어지는 현상을 의미한다. 즉 집단사고는 응집력이 높은 집단에서 나타나는 사고의 현상이다.[19]

이러한 집단사고의 증상은 〈그림 9-3〉과 같다.[20]

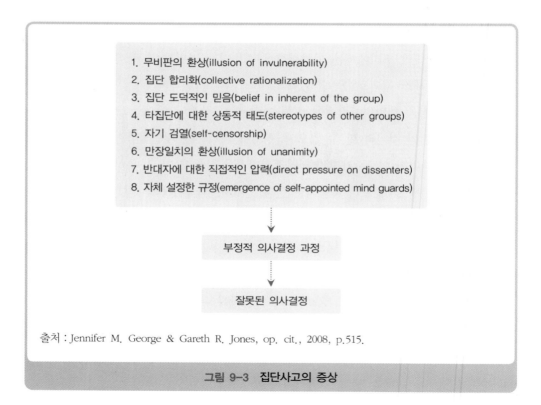

1. 무비판의 환상(illusion of invulnerability)
2. 집단 합리화(collective rationalization)
3. 집단 도덕적인 믿음(belief in inherent of the group)
4. 타집단에 대한 상동적 태도(stereotypes of other groups)
5. 자기 검열(self-censorship)
6. 만장일치의 환상(illusion of unanimity)
7. 반대자에 대한 직접적인 압력(direct pressure on dissenters)
8. 자체 설정한 규정(emergence of self-appointed mind guards)

↓

부정적 의사결정 과정

↓

잘못된 의사결정

출처 : Jennifer M. George & Gareth R. Jones, op. cit., 2008, p.515.

그림 9-3 집단사고의 증상

집단사고의 발생 원인은 집단응집성, 리더의 행동, 시간압력, 의사결정 절차의 부재를 들 수 있다.[21] 즉 집단사고는 응집력이 강하여 '우리'라고 강조하는 조직에서 발생하며, 권위주의적 리더가 존재하는 조직에서 리더가 선호하는 안에 대해서 집단의 구성원들은 반대하지 못하고 의사결정 과정에서 소극적이기 쉽다. 또 의사결정을 해야 하는 시간적 압력이 강할수록 다양한 의견을 제시하고 토론하고 평가하는 과정을 기피하므로 집단사고의 가능성이 높아진다.

집단사고의 원인을 살펴보았으며 이에 대하여 경영자는 집단사고의 부정적인 영향을 최소화하기 위한 충분한 대비책이 강구되어야 할 것이다.

첫째, 집단사고에 대처하기 위해서는 제안에 대한 자유로운 비판이 가능한 개방적인 분위기를 조성하는 **리더십**이 필요하다. 리더는 모든 구성원들이 의견을 자유롭게 이야기할 수 있도록 하고, 리더가 초기 단계에 의견을 제시하여 영향력을 주지 않도록 해야 한다.[22]

둘째, 경영자는 시간의 압력에 대하여 다각도에서 의사결정의 질을 평가하는 제도적 장치가 마련되어야 한다. 예로는 한 사람 이상의 구성원에게 공개적으로 반대의 의견을 제시할 수 있는 '**악마의 주장자**(Devil's Advocate)' 역할을 부여하는 것이다.[23]

셋째, 일단 결정이 내려지더라도 리더는 **재차 회의를 소집**하여 다시 점검, 논의하는 시간을 갖도록 한다.[24]

3. 의사결정의 오류와 성공 지침

집단과정과 조직에서 수많은 의사결정이 이루어진다. 기업의 미래 나아갈 방향에 대한 의사결정은 기업의 생존을 좌우할 정도로 대단히 중요하다. 그러므로 어느 경영자나 올바르고 성공적인 의사결정을 하려하나, 잘못된 의사결정을 하게 되는 오류(그림 9-4 참조)와 그 대책방안에 대해 살펴본다.

첫째, 자신이 **경험한 것에 바탕**을 두는(rules of thumb) 오류이다. 직접 보지 못하거나 경험하지 않은 것들은 현실에서 발생하지 않을 것이라는 착각이다. 이 방법은 복잡하고, 불확실하며 모호한 정보를 이해하는 데 도움을 주기 때문에 유용하게 사용된다.[25]

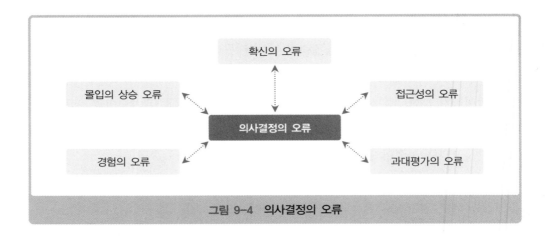

그림 9-4 의사결정의 오류

둘째, 일단 결정한 것은 끝까지 성공시킨다. 일관성은 효과적인 경영자의 모습으로 인식하여 초기의 결정이 옳다고 입증하려고 잘못된 결정인 줄 알면서도 자원을 계속 제공하는 **몰입의 상승**(escalation of commitment) 오류이다.[26]

셋째, 객관적인 자료를 중요시하는 **확신**(confirmation bias)의 오류이다. 그 예로 과거의 선택이 확실했다는 자료를 수집하며 잘못된 판단이라는 자료는 무시한다.[27] 즉 심리적으로 편안함을 주는 자료에 의존하는 의사결정의 오류이다.

넷째, 늘 하던 대로 쉽게 접근할 수 있는 방식으로 판단하는 **접근성**(availability bais)의 오류이다.[28] 이미 자신의 머리에 있던 생각이나 틀에 맞는 자료나 정보만 선별하는 것이다. 예를 들면, 언론에서 비행기사고에 더 관심을 가지고 보도하기 때문에 비행기사고를 자동차사고보다 위험하고 생각한다.

다섯째, 자신의 능력에 대한 확신하거나 **과대평가**(overconfidence bias)하는 경향이다. 자신이 모든 상황을 통제할 수 있다고 믿으며, 아주 작은 부정적인 확률이 있는 상황도 거의 의사결정 과정에서 배제한다. 가장 자주 발생하고 치명적인 결과를 가져올 수 있는 오류이다.[29]

오늘날 빠르게 변화해 가는 환경에서 경영자들은 효과적인 의사결정을 위해 무엇이 필요한가? 여기에 세 가지 지침을 제시한다.[30]

첫째, **그만둘 때를 알아라.** 결정이 효과적이 아니라는 것이 분명할 때, 그만두는 것에 대해 두려워하지 말라. 많은 의사결정자들은 자신의 결정이 올바르지 않다는 것을 믿고 싶지 않아 의사결정의 변경을 인정하지 않으려 한다. 오늘날의 역동적인 환경에서 이러한 유형의 사고는 바람직하지 않다.

둘째, **'왜'를 5번 실행하라.** 환경이 고도로 불확실할 때, 올바른 의사결정을 하는 방법은 사람들에게 광범위하고 심도 있게 이슈에 대해 생각하도록 하는 것이다. 경영자들에게는 시간적 압박 때문에 단지 피상적인 분석이 이루어지기 쉽다. '왜 5번'의 접근법은 종업원들이 한 번이 아닌 다섯 번 '왜'를 스스로 질문하는 것이다. 처음에 발생하는 '왜'는 대개 문제에 대한 피상적인 결론을 도출한다. 그다음 이어지는 '왜'들은 의사결정자에게 문제의 원인과 가능한 해결책을 더 깊게 알아내도록 한다.

셋째, **효과적인 의사결정자가 되어라.** 효과적인 의사결정자는 여섯 가지 특징을 갖고 있다. 첫째, 중요한 것에 집중한다. 둘째, 논리적이고 일관적이다. 셋째, 주관적이고 객관적인 사고를 모두 받아들이며, 직관적이고 분석적인 사고를 혼합한다. 넷째, 특정한 딜레마를 해결하는 데 필요한 만큼의 정보와 분석을 요구한다. 다섯째, 관련 정보와 정통한 의견을 수집하도록 독려한다. 여섯째, 솔직하고, 신뢰할 만하고, 유연해야 한다.

4. 집단의사결정 기법

집단의사결정 기법에서 가장 보편적인 것이 상호작용 집단기법이다. 이러한 상호작용 집단기법이 가지고 있는 단점을 극복하고 집단의사결정을 보다 효율적이고 정확하게 하기 위한 여러 가지 기법이 개발되었는데, 브레인스토밍, 명목집단법, 델파이 기법이 있다.

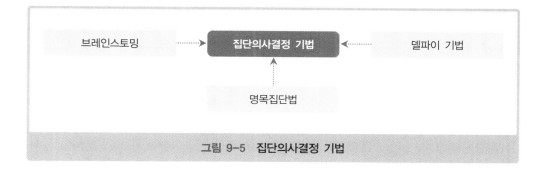

그림 9-5 집단의사결정 기법

1) 브레인스토밍

브레인스토밍(brainstorming)은 집단문제해결 과정에서 창의성을 높이기 위해서 Alex Osborn에 의해 개발된 기법으로 오늘날까지 집단의사결정에 가장 많이 쓰이는 방법 중에 하나이다.

이 기법은 **여러 명이 한 가지 문제를 놓고, 무작위로 아이디어를 많이 내놓으면 그 가운데 사업성이 좋은 아이디어를 채택하는 과정**이다. 브레인스토밍의 효과를 충분히 내기 위해서는 구성원은 다음과 같은 규칙을 지켜야 한다.[31]

첫째, 전원이 집단토론에 참여하여, 제안이 자유롭게 이루어져야 하며 제시된 의견은 절대 비판을 해서는 안 된다.

둘째, 자유분방한 분위기를 조성해야 하며, 양에서 질을 추구하기 때문에 가능한 한 많은 아이디어가 나올수록 좋다.

셋째, 타인의 아이디어에 편승하여 자기의 생각과 제시된 의견을 결합하여 새로운 아이디어로 창안하여 제안한다.

이처럼 브레인스토밍 기법은 집단이 대략 6~12명으로 구성되는데, 집단의 크기와 관계없이 자유로운 분위기가 중요하며, 이 기법은 타인의 압력을 배제하려는 시도로서 많이 사용되고 있다.

2) 명목집단법

명목집단법(Nominal Group Technique, NGT)은 1968년 A, L, Dellvecq와 A. H. Van de Van에 의해서 사회심리학의 연구에 필요한 의사결정기법을 도출하는 과정에서 개발되었다.

'명목집단'이란 의사결정을 하는 과정에서 논의 및 대인 간의 의사소통을 제한하여 명목상의 집단이라는 말에서 유래했다. 집단 구성원들은 〈그림 9-6〉의 3단계까지는 각각 **독립적으로 행동하며 타인의 압력이 전혀 없이 의견을 제시하며, 이후의 각 단계에서 아이디어를 평가·의사결정을 할 수 있다는 장점**이 있으며, 이때 명목집단에서는 리더의 역할이 매우 중요하다. 이 방법의 주된 특징은 의사결정에 참여하는 사람들로 하여금 서로 간의 대화에 의한 의사소통을 배제하여 집단의 구성원이 진실로 마음속에 생각하고

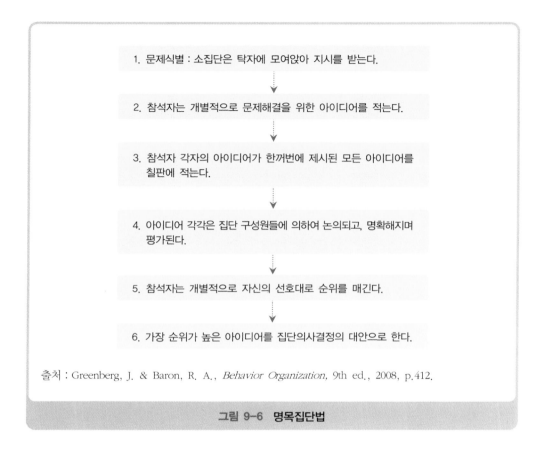

출처 : Greenberg, J. & Baron, R. A., *Behavior Organization*, 9th ed., 2008, p.412.

그림 9-6 명목집단법

있는 바를 찾아내려는 데 목적이 있다.[32]

3) 델파이 기법

델파이 기법(delphi method)은 미국의 랜드연구소의 싱크탱크(Think Tank)에서 유래되었는데, 연구원이었던 N. Dalkey와 그의 동료들이 미국 국무성의 요청에 의하여 개발한 기법이다.[33]

델파이 기법은 의사결정 과정 중에 **일체의 대화 없이 반복적인 피드백과 통계적 처리에 의하여 아이디어를 수렴하는 기법**으로 집단 구성원들의 출석과 대면을 요구하지 않는다는 점을 제외하고는 명목집단법과 유사하다. 그러나 델파이 기법은 구성원인 전문가들의 집단을 공식적으로 소집하여 한 장소에 모이게 할 필요가 없이 모든 전문가들이 응답하고 그것을 요약하여 다시 우송하는 과정을 되풀이하여 심사숙고하는 의사결정 방법이다.

위에서 열거한 세 가지 방법을 비교하면, 델파이 기법과 명목집단법이 가장 창조적인 아이디어를 내는 데 우수하다. 특히 모든 개인의 아이디어나 판단을 동등하게 취급하므로 어느 특정 개인의 영향력을 최소화할 수 있다. 그렇지만 브레인스토밍은 문제가 많다고 알려져 있다. 구성원의 만족도 측면에서는 명목집단법이 가장 높다는 연구결과가 있다.[34]

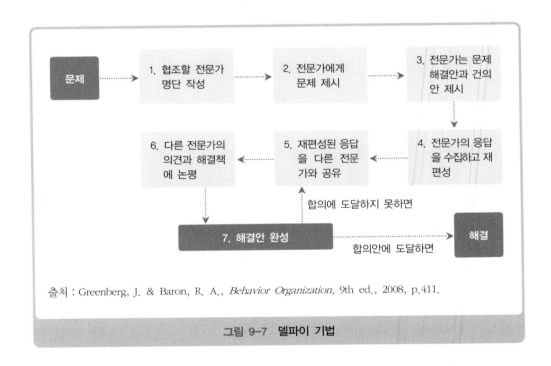

출처 : Greenberg, J. & Baron, R. A., *Behavior Organization,* 9th ed., 2008, p.411.

그림 9-7 델파이 기법

성공한 경영자는 어떠한 과정으로 의사결정을 하는 가? 경영자는 항상 불확실한 의사결정을 하는 것은 아니다. 하지만 경영자의 잘못된 의사결정은 조직의 영속성에 치명적일 수 있다. P. Drucker는 성공적인 의사결정을 다음과 같이 6단계로 나누어 설명하였다. [35]

문제를 분석 → 문제에 대한 정의 → 답을 열거 → '옳은 답'으로 결정 → 실행방안을 결정 → 의사결정 내용의 현실성과 유용성 확인

그 과정을 자세히 살펴보면 의사결정자는 **첫 번째 단계로 문제를 분석한다.** 즉 올바른 의사결정자는 발생한 문제가 다음 네 가지 유형 중 어느 유형인지 파악하는 데 많은 시간을 보내야 한다.

① 근본적인 문제이다. 이 경우는 제조업체에서 흔히 나타난다. 생산관리와 엔지니어링 분야에서는 매월 수백 건의 문제를 해결해야 한다. 그런데 정작 분석하면 대부분의 문제는 근본적인 문제가 겉으로 드러난 것에 불과하다.

② 개별 회사에게는 예외적 문제지만 실제로는 근본적인 문제일 수도 있다. 예를 들어, 중소기업의 합병문제에서 합병은 당사자에게는 일회성의 예외적인 상황이나, 기업들이 직면하는 보편적인 상황이므로 수락과 거절의 문제로 고민할 때 어느 정도의 일반적인 규칙이 필요하다. 그러므로 이 중소기업의 경영자는 의사결정을 위해 다른 기업의 사례를 참고해야 한다.

③ 정말 예외적인 문제가 있는데, 예를 들면

1965년 12월 세인트로렌스에서 워싱턴까지 전역에 발생한 정전 사태는 예외적인 상황이었다. 또 1960년대 초에 수많은 기형아를 낳게 한 수면제 사건도 마찬가지이다. 이 같은 예외적인 사건은 자주 일어나지 않는다. 그러므로 경영자는 예외적인 사건이 발생할 때마다 예외적인 일인지, 새로운 문제가 발생한 것인지 살펴보아야 한다.

④ 새로운 문제이다. 예컨대 미국의 북동부 지역의 전력 중단과 수면제 사건은 현대의 전력기술과 약학 분야에서 일반적인 해결책을 찾지 못한다면 재발 가능성은 충분히 존재한다.

예외적인 문제를 제외하고 모든 사건에는 일반적인 해결책이 필요한데, 이때 가장 올바른 원칙이 있다면 이를 상황에 맞게 적용해 해결해야 한다. 반면에 예외적인 문제라면 개별적으로 다루어야 한다. 의사결정자는 흔히 일반적인 문제를 예외적인 문제로 보기 때문에 실수가 발생한다.

두 번째 단계는 정의를 내리는 일이다. 무엇에 관한 것인가? 관련된 것은 무엇인가? 이 상황을 해결할 열쇠는 무엇인가? 라는 질문이 제기되어야 한다. 문제에 대한 불완전한 정의를 막는 유일한 방법은 관찰 가능한 모든 사실을 반복적으로 확인하는 것이다.

세 번째 단계는 세부적인 내용을 분명하게 결정하는 단계이다. 세부적인 내용을 경계조건이라고 하는데, 의사결정은 이 경계조건을 만족시킬 때 유효하다. 그렇지 못하는 의사결정은 문제에 대한 잘못

된 정의보다 더욱 심각하다. 왜냐하면 경계조건에 대한 인식이 분명해야 선택 가능한 모든 의사결정의 대안 중에 가장 위험한 경우를 선별할 수 있기 때문이다.

네 번째 단계는 경영자가 차선책인 수용 가능한 의사결정을 내리기보다 **올바른 의사결정을 내리는 것이다.** 그 이유는 마지막에 항상 협상이 필요하기 때문이다.

다섯 번째는 실행 단계이다. 실행은 가장 많은 시간을 필요로 한다. 실행에 앞서 책임자를 명시하고, 책임자가 실행할 능력의 유무를 확인해 봐야 하며, 실천에 필요한 행동을 미리 정해야 한다.

최종 단계는 피드백이다. 의사결정자는 자신의 결정에 대한 피드백을 받을 수 있는 정리된 정보가 필요하다. 다시 말해 보고서와 통계수치가 필요하다. 더욱 중요한 것은 현장에서 직접 얻는 피드백이다. 또 현실은 늘 변하기 때문에 경영자는 의사결정의 전제가 시간의 흐름에 따라 달라질 수도 있다는 것을 염두에 두어야 한다.

의사결정 6단계 과정을 활용하도록 하라. 성공한 경영자는 중요한 결정을 내릴 때 결정해야 할 내용을 일목요연하게 정리한 후, 일련의 절차를 밟는다. 경영자가 내린 의사결정은 조직 전체에 영향력을 미치며, 의사결정에 따른 실적에 따라 그의 성공 여부가 결정된다.

토의

1. 자신은 위의 6단계에서 어느 단계를 생략하는지 생각해 보자.
2. 그 이유가 무엇인지 생각해 보자.

사례 2 햄릿증후군

이 시대를 살아가는 직장인을 비롯한 많은 사람들이 결정하는 데 스트레스를 받는다고 한다. 무엇을 해야 할지 결정 못하고 고민하는 결정장애를 '햄릿증후군'이라고 부른다. 세익스피어의 4대 비극 중 하나인 '햄릿'에서 "죽느냐 사느냐, 그것이 문제로다."라고 외치는 주인공의 성격과 닮았다고 해서 붙여진 명칭이다.

토의

1. 햄릿증후군을 가진 사람들의 장단점과 극복하기 위한 방법을 토의해 보자.
2. 이러한 현상에 의해 나타난 직무 또는 직업이 무엇인지 알아보자.

요 약

의사결정(decision making)이란 바람직한 상태를 위하여 여러 대안 중에서 하나를 선택하는 의식적 과정이며, 문제의 발생에서 시작하여 해결하는 전체 과정을 포함한다. 문제해결은 의사결정 과정 이후에 의사결정의 실천 및 평가 단계까지를 의미한다.

의사결정 유형의 하나는 **구조화 또는 비구조화의 정도**에 따른 의사결정 상황이고, 다른 하나는 **확실성 또는 불확실성을 여부, 즉 위험성**을 가지고 있는가 하는 것이다.

의사결정의 행동은 **완전한 합리성 의사결정 모형과 제한된 합리성 모형**으로 나누어진다. 완전한 합리성(perfect rationality) 의사결정 모형은 개인을 합리적인 경제인(economic man)으로 전제하고 완전 정보환경에서 가장 합리적인 의사결정 행동을 모형화하고 있다. 제한된 합리성 모형은 인간의 정보처리 능력을 현실적인 모델을 구성하고자 하는 노력으로 H. Simon이 제안하였다.

오늘날 조직에 있어서는 **집단의사결정**의 비중이 높아지고 있어 집단의사결정의 장단점과 효율성을 살펴보았다. 집단응집력이 높은 집단에서 발생하는 **집단사고**의 원인과 증상을 알아보고, 이러한 부정적인 현상에 대한 대처방안에는 집단의사결정을 보다 효율적이고 정확하게 하기 위한 **브레인스토밍, 명목집단법, 델파이 기법**이 있다.

참고문헌

1) F. A. Shull Jr., A. L. Delbecq & L. L. Cummings, *Organizational Decision Making*, NY: McGraw-Hill, 1970, pp.5-9.

2) G. P. Huber, *Managering Decision Making*, 3th: Scott, Foresman 1980, pp.8-9.

3) W. Pound, "The Process of Problem Finding," *Industrial Management review*, Fall 1969, pp.1-9.

4) Stephen P. Robbins & Rimothy A. Judge, *Essentials of Organizational Behavior*, 9th ed., Pearson Prentice, New Jersey, 2008, p.57.

5) H. A. Simon, *The New Science of Management Decision*, NY: Harper & Row, 1960,

pp.1-8.

6) J. Greenberg & R. A. Baron, *Behavior Organization,* 9th ed., Pearson Prentice, New Jersey, 2008, p.384.

7) Ibid.

8) Ibid.

9) Ibid.

10) E. F. Harison, *The Managering Decision Making Process,* 3th, Boston: Houghton Miffin, 1987

11) Stephen P. Robbins & Mary Coulter, *Management,* 8th ed., 2005, p.144.

12) C. K. Parson, Computer Technology: Implication for Human Resources Management, in G.R. Ferris & K. M. Rowl (end.) Reseach in *Personnel and Human Resources Management,* Geenwich, CT: JAI Press, pp.1-36.

13) H. A. Simon, "bounded rationality and Organizational learning," *Organization Science,* Vol. 2, 1991, pp.125-134.

14) H. A. Simon, *Administrative Behavior: A Story of Decision Making Process in Administrative Organization,* Free Press, 1957.

15) J. Greenberg & R. A. Baron, op. cit., pp.394-396.

16) Stephen P. Robbins & Timothy A. Judge, op. cit., 2008, p.135.

17) I. L. Janis, Victims of Groupthink , Boston: Houghton Mifflin, 1982; W. Park, "A Review of Research on Groupthink," *Journal of Behavioral Decision Making,* July 1990, pp.229-45.

18) Ibid.

19) Ibid., p.9.

20) Jennifer M. George & Gareth R. Jones, op. cit., p.515.

21) Stephen P. Robbins, *Essentials of Organizational Behavior,* 8th ed., Pearson Prentice, New Jersey, 2005.

22) Stephen P. Robbins & Timothy A. Judge, op. cit., p.137.

23) Ibid.

24) Jennifer M. George & Gareth R. Jones, op. cit., p.515.

25) Stephen P. Robbins & Mary Coulter, *Management,* 8th ed., 2005, p.144.

26) Stephen P. Robbins & Timothy A. Judge, op. cit., p.62.

27) Ibid., p.149.

28) B. J. Bushman & G. L. Wells, "Narrative Impressions of Literature: The Availability Bias

and the Corrective Properties of Meta-Analytic Approaches," *Personality and Social Psychology Bulletin,* September 2001, pp.1, 123-30.

29) S. Plous, *The Psychology of Judgment and Decision Making,* New York: McGraw Hill, 1993, p.217.

30) Stephen P. Robbins & Mary Coulter, *Management,* 8th ed., 2005, p.151.

31) T. J. Bouchard, "Whatever Happened to Brainstoming?" *Journal of Creative Behavior,* 1971, pp.182-89.

32) A. L. Delbecq, Van de Ven, A. H. & D. H. Gustafson, *Group Techniques for Program Planning,* Scott, Foreman, 1975, pp.7-10.

33) N. Dalkey, *The Delpei Method: An Experiment Study of Group Opinion,* CA: Rand Coporation, 1969.

34) A. L. Delbecq, Van de Ven, A. H., "The Effectiveness of Nominal, Delphi, and Interacting Group decision Making Process," *Academy of Management Journal,* 1984, pp.605-632.

35) 피터 드러커, (미래를 내 것으로 만드는) 의사결정의 순간 Harvard business review 1971 on decision making, 심영우 역, 21세기북스, 2004.

권력, 조직정치, 갈등

제1절 권력의 개념

옛말에 "정승집 개가 죽으면 문상을 와도 정승이 죽으면 강아지 한 마리도 오지 않는다."는 속담이 있다. 권력의 속성을 잘 말해 주고 있는 말이다. 동서양을 막론하고 권력은 긍정적 의미보다는 부정적 의미로 많이 사용되며 심지어는 가장 불결한 단어로 묘사되어 왔다. 권력과 관련된 일반적 성향을 살펴보면 권력을 추구하는 사람들은 그러한 사실이 드러나지 않기 위해 애쓰며, 권력을 가진 사람은 그러한 사실을 부인하며, 권력획득의 달인들은 권력획득 방법에 대해 함구한다.[1] 그러나 권력은 어떻게 행사되느냐에 따라 달라지는 속성도 갖고 있기 때문에 조직에서의 권력의 문제는 회피대상이 아니라 적절하게 관리해야 할 문제인 것이다.

1. 권력의 정의

이 지점장은 고민 중이다. 얼마 전 '지점 1명 감축' 통보를 받은 시기라 많은 생각으로 머리가 아플 지경이다. 누구를 선택해야 할까? 번번히 업무실수를 하고, 지각대장이며, 어제는 주가하락으로 손해를 본 고객과 싸운 김 대리의 모습이 눈에 들어온다. 그를 생각하면 늘 마음이 불편하고 화가 난다. '신입사원도 아닌 대리가 그렇게 고객응대에 서툴러서 어떡한단 말인가? 정말 우리 지점 문제야…' 만일 이 지점장이 김 대리를 대기발령시켰다면 그는 권력을 행사한 것이다.

권력은 위와 같이 조직 내 지위에서만 행사되는 것은 아니다. 개인적인 인격·전문기술·능력으로부터도 나오는 것이다. 이비인후과 의사가 찾아온 환자에게 감기가 심하다며 주사와 약 처방을 해 주면, 환자는 아픈 주사를 맞고 쓴 약도 꼬박꼬박 먹는 것은 어떤 이유에서일까?

이처럼 권력은 **한 개인이나 집단이 다른 개인이나 집단의 의지와 관계없이 자신들의 의지대로 관철시키는 힘**[2])이라고 정의할 수 있다. 즉 상대방의 행동을 권력행사자의 의도대로 바꾸게 하는 능력인 것이다.

2. 유사개념 : 권한, 조직정치, 영향력, 리더십

권력과 유사한 개념으로 권한, 조직정치, 영향력, 리더십을 들 수 있다.

권력이 자신들의 의지대로 관철시키는 힘이라면, 권한은 직위상 갖는 공식적인 힘, 즉 합법적 권력을 말한다. 다른 사람들에게 명령을 내리고 명령에 따르도록 요구할 수 있는 직위상 권리라고 할 수 있다. 그러나 이러한 권한을 가지고 있는 사람이 특정 직위를 떠나게 되면, 그 사람은 직위와 관련된 아무 권한도 갖지 못하며 그 권한은 새로운 직위를 맡는 사람에게 부여되는 것이다.

또한 조직정치는 이러한 권력을 자기이익을 극대화하기 위해 행사할 경우를 말한다. 작업독려를 하여 생산량을 월등하게 향상시킨 상사가 있다고 하자. 말로는 조직을

표 10-1 권력 · 권한 · 조직정치 · 영향력 · 리더십의 차이

개 념	정 의
권력 (power)	한 개인이나 집단이 다른 개인이나 집단의 의지와 관계없이 자신들의 의지대로 관철시키는 힘
권한 (authority)	개인이 조직 내 직위상 갖게 되는 공식적 힘(합법적 권력, 직위상 권리, 규칙 · 규정에 의한 공식적 의사결정권)
조직정치 (organizational politics)	개인, 팀, 리더가 원하는 결과를 얻기 위해 권력이나 다른 자원들을 확보, 개발, 활용하는 활동
영향력 (influence)	한 개인이나 집단이 다른 개인이나 집단의 행동, 가치관에 변화를 주는 힘(권력의 동사화-잠재력이 현실화되는 것)
리더십 (leadership)	조직목표를 달성하기 위해 권한 · 권력을 이용하여 구성원들에게 영향력을 행사하는 과정

위한다 하였지만 사실은 자신의 승진에 도움이 되기 위해 독려를 하였다면 그는 정치적 행동을 한 것이다.

영향력은 다른 사람의 행동 등에 변화를 주는 힘의 총량을 의미하며 권력보다 더욱 포괄적 개념이다. 영향력은 사회적 영향력이라고도 하는데 권력을 행사한 것처럼 자신의 의지대로 상대방을 관철시키지는 못했지만 상대의 행동이 약간이라도 변화했다면 그에 대해 영향력을 발휘한 것이다.

그렇다면 리더십은 어떻게 다른가? 리더십은 조직의 목표를 달성하기 위해 권력을 이용하여 영향력을 행사하는 것이다. 바람직한 리더십은 조직목표와 개인목표가 일치되어야 하며 권력행사를 위해서는 그렇지 않아도 된다.

권력, 권한 조직정치, 영향력, 리더십의 개념을 정의를 중심으로 구별해 보면 〈표 10-1〉과 같다.

3. 개인 권력의 원천

대부분의 조직원들이 다른 사람이나 다른 조직을 통제할 어떤 능력을 갖고 있지만, 그들 중 몇몇은 다른 사람에 비해 탁월한 권력을 갖고 있다. 조직 내 개인들은 어디로부터 그리고 어떻게 권력을 얻게 되는 것인가? 연구가들은 개인이 소유하고 있는 권력을

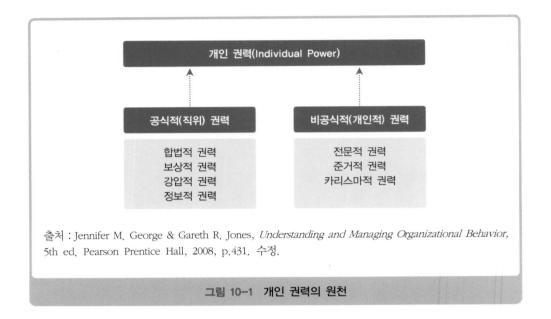

출처 : Jennifer M. George & Gareth R. Jones, *Understanding and Managing Organizational Behavior*, 5th ed. Pearson Prentice Hall, 2008, p.431. 수정.

그림 10-1 개인 권력의 원천

〈그림 10-1〉과 같이 구분하였다.[3]

권력의 원천을 공식적 권력과 비공식적 권력으로 분류하고 각각을 자세히 설명하면 다음과 같다.

1) 공식적 권력

직위권력(position power)이라고도 하는 공식적 권력(formal power)은 조직에서의 개인 직위에 근거한다. 이는 어떤 사람이 조직 내에서 차지하고 있는 위치로 인하여 갖게 되는 공식적 힘으로서, 합법적 권력 · 벌이나 보상을 줄 수 있는 능력 · 정보에 접근하고 제어할 수 있는 권력을 말한다.

(1) 합법적 권력

합법적 권력(legitimate power)은 공식적 직위, 업무할당, 또는 사회적 규범 등에 기반을 둔 권력이다. 이것은 조직의 자원을 통제하고 사용할 수 있는 공식적 권한을 말한다. 공식적 집단과 조직에서의 직위는 하나 이상의 권력기반을 제공한다. 특히 합법적 권력은 어떤 사람이 갖고 있는 직위권한을 구성원들이 수용함으로써 형성된다.

기업에 있어서 합법적 권력은 주로 부하에게 행사할 수 있으며 직무와 관련된 범위 내에서만 행사할 수 있다. 상급자는 부하에 대해 조직 외의 사생활에 대해서는 합법적 권력을 행사하지 못하며, 조직을 떠난 이후에 권력을 상실하게 된다.

그 예로 HP의 Fiorina가 500명의 개인 스태프, 개인 비행기, 전용 운전수를 둔 리무진, 뉴욕 소재 펜트하우스를 사용할 권리가 있지만 어느 날 이사회로부터 제명을 당한다면 그녀의 모든 권한 및 특권은 사라지게 되는 것이다.[4]

(2) 보상적 권력

보상적 권력(reward power)은 타인에게 보상해 줄 수 있는 자원과 능력에 기반을 둔 권력이다. 다른 사람이 가치 있다고 생각하는 보상을 제공할 수 있는 사람은 다른 사람에 대한 권력을 갖게 된다. 이러한 보상은 재무적인 것일 수도 비재무적인 것일 수도 있다.

재무적인 보상의 예는 임금률 통제, 임금인상, 보너스 등을 들 수 있고, 비재무적인 예는 인정, 승진, 흥미로운 작업할당, 우호적 동료, 선호 작업이나 선호 판매지역으로의 이동 등을 들 수 있다.[5]

(3) 강압적 권력

강압적 권력(coercive power)은 해고나 체벌, 위협 등 두려움에 기반을 둔 권력이다. 조직에서 상사가 강압적 권력을 갖기 위해서는 상사가 부하를 해고시키거나, 원치 않는 부서로 발령을 내거나, 승진 누락을 시킬 수 있다는 것을 부하가 지각하고 있어야 한다. 그러나 그러한 강압을 두려워하지 않을 경우에는 의미가 없어진다. 해고 등을 이유로 끊임없이 성희롱을 강요하는 것도 강압적 권력의 예로 볼 수 있다.

(4) 정보적 권력

정보적 권력(information power)은 정보에 접근하거나 통제를 할 수 있는 것에 기반을 둔 권력이다.[6] 사람들이 필요한 자료나 지식을 가지고 있는 사람은 힘을 가질 수 있고, 많은 정보를 가진 상사라면 부하들이 직면한 문제를 더 잘 해결할 수 있게 된다.

예를 들어, 불확실성이 높은 시기에 어느 기업이 M&A를 추진하며 구조조정을 계획하고 있다면 구조조정 팀은 조직에서 권력을 갖게 될 것이다.

2) 비공식적(개인적) 권력

권력을 갖기 위해 반드시 조직에서 공식적 지위를 가져야 하는 것은 아니다. 조직 내 같은 계층이나 같은 직위에 많은 경영자들이 있지만 어떤 사람은 다른 사람에 비해 더욱 많은 권력을 갖고 있다. 심지어는 하위계층의 관리자가 상위계층의 관리자보다 더욱 많은 권력과 권한을 갖고 있다. 즉 권력이란 조직 내 개인의 공식적 지위로부터만 나오는 것이 아니라 개인의 인격 · 기술 · 능력으로부터 나온다는 점이다.

비공식적(informal) 또는 개인적(personal) 권력은 개개인의 특성에 근거한 권력이다. 대표적인 개인적 권력의 원천으로는 전문적 권력, 준거적 권력, 카리스마적 권력을 들 수 있다.

(1) 전문적 권력

전문적 권력(expert power)은 전문지식, 특별한 기술과 지식으로부터 나온다. 전문적 지식은 세상이 더욱 기술지향적이 되어 가면서 가장 강력한 영향력의 원천이 되었다. 직무가 세분화되고 환경이 급변하며 학습조직 등의 중요성이 대두되면서 사람들은 전문가에게 더욱 의지하게 되었다. 전문적 지식, 즉 전문적 권력을 가지고 있다고 일반적으로 인정받는 의사 · 교수 외에도 회계사, 산업심리학자들이 자신이 지닌 전문지식으로 인해 권력을 행사하게 된다.

(2) 준거적 권력

준거적 권력(referent power)은 호감이 가는 재주나 개인적 특징을 지닌 사람들과 동일시하고 싶은 것에 근거를 둔다. 내가 A를 좋아하고 존경하고 열망한다면 내가 A를 즐겁게 해 주고 싶기 때문에 A는 내게 권력을 행사할 수 있다. 준거적 권력은 다른 사람에 대한 감탄과 그 사람처럼 되고 싶은 열망으로부터 전개된다. 이러한 사실은 엄청난 광고료를 지불하며 Tiger Woods 같은 유명인들을 모델로 사용하는 이유를 설명해 준다. 젊은이들이 유명 연예인의 복장이나 헤어스타일을 따라하며 그들과 동일하게 되고 싶은 것도 준거적 권력과 관계가 있다.

(3) 카리스마적 권력

카리스마적 권력(charismatic power)은 준거적 권력으로부터 확장된 개념이다. 카리스마적 권력은 개인적 성격, 신체적 강인함, 다른 사람들이 그를 믿고 따르게 하는 기타 능력 등을 기반으로 한다.[7] 제11장에서 자세히 설명하겠지만 카리스마적 인물들은 그들을 추종하는 사람들을 움직이는 '특별한 그 무엇'이 있다. 그들은 미래에 대한 명확한 비전과 획득방법을 제시하고, 개인적 위험을 추구하고, 현란한 은유와 자극적 언어 사용으로 군중들을 흥분시키는 행동을 거리낌 없이 하는 경향이 있다. Martin Luther King 목사나 J. F. Kennedy 미 대통령이 우리의 머릿속에 각인된 것도 카리스마적 권력과 관계가 있다.

이와 같은 개인 권력에 대한 반응은 여러 유형으로 나타난다. 대표적 반응유형으로 복종, 내면화, 동일화, 분열화 등이 있다.

보상적 권력이나 강압적 권력과 관련된 반응으로 복종을 들 수 있으며, 정보적 권력과 전문적 권력과 관련된 반응으로는 가치의 일치에 근거한 내면화를, 준거적 권력과 관련된 반응으로는 권력자와 같이 되고 싶은 동일화의 경향을, 강압적 권력에 대한 또 다른 반응으로 하급자들의 연합에 의한 분열화 등을 들 수 있다.

4. 집단 권력의 원천 : 기능별 · 부서별 권력

지금까지 개인 간 권력의 원천에 관해 설명하였다. 그러나 개인과 팀 사이에서뿐 아니라 부서와 같은 하부집단에서도 권력이 행사된다.[8] 집단과 조직도 권력을 갖고 행사하는데 그들의 권력의 원천은 어디서 나오는 것일까?

조직 내 각 부서의 권력은 균등하지 않게 분배되어 있다. 경리부, 인사부, 마케팅부, 연구개발부 등은 서로 다른 기능을 수행해야 할 책임이 있으며, 어떤 부서는 다른 부서에 비해 어느 정도 많은 권력을 갖고 있다. 이들 부서의 권력의 원천은 무엇인가? 이것은 어떤 집단이 다른 집단의 자원과 활동을 통제할 수 있다는 것을 의미한다. 이 질문에 대한 대답으로 두 가지 이론적 모델—자원 의존 모델과 전략적 상황 모델—을 제시한다.

1) 자원 의존 모델

자원 의존 모델(the resource-dependency model)은 "한 부서의 권력은 다른 부서가 요청하는 자원을 통제할 수 있는 정도에 근거한다."고 제시한다.[9] 모든 조직이나 부서들은 목표달성을 위해 자원을 필요로 한다. 모든 부서가 조직에 공헌을 하지만, 가장 강력한 힘을 지닌 부서는 가장 중요한 자원을 가장 많이 조달하는 부서인 것이다.

예를 들어, 규모가 큰 대학 내 각 과의 권력의 차이를 생각해 보자. 대학 내의 다양한 과들은 소유한 권력 면에서 균등하지 않다. 어떤 과는 학생 수도 많고, 국가 내 명성이 더 높으며, 보조금 지원도 더 많이 받으며, 주요 대학연합체의 대표를 맡기도 한다. 그들은 가치 있는 자원을 더욱 많이 통제할 것이다. 부서 간의 권력은 가장 가치 있는 자원을 어느 부서가 통제하느냐에 달려 있다.

그런데 다양한 부서의 권력은 어떻게 획득되는 것일까? 조직이 새로 만들어지면 어떤 부서가 대부분의 자원을 통제하게 되는 이유는 무엇일까? 한 부서가 어느 정도의 권력을 갖게 되는가는 주로 두 가지 요소에 의한다.

첫째, 창립시점의 영향을 받는다. 예를 들어, 기업 창립시점에 연구개발이 중요한 시기라면 연구개발부가 권력을 갖게 될 것이고, 마케팅이 중요한 시점이면 마케팅부서가 권력을 갖게 되는 것이다.

둘째, 창립자의 전공 분야가 영향을 준다. 예를 들어, 소니의 설립자 Ibuka의 경우 그가 엔지니어였기 때문에 오늘날까지 소니는 엔지니어링 부문이 매우 강력한 권력을 지니고 있는 것이다.

자원 의존 모델은 하부구조들의 권력을 결정짓는 핵심이 가치 있는 자원의 통제에 있다는 점을 시사한다. 그러나 자원을 통제한다는 것은 조직권력을 결정할 뿐 아니라 타부서의 활동까지 통제한다는 점이 중요한 것이다.

2) 전략적 상황 모델

전략적 상황 모델(strategic contingency model)은 한 부서의 권력은 다른 부서의 행동에 영향을 줄 수 있는 정도에 근거한다. 예를 들어 경리부가 생산부서의 예산요구는 계속 승인해 주면서 마케팅부서의 예산요구는 거절한다면, 생산부서는 점점 강해질 것이다.

이때 경리부의 행위가 타 부서 권력의 상대적 크기를 통제할 수 있다면 전략적 상황을 통제한다고 말한다.

그런데 전략적 상황을 통제할 수 있는 요인들은 무엇일까? 다음의 세 가지 조건이 상대적으로 큰 권력을 갖게 되는 경우이다.

(1) 불확실(uncertainty)한 상황의 통제 능력

A기능이 B기능의 문제나 상황을 해결하여 불확실성을 감소시킬 수 있다면 A기능은 B기능에 대해 권력을 갖게 된다. 예를 들어 마케팅 기능이 생산기능에 대해 권력을 갖게 되는 경우가 있는데, 그 이유는 마케팅 기능이 생산을 하기 위한 잠재적 구매력을 예측할 수 있기 때문이다.[10]

(2) 조직에서의 구심점(centrality) 정도

조직에서 어떤 부서는 핵심기능을 하고 어떤 부서는 그렇지 않다. 타 부서 활동에 주요 자문을 해 주거나, 타 부서 주요 활동에 직접적 영향을 미칠 때, 그 부서는 조직에서 핵심적이며 구심점 위치에 있다고 할 수 있다. 신제품의 개발과 판매에 민감한 식품회사의 경우에 영업이나 연구부서가 전략적 상황 통제력을 갖게 된다.

(3) 활동의 대체 가능성(substitutable) 정도

어느 부서의 활동이 특별한 임무를 수행하는 유일한 단위일 때 대체 가능성은 희박해진다. 병원에서 외과 의사들은 원무팀 직원에 비해 대체 가능성이 희박하다. 왜냐하면 외과수술을 잘할 수 있는 기술을 갖춘 사람이 드물기 때문이다. 외과팀과 같이 희소할수록 그리고 대체 가능성이 희박할수록 전략적 상황 통제력은 커지게 된다.[11]

제2절 조직정치

1. 조직정치의 개념

지금의 조직 상황은 자원이 한정되어 있고, 하루가 다르게 변화하는 기술과 불안정하고 동태적인 환경에 처해 있다. 이런 환경에서 생기는 불확실한 결과에 대한 다양한 선택 방법에서 조직 구성원들의 정치적인 성향이 나타나게 된다. 이런 측면에서 조직행동연구에서 조직에 나타나는 정치적 행동에 대한 연구가 중요하다.

조직정치(organizational politics)는 개인, 팀, 리더가 원하는 결과를 얻기 위해 권력이나 다른 자원들을 확보, 개발, 활용하는 행동들을 의미한다.[12]

조직 구성원들의 이기주의와 조직의 이익 간에 균형을 맞추는 것이 중요하다. 그러므로 조직에서 발생하는 정치적 행동들이 최선의 의사결정이나 결과를 가져오지 못하게 되는 것이라고 가정하는 경향이 있다. 하지만 조직정치에 대해 부정적인 태도를 갖게 되면 조직 유효성에도 영향을 줄 수 있다.

30개 조직의 관리자를 대상으로 한 연구에서 정치적 행동이 부정적인 측면뿐만 아니라 긍정적인 측면도 있음을 보여 주고 있다.[13]

긍정적인 측면은 정상적인 정치적 행동을 통해 직무를 수행함으로써 합법적인 이익을 추구하고 조직목표를 달성하게 된 구성원들은 직무능력의 향상, 주위로부터의 인정, 지위가 상승된 느낌을 갖는 것이다.

부정적인 측면으로는 정치적 행동에서 실패한 구성원은 지위가 낮아지거나 잃게 되고, 부적절한 자원의 활용과 비효율적인 조직문화가 형성된다는 것이다.

조직정치는 구성원들이 불안감을 느끼고 정서적으로 조직에서 멀어질 수 있고, 성과와 몰입에 있어 어려운 조직이 될 것이다. 하지만 정치적 행동은 조직 내에서 필연적으로 발생하기 때문에 이를 이해하고 관리할 수 있어야 한다.

2. 조직정치의 발생요인

조직 내에서 정치적 행동이 나타나는 요인들은 대체적으로 다음과 같다.

- **자원** : 자원의 필요성과 희소성이 높을수록 정치적 행동의 동기가 강해지고 행동이 발생할 가능성이 높아진다.
- **의사결정** : 불명확한 결정과정, 장기 전략일 경우 정치적 행동의 발생 가능성이 높아진다.

- **목표** : 조직의 목표, 과업의 목표가 불확실할 때 정치적 행동의 발생 가능성이 높아진다.
- **기술** : 조직 내 필요한 기술이 복잡해질수록 정치적 행동이 발생할 가능성이 높아진다.
- **환경** : 조직 내부의 환경이 변화할 때 정치적 행동이 발생할 가능성이 높아진다.
- **조직 분위기** : 조직 내에서 신뢰감이 형성되어 있지 않을 경우 공격적이고 다양한 정치적 행동이 나타날 가능성이 높다. 또 조직 내 형성된 문화가 성과에 대한 압력과 결과를 승자-패자의 방법으로 접근할 경우 정치적 행동의 동기가 강해질 것이다.
- **조직 구성원들의 역할** : 구성원에게 요구되는 역할이 명확하지 않을 경우 공식적인 역할이 아닌 비공식적인 역할로 표현될 수 있는 정치적 행동이 나타날 가능성이 높다.

이런 다양한 상황에서 개인이나 팀 혹은 부서 차원에서 선호하는 결과를 획득하려고 하면 자연스럽게 정치적인 행동이 발생하게 된다.

조직에서는 정치적 행동이 조직이나 구성원들에게 부정적인 결과를 가져오지 않도록 확신시키는 노력을 해야만 한다.

3. 조직정치의 관리

효율적인 조직정치 관리를 위한 대안들은 다음과 같다.[14]

- **불확실한 제도의 개선** : 평가의 원칙과 과정을 분명히 한다. 성과 결과에 따라 차별적 보상을 실시한다. 보상은 신속, 정확하게 실시한다.
- **비합리적인 경쟁의 원인 개선** : 조직 내 관리자들 간의 경쟁원인을 감소시켜야 한다. 내부적 경쟁이 아닌 외부적 목표에 관심을 주도록 유도한다.
- **조직 내의 역기능적인 파벌집단에 대한 조치** : 파벌세력을 제거 또는 분열시킨다. 새로운 파벌집단이 생기지 않도록 개인의 권력욕구보다 조직의 목표에 몰입할 수 있도록 이런 태도를 인사평가나 승진 시에 부정적으로 평가한다.

윤리적인 정치행동과 비윤리적인 정치행동을 구분할 수 있는 명확한 방법은 없지만 윤리적 기준을 고려할 필요는 있다. 다음의 세 가지 질문을 생각해 봄으로써 어느 정도 답을 얻을 수 있다.[15]

- **공리주의적 산출기준** : 소수가 만족하기 위해 다수가 희생하는 것이 아닌 조직의 모든 구성원들이 만족할 수 있도록 해야 한다.
- **개인권리의 기준** : 윤리적 양심과 적법절차 등을 통해서 개개인의 권리가 침해되는 일이 없어야 한다.
- **배분적 정의의 기준** : 공정하고 공평하게 모든 구성원들이 존중되어야 한다.

표 10-2 정치적 성향 측정

다음과 같은 행동이나 신념이 항상 나타나는 것은 아니더라도 가장 잘 표현하고 있는 것을 고르시오.

	문 항	예	아니요
1	상대방의 생각이나 행동에 대해 공개적인 칭찬을 하여 상대방 스스로가 중요한 위치를 점하고 있다고 느끼게 한다.		
2	상대방과의 첫 만남을 중요하게 생각하여 좋은 첫인상을 위해 노력한다.		
3	상대방을 말을 끝까지 들어주고, 그들의 문제점에 동정심을 갖고, 상대방이 완전히 틀렸다는 말은 하지 않는다.		
4	언제나 상대방의 장점을 칭찬해 주고, 만약 상대방이 잘못이나 실수를 했을 때도 체면을 유지할 기회를 준다.		
5	때로는 악성루머를 퍼뜨리거나 왜곡된 정보를 흘리고 경쟁자를 중상모략하는 것도 필요하다.		
6	때에 따라서는 지키지 못할 약속이라도 해야 할 필요성이 있다.		
7	모든 사람들과 좋은 관계를 맺는 것이 중요하다. 상대방이 수다스럽고, 행동이 거칠고, 불평만하는 사람일지라도 원만한 관계를 유지해야 한다.		
8	어려움에 처했을 때를 대비하여 다른 사람들에게 호의를 베푸는 것이 중요하다.		
9	자신에게는 약간의 손해이지만 다른 사람들에게 매우 중요한 일이라면 기꺼이 협조한다.		
10	논쟁의 여지가 많은 문제에 대해서는 가능하면 피하거나 개입하지 않는 것이 좋다.		

* '예'에 대답을 많이 했을수록 정치적 성향은 크다고 할 수 있다.

출처 : J. F. Byrnes, *Connecting Organizational Politics and Conflict Resolution,* Personnel Administrator, 1986, p.49.

앞의 〈표 10-2〉는 정치적 성향 측정 설문이다. 설문내용에서 알 수 있듯이 정치적 행동이라는 부정적 이미지와는 달리 실제 내용은 긍정적인 측면을 갖고 있는 것을 볼 수 있다. 이분법적으로 나누는 것은 힘든 일이나 자신의 이익을 위해 개인의 이익을 희생시키는 행동에 대해서는 생각해야 할 것이다.

제3절 갈등

1. 갈등의 개념

직장인을 대상으로 실시한 설문조사 결과를 보면, 일에 대한 어려움보다는 직장 동료나 상사와의 갈등 때문에 퇴사를 고려한다는 응답이 눈에 띄게 많다. 그만큼 갈등은 우리 삶에 미치는 영향이 크다. 인간과 인간 간의 갈등뿐 아니라 집단과 집단 간의 갈등도 끊임없이 쏟아지고 있다.

갈등(葛藤)이란 칡과 등나무라는 뜻이다. 칡과 등나무는 상대방을 감아 오르며 성장한다. 이들이 떨어져 있을 때는 아무런 문제가 발생하지 않으나, 같은 장소에서 자라게 되면 서로를 감아 올라가기 때문에 한 번 엉킨 것은 풀기 어렵게 된다. 그러므로 칡과 등나무는 얽혀 있을 때 서로 죽지 않으려고 경쟁적으로 넝쿨을 뻗어 성장한다. 이런 뜻에서 갈등(conflict)은 대립, 상충, 상호작용이 포함되어 있다.[16]

어떤 사람이 목적을 추구하는 과정에서 다른 사람이 방해를 하면 그 목적달성이 좌절된다. 이러한 방해행동 과정을 **갈등**이라고 한다.[17] 갈등은 어느 한 사람이 자신의 관심사를 다른 한쪽에서 좌절시킨다고 지각할 때 시작된다. 즉 갈등에는 한 사람이나 집단의 기대나 목표지향적 행위가 타인이나 타 집단에 의해서 좌절되거나 차단되는 상황이 포함된다.[18] 따라서 **갈등은 한 당사자가 소중히 여기는 어떤 것에 대해 다른 사람이 부정적인 영향을 미쳤거나 미칠 것이라고 인식할 때 시작되는 과정이다.**[19]

2. 갈등의 기능

조직에서 갈등은 항상 바람직하지 못한 것일까? 먼저 갈등의 개념을 이해하기 위해 갈

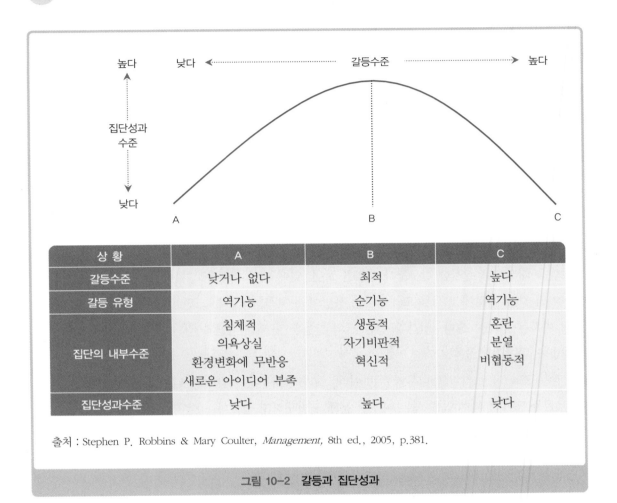

출처 : Stephen P. Robbins & Mary Coulter, *Management,* 8th ed., 2005, p.381.

그림 10-2 갈등과 집단성과

상 황	A	B	C
갈등수준	낮거나 없다	최적	높다
갈등 유형	역기능	순기능	역기능
집단의 내부수준	침체적 의욕상실 환경변화에 무반응 새로운 아이디어 부족	생동적 자기비판적 혁신적	혼란 분열 비협동적
집단성과수준	낮다	높다	낮다

등의 순기능과 역기능에 대해서 살펴보자. 보통 조직에서의 갈등은 부정적이기 때문에 제거되어야만 한다. 하지만 긍정적인 갈등은 오히려 도움이 되기도 한다.

예를 들어, 갈등은 조직의 문제를 토론하는 과정에서 건설적인 해결책을 내기도 한다. 또 갈등은 조직 구성원이나 부서 간의 경쟁을 통하여 구성원들의 동기부여를 촉진한다. 의사결정에서 갈등이 많은 집단이 갈등이 낮은 집단보다 생산성이 높다는 연구결과도 있다.[20]

한편, 갈등의 해결을 노력하는 동안 조직목표 달성에 에너지를 분산시킨다는 점에서 갈등은 개인과 조직 모두에게 부정적 결과를 준다. 지속적인 갈등은 종업원의 심리적 상태에 부담이 되어, 스트레스의 원인이 되어 심리적·생리적 증상에 영향을 미친다. 또한 집단응집성에 방해가 되어 신뢰적인 조직분위기에 악영향을 미치며, 심지어 조직의 존속에 위기가 올 수 있다.

조직에서 갈등은 **순기능과 역기능**이 동시에 있다. 경영자의 과제는 갈등의 역기능을 최소화하고 또한 갈등의 순기능을 최대화하는 것이 갈등을 해결하는 것이다.

갈등의 수준과 기능에 따른 집단성과의 관계는 〈그림 10-2〉와 같다.[21]

3. 갈등관의 변천

갈등은 과거에 부정적으로만 해석되었으나 최근에는 다른 시각이 나타나고 있다. 갈등에 대한 시각의 변천과정을 살펴보면 다음과 같다.

1) 전통적 관점 : 갈등 해악설

과거에는 갈등이 조직에서 서로 다른 영향이 미친다는 사실을 이해하지 못하고, 갈등은 나쁜 것이고 조직에 언제나 부정적인 영향을 미친다고 가정하였다. 그리하여 갈등은 폭력, 파괴 및 비합리성 등의 용어와 동의어로 사용되었다. 갈등은 유해하기 때문에 갈등이 생기는 것을 방지하고 제거하는 것이 바람직하며 이는 경영자가 해야 할 업무 중에 하나라고 생각하였다.

이 같은 전통적인 관점(traditional view)은 19세기 후반에 조직관리에 관련된 문헌들에 의해 주류를 이루었으며, 1940년대 중반까지 지배되어 온 관점이다.[22]

2) 행동과학적 관점 : 갈등 불가피설

전통적 관점에 뒤이어 Argyris의 미성숙-성숙 이론을 필두로 하여 나타난 관점으로 갈등이란 조직 내에서 자연적으로 발생하는 불가피한 현상이라 간주하며 경우에 따라 갈등이 조직성과에 순기능적이므로 수용해야 한다는 입장이다.

이 관점은 갈등의 존재를 합리화하려 한다. 갈등은 제거될 수 없는 것이며, 조직의 성과에 기여하는 경우가 있다고 주장한다. 하지만 갈등을 피상적으로만 수용하는 정도에 그친다. 즉 갈등은 불가피한 것으로 인정하고 수용할지라도 갈등관리 측면에서 볼 땐 원칙적으로 갈등은 역시 해로운 것으로 해결 또는 해소되어야 하는 것으로 본다.

행동과학적 관점(behavioral view)은 1940년대 후반부터 1970년대 중반까지 관리 및 조직이론을 지배했다.[23)]

3) 상호작용적 관점 : 갈등 촉진설

현대적 갈등에 관한 이론적 기초는 이 관점에서 비롯되었다. 이 관점은 행동과학적 관점과 달리 갈등을 인정할 뿐 아니라 필요하면 조장도 가능하다고 한다. 구성원 간에 조화롭고, 평화스러우며, 지나치게 협동적인 분위기에 젖어 있는 조직은 정태적이고 무관심을 유발하기 쉽고, 변화와 개선의 요구에 민감하지 못하다. 이에 갈등은 새로운 사고를 조장하고 집단 내 응집력을 증대시키며, 다양한 의견의 수렴을 통한 보다 나은 의사결정을 가능하게 하는 등, 조직에 유익함을 가져다줄 수 있다고 본다.

상호작용적 관점(interactionist view)이 행동과학적 관점과 다른 것은 갈등의 절대적 필요성을 인정하고, 기능적인 대립을 명백히 조장하며, 갈등관리의 정의에 있어서 해결방안뿐만 아니라 자극(stimulation) 방안도 포함되며, 갈등관리는 모든 관리자의 주요 책임 중에 하나임을 강조한다는 것 등이다. 그러므로 갈등은 경영자가 조직유효성을 증진시키기 위해 활용할 수 있는 방향으로 관리해야 할 대상으로 보고 있다.[24)]

4. 갈등의 원인

갈등의 싹은 무엇인가? 갈등의 시작은 상대방과 지각의 차이에서 시작하지만 모든 갈등의 원인을 개인 간의 차이로만 치부할 수 없다. 집단과 조직 간의 갈등은 복합적으로 작용해서 발생한다.

첫째, **상호의존성**(interdependence)이다. 상호의존성은 목표를 달성하는 데 있어서 집단 간에 서로 협조하거나 정보의 제공, 동조 또는 협력하는 관계를 말한다. 부서 간에 협력관계가 순조롭게 진행되면 갈등이 발생되지 않으나, 과업수행에 차질이 생길 때 서로의 탓으로 돌려 갈등의 가능성은 커지게 된다.

둘째, **불균형 또는 불일치**이다. 조직 내에서 개인이나 집단의 가치·역할기대·지위 등에 있어서 차이가 과업수행에 불균형을 가져오고 이것은 갈등의 원인이 될 수 있다.

즉 라인과 스태프의 관계에서 스태프의 서비스 제공이 라인에게는 영역침해로 지각되어 갈등이 발생한다.

셋째, **영역 모호성**이다. 부서나 개인이 과업을 수행할 경우, 책임소재가 모호할수록, 방향이 분명하지 않고 목표가 명료하지 못할 때 갈등이 생기기 쉽다. 즉 관할구역의 모호성은 자원과 영역의 통제권을 차지하기 위한 집단 간의 분쟁을 증가시킨다.[25]

넷째, **자원부족**이다. 둘 이상의 부서가 공동자원을 사용할 때 자원에 대한 지나친 경쟁이 집단 간의 과업수행에서 갈등을 유발하는 원인이 된다. 즉 한정된 예산, 공간, 설비, 행정 지원 등에 대한 확보를 위해 경쟁할 때 갈등을 일으킬 수 있다. 한 부서가 자기 몫을 최대한 확보하려 하면, 다른 쪽을 희생시키려고 지각하고, 상대방은 저항하는 과정에서 갈등이 발생한다.

다섯째, **목표의 차이**이다. 조직 내에서는 여러 기능부서가 있고, 각 부서에서 추구하는 목표의 다양성은 갈등의 요인이 된다. 마케팅부서는 제품을 판매하고 수익을 증대하고, 생산부서는 생산흐름을 유지하면서 효율성을 추구한다. 이러한 부서들의 목표가 조화되지 않고 자신의 부서 목표만을 고집할 때 갈등이 발생한다.

5. 갈등관리

1) 갈등해결의 의도

갈등을 효과적으로 해결하려면 어떤 의도를 통해 행동하고자 하는지를 알아야 한다. 집단이 갈등 상황에 있을 때 취할 수 있는 차원으로는 자신의 주장을 끝까지 관철시켜 **자신의 관심사를 만족시키려는 의도가 있는데 이를 독단성**이라 하고, 반대로 **상대방의 관심사를 만족시키려는 의도는 협조성**이라고 한다. 이 두 차원의 조합에 의해 경쟁, 수용, 회피, 협동, 타협이라는 갈등해결의 기본양식으로 나누어진다.[26]

첫째, **경쟁**(competition)은 자기의 집단의 관심사를 충족시키기 위해 상대 집단을 압도해 갈등을 해결하는 의도이다. 집단들이 서로 경쟁하는 이유는 상대방을 지배하고자 하는 것이다. 이러한 의도는 확고하고 신속한 행동이 결정적일 때, 집단이 공식적인 권력을 많이 보유하고 있을 때 사용하는 것이 효과적이다.[27]

둘째, **수용**(accommodation)은 자신의 관심사보다는 상대 집단이 관심사를 우선하

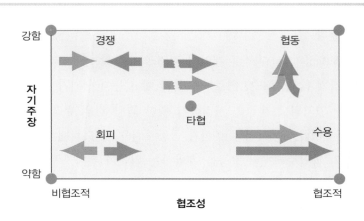

출처 : K. Thomas, "Conflict and Negotiation Process Organizations," in M.D. Dunnette and L. M. Hough (eds), *Handbook of Industrial and Organizational Psychology,* 2nd ed., vol. 3(Palo Alto, CA: Consulting Psychologists press, 1992, p.668.

그림 10-3 갈등해결 의도

는 의도로, 상대방과의 원활한 관계를 유지하기 위해 상대방의 요구조건을 받아 주는 것이다. 이런 갈등해결 의도는 상대방의 사안이 더 중요할 때, 상대방과 좋은 관계를 맺고 싶을 때 효과적이다.

셋째, **회피**(avoidance)는 자신의 관심사나 상대 집단의 관심사마저도 아예 무시하는 갈등해결 의도이다. 심지어 갈등의 상황 자체도 피하려는 의도까지를 포함한다.

회피를 사용하려는 의도는 갈등 사안이 사소하거나 더 중요한 사안이 있을 때, 정보가 적거나, 상대 당사자들이 갈등으로 인해 너무 흥분되어 있어 진정시킬 필요가 있거나, 상대 집단이 강력하고 적대적일 때 적합하다.

넷째, **협동**(collaboration)은 갈등 당사자의 관심사를 모두 만족시키려는 갈등해결 의도이다. 이러한 의도양식은 집단 간의 입장 차이를 이해하고, 양 당사자의 목표달성을 위해 갈등당사자 모두가 통찰력을 합해 결론을 도달하는 것이다.

협동을 통한 갈등해결은 양 집단에게 모두 이득이 되며, 장기적으로 더 좋은 관계를 맺게 된다고 가정함으로써 이루어진다. 협동을 통한 갈등해결 의도는, 다른 관점을 가진 당사자의 의견을 합할 때, 갈등당사자들이 상대방에 대해 충분한 정보를 갖고 있을 때 가장 효과적이다.

다섯째, **타협**(compromise)은 각각의 집단이 서로 부분적으로 교환과 희생을 통하여 만족을 취하는 갈등해결 의도이다. 즉 갈등 당사자들이 자신의 이익 일부를 포기하므로 상대방과 분배가 이루어질 때, 양 당사자의 관심사를 동시에 부분적으로 만족시키는 것이다. 타협은 조직이나 집단의 갈등해결에서 항상 흔하게 사용된다. 특히 동등한 권력을 소유한 당사자들이 서로의 목표에 전념하는 경우, 협동이나 경쟁이 유효하지 못할 때 사용하는 차선책이다.

이상에서 살펴본 갈등해결의 다섯 가지 기본 양식을 실제 적용할 때, 주의해야 할 점은 이들 중 최상의 하나를 선택하는 것이 반드시 효과적인 것은 아니며, 갈등이 발생하는 상황과 갈등해결의 시간적 압력에 따라 적합한 양식이 달라져야 한다는 것이다.[28]

2) 갈등해결 방법

다음은 집단 간의 갈등을 해결하기 위해서 사용하는 방법이다.[29] 이미 일상생활에서 갈등해결 방법으로 가장 실질적이고 주로 사용되며 이들 일부는 갈등해결 의도에서 설명하였다.

- **문제해결** : 갈등을 일으키는 집단끼리 직접 대면하여 문제를 분석하고 해결하는 방법이다. 집단 간 상호이해와 타협을 통해 견해 차이를 좁히는 것이 아니라 문제를 해결하는 것이다. 의사소통의 왜곡이나 오해는 정면으로 대응하여 해결할 수 있으나 상이한 이념 사이에 따른 문제해결의 효과는 의문시된다.
- **상위목표의 제시** : 집단 간 갈등을 초월할 수 있는 상위목표를 제시하므로 갈등이 완화되며 집단 간의 공동노력이 조성된다. 여기서 상위목표라고 하는 것은 한 부서가 달성 가능한 목표가 아니라 둘 이상의 부서가 노력하여 달성하는 목표를 말한다. 이 방법은 해당 부서 간에 상호의존적이어야 효과적이다.
- **자원의 확충** : 한정된 자원의 부족 때문에 집단 간 갈등이 일어나면 자원의 공급을 늘려 갈등을 해소시키는 간단한 방법이다. 단 자원의 양이 무한하지 못하고 자원 확충에 시간과 비용이 소요된다는 현실적인 제약이 있다.
- **회피** : 갈등의 원인인 사안을 보류하거나 또는 갈등 상황을 회피하거나, 감정을

억제하는 방법이다. 회피는 단기적인 방법으로, 갈등이 제거되는 것은 아니고 순간적인 모면에 불과하다.

- **무마(완화)** : 갈등당사자의 차이점을 축소하고 유사성이나 공동 관심사를 부각시켜 갈등을 해소하는 방법으로 회피와 상위목표 제시의 혼합형이다. 그러나 당사자들이 차이점을 억제하려고 하지 않아 임시방편적이다.
- **타협** : 서로가 양보와 희생을 통해 공동의 목표달성에 도달하는 방법이다. 공통적으로 도달하는 합의점이 교환이므로 승자나 패자는 있을 수 없다. 갈등의 원인이 완전히 제거되는 것이 아니므로 역시 잠정적인 갈등해소 방법이다.
- **조직 전체에 걸친 평가와 보상** : 조직의 부서화가 심화됨에 따라 각 집단별로 다른 평가·보상을 하기 때문에 갈등이 발생된다. 따라서 이때 경영자는 조직 전체의 관점으로 공정하게 평가·보상하므로 갈등을 해소시킨다.
- **인적자원 변수의 변화** : 갈등을 유발하는 사람을 교육·훈련시켜 행동변화 기법으로 갈등을 해소시킬 수 있다. 행동을 변화시키는 데 시간과 비용이 많이 든다.
- **구조적 변수의 변화** : 갈등을 일으키는 원인을 조직의 구조적 요인에 두고 갈등을 해결하고자 하는 방법이다. 즉 갈등이 있는 부서 간에 인사이동을 실시하거나, 작업흐름을 변화하거나, 조정기구의 상설화 등을 통해 갈등을 해소한다.

이상으로 효과적인 갈등관리는 역기능적 갈등을 완전히 제거하기보다는 최소화하고 순기능을 최대화하는 것이다. 그러므로 오늘날 조직에서 갈등관리를 위한 노력들이 다양하게 이루어지고 있다.

3) 갈등촉진 방법

갈등촉진 방법은 갈등의 순기능을 활용하여 조직의 목적을 효과적으로 실현하고자 한다. 어느 정도의 갈등은 집단의 의사결정의 질을 높이고, 창의성과 혁신을 유발하므로 순기능적인 갈등을 적절히 조성하고 창의적·건설적으로 해결해야 한다. 그러기 위해서 갈등을 자유스럽게 표출할 수 있는 조직의 분위기가 조성이 되어야 한다.

- **의사소통** : 경영자들은 비공식적인 네트워크로 의사소통의 내용이나 의사소통경

로를 적절하게 활용함으로써 갈등을 촉진시킬 수 있다. 또한 메시지의 내용이 모호하거나 권위적인 권한을 사용하여 그 메시지가 위협적일 때 갈등을 촉진시킬 수 있다.

- **새로운 구성원의 영입** : 정체 상태에 있는 집단을 일깨우는 방법이다. 즉 기존 성원과 전적으로 다른 배경, 경험, 가치관, 태도를 가진 성원을 투입시킴으로써 새롭고 이질적인 역할을 수행하여 현상유지 상태의 집단에 혼란을 일으키고 변화를 유도할 수 있다.
- **경쟁조성** : 경영자는 부서 간에 경쟁 상황을 조성함으로써 갈등을 촉진할 수 있다. 성과에 대한 인센티브를 적절히 사용하여 자극시켜 준다. 하지만 경쟁의도가 지나치면 오히려 갈등의 역기능이 발생하므로 세심한 주의가 필요하다.

이와 같이 집단 간 갈등관리는 갈등을 역기능으로 인지하여 제거·해소하려는 갈등관리 방법과 갈등을 촉진하고 조성하려는 순기능적 갈등관리 방법이 있다. 또한 갈등의 사전예방적인 차원과 사후에 발생한 갈등을 신속히 해결하는 관리차원도 고려해야 한다.

사례 1 갑질 횡포

우리나라 대형 항공사의 부사장이 비행기에 탑승해서 승무원에게 땅콩을 가져오라고 했다. 이때 승무원은 땅콩을 봉지째 가져왔고, 그릇에 담아 오지 않아서 화난 부사장은 해당 승무원을 폭행하고 그 비행기에 타고 있는 사무장을 비행기에서 내리게 하고 비행기를 돌리라고 지시하였다. 한동안 땅콩회항으로 회자된 권력폭행의 사례이다.

온라인 채용업체 잡코리아에 따르면 20~30대 직장인 1,823명을 대상으로 설문조사한 결과 "상사가 직위상 파워를 활용해 부하직원을 괴롭히는 권력폭행을 당한 적이 있는가?"라는 질문에 52.7%가 '있다'고 답했다.

권력폭행의 사례로는 '인격 모독적인 발언(30.9%)'이 가장 많이 꼽혔다. 이어 '업무상 작은 실수에 대한 지나친 질책(27.3%)', '사내에서 필요 이상 큰 소리로 꾸짖음(13.4%)', '업무 외 상사의 집안일 등 개인적인 지시(10.1%)', '술 마시기 강권(7.3%)' 등의 순이었다.

권력폭행을 당한 직장인의 대다수는 이에 대해 '그냥 묵묵히 참는다(59.4%)' 또는 '부당한 부분에 대해 상사에게 이야기한다(24.7%)'고 응답하였고, 심지어 '회사를 그만 둔 경우(10.6%)'도 있었다.

토의

1. 사례에 나타난 권력의 원천 및 반응에 대해 말해 보자.
2. 자신이 권력의 힘을 느낀 경우를 말해 보자.
3. 갑질 횡포의 예를 찾아보자.

사례 2   선풍기 승진

세계적인 대기업 마쓰시다(내쇼날 전기)를 누르고 일본 동종 업계 시장점유율 1위의 결과를 이루어 낸 전기설비 제조업체 미라이 공업의 신화에 일본열도는 흥분했다.

현대 시류와 다르게 '행복해야 회사가 잘된다', '회사는 사장도 주주도 아닌 사원의 것'이라는 미라이 공업을 언론은 유토피아 경영이라는 표현을 사용하면서 주목했다.

미라이 공업의 야마다 사장은 영업목표나 생산목표를 사원들 개개인이 직접 정하게 한다. 성과에 따른 인센티브나 경쟁적인 인사제도도 없다. 1991년 상장할 당시 이름이 적힌 쪽지를 만들어 선풍기를 틀고 가장 멀리 날아가는 쪽지부터 과장을 시켰다. 그 후엔 볼펜을 던져 과장을 정하기도 했다. 어차피 기업엔 일을 잘하는 사람 20%, 평균인 사람 60%, 못하거나 안 하는 사람 20%로 이루어져 있다고 말

한다. 때문에 효율, 경쟁, 목표의 강조보다는 사원에게 믿고 맡기고 회사가 직원을 감동시키면 사원은 남들과의 경쟁이 아닌 자기 자신을 위해 노력을 하게 되어 있고, 그것은 곧 회사의 성장으로 연결된다고 주장한다. 그리고 실제로 미라이 공업의 구성원들은 자기 자신을 위해 일하는 것이 어떤 결과를 낳는지 보여 준다. 미라이 공업의 18,000종 아이디어 상품 중에는 90%가 특허 상품이다. 모두 사원들이 자발적으로 낸 아이디어로 만든 상품이다. 상품의 대부분은 고도의 전문 기술을 요하는 제품들이 아니다. 일본 내 80%를 점하고 있는 전기스위치 박스의 경우, 벽 뒤에 장착하는 제품이다. 사원들은 1년에 1만여 건에 이르는 아이디어를 제안하고 이 제안은 회사시스템 개선에서 신제품 개발까지 다양하다. 상사 욕, 월급 불만을 제외하면 어떤 내용이라도 일단 500엔, 제품에 적용되면 최고 3만 엔까지 준다.

토의

1. 미라이 공업의 경우 선풍기 승진이 조직 측면에서 어떤 긍정적 성과를 이루었는지 토의해 보자.
2. 선풍기 승진이 조직 구성원의 정치적 행동 측면에서 어떤 성과를 거두었는지 토의해 보자.
3. 선풍기 승진이 모든 기업에서 성공할 수 있을지 토의해 보자.

사례 3	애벌린 패러독스

집단의사결정 시 구성원 모두 동의한다고 해서 팀워크가 좋다고 할 수 있을까? 미국의 경영컨설턴트인 제리하비 박사는 자신의 저서 애벌린 패러독스 (*Abilene Paradox*)에서 과도한 배려가 낳는 조직의 불합리, 즉 '합의 관리'에 따른 모순을 다음과 같은 예로 들고 있다.

어느 무더운 여름 주말 저녁, 미국 텍사스의 한 가정에서 사위의 방문에 장인은 외식을 제안한다. 모두 자신은 시원한 집에서 쉬고 싶었지만 다른 식구들이 외식을 원할 것이라는 생각에 마지못해 찬성한다. 결국 가족들은 무더위에 에어컨도 없는 낡은 차를 타고 흙먼지를 뒤집어쓰며 집에서 세 시간 떨어진 애벌린이라는 곳에서 저녁식사를 하고 돌아온다. 그날 저녁, 아무도 입을 열지 않는 침묵을 깨기 위해 "오늘 저녁 괜찮았죠?"라고 사위가 운을 떼자,

장모가 먼저 "난 사실 가고 싶지 않았지만 가족을 위해 찬성했을 뿐이야."라고 말한다. 그러자 모두 마음속에 있었던 외식 결정에 대한 불평불만을 쏟아 놓기 시작한다.

모두가 합의하였으므로 최상의 선택이라 여겨졌던 결정이 사실은 어느 누구도 원하지 않았던 최악의 선택이었다. 반대가 없는 만장일치의 결정이라고 해서 반드시 팀워크가 좋다고 말할 수 없다. 구성원들이 팀 분위기에 얽매이게 되면 서로의 생각을 솔직하게 얘기하지 못하고 의견의 충돌을 회피하는 데 관심이 더 크다. 이러한 분위기에서는 '나만 참으면 되지'라는 소극적인 태도가 만연해진다. 구성원 간에 겉으로 드러난 관계는 좋아지고 의사결정은 신속하게 이루어지만 좋은 팀워크는 점점 멀어지게 된다.

토의

1. 집단이나 조직에서 경험한 애벌린 패러독스를 발표해 보자.
2. 애벌린 패러독스의 원인이 무엇인가?

요약

권력은 한 개인이나 집단이 다른 개인이나 집단의 의지와 관계없이 자신들의 의지대로 관철시키는 힘이다 권력과 유사한 개념으로 권한, 조직정치, 영향력, 리더십을 들 수 있다.

개인 권력의 원천은 공식적(직위) 권력과 비공식적(개인적) 권력으로 분류한다.

공식적 권력은 직위권력이라고도 하며 개인 직위에 근거하는데, 조직의 자원을 통

제하고 사용할 수 있는 합법적 권력, 타인에게 보상해 줄 수 있는 자원과 능력에 기반을 둔 보상적 권력, 해고나 체벌 등 두려움에 기반을 둔 강압적 권력, 정보에 접근하거나 통제를 할 수 있는 것에 기반을 둔 정보적 권력 등이 있다.

비공식적(개인적) 권력이란 조직 내 개인의 공식적 지위로부터만 나오는 것이 아니라 개인의 인격·기술·능력으로부터 나오며 개개인의 특성에 근거한 권력인데, 전문지식, 특별한 기술과 지식으로부터 나오는 전문적 권력, 호감이 가는 재주나 개인적 특징을 지닌 사람들과 동일시하고 싶은 것에 근거를 둔 준거적 권력, 개인적 성격·신체적 강인함·다른 사람들이 그를 믿고 따르게 하는 기타 능력에 근거한 카리스마적 권력을 예로 들 수 있다.

권력에 대한 대표적 반응유형으로 **복종, 내면화, 동일화, 분열화** 등을 들 수 있다.

개인뿐 아니라 집단도 권력을 행사하는데 **집단 권력의 원천**은 '한 부서의 권력은 다른 부서가 요청하는 자원을 통제할 수 있는 정도'에 근거한다는 **자원 의존 모델**과, '한 부서의 권력은 다른 부서의 행동에 영향을 줄 수 있는 정도'에 근거한다는 **전략적 상황 모델**로 설명할 수 있다.

조직정치는 개인, 팀, 리더가 원하는 결과를 얻기 위해 권력이나 다른 자원들을 확보, 개발, 활용하는 행동들을 의미한다. 한정된 자원과 불확실한 결과에서 생기는 다양한 선택방법에서 조직 구성원들의 정치적인 성향이 나타나게 되고 이런 측면에서 조직행동연구에서 조직에 나타나는 정치적 행동에 대한 부분이 중요하다.

조직 내에서 정치적 행동이 나타나는 요인들은 첫째, 자원의 필요성과 희소성이 높을수록, 둘째, 의사결정 과정이 불명확하거나 장기 전략일 경우, 셋째, 조직의 목표, 과업의 목표가 불확실할 때, 넷째, 조직 내 필요한 기술이 복잡해질수록, 다섯째, 조직 내·외부의 환경이 변화할 때, 여섯째, 조직 내에서 신뢰감이 형성되어 있지 않고, 성과에 대한 강한 압력과 성과평가에 승자-패자의 접근방법인 조직문화일 때, 일곱째, 구성원들의 공식적인 역할이 명확하지 않을 때 공격적이고 다양한 정치적 행동들이 나타날 가능성이 높다.

효율적인 조직정치 관리를 위한 대안들은 첫째, 평가와 보상 등에 있어 명확한 원칙과 과정이 필요하다. 둘째, 비합리적인 경쟁의 원인을 감소시키고 외부적 목표에 관심을 주도록 유도해야 한다. 셋째, 조직 내의 역기능적인 파벌집단을 제거하고, 새로운 파벌집단이 생기지 않도록 인사평가나 승진 시에 이런 부분을 부정적으로 평가한다.

갈등이란 어떤 사람이 목적을 추구하는 과정에서 다른 사람이 방해를 하면 그 목적 달성이 좌절되는 방해행동 과정이다. 갈등은 어느 한 사람이 자신의 관심사를 다른 한쪽에서 좌절시키려고 한다고 지각할 때 시작된다.

갈등은 **순기능**과 **역기능**을 동시에 지니고 있다. 경영자의 과제는 갈등의 역기능을 최소화하고 또한 갈등의 순기능을 최대화하는 것으로 갈등을 해결하는 것이다.

조직 내에는 어떤 형태든 갈등이 존재하고 있으며, 갈등에 대한 관점으로 **전통적 관점**, **행동과학적 관점**, **상호작용적 관점**이 있다.

갈등의 원인으로는 상호의존성, 불균형 또는 불일치, 영역 모호성, 자원부족, 목표의 차이가 있다.

갈등을 효과적으로 해결하려면 어떤 의도를 통해 행동하고자 하는지를 알아야 한다. 집단이 갈등 상황에 처했을 때 취할 수 있는 차원은 자신의 주장을 끝까지 관철시켜 자신의 관심사를 만족시키려는 의도인 독단성과 반대로 상대방의 관심사를 만족시키려는 의도인 협조성이 있다. 이 두 차원의 조합에 의해 **경쟁**, **수용**, **회피**, **협동**, **타협**이라는 갈등해결의 기본양식으로 나누어진다.

이미 일상적인 생활에서 **갈등관리**에 있어서 가장 실질적이고 주로 사용되는 방법인 문제해결, 상위목표의 제시, 자원의 확충, 회피, 무마(완화), 타협, 조직 전체에 걸친 평가와 보상, 인적자원 변수의 변화, 구조적 변수의 변화 등이 있다.

갈등촉진 방법은 갈등의 순기능을 활용하여 조직의 목적을 효과적으로 실현하고자 하는 것으로 의사소통, 새로운 구성원의 영입, 경쟁조성을 살펴보았다.

참고문헌

1) Stephen P. Robbins & Timothy A. Judge, *Essentials of Organizational Behavior,* 9th ed. Pearson Prentice Hall, 2008, p.197.

2) R. M. Emerson, Power Dependence Relations, American Sociological Review, 1962, 27, p.31-41.

3) Jennifer M. George & Gareth R. Jones, *Understanding and Managing Organizational Behavior,* 5th ed. Pearson Prentice Hall, 2008, p.430.

4) ibid, p.431.

5) Stephen P. Robbins & Timothy A. Judge, op. cit.199.

6) G. Yukl & C. M. Falbe, Importance of different Power Sources in Downward and Lateral Relations, Journal of Applied Psychology, 1991, 76, p.416-420.

7) M. Weber, Economy and Society(Berkeley: University of California Press, 1978): H. M. Trice and J. M. Beyer, *Charisma and Its Routinization in Two Social Movement Organizations,* Research in Organizational Behavior, 1986, 8, p.113-64.

8) C. Gresov & C. Stephen, *The context of inter-unit influence attempts,* Administrative Science Quarterly, 38, 1993, pp.252-264.

9) Jerald Greenberg & Robert A. Baron, *Behavior in Organization-understanding and managing the human side of work,* 5th ed. p.480.

10) Jennifer M. George & Gareth R. Jones, op. cit. p.435.

11) Jerald Greenberg & Robert A. Baron, *Behavior in Organization-understanding and managing the human side of work,* 5th. p.482.

12) J. T. Scarnati, *The Godfather Theory of Management: An Exercise in Power and Control, Management Decision,* 40, 2002, pp.834-841.

13) K. K. Ahearn, G. R. Ferris, C. D. Hochwarter & A. P. Ammeter, Leader Political Skill and Team Performance, Journal of Management, 3, 2004, pp.309-327.

14) D. R. Beeman & T. W. Sharkey(1987), The Use and Abuse of Corporate Politics, Business Horizons, p.30.

15) M. Velasquez, D. J. Moberg & G. Cavanagh(1983), Organizational Statesmanship and Dirty Politics: Ethical Guidelines for the Organizational Politician, Organizational Dynamics, 11, pp.65-79.

16) L. L. Putnnam & M. S. Poole, "Conflict and Negotiation," in F. M. Jablin, L. L. Putnnam,

K.H. Roberts, and L. W. Porter (eds.), *Handbook of Organizational Communication: An Interdisciplinary Perspective,* Newbury Park, CA: Sage Publications, 1987, pp.549-99.

17) S. P. Robbins, *Managing Organizational Conflict: A Nontraditional Approach,* Englewood Cliffs, New Jersey: Prentice-Hall, 1974, p.23.

18) R. Miles, *Macro Organizational Behavior,* Pacific Palisades, California, Goodyear Pubublishing, 1980

19) Stephen P. Robbins & Timothy A. Judge, 2008, p.211.

20) J. Hall & M. S. Wiliam, "A Comparison of Decision making Performance in Established and Ad-Hoc Group," *Journal of Personality and Social Psychology,* February, 1966, p.217.

21) Stephen P. Robbins & Mary Coulter, *Management,* 8th ed., 2005, p.381.

22) Stephen P. Robbins, *Organization Therory: The structure and Design of Organizations,* Englewood Cliffs, N. J.: Prentice-Hall, Inc, 1983, pp.289-294.

23) Ibid.

24) Ibid.

25) Stephen P. Robbins, *Organizational Behavior,* 11th ed., Pearson Prentice, New Jersey, 2005, p.426.

26) K. Thomas, "Conflict and Negotiation Process Organizations," in M. D. Dunnette and L. M. Hough (eds), *Handbook of Industrial and Organizational Psychology,* 2nd ed., vol. 3, Palo Alto, CA: Consulting Psychologists press, 1992, p.668.

27) K. Thomas, "Toward Multidimensional Values in Teaching: The Examples of Conflict Behaviors," *Academy of Management Review,* July, 1977, p.487.

28) Ibid.

29) Stephen P. Robbins, op. cit., 2005, p.59-89.

제11장

리더십

학습목표

1. 리더십이 집단행동에 어떤 영향을 행사하는지 이해할 수 있다.
2. 리더십의 개념과 기본 유형을 이해할 수 있다.
3. 초기 리더십 연구에 해당하는 특성이론을 이해할 수 있다.
4. 리더십 행동이론을 주요 학파와 학자별로 나누어 이해한다.
5. 리더십 상황이론의 내용과 특성을 이해할 수 있다.
6. 현대에 제기되는 리더십 이슈와 이론을 이해한다.

제1절 리더십의 이해

1. 리더십의 개념

조직 속의 개인과 집단을 효과적으로 관리하기 위해 발생하는 중요한 주제 중의 하나가 리더십이다. 조직은 다양한 구성원들을 분야별로 기능하게 하고 조직의 목표달성을 위해 몰입하도록 활성화하며 갈등을 해소하여 조화를 이루게 하는 지휘활동을 필요로 하게 된다.

리더십이란 '조직에서 구성원들로 하여금 공동 목표를 달성하도록 영향력을 행사하는 과정', '정해진 목표를 열정적으로 추구하도록 타인을 **유인**하고 **설득**하는 능력'으로서 결국 목표를 달성하기 위하여 개인 및 집단을 **조정**하고 **동기부여**하는 능력으로 볼 수 있다.[1] 리더십이란 조직의 협력과 사기를 증대시키고 구성원 개인의 역량을 육성시키므로 관리자의 경영능력 중 필수적인 요건이라 할 수 있다.

리더십은 리더가 행사하는 일방적인 힘이 아니라 리더(leader)와 부하(follower) 간의 상호작용에 의한 힘과 영향력의 관계로 볼 수 있다. 따라서 리더십을 지배와 복종의 수직적 관계로 이해하기보다는 협력과 조화, 상호작용이라는 수평적 개념으로 이해하는 것이 필요하다.

특히 지식·정보화 사회에서는 일방적으로 지시하고 통제하는 리더십 스타일로서는 효율성이 발휘될 수 없다. 합리적인 리더십은 관료주의적 통치방식에서 벗어나 부하들이 스스로 문제를 파악하고 해결할 수 있는 능력을 키워 주는 것이 보다 중요하다. 더불어 리더는 환경을 분석하고 비전을 제시하며 조직의 목표를 효과적으로 달성하기 위한 방법을 제시하는 역할을 행해야 할 것이다.

2. 리더십의 구성요소

리더십은 리더라는 요소만으로 구성되는 것은 아니다. 리더십은 **리더**와 그 대상이 되는 **부하**, 그리고 그들이 공존하는 **조직적 상황**에 의해 조합되는 복합적 산물이다. 즉 동일한 리더라도 어떤 부하와 상황을 접하는가에 따라 리더십의 형태나 효과가 달라질 수 있다. 마찬가지로 부하들도 어떤 리더를 만나는가에 따라 다른 행동과 성과를 나타내게 된다. 같은 이치로 상황에 따라 요구되는 리더십도 다르다고 볼 수 있다.

1) 리더

리더십 스타일은 리더의 특성이나 배경에 의해 영향을 받는다. 가령 종교적 신념, 인간관, 문화적 배경에 의해 형성된 리더의 성격이나 일에 대한 사고와 태도는 리더십에 영향을 미칠 수 있다. 또한 리더가 부하의 능력과 태도에 대해 신뢰하는 정도도 리더십에 영향을 미칠 수 있다.

2) 부하

부하의 특성도 리더의 행동에 영향을 미치게 된다. 부하의 가치체계, 인간관, 문화적 배경, 안정감, 스트레스 등에 따라 적합한 리더십 스타일은 다르다고 할 수 있다. 또한 부하들은 조직과 리더에 대해 일정한 기대를 가지게 된다. 가령 리더가 자신의 성과평가, 처우, 승진, 근무조건, 보상, 인간관계, 자아실현의 기회 등의 문제에 관해 어떻게 접근할지를 예상하여 행동한다.

3) 상황

리더십에서 고려해야 할 중요한 요인 중의 하나가 상황요인이다. 특정 상황에서 효과적인 리더십이 반드시 다른 상황에서도 효과적일 수는 없다. 조직관리를 합리적으로 행하기 위해서는 리더십이 행사되는 상황 특성에 대해 충분히 고려해야 한다. 상황요인에는 조직의 규모, 역사, 업종, 구성원의 특성, 업무의 성격, 시간의 긴박성, 자원 여건, 외부요인 등을 들 수 있다.

3. 리더십의 원천

리더가 부하에게 영향력을 행사할 수 있는 근거는 리더가 일정한 **권력**을 가지기 때문이다. 따라서 리더십의 강도는 리더가 가진 권력의 종류와 양에 비례하게 된다. 리더가 보유하는 권력은 합법적 권력, 보상적 권력, 강압적 권력, 준거적 권력, 전문적 권력으로 분류할 수 있다.

1) 합법적 권력(legitimate power)

이것은 리더가 가진 조직 내의 공식적인 지위에서 비롯되는 권력이다. 리더는 부하에게 명령하거나 작업 지시를 할 수 있는 합당한 권리를 가진다.

2) 보상적 권력(reward power)

이것은 리더가 금전, 칭찬, 승진, 휴가와 같은 보상을 실시할 수 있음으로 인해 부하에게 일정한 요구와 지시를 행할 수 있는 권력이다.

3) 강압적 권력(coercive power)

이것은 리더가 부하에게 처벌하거나 불이익을 행사할 수 있을 때 발생하는 권력이다.

그러나 강압적 권력은 부하의 복종을 얻어내더라도 저항이나 적극성 상실이라는 부작용을 낳을 수 있는 부정적인 권력이다.

4) 준거적 권력(referent power)

이것은 부하가 리더를 존경하거나 카리스마에 압도될 때 발생하는 권력이다. 그로 인해 부하는 리더의 행동을 좋아하고, 닮고자 하며, 지휘 방향을 기꺼이 수용하게 된다.

5) 전문적 권력(expert power)

이것은 리더가 전문적이고 깊이 있는 지식과 재능을 가질 때 발생하는 권력으로서 부하가 그러한 전문성과 능력을 인정할 때 수용된다.

4. 리더십의 기본 유형

1) 의사결정 방식에 따른 구분

Lippitt는 경영 의사결정에서 나타나는 리더의 성향에 따라 리더십의 유형을 독재형, 민주형, 자유방임형으로 구분하였다.

(1) 독재형 리더십

리더는 조직의 목표와 운영방침, 주요 사항을 독단적으로 결정하며 그 과정에서 부하의 의견을 듣거나 반영하지 않는다.

(2) 민주형 리더십

리더는 조직의 목표와 운영방침에 대해 부하에게 설명하며 의사결정 과정에 부하를 참여시킨다. 또한 부하들의 능력 개발에 관심을 가지고 소질을 발휘할 기회를 부여한다.

(3) 자유방임형 리더십

리더는 조직과 부하에 무관심하며 대부분의 결정과 업무의 실행에 관한 권한을 부하에게 위임한다.

2) 태도에 따른 구분

Likert는 리더가 영향력을 행사하는 과정에서 업무와 인간관계 중 무엇에 더 중점을 두는가에 따라 리더십 스타일을 직무중심형과 인간관계중심형으로 구분하였다.

(1) 직무중심형 리더십

이 유형의 리더는 조직의 목표달성을 우선시한다. 따라서 부하에게 구체적인 목표와 과업, 일정, 작업방법을 제시하고 그 진행 정도를 점검한다. 또한 생산성과 성과를 강조한다.

(2) 인간관계중심형 리더십

이 유형의 리더는 업무보다 부하와의 관계를 중시한다. 부하의 의견과 요구를 경청하며 필요한 지원을 행하고자 노력한다. 리더는 부하의 개인적인 문제에 대해서도 관심을 가진다.

제2절 리더십이론

리더십에 대한 연구는 오랜 역사를 가지고 경영학뿐 아니라 정치학, 사회학, 조직학, 행정학 등에서 다루어져 왔다. 경영학에서의 리더십은 기업을 성공적으로 이끈 경영자의 특성, 행동, 상황요인 등에 주목하며 **특성이론**, **행동이론**, **상황이론**으로 주요 연구 맥락을 형성하고 있다.

초기의 리더십 연구는 리더의 특성과 리더십의 효과를 관련지어 설명하고자 하였다. 즉 성공적인 리더들이 가지고 있는 공통된 특성을 연구하여 개념화하였다. 이는 리더가 일정한 신체적, 심리적, 성격적 특성을 가질 때 리더십의 효과를 나타낸다고 보는 '특성이론'을 이룬다. 특성이론은 리더의 특성을 나열하는 데 그쳐 한계를 가지는 이론이다.

다음으로 리더의 행위를 유형화하여 효과적인 리더십을 설명하는 '행동이론'이 등장하였다. 이것은 리더의 행동패턴이 부하의 만족이나 성과에 미치는 영향을 연구하여 리더십 개념을 도출하고자 한 것으로, 리더의 성공 여부는 몇 가지 행동 영역에 따라 결정된다고 보았다. 행동이론의 전제는 리더가 하위자들에게 특정한 행위를 보일 때 리더십의 효과가 증진된다는 것이다.

기업의 복잡성이 증대됨에 따라 모든 상황에 적합한 하나의 리더십은 없다는 주장이 제기되었다. '상황이론'은 리더는 주요한 행동 패턴을 가지되 조직이 처한 상황요인에 따라 그것의 성공 여부는 다르다는 것이다. 따라서 다양한 상황요인을 규명하고 각 상황별로 긍정적인 성과를 가져온 리더십 행태를 분석하고자 하였다.

1. 특성이론

특성이론은 전통적인 리더십 연구방법으로 **리더의 개인적 자질**에 의해 리더십의 성공이 좌우된다고 보는 이론이다. 훌륭한 리더는 일반인이 가지지 않는 특성을 가진다고 보고 리더가 갖춘 자질과 특성에 초점을 맞추는 이론이다. 유능한 리더는 지적 능력, 성격, 신체적 조건, 과업 감독능력 면에서 탁월해야 한다고 보았다.[2] 즉 리더는 신체적으로 우람하고 성격 면에서 믿음직하며 책임감이 있고 기능이 뛰어나야 훌륭하다고 가정하는 것이다.

특성이론은 사회적으로 훌륭한 것으로 정평이 난 인물을 중심으로 리더의 선천적 자질을 탐구했다는 면에서 '위인이론', '자연적 리더십이론'이라고도 할 수 있다. 역사, 정치, 경영 속에 등장한 위대한 리더의 특성에 대한 연구가 지속적으로 이루어지면서 효과적인 리더의 특성으로 다양한 요소가 거론되어 왔다.

그러나 실제로는 혈통적 배경이나 제한된 몇 가지 개인적 특성이 리더십 발휘 능력과 상관관계가 있다는 일관된 증거가 존재하지 않아 한계를 가지는 이론이라고 할 수 있다.

표 11-1 **리더의 선천적 자질**

높은 지능, 강한 의지, 경계심, 직관력, 기회포착 능력, 집념, 추진력, 자신감, 용맹함, 설득력 등

2. 행동이론

행동이론은 1940년대 이후 등장한 이론으로 리더가 실제로 표출하는 것은 행동이지 내면에 있는 특성이 아니라고 주장함으로써 특성이론을 반박하였다. 특성이론과 달리 리더의 기질은 타고나는 것이 아니라 **훈련**을 통해 **습득되는 후천적 특성**이라고 보았다.

　행동이론은 리더가 부하에게 보여 주는 행동스타일을 리더십으로 규정하고 리더십 스타일을 찾아내어 각각의 유효성을 검증하고자 다양하고 특별한 리더의 행동이 부하나 업적에 미치는 영향을 연구하였다.

　행동이론은 미국 주요 대학을 중심으로 리더십 스타일을 유형화하는 연구가 집중적으로 진행되면서 이론적 기반을 형성하였다.

1) Iowa 대학 모형(1938년)

이 모형에서는 리더가 자신의 권한을 어떻게 사용하는가에 근거하여 3개 리더 유형으로 분류하고 있다. 첫째 리더십 유형은 **독재적 리더**(autocratic leader)로서 의사결정을 일방적으로 행하며, 명령을 내리고, 보상이나 처벌을 행사할 수 있는 권한을 이용하여 부하를 지휘한다. 둘째 유형은 **민주적 리더**(democratic leader)로서 의사결정에 부하들을 참여시키고, 목표를 투명하게 밝히며, 부하의 의견을 반영하면서 지휘한다. 셋째 유형은 **자유방임적 리더**(laissez-faire leader)로서 부하에게 권력이나 영향력을 거의 사용하지 않고, 부하 스스로 의사결정을 하도록 방치하는 스타일이다.

　이들 세 가지 리더십 유형에 대한 실험 결과 구성원 만족도는 민주적 리더십에서 가장 높았고, 직무 수행성과는 독재적 리더십에서 가장 높았으며, 자유방임형 리더십에서는 구성원의 만족도와 직무성과가 모두 낮은 것으로 나타났다. 종합적으로는 민주적 리더십 유형의 효과성을 지지하는 결과가 많았다. 이러한 결과는 부하중심의 민주적 리더십이 대체적으로 이상적임을 시사한다.

2) Michigan 대학 모형(1940년대 후반~1950년대 초반)

이 모형에서는 어떤 리더십 유형이 집단성과를 증진시키는지 알아내기 위해 다양한 리더에 대한 인터뷰와 설문조사를 실시하여 2개의 대표적 리더 행동 유형을 도출하였다.

첫째 유형은 **직무중심적 리더**(job-centered leader)로서 과업을 중요시하고, 생산방법과 절차 등 세부사항에 관심을 가지며, 공식적 권한과 권력에 비교적 많이 의존하면서 부하들을 치밀하게 감독하는 행동스타일이다.

두 번째 유형은 **부하중심적 리더**(employee-centered leader)로서 부하와의 관계를 중요시하고, 권한을 위임하며, 지원적 업무환경을 조성하며, 부하의 심리적 · 사적인 측면을 배려하는 행동스타일이다. 이는 배려받은 부하들은 자발적으로 일에 대한 관심과 노력을 보일 것이라는 사고에서 비롯되는 리더십이다.

실증연구 결과 어느 유형이 항상 효과적이라고 결론내리지 않고 있다. 가령 직무중심적 리더십에서 부하의 만족도가 낮고 이직률이 높아도 생산성이 높은 경우가 있고, 부하중심적 리더십의 경우 부하의 만족은 높지만 조직성과가 낮은 경우도 나타나기 때문이다.

3) Ohio 대학 모형(1945년)

이 모형에서는 리더십 유형이 작업집단의 업적과 만족에 미치는 효과를 규명하는 연구를 시행하여 2개의 리더 유형을 도출하였다.

첫째 유형은 **구조주도형**(initiating structure) 리더로서 하급자들을 직무중심으로 이끄는 리더 스타일이다. 이런 유형의 리더는 집단 구성원들 간의 관계를 규정하고, 조직화하며, 공식적 의사소통 경로를 설정하고, 과정을 달성하는 방법을 제시하는 데 주력한다.

둘째 유형은 **인간배려형**(considerate) 리더로서 부하의 의견을 존중하고, 자유로운 대화와 참여를 지원하는 리더 유형이다. 이러한 유형의 리더는 하급자들을 인간적 관계 중심으로 이끌며, 리더와 부하 간의 신뢰, 존중, 관계를 중시한다.

Ohio 대학 모형은 Michigan 대학 모형과 거의 유사한 분류체계를 가지는 것으로 보이지만 차이점이 있다. Michigan 대학 모형은 2개의 리더십 유형을 동일한 비중을 가지는 **양극단**으로 보았다. 그 의미는 어떤 리더가 직무중심적일 때 부하중심적일 수는 없다는 가정이다. 그러나 Ohio 대학 모형에서는 2개의 유형을 **병립가능**한 개념으로 보았다. 즉 한 리더가 구조주도적이면서 배려적인 행위를 동시에 보일 수 있다는 것이다.

그림 11-1 Ohio 대학 모형의 네 가지 리더십 유형

즉, Ohio 대학 연구자들은 '구조주도'와 '배려'의 개념을 조합하여 네 가지 리더십 유형을 도출하였다.[3] I 유형은 '고 구조주도-저 배려형', II유형은 '고 구조주도-고 배려형', III유형은 '저 구조주도-고 배려형', IV유형은 '저 구조주도-저 배려형'이다.

연구 결과, 어떤 경우에는 구조주도 성향이 주로 높은 리더가 효과적임을, 다른 경우에는 배려가 주로 높은 리더가 효과적일 수 있는 것으로 나타났다. 가령, 구조주도 성향이 높은 리더는 생산성과 성과 증진을 유도하는 영향력이 크고, 배려가 높은 리더는 결근이나 이직을 막아 조직의 안정과 지속적인 생산성 유지에 기여할 수 있는 것으로 나타났다. 그러나 대체로 가장 바람직한 리더십 스타일은 고 구조주도-고 배려형 리더인 것으로 밝혀지고 있다.[4]

4) 관리격자(Managerial Grid) 이론(1964년)

이것은 Blake와 Mouton이 Ohio 대학 연구 개념을 기초로 개발한 리더십 훈련 프로그램이다. '구조 주도'와 '배려' 대신에 '**생산에 대한 관심**(concern for production)'과 '**인간에 대한 관심**(concern for people)'이라는 용어를 사용하면서 각 차원을 9등분하고 리더의 대표적인 행동 유형을 다섯 가지로 분류하였다.

(1.1)형은 '**무관심형**'으로 업무에 대한 관심도, 인간에 대한 관심도 없는 리더 유형이다. (9.1)형은 '**과업지향형**'으로 업무에 대한 관심은 지극히 크지만 부하에 대한 관심과 배려는 없는 유형이다. (1.9)형은 '**인간관계형**'으로 부하에 대한 배려와 관심은 높지

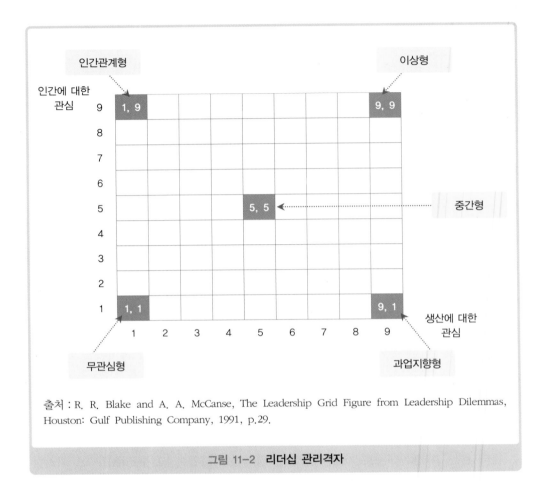

출처 : R. R. Blake and A. A. McCanse, The Leadership Grid Figure from Leadership Dilemmas, Houston: Gulf Publishing Company, 1991, p.29.

그림 11-2 리더십 관리격자

만 업무에 대해서는 관심을 가지지 않는 리더 유형이다. 이러한 리더를 일명 '컨트리클럽형'으로 부르기도 한다. (5.5)형은 '**중간형**'으로 일에 대해서도 사람에 대해서도 적당한 관심과 주의를 기울이는 유형이다. 끝으로 (9.9)형은 '**이상형**'으로서 업무와 성과에 대한 관심도 매우 높고 부하에 대한 관심과 지지도 높은 바람직한 리더 유형이다.

관리격자 모형은 현실의 리더가 어느 좌표에 해당하는지 부하나 동료, 본인을 평가해 봄으로써 이상형에 이르기까지 부족한 부분을 보충하고자 노력하는 리더 훈련 프로그램으로 활용할 수 있다. 즉 (9.9)형의 이상형을 목표로 체계적이고 단계적인 리더 행동개발을 유도할 수 있는 것이다.

5) PM 리더십 모형(1966년)

이것은 일본 학자 미쓰이가 역시 Ohio 대학 연구 개념을 기초로 개발한 리더십 훈련 프로그램이다.[5] 이번에는 '구조 주도'와 '배려' 대신에 '**성과지향**(performance orientation)' 과 '**유지지향**(maintenance orientation)'이라는 용어를 사용하면서 pm(저성과-저관계 지향), pM(저 성과-고 관계 지향), Pm(고 성과-저 관계 지향), PM(고 성과-고 관계 지향) 의 4개 리더십 유형으로 분류하였다.

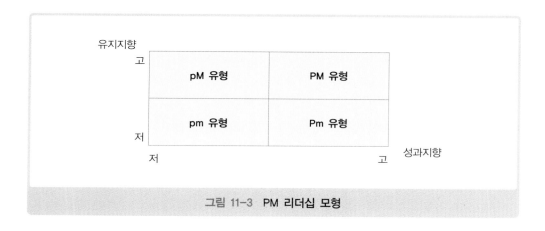

그림 11-3 PM 리더십 모형

연구 결과 PM형 리더가 집단 사기와 성과 측면에서 가장 우수하다는 결론이 도출 되었다. 또한 성과지향(P)은 효과적 리더십에 필수적이지만 같은 강도의 유지지향 성향 (M)이 동반되지 않으면 유효성을 거둘 수 없다고 보았다. 이것은 리더로부터 성과에 대한 강조와 함께 관계 노력이 주어지면 부하들은 리더의 행위를 압력으로 느끼지 않고 도와주어야 한다거나 무엇인가를 전수받아야 한다고 생각하는 것임을 알 수 있다.

앞에서 리더십 특성이론이 리더를 확보함에 있어 선발에 의존할 수밖에 없는 반면, 행위이론에서는 리더십은 개발할 수 있다고 봄으로써 이론에 기반한 다양한 리더 훈련 프로그램이 등장하게 되었다.

3. 상황이론

특성이론과 행동이론은 어떤 상황에서도 일정한 특성이나 행동만 보여 주면 리더십 효과가 높아진다는 개념이었다. 그런데 많은 실증연구 결과 보편적으로 효과적인 리더십이란 존재하지 않고 리더십의 유효성은 상황변수의 조건에 따라 달라질 수 있다는 것을 발견할 수 있다.

이러한 맥락에서 리더십은 어느 하나의 변수가 아닌 다양한 요인의 영향을 받을 수 있다는 주장이 Fiedler에 의해 제기되었다. 이러한 리더십 상황이론은 리더의 자질이나 태도, 부하의 태도나 능력, 리더십이 이루어지고 있는 조직 내외의 환경 등이 상호작용하여 리더십의 효과가 나타난다는 것이다.

1) Fiedler의 상황이론(1967년)

이것은 상황을 고려한 최초의 리더십이론으로서 리더십의 과학적 연구 시도에 중요한 기여를 하였다. 상황이론에서는 집단의 성과가 **리더**의 성격 특성과 **상황**의 호의성 간의 **상호작용**에 의해 나타나며, 이에 따라 리더십의 효과성이 결정된다고 가정하였다.

Fiedler(1967)는 리더의 유형을 파악하기 위한 방법으로 **LPC**(Least Preferred Co-worker) 척도를 개발하였다. LPC 척도는 리더로 하여금 가장 함께 일하고 싶지 않은 부하를 떠올리게 하여 18개 항목에 대해 평가하게 하는 기법인데, 여기서 그 동료에 대해 가혹한 평가(57점 이하)를 한다면 그는 **과업지향적인 리더**이고, 관대한 평가(64점 이상)를 한다면 **관계지향적인 리더**라고 간주할 수 있다.[6]

그런 다음 상황의 **우호성** 여부를 측정하는 것이 필요하다. 상황 우호성 요소는 세 가지 차원에서 접근할 수 있다. 첫째, **리더와 부하 관계**이다. 이것은 리더에 대해 부하가 가지고 있는 신뢰나 존경 정도로서 부하가 리더를 받아들이는 정도이다. 부하들이 리더를 신뢰하거나 따를수록 리더는 부하에게 영향력을 쉽게 행사할 수 있다.

둘째, **과업구조**이다. 이것은 과업의 일상성 또는 체계성 정도를 의미하는 것으로 과업 요구조건의 명백성, 과업수행 방법의 다양성, 과업수행 후 결과를 알 수 있는 정도, 과업에 대한 해답이나 결과가 존재하는 정도이다. 이러한 과업구조화가 높을수록 리더의 감독과 영향력 행사가 쉽다.

표 11-2 LPC 조사 항목

귀하가 과거 또는 현재에 함께 일한 동료나 부하들 중 함께 일하기가 가장 싫은 사람을 떠올려 주십시오. 그리고 다음의 특징에 대해 그(그녀)를 떠올릴 때 드는 느낌을 체크해 주십시오.

										점수
유쾌함	8	7	6	5	4	3	2	1	유쾌하지 않음	_____
친근함	8	7	6	5	4	3	2	1	친근하지 못함	_____
수용하는 태도	8	7	6	5	4	3	2	1	거부하는 태도	_____
여유로운 태도	8	7	6	5	4	3	2	1	긴장하는 태도	_____
가깝게 느껴짐	8	7	6	5	4	3	2	1	멀리 느껴짐	_____
따뜻함	8	7	6	5	4	3	2	1	냉정함	_____
지원적인 태도	8	7	6	5	4	3	2	1	적대적인 태도	_____
흥미로움	8	7	6	5	4	3	2	1	권태로움	_____
조화로운 태도	8	7	6	5	4	3	2	1	갈등적인 태도	_____
명랑함	8	7	6	5	4	3	2	1	우울함	_____
개방적인 태도	8	7	6	5	4	3	2	1	패쇄적인 태도	_____
충성함	8	7	6	5	4	3	2	1	배신함	_____
믿음직함	8	7	6	5	4	3	2	1	믿을 수 없음	_____
배려하는 태도	8	7	6	5	4	3	2	1	이기적인 태도	_____
신사적임	8	7	6	5	4	3	2	1	비열함	_____
동조적인 태도	8	7	6	5	4	3	2	1	반대하는 태도	_____
성실함	8	7	6	5	4	3	2	1	불성실함	_____
친절함	8	7	6	5	4	3	2	1	불친절함	_____

* 합계가 64점 이상이면 관계지향적 리더 스타일, 57점 이하이면 과업지향적 리더 스타일

출처 : F. E. Fiedler, *A Theory of Leadership Effectiveness*, New York : McGraw-Hill, 1967.

셋째, **지위권력**이다. 이것은 리더의 지위에 따른 권력으로서 부하에 대한 보상과 처벌을 결정할 수 있는 권한이다. 이러한 영향력이 높을수록 리더십 행사가 쉽다.

다음 그림에서 상황 호의성이 중간(상황 4, 5, 6)일 때 관용적이고 관계지향적인 리더십이 적절하다는 실증연구가 나타나고 있다. 반대로 상황 호의성이 매우 좋거나(상황 1, 2, 3) 나쁠 때(상황 7, 8) 과업중심적 리더십이 긍정적 성과를 가져온다는 연구 결과가 보고되고 있다.

Fiedler의 주장에 따르면 리더십의 효과를 높이기 위해서는 두 가지 선택이 가능하

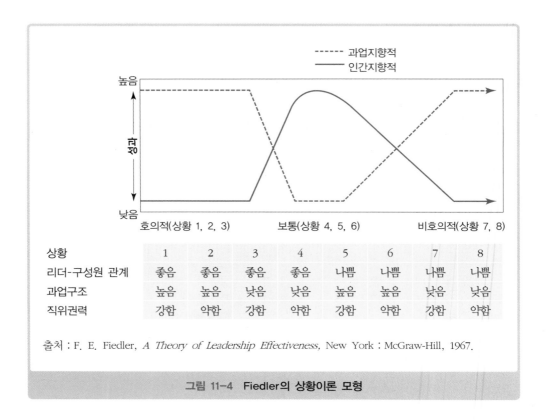

상황	1	2	3	4	5	6	7	8
리더-구성원 관계	좋음	좋음	좋음	좋음	나쁨	나쁨	나쁨	나쁨
과업구조	높음	높음	낮음	낮음	높음	높음	낮음	낮음
직위권력	강함	약함	강함	약함	강함	약함	강함	약함

출처 : F. E. Fiedler, *A Theory of Leadership Effectiveness*, New York : McGraw-Hill, 1967.

그림 11-4 Fiedler의 상황이론 모형

다. 먼저 리더가 자신이 처한 상황에 따라 리더십 스타일을 바꾸는 것으로 리더십 개발을 위한 교육·훈련을 실행하는 것이다. 다음으로 상황을 바꾸는 것이 가능한데 상황에 해당하는 리더-부하의 관계, 과업구조, 지위권력을 변화시키는 것이다.

2) House의 경로-목표 이론(1971년)

House는 기대이론에 근거하여 리더의 행동이 부하의 **기대감**(노력-성과 간의 기대감, 성과-결과 간의 수단성, 보상의 유의성)을 충족시켜 동기유발과 직무만족을 이끌어 내는 과정을 설명하고자 하였다.[7]

House는 리더의 행동이 부하의 동기유발 및 직무만족에 미치는 영향을 설명하면서 **목표**에 대한 **기대**를 높여 주고, 그 목표를 향한 **경로**를 제시하거나 보다 용이하게 하는 **상황적 조건**을 조성하는 것이 리더의 기능이라고 보았다.

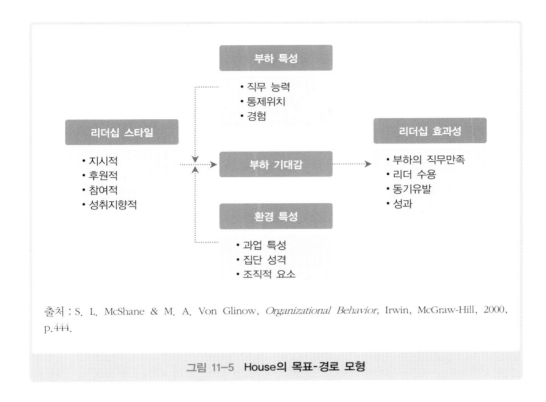

출처 : S. L. McShane & M. A. Von Glinow, *Organizational Behavior*, Irwin, McGraw-Hill, 2000, p.444.

그림 11-5 House의 목표-경로 모형

이러한 경로-목표 관계를 명확히 해 주는 기능과 경로-목표 관계를 촉진시키는 기능에 따라 리더십을 네 가지 유형을 분류하는 것이 가능하다. 첫째, **지시적 리더십**(directive leadership)으로 조직화, 통제, 감독과 관련되는 행위, 규정, 작업일정을 수립하고 직무명확화를 기한다. 둘째, **후원적 리더십**(supportive leadership)으로 부하의 복지와 욕구에 관심을 가지며 배려적이다. 셋째, **참여적 리더십**(participative leadership)으로 하급자들과 상의하고 의사결정에 참여시키며, 팀워크를 강조한다. 넷째, **성취지향적 리더십**(achievement leadership)으로 도전적 목표를 가지고 잠재력을 개발하며 최우수를 지향하도록 유도한다.

다음으로 상황요인의 파악이 필요한데, 상황요인은 부하의 특성과 과업환경으로 구성된다. 이러한 상황요인에 따라 적절한 리더십은 달라진다.

먼저, 부하의 특성은 다시 부하의 능력, 부하의 성향, 부하의 욕구로 구성된다. 부하가 자신의 능력을 높이 평가할수록 지시적 리더십을 거부한다. 부하의 성향이 **내재론**

자일수록 참여적 리더십을 선호하나, **외재론자**일수록 지시적 리더십을 선호한다. 또한 욕구에 있어 **하위욕구**가 강할수록 지시적 리더십의 수용도가 높고, **상위욕구**가 강할수록 후원적 리더십의 수용도가 높다. 특히 **독립심**이나 **자율성**의 욕구가 강할수록 참여적이고 성취지향적인 리더십을 선호한다.

과업환경과 관련하여 부하의 과업, 집단의 성격, 조직적 요소의 세 가지를 고려하는 것이 필요하다. 부하의 과업이 **구조적**일수록 후원적·참여적 리더십이 바람직한데 이는 일상화된 과업으로 인한 좌절감을 감소시켜 주기 위해서이다. 반대로 과업이 **비구조적**이라면 혼란이 일어날 수 있으므로 지시적 리더십이 좋다. 다음으로 집단의 성격이 **형성기**라면 지시적 리더십이, **정착 및 안정기** 이후라면 후원적·참여적 리더십이 적절하다. 끝으로 조직적 요소에 있어 **긴급한** 상황에서는 지시적 리더십이 바람직하며, **불확실성**이 수반되는 경우에는 참여적 리더십이, 또한 리더와 구성원 간 **상호작용**이 필요할 때라면 후원적 리더십이 바람직하다.[8]

House는 네 가지 리더십 스타일이 부하 특성과 과업환경에 따라 다른 결과를 낳는다고 주장하였다.[9] 요약하면 부하 특성과 과업환경 요소를 고려하여 적절한 리더십 행동 유형을 선택함으로써 부하의 성취동기를 자극하고 성과와 만족감을 높일 수 있도록 하는 것이 필요하다.

3) Hersey와 Blanchard의 성숙도이론(1977년)

Hersey와 Blanchard는 부하의 성숙 수준에 따라 적합한 리더십 행동을 취함으로써 부하의 역량을 향상시켜야 한다고 보았다. 이들은 리더의 행위를 Ohio 대학 연구 개념을 기초로 과업중심과 관계중심으로 설정하여 각 축을 고-저로 나누어 네 가지 리더십 스타일을 제시하였다.[10]

첫째, **지시적**(telling) 스타일은 부하에게 기준을 제시하며, 일방적 커뮤니케이션에 의존하고, 리더중심의 결정을 취하는 리더 유형이다. 둘째, **지도적**(selling) 스타일은 결정사항을 부하에게 설명해 주고, 쌍방적 커뮤니케이션을 취한다. 셋째, **참여적**(participating) 스타일은 정보를 부하와 함께 공유하고, 부하와의 인간관계를 중시하며, 부하를 의사결정에 참여시킨다. 넷째, **위임적**(delegating) 스타일은 의사결정과 과업수행에

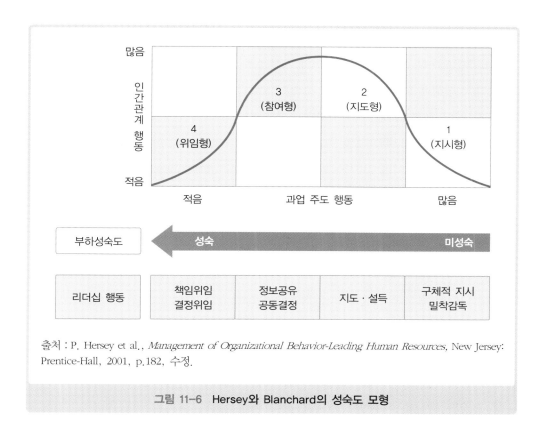

출처 : P. Hersey et al., *Management of Organizational Behavior-Leading Human Resources,* New Jersey: Prentice-Hall, 2001, p.182, 수정.

그림 11-6 Hersey와 Blanchard의 성숙도 모형

대한 책임을 부하에게 위임해 주며, 부하의 자율적 행동과 자기통제를 강조한다.

다음으로 상황변수는 부하의 **성숙도**(maturity)이다. 이것은 부하의 성취욕구, 책임감, 교육과 경험 정도를 일컫는 개념으로 부하의 **일**에 대한 **능력**과 **의지**에 따라 M1, M2, M3, M4로 나타낼 수 있는데 후자로 갈수록 성숙도가 높다는 의미이다.[11]

위 그림에서 부하의 성숙도에 따른 적합한 리더십 유형은 종 모양의 곡선(bell curve)을 따라 이동한다. **M1**에서 부하의 상황은 직무를 수행할 능력과 의지가 모두 없는 경우로 **지시적 리더십**이 적합하다. **M2**는 직무를 수행할 의지는 있으나 능력이 없는 경우로 **지도적 리더십**이 적절하다. **M3**의 경우 부하의 능력은 있으나 의지가 없는 경우로 **참여적 리더십**을 발휘하는 것이 효과적이다. **M4**의 경우 부하는 능력과 의지를 모두 가지는 상황이므로 **위임적 리더십**을 발휘할 수 있다. 즉 부하에게 위임하기 위해서는 부하의 성숙 수준이 매우 높아야 한다는 사실을 알 수 있다.

4) Vroom과 Yetton의 규범 모형(1973년)

Vroom과 Yetton은 의사결정 시 리더가 부하를 어느 정도까지 참여시킬 것인지를 상황에 따라 결정해야 한다고 주장하였다. 먼저 리더가 부하를 참여시키는 정도에 따라 다섯 가지 리더 유형을 나눌 수 있다.

A1형(autocratic 1, 독재 1형 또는 순수독재형)은 리더가 자신이 가진 정보를 이용하여 단독으로 결정하거나 문제를 해결하는 유형이다. **A2형**(autocratic 2, 독재 2형 또는 참고독재형)은 리더가 부하로부터 정보를 얻어 단독으로 결정하거나 문제해결하는 유형이다. **C1형**(consultative 1, 자문 1형 또는 개별협의형)은 리더는 부하와 일대일의 관계에서 문제를 공유하고 의견을 들은 후 결정한다. 최종 결정에는 부하의 의견이 반영될 수도 있고 반영되지 않을 수도 있다. **C2형**(consultative 2, 자문 2형 또는 집단협의형)은 리더는 집단토론을 통해 아이디어나 제안을 얻고 문제를 공유하나, 결정은 리더가 단독으로 행하는 경우이다. 최종 결정에는 부하의 의견이 반영될 수도 있고 그렇지 않을 수도 있다. **G2형**(group 2, 집단 2형 또는 위임형)은 리더는 부하 그룹과 문제를 공유하고 모든 토론자는 대안을 제시하고 평가할 수 있다. 리더는 압력을 가하지 않으며 공동 결정된 사항을 이행한다.

그러면 이러한 리더십 전략 중 어느 것이 가장 효과적일까? 이것은 문제나 상황에 의존하게 된다. 상황 진단과 관련하여 2개 기준과 8개의 규칙으로 측정할 수 있다. 첫째 기준은 **의사결정의 질**과 관련한 속성으로 의사결정의 중요성, 리더의 정보수준, 문제의 구조화 여부, 부하의 정보수준과 관계된다. 둘째 기준은 **의사결정의 수용**과 관련된 속성으로 부하 수용의 필요성, 리더 결정의 수용 가능성, 부하의 조직목표 공유, 부하 간 갈등으로 구성된다.

다음 그림과 같은 **의사결정 나무**(decision-making tree)를 활용하여 특정 상황에 가장 적합한 최적의 리더십 스타일에 도달할 수 있다. 이 방식은 신속하게 의사결정에 이르게 하는데, 리더는 질 높은 대안을 선택하고 선택된 대안을 부하들이 잘 수용할 수 있도록 노력해야 한다.

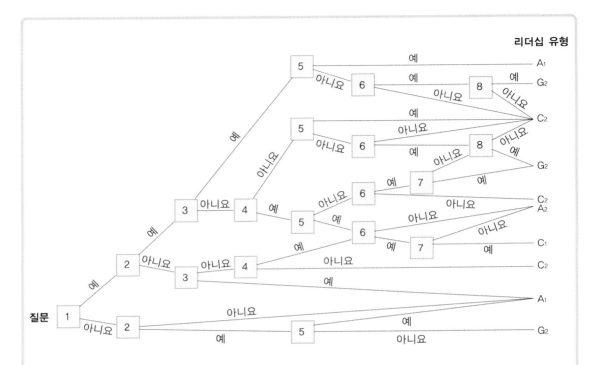

리더십 유형

질문

의사결정의 성격과 관련한 항목

1. 의사결정의 중요성 : 해야 할 의사결정이 중요한 것인가?
3. 리더의 상태 : 리더는 충분한 정보와 기술을 가지고 있나?
4. 문제의 상태 : 결정해야 할 문제가 확실히 정의되어 있나?
8. 부하의 상태 : 부하들이 충분한 정보를 가지고 있나?

의사결정의 수용성과 관련한 항목

2. 부하의 참여 : 의사결정 과정에 부하가 참여하는 것이 중요한가?
5. 부하의 복종 : 부하들이 리더십에 잘 따르는가?
6. 부하의 이해 : 부하들이 조직의 목표를 잘 이해하고 있나?
7. 갈등 정도 : 부하들의 의견대립 가능성이 높은가?

출처 : V. H. Vroom & P. W. Yetton, *Leadership and Decision Making*, The University of Pittsburgh Press, 1973.

그림 11-7 Vroom과 Yetton의 규범 모형

제3절 현대 리더십의 이슈

1. 리더십의 새로운 주제

1) 신뢰에 기반한 리더십

신뢰는 리더십의 중요한 전제 조건으로서 리더에 대한 부하의 신뢰가 충분히 형성되지 않으면 효과적인 리더십은 구축되지 않는다. 즉 리더가 부하를 활용하기만 하고 부하를 배려하지 않고 성장에 관심을 가지지 않는다면 부하는 리더를 신뢰할 수 없게 된다. 그 결과 리더는 부하로부터 충분한 아이디어와 협력을 구할 수 없다.[12]

지식근로자의 증가와 정치·경제·사회 제도의 발달로 인해 과거와 같은 권위주의적이고 통제적인 리더는 사회에서 점점 수용되지 않는 추세이다. 더욱이 리더가 구성원에 대해서는 조직에 대한 충성과 희생을 요구하면서 스스로는 일관성 없고 이기적인 행위를 한다면 구성원의 이해와 노력은 기대할 수 없을 것이다.

시대가 변화함에 따라 리더는 부하의 욕구를 파악하고 정서적으로 상호작용하며 대등한 관계를 형성하여 **부하의 신뢰**를 얻는 것이 중요해지고 있다. 리더십의 기반이 권위에 의한 신의가 아닌 이해를 바탕으로 한 신뢰로 이동하고 있는 것이다.

2) 변혁적 리더십

기존의 리더십이 조직 또는 리더의 유인에 대한 부하의 기여라는 교환관계를 기본 논리로 하였다면 현대의 리더들은 부하를 근본적으로 변혁시키는 방향으로 지휘하고 있다. 즉 개인적인 배려와 지적인 자극, 영감 부여를 통해 창의력을 발휘하도록 이끄는 것이다.

조직을 둘러싼 환경변화가 커지고 경쟁이 증가함에 따라 조직구성원의 의식과 행동을 근본적으로 변화시킴으로써 조직의 활력과 성과를 증가시키고자 등장한 것이 변혁적 리더십이다.

변혁적 리더는 과업에 대한 지시와 명령보다는 미래의 비전을 제시하고 자긍심과 성취감을 유발시킨다. 부하들 개개인에 대한 관심을 가지며 각자의 상황에 맞게 리더십을 발휘하며 문제해결 능력을 육성시킨다.

변혁적 리더의 주요 특성은 세 가지로서 첫째, 리더와 부하 간에 **감정적 연대감**을 형성하는 것이다. 둘째, 리더는 부하가 문제해결에 적극적이고 도전적인 자세를 가질 수 있도록 **지적인 자극**을 부여한다. 이러한 자극을 통해 부하들은 자신의 능력과 역량을 새로 발견하게 된다. 셋째, 리더는 부하에 대해 **개별적인 관계**를 형성한다. 이를 통해 부하들은 리더와 특별한 관계를 가지며 격려받고 있다고 믿게 된다.[13]

또한 변혁적 리더는 스스로 문제해결 능력을 보여 주거나 창의적인 아이디어를 제시하면서 조직 구성원으로 하여금 행동에 자극을 주고 변화를 이끌어 낸다. 아울러 리더 자신의 관리와 개발에도 적극적이다.[14]

3) 유연한 리더십

최근 조직은 기존의 경직적이고 수직적인 구조에서 벗어나 유연하고 수평적인 조직설계를 추구하고 있다. 조직계층 수는 축소되고 구성원의 권한과 자율성은 커지고 있다. 따라서 리더십도 과거와는 다른 방식을 요구받고 있다. 즉 **정보**를 **공유**하고, **권한**을 **위임**하며, 개입을 자제하고 필요한 시점에 지원자 역할을 행하는 것이 중요해지고 있다.

수평적이고 자율적인 운영을 강조하는 팀제 조직이 증가함에 따라 소위 '팀장 리더십'이 요구되고 있다. 그 내용은 첫째, 팀리더는 **대외관계 조정자**(liaison with external constituencies)로서 팀을 대변하고, 자원을 확보하고, 정보를 수집·전파하는 역할을 한다. 둘째, 팀리더는 **문제해결자**(troubleshooter)로서 팀이 직면한 문제를 해결하는 노하우, 지혜, 통찰력을 제시한다. 셋째, 팀리더는 **갈등관리자**(conflict manager)로서 조직 내 갈등이 발생할 때 그 원인을 분석하고 원만한 해결책을 제안한다. 넷째, 팀리더는 **코치**(coach)로서 팀의 사기와 성과를 높이기 위해 지도, 동기부여, 지원을 행한다.[15]

4) 멘토링

조직과 리더는 구성원이나 신입자에 대해 통솔자, 명령자로서의 역할도 중요하지만 **조언자, 상담자**로서의 역할도 중요하다. 최근 직장의 상급자들은 부하들과 개별적인 교류관계를 형성하여 인생과 직장의 선배로서 업무를 지도, 훈련시키고 인간관계와 조직생활에 대한 폭넓은 경험을 전수하는 멘토링을 형성하는 경우가 많다.

이때 리더와 하급자와의 관계는 **멘토**(mentor)-**멘티**(mentee) 관계를 형성한다. 멘토

표 11-3 훌륭한 멘토의 조건

- 대화와 경청 기술이 좋은 사람
- 조직의 비전과 장기목표에 대해 잘 알고 있는 사람
- 사람관리를 성공적으로 하였거나, 특별 태스크팀 책임자로 일한 경험이 있는 사람
- 한 가지 이상의 전문 분야 스킬을 갖춘 사람
- 구성원의 호의와 존경을 받는 사람
- 여러 분야에 넓은 인적 네트워크를 가진 사람
- 기꺼이 타인의 성장을 책임지고자 하는 의지를 가진 사람

출처 : 마고 머레이 저, 이용철 역, 멘토링―오래된 지혜의 현대적 적용, 김영사, 2005.

는 사람들에게 멘티를 알리고 보호하는 후견인 역할을 하는 한편, 때로는 도전적인 일을 부여하고 코칭하는 동기부여자의 역할을 하게 된다. 장기적인 멘토링이 이루어질 때 멘토는 자부심을 가지게 되며 멘티는 멘토에 대해 감사와 신뢰를 가지게 된다. 또한 멘토가 가진 인적 네트워크에 포함되는 등 혜택을 누리게 된다.

멘토는 멘티의 욕구에 따라 혹은 멘토링 관계의 발전에 따라 여러 가지 역할을 맡게 되는데 주요한 역할은 변화관리인, 경청자, 질문자 등이고, 상황에 따라 동맹자, 촉진자, 카운슬러, 교사, 길잡이, 보호자, 모델 등이 될 수 있다.[16]

2. 현대 리더십이론

1) 셀프 리더십(self leadership)

이것은 조직 내에서 리더만이 아니라 구성원 모두가 스스로를 관리하고 이끌어가는 리더십 능력을 발휘해야 한다는 이론이다. 셀프 리더십에서 부하는 **자기방향성**과 **통제력**을 가지고 자신을 리드하는 역할을 하며, 리더는 부하들이 그러한 능력을 가지도록 촉진하고 지원하는 역할을 한다.

이와 같이 부하들을 스스로 판단하고 실천하며 결과에 대한 책임을 질 수 있는 셀프 리더로 만드는 리더를 **슈퍼 리더**라고 부른다. 슈퍼 리더는 '조직 구성원들이 자율경영하는 것이 가능하도록 부하를 육성하고 권한을 위임하는' 특성을 가진다. 따라서 슈

표 11-4 셀프 리더십의 등장 배경

> - 과거의 리더는 정복자였지만 현대의 리더는 일을 촉진하고 쉽게 만드는 사람이다.
> - 과거의 리더는 명령하고 통제했지만 현대의 리더는 권력을 위임하고 지도한다.
> - 과거의 리더는 존경을 요구했지만 현대의 리더는 자기 스스로 북돋우고 격려한다.
> - 과거에는 리더가 결정을 내렸지만 현대는 팀이 결정하고 창의성이 이끌어 간다.
> - 과거의 부하는 복종하는 존재였으나 현대의 부하는 고객이다.
> - 과거의 리더는 지도·감독했지만 현대의 리더는 권한을 위임한다.

출처 : 대니스 웨틀리 저, 김동림 역, 성공을 부르는 셀프 리더십, 프레스빌, 1996.

퍼 리더는 부하 직원들의 잠재능력이 최대한 발휘될 수 있도록 자극을 주고 스스로 모범을 보임으로써 궁극적으로는 관리의 필요가 없는 수준으로 구성원의 역량을 키운다.

슈퍼 리더가 되기 위해서는 첫째, 스스로 셀프 리더가 되어서 **모범**을 보여 줌으로써 부하의 자질 향상을 도모하는 역할모델이 되어야 한다. 문제를 찾아서 해결하는 적극적인 자세와 구체적 목표설정과 행동, 피드백과 같은 노력을 보여 주어야 한다. 둘째, 구성원들에게 직접 문제를 정의하고 해결책을 모색하도록 격려하고 **주도권**을 **부여**하며, 지원하는 역할을 해야 한다.

이처럼 슈퍼 리더가 부하의 잠재능력을 자극하고 개발하여 **동기부여**함으로써 구성원의 역량이 충분히 성숙되면 조직은 자율적으로 운영되면서도 더 높은 창의성과 성과를 발휘하는 상태에 이른다. 구성원 모두가 리더의 수준에 이르는 자질을 갖추도록 하는 것이 셀프 리더십의 궁극적 목표이다.

2) 서번트 리더십(servant leadership)

서번트 리더십은 **인간존중**을 바탕으로 구성원들이 업무수행에서 잠재력과 기량을 충분히 발휘할 수 있도록 도와주는 리더십으로서, 구성원들이 공동의 목표를 이루어 나가는 데 있어 정신적·육체적으로 지치지 않도록 환경을 조성해 주고 도와주는 리더십이라고 할 수 있다.

조직환경 변화에 따라 부하에게 명령하고 지시하는 기존의 전통적인 리더십 스타일보다 부하의 개인적 능력개발과 학습을 도와주는 섬기는 리더십과 같은 스타일이 중요해지고 있다. 세계적인 석학인 Peter Drucker는 그의 저서 미래경영(*Managing for the Future*)에서 "지식시대에는 기업 내에서 상사와 부하의 구분도 없어지며, 지시와 감독이 더 이상 통하지 않을 것이다."라고 언급하였다. 즉 오늘날 리더들은 부하들보다 우월하다는 생각을 갖고 일방적으로 부하들을 이끄는 기존의 지시적 리더십 대신 부하들을 위해서 헌신한다는 생각을 가지고 부하의 의견에 경청하고 공감하여 역량을 키워주기 위해 노력하는 자세가 요구된다.[17]

섬기는 리더는 자신을 서번트(servant) 또는 지원자(supporter)로 인식하여 조직에서 가장 가치 있는 자원을 사람이라고 보고 **경청**, **설득**, **대화**로 업무를 추진하고 공동체를 형성하고 권한위임을 하는 리더이다.[18] 섬기는 리더는 자신보다는 부하, 고객, 지역사회에 봉사하는 것을 우선으로 한다. 따라서 힘들거나 기피되는 업무를 기꺼이 수행하며 부하의 욕구충족에 충실하고 권한 위임에 적극적이다. 또한 자신에게 주어진 물질적 보상을 환원하기도 한다.

3) 카리스마 리더십(charismatic leadership)

카리스마적 리더십은 리더와 추종자 간에 상호의존적인 관계 속에서 형성되는 리더십을 일컫는다. 카리스마적 리더는 **강력한 감성적 영향력**을 행사하며, 추종자들은 자신들의 가치와 열망을 대변하는 리더에 대해 절대적인 지지와 신뢰를 나타낸다. 카리스마적 리더와 그의 추종자들은 서로 간에 강력한 정서적 유대를 형성하여 목표를 향해 일치된 노력을 기울이게 된다.

카리스마적 리더십에 있어 중요한 요소는 **비전**이다. 카리스마적 리더는 강렬한 열정을 통해 부하의 감정을 고무시키고 부하와 강력한 연대를 형성한다. 카리스마적 리더들은 잘 개발된 사회적·정서적 기술을 통해 부하들의 감정을 자신과 조직의 비전에 일치시킨다. 그리하여 부하들은 의심없이 리더를 수용하고 기꺼이 복종하며 조직의 미션에 정서적으로 몰입하게 된다.[19]

카리스마적 리더는 현실의 문제점을 비판하고 이상적 상태를 제시하며 목표를 달성할 수 있다는 강한 믿음을 추종자들에게 심어 줌으로써 복종과 충성, 그리고 높은 성과를 확보하는 리더십을 발휘하게 된다.

카리스마적 리더는 어떤 상황에서도 발생할 수 있지만 이들의 등장을 보다 용이하게 해 주는 상황적 요인들도 있다. 예컨대 **위기적 상황**이나 추종자들이 위기감을 느낄 때 카리스마의 형성이 보다 쉬워지며, 변화에 대한 추종자들의 욕구가 강할 때도 같은 현상이 발생할 수 있다. 그 외에도 **극적인 상징**을 필요로 하는 상황이나 이념적 목표를 구체화할 수 있는 계기가 주어졌을 때도 카리스마의 형성이 비교적 용이한 것으로 알려져 있다.

비전의 설정과 전파, 실천을 핵심으로 하는 카리스마적 리더십은 조직의 성과에도 상당한 영향을 미친다. 그러나 때로는 비현실적인 위험을 추구하거나, 카리스마가 독단으로 작용하여 집단을 현혹하고 부정적인 결과로 이끌고 가는 경우도 볼 수 있다.

4) 윤리적 리더십(ethical leadership)

최근 기업의 **사회적 책임**과 **윤리경영**의 중요성이 증가하면서 경영자가 정직한 방식으로 능력과 성과를 발휘하는지에 대한 관심이 증가하고 있다. 현대의 경영자는 이익과 시장 확대, 기업성장 능력만으로 평가받지는 않는다. 존경받는 경영자는 주주, 종업원, 원료업자, 소비자, 지역사회, 자연환경에 대한 기업의 책임과 적극적인 기여를 행사하는 리더인 것이다.[20]

최고경영자는 기업 의사결정에서 핵심적 역할을 하므로 경영자의 의지와 방침에 따라 윤리경영의 수준이 결정될 수밖에 없다. 기업윤리 수준을 향상시키기 위해서 경영자의 윤리적 가치관과 실천이 필요하다. 최고경영자는 조직윤리에 대한 기본 방침과 세부 행동지침을 정하고 조직과 구성원이 실천할 수 있는 풍토를 조성해야 한다.

윤리적 리더십을 형성하는 경영자의 요건은 다음과 같다.[21]

첫째, 기업이익과 기업윤리에 대한 균형적 사고와 행동을 취해야 한다.

둘째, 기업의 목적을 이익극대화가 아닌 기업의 장기적 성장과 발전을 목적으로 하는 시각과 미래지향적 윤리관을 가져야 한다.

셋째, 윤리관과 행동이 일치하고 모범적 실행을 통해 종업원과 공유할 수 있는 모습을 보여야 한다.

넷째, 기업조직의 윤리문제에 대해서는 철학과 지침을 통해 분명한 태도와 일관된 관리가 이루어져야 한다.

　　　　경영자의 윤리적 리더십은 대외적으로 기업의 이미지와 신뢰도를 높여 매출 증대와 고객만족을 가져올 것이며, 대내적으로는 조직 구성원의 자부심과 동기 증대를 통해 경영관리 각 부문의 질적인 향상을 가져와 기업의 장기적인 이익에 기여할 수 있다.

리더 자질의 원천은 무엇인가

■━━━━

세계적으로 인정받는 리더십의 권위자인 존 어데어 박사는 세계 최초의 리더십학과 교수이자 유럽 최초의 리더십 연구센터 설립을 주도하였다. 그는 1953년 영국 육군에 입대하여 익힌 리더십이 그의 리더십 연구의 출발이 되었음을 밝힌 바 있다.

　그는 1966년 육군사관학교 졸업식에서 엘리자베스 여왕이 연설한 내용을 인상깊게 기억하고 있다. "여러분은 이곳에서 장교란 무엇보다도 리더라는 사실, 즉 위험하고 불편한 상황, 그리고 자연과 기후, 인간이 만들어낼 수 있는 모든 시련에 직면해서도 사람들이 따를 수 있는 사람이 되어야 한다는 것을 배웠습니다. 리더십의 가장 훌륭하고 순수한 형태는 모범이며, '따르라'가 '앞장서라'보다 훨씬 훌륭한 명령이라는 점을 항상 명심하십시오. 리더가 되려면 부하들에 대한 헌신적인 책임감이 있어야 합니다. 그들의 생명이 여러분의 손에 달려 있으므로 그들은 여러분에게 인격과 전문적인 능력, 성실함을 요구할 권리가 있습니다."

　존 어데어 박사는 리더십을 '사람들의 집단이 특정한 행동과정을 따르도록 영향력을 미치는 기술, 즉 사람들을 통제하고 지휘하고 최상의 결과를 얻는 기술'이라고 정의하며, 리더십의 핵심은 인간관리(man management)에 있다고 주장하였다.

　존 박사는 인간관리를 위해 필요한 자질에 대해 다음과 같이 제시하였는데 그는 이러한 자질을 개발하는 방법은 따로 없으며, 경험만이 유일한 방법이라고 보았다.

결단력	의무감	에너지	위기상황에서의 침착성	유머	자신감	정의감	책임감
인간미	솔선수범	신체적 건강	과감한 지휘에 대한 자부심	열의	충성심		

출처 : 존 어데어 저, 이미숙 역, 리더는 어떻게 단련되는가, 청림, 2011, pp.18-113.

좋은 보스는 없다

순진한 직장인들은 가끔 보스에 대해 환상을 가진다. 이 세상 어딘가에 나의 진가를 알아봐 줄 좋은 보스가 있을 거라고 생각한다. 그러나 대부분의 보스는 나쁘다고 생각하는 것이 훨씬 현실적이다. 간혹 좋은 보스도 있지만 그런 경우는 매우 드물다. 세상의 모든 보스는 나쁜 보스 90%, 이상한 보스 5%, 좋은 보스 5%로 구분하면 틀림없다. 따라서 나쁜 보스는 도처에 존재한다. 내가 다니는 회사와 부서에만 유독 많은 것 같지만 다른 직장, 다른 부서에도 대부분 나쁜 보스다.

왜 나쁜 보스가 많을까? 나도 보스가 되면 나쁜 선배, 나쁜 상사가 될까? 아마 그럴 가능성이 높다. 보스는 기본적으로 자기 이익을 추구하는 사람이다. 그들도 조직에서 살아남아야 하기 때문이다. 경쟁은 전방위에서 일어나고 조직은 총성 없는 전쟁터가 된지 오래다. 보스는 주로 부하를 통해 실적을 내고 아이디어를 얻기 때문에 부하에게 좋은 사람이 되기 힘들다.

나쁜 보스가 가득한 세상이라면 부하들은 생각을 달리해야 한다. 나쁜 보스를 고객처럼 섬기는 것이다. 고객은 불평하는 사람이다. 칭찬보다는 비판에 능하고, 인정보다는 지적을 앞세운다. 까다로운 고객으로부터 인정받지 못하면 내 물건은 팔리지 않는다. 보스에게 인정받지 못하고 도움이 되지 않는 부하의 미래는 어둡다.

보스가 무엇을 원하는지 재빨리 감지하고,
보스가 무엇을 원하는지 반복해 확인하고,
보스가 기댈 수 있는 사람이 되어야 한다.

보스를 위해 하지 말아야 할 일
보스의 뒷담화에 휘말리지 마라.
다른 보스와 비교하지 마라.
유능함을 앞세워 보스를 위협하지 마라.

보스를 위해 하면 좋을 일
보스가 어려워하는 일을 대신 처리한다.
보스의 인맥을 파악하면 큰 도움이 된다.
가끔은 허점을 보인다.
무조건 일만 하는 사람은 도태된다.
충성심은 보스의 마음을 얻는 열쇠다.

출처 : 최경춘, 나쁜 보스, 위즈덤하우스, 2010, pp.18-113.

리더여, 의사결정권자가 아닌 인자한 선생님이 되라

─■─

제프리 페퍼 스탠포드대 경영대학원 교수는 조직행동론·리더십 분야의 최고 석학이다. 그는 조직 내 인적자원의 잠재력을 극대화하여 이를 경쟁우위로 삼아야 한다고 주장한다. 기술변화와 산업구조 변화에 조응하는 것 못지않게 사람에게서 얻는 경쟁력이 보다 지속가능한 기업 생존과 우위의 원천이 된다는 것이다. 그래서 조직의 리더 역시 성과창출을 위해 강한 힘으로 직원들을 통제하는 의사결정권자가 아닌 직원들의 잠재력을 끌어올릴 수 있는 '인자한 선생님'이 될 것을 권한다. 조직구성원들이 더 스마트해질 수 있도록 인자한 선생님이 되어 세심하게 가르쳐 주는 마음가짐이 필요하다는 것이다.

어떻게 가르쳐야 하는가?

가르침은 대화를 통해서 가능하다. 일상적인 대화를 통해 조직구성원들에게 스스로 어떻게 더 잘할 수 있을지에 대해 피드백을 주어야 한다. 또 직원들이 창의성을 가질 수 있도록 넓게 보고, 학습하고, 경험할 수 있는 기회를 충분히 제공해야 한다. 그래야 창의적인 아이디어를 떠올리기 위한 재료가 생겨난다. 창의성은 당장 유용하지 않더라도 나중에 다른 문제에 적용할 수 있는 자산이 된다.

리더는 어떤 노력을 해야 하는가?

리더는 의사결정을 통제하려는 힘을 포기하고 부하들이 의사결정을 할 수 있는 기회를 주어야 한다. 조직구성원들은 재량권이 주어져야 자신의 스킬과 잠재력을 최대치로 발휘하려 할 것이기 때문이다.

출처 : 정진우, 조철희, 이미영, 제프리 페퍼 교수가 말하는 '리더의 조건', 머니투데이, 2015. 3. 25, 재구성

사례 1 감성리더의 시대 : 리더의 말과 행동이 조직의 성과와 분위기를 좌우한다

리더의 감정은 전염되고 성과에도 영향

한 개인의 긍정 감성표현은 모방과 피드백과정을 통해 그들과 상호작용하는 사람들에게도 긍정적 감성 경험을 제공한다. 리더는 표정이나 언어를 사용하여 집단 고유의 정서적 분위기인 '집단 감성 환경(group affective tone)'을 형성한다. 집단 감성 환경은 언어나 비언어적 행동을 통해 활성화되고 강화되면서 조직 내 정서규범(emotion norm)으로 고착된다.

리더의 인정과 격려는 직원을 행복하게 하고 성과에도 긍정적 영향

리더가 자주 격려하는 조직은 그렇지 않은 조직에 비해 31%나 높은 성과를 창출하며, 리더가 구체적으

로 성과를 인정하고 칭찬할 때 성과향상 효과가 두 배로 증가한다는 연구 결과가 보고되고 있다. 그러나 한국 리더들은 칭찬과 격려에 인색한 편이다.

리더의 긍정적 감성뿐 아니라 부정적 감성도 강한 영향
에너지를 빼앗아 가는 리더와 일을 할 경우, 집단에는 부정적인 감성이 증폭되고 부하는 일에 집중하기 곤란해진다. 어떤 상사는 부하직원이 역량을 발휘하기 어려운 과제를 부여하고 도움 대신 감시와 비판을 일삼는다.

긍정적 피드백과 부정적 피드백의 적절한 제시가 중요
리더가 부하의 바람직한 행동과 성과에 대해서 적극적이고 긍정적인 피드백을 제공하게 되면 내재동기를 촉진하고 몰입을 제고할 수 있다. 칭찬과 같은 긍정적인 피드백에 있어서는 올바른 표현방식이 중요

하다. 즉 지능보다 노력과 전략을 칭찬하며, 구체적으로 칭찬하고, 칭찬할 이유가 있을 때만 칭찬해야 한다.

한편 부정적 피드백을 할 때도 지지적인 의사소통을 사용해야 한다. 지지적 의사소통이란 부정적 피드백을 제공하면서도 긍정적인 관계를 강화하는 소통방법이다. 즉 부하의 실수에 대해 '너는 틀렸어', '너는 무능해'와 같은 평가적 발언 대신 발생한 사건이나 고쳐야 할 행동 등 상황을 객관적으로 지적하는 것이 필요하다. 또 옳고 그름을 따지기보다 양자가 수용할 수 있는 대안 제시에 초점을 맞추는 것이 바람직하다. 논의의 초점을 사람이 아닌 문제 해결에 두게 되면 상대의 부정적 감정을 줄이면서 잘못된 행동과 판단을 만회하게 하는 아이디어를 스스로 내도록 유도하게 된다.

출처 : 예지은 · 진현 · 서의정 · 김명진 · 류지성, '직장인의 행복에 관한 연구', 삼성경제연구소 SERI 연구보고서 (2013. 8)에서 발췌

토의

■———

1. 리더가 자신의 감정 조절을 잘하지 못하고, 부하와 소통하고 배려하는 능력이 부족할 경우 조직에는 어떤 문제가 발생하겠는가?

2. 자신의 행동에 대해 부모, 선생님, 조직 리더로부터 긍정적 피드백과 부정적 피드백을 받은 후 그것이 자신의 다음 행동에 어떤 영향을 미쳤는지 돌이켜 보고 그 피드백의 효과성을 평가해 보자.

사례 2 야구감독 김성근의 리더십 철학 : 마음을 움직여야 진짜 리더다

김성근 감독은 OB, LG, SK, 한화 등 프로야구 6개 팀 감독을 역임하며, 야구에 대한 이해와 열정 등 모든 부분에서 최고로 평가받고 있다. 야구팬들에게 김성근 감독은 지옥훈련, 이기는 야구와 재미없는 야구, 고독한 승부사 쯤으로 각인되어 있지만 조금 더 들여다보면 선수 발굴, 교육훈련과 육성, 보상을 확실히 하는 인사의 달인임을 알 수 있다. 그가 밝히는 리더십 철학을 알아본다.

감독은 선수들을 잘 관찰해야 한다

감독의 관찰에는 세 가지가 있다.

첫째, 견(見)은 말 그대로 그저 보는 것이다.

둘째, 관(觀)은 자세하게 들여다보는 단계로 정보의 분류가 가능한 경지이다.

셋째, 진(診)은 환자를 진찰할 때 보는 눈이다. 선수의 작은 움직임을 통해 감춰진 것을 찾아내야 한다. 1cm, 1%를 보느냐, 못 보느냐가 중요하다. 투수의 팔 각도만 봐도 교체 타이밍을 판단할 수 있어야 한다. 진의 눈을 갖게 되면 가능한 경지이다. 진은 미래를 볼 수 있는 눈이다.

리더는 긴장감을 만들어서 가능성을 계속 열어 주어야 한다

감독에게 가장 어려운 일 중의 하나는 선수들과 팀에 지속적인 긴장감을 불러일으키는 일이다. 팀과 선수들에게 가장 큰 자극은 무엇에도 흔들리지 않는 '리더의 열정'이다. 리더가 가진 열정의 크기, 넓이, 깊이에 따라 조직원들이 영향을 받는다. 리더의 열정을 바탕으로 구성원들에게 구체적 목표를 제시해

야 한다.

야구 선수를 육성할 때 가장 중요한 덕목은 인내다

야구팀에 스타만 있는 것은 아니다. 대다수는 평범한 선수다. 하지만 그냥 평범한 선수들이 아니다. 언제든 리더가 발굴하면 꽃필 수 있는 잠재적 가능성을 가진 선수다. 리더는 그 가능성이 꽃필 때까지 기다려 주어야 한다. 리더는 항상 많은 사람들을 만난다. 그 사람의 가치를 먼저 알아채고 그 가능성을 발굴하는 것은 아무리 강조해도 지나치지 않은 리더의 필수 덕목이다. 선수들에게 가능성을 발굴하는 것은 간단하다. 그 정도의 눈을 가진 리더는 많다. 하지만 많은 리더가 유망주를 발굴한 다음에 기다리지 못한다. 조급함이 선수를 키우지 못한다. 더불어 리더는 지난 일로 선수를 평가해서는 안 된다. 지금 그 선수가 어떤 마음, 어떤 자세로 꿈을 꾸고 있는가를 보아야 한다.

사람은 누구나 자기를 알아주는 사람을 위해 헌신한다

리더는 선수가 오로지 야구에만 집중할 수 있도록 조건을 만들어 줘야 한다. 화살이 날아오면 화살을 막아 주고, 창이 날아오면 창을 막아 주어야 한다. 특히 감독은 선수가 힘들 때 짐을 나눠져야 한다. 그 사람의 짐을 다 들어줄 마음이 있어야 한다. 나아가 리더는 인재를 제대로 인정해 주어야 한다. 그것이 다른 사람들에게 '놀라운 예외'로 보일지라도 기준이 분명하면 된다. 팀이라는 기준 속에서 인재의 가능성을 펼치게 해 주어야 한다. 그것이 선수도 살고 팀도 사는 방법이다. 리더는 바로 그걸 하는 사람이다.

결국은 사람이다

리더는 편견이 없어야 한다. 마음을 열고 사람을 진실로 대해야 한다. 내가 야구를 하면서 가장 중요하게 생각하는 것은 바로 '사람'이다. 그냥 '사람'이 아니라 '그 사람'이라는 것이 핵심이다. 소중한 사람을 알아보고 키워 나가야 한다.

리더는 늘 앞서가야 한다. 선구자가 되어 아무도 가지 않은 길을 먼저 가지 않으면 길이 나지 않는다. 선수들을 이끌 수 없다.

리더는 선수들의 마음을 읽어야 한다. 항상 야구를 생각하고, 그 선수를 생각하며 마음을 읽어야 한다. 마음을 제대로 읽지 못하면 믿음이 생길 수 없다. 리더가 선수의 마음을 모르는데 어떻게 선수가 리더에게 신뢰를 주겠나?

출처 : 김성근(2013), 리더는 사람을 버리지 않는다, 이와우, pp.29-209.

토의

1. 김성근 감독의 리더십 철학에서 가장 감명 깊게 느낀 부분은 무엇인가? 또 기업 인적자원관리 차원에서 꼭 고려해 볼 필요가 있는 부분은 무엇이라 생각하는가?
2. K 기업은 게임 컨텐츠 개발과 유통으로 세계 시장을 점하고 있다. 이 회사는 미래를 대비하여 잠재성 높은 직원을 발굴하고 육성하는 것에 관심이 많다. 당신이 CEO라면 진(診)의 수준에서 부하를 관찰하기 위해 어떤 점을 눈여겨 보겠는가?

요약

리더십이란 목표를 달성하기 위하여 개인 및 집단을 조정하고 동기부여하는 능력으로 리더십 스타일은 리더의 독특한 성격이나 주변 환경요인에 의해 영향을 받는다. 대표적인 리더십 유형은 의사결정 과정 스타일에 따라 구분하는 독재형, 민주형, 자유방임형이나 리더에게 중시되는 역할에 따라 인간관계중심형, 직무중심형으로 구분할 수 있다.

리더십에 대한 연구는 경영자의 특성, 행동, 상황요인 등에 주목하며 특성이론, 행동이론, 상황이론으로 주요 연구 맥락을 형성하고 있다. '특성이론'은 리더의 특성과 리더십의 효과를 관련지어 설명하고자 성공적인 리더들이 가지고 있는 공통된 특성을 연구하여 개념화하였다. '행동이론'은 리더의 행동이 부하의 만족이나 성과에 미치는 영향을 연구한 이론으로 리더의 성공 여부는 몇 가지 행동 영역에 따라 결정된다고 보았다. 한편, '상황이론'은 리더는 주요한 행동 패턴을 가지되 조직이 처한 상황요인에 따라 그것의 성공 여부는 다르다는 것으로 다양한 상황요인을 규명하고 각 상황별로 긍정적인 성과를 가져온 리더십 행태를 분석하는 이론이다.

리더십의 새로운 주제로서 권위보다 신뢰에 바탕을 둔 리더십, 부하 스스로의 문제해결 능력을 강조하고 창의적 아이디어를 제시하고 자극하는 변혁적 리더십, 수평적이고 자율적인 팀제 조직에 적합한 유연한 리더십, 조언자와 상담자의 역할을 강조하는 멘토링 등이 등장하고 있다. 그 외 부하의 자기 방향성과 자기통제 능력을 향상시키는 셀프 리더십, 부하를 존중하고 공감하며 권한을 위임하는 서번트 리더십, 강력한 감성적 영향력을 발휘하는 카리스마 리더십, 사회적 책임과 윤리경영 능력을 강조하는 윤리적 리더십 등도 현대 리더십이론의 주요한 맥락을 형성하고 있다.

참고문헌

1) G. Jones, *Organizational Behavior* (4th), Harper Collins, 1996, p.309.

2) S. A. Kirpatrick & E. A. Locke, "Leadership: Do Traits matter?" Academy of Management Executive, Vol. 5, No. 2, 1991, pp.48-603.

3) E. A. Fleishman, "Performance Assessment Based on an Empirically Derived Task Taxonomy," Human Factors, 1967, Sep, pp.349-366.

4) S. P. Robbins, *Organizational Behavior* (11th), Pearson Prentice-Hall, 2005, p.336.

5) J. Misumi, *The Behavioral Science of Leadership: An Interdisciplinary Japanese Research Program,* Unv. of Michigan Press, 1985.

6) S. P. Robbins, opt. cit., 2005, p.339.

7) S. L. McShane & M. A. Von Glinow, *Organizational Behavior,* Irwin, McGraw-Hill, 2000, pp.442-443.

8) J. R. Gordon, *Organizational Behavior: A Diagnostic Approach* (6th), NJ: Prentice Hall, 1999, p.230

9) R. J. House, A path-goal theory of leader effectiveness, Administrative Quarterly No. 16., 1973, pp.322-338.

10) P. Hersey & K. H. Blanchard, *Management of Organizational Behavior:* Utilizing human resources (7th), NJ: Prentice Hall, 1996.

11) W. A. Randolph & R. S. Blackburn, *Managing Organizational Behavior: Homewood:* Irwin, 1989, p.319.

12) K. T. Dirks and D. L. Ferrin, "The Effects of Trust in Leadership on Employee Performance, Behavior, and Attitudes: A Meta-Analysis", Academy of Management Conference; Toronto, Canada, 2000.

13) A. Nahavandi 저, 백기복·박홍식·신제구 공역, 리더십 과학인가 예술인가, 선학사, 2000, pp.241-242.

14) S. P. Robbins, opt. cit., p.370.

15) Ibid, pp.368-369.

16) 마이클 J. 마쿼드·피터 론 저·원은주 역, 지식경영 시대의 새로운 리더 멘토, 이른 아침, 2005, p.144.

17) 차동옥, 왜 섬기는 리더인가, 월간 리더피아 No. 15, 2008. 5.

18) P. Block, Stewardship: Choosing Service over Self-interest, Berrett-Koehler, San Francisco, CA, 1993.

19) 이창준·윤정구, 정서적 리더십에 대한 한 이론적 모형의 검증 : 카리스카적 및 감성적 리더십, 집단정서, 집단효과성, 인사·조직연구 제15권 제3호, 2007. 9.

20) E. P. Hollander, "Ethical Challenges in the Leader-Follower Relationship," Business Ethics Quarterly, Jan, 1995, pp.55-65.

21) 이지훈·이종구, 경영자의 사회적 책임성과 윤리적 리더십에 관한 연구, 기업윤리연구 제5집, 2002. 9, p.62.

제 4 부

조직차원의 행동

조직문화

제1절 조직문화에 대한 정의

조직 내에 존재하는 것으로서 종업원들이 공통적으로 소유하고 있는 속성이나 시스템을 일컬어 조직문화라고 한다. 모든 조직은 조직 구성원들의 행위를 구성하는 기초가 되는 문화를 가지고 있다. 그렇다면 조직문화는 어떻게 만들어지고, 조직 구성원들의 사고체계, 태도 및 행위 등에 어떠한 영향을 미치는지, 나아가 조직문화는 어떻게 변화되며 또한 관리될 수 있는지에 대해 살펴보고자 한다.

1. Schein의 조직문화[1]

조직문화(organizational culture)는 한 조직을 다른 조직과 체계적으로 구별되게 해 주는 속성으로서 구성원들이 공유하는 의미체계로 정의할 수 있다. 이러한 조직문화는 조직

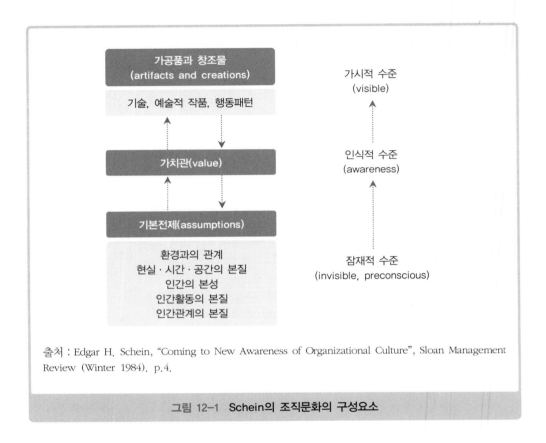

출처 : Edgar H. Schein, "Coming to New Awareness of Organizational Culture", Sloan Management Review (Winter 1984). p.4.

그림 12-1 Schein의 조직문화의 구성요소

내에서 역사적으로 형성되어 조직원들에게 영향을 미치는 가치관, 행동양식, 고유한 상징 및 특성, 관리관행, 경영이념 등으로 구성된다.

조직문화에 대한 정의로서 가장 보편적으로 수용되는 것은 Schein의 정의이다. Schein에 따르면 조직문화는 일정한 패턴을 갖는 속성으로서, "특정 집단이 외부환경에 적응하고 내적으로 통합을 형성 유지하는 과정에서 고안, 발견 또는 개발한 것들이다." 이러한 조직문화는 "오랜 기간 조직 구성원들에게 내면화되어 당연한 것으로 받아들여지며, 새로운 구성원들에게는 조직의 문제를 해결하는 적절한 방법으로 학습된다." Schein은 조직 구성원들의 조직문화에 대한 일반적 인식수준을 〈그림 12-1〉과 같은 구성요소와 이들 간의 상호작용으로 설명한다.[2]

가공품과 창조물(artifacts and creations)은 가시적으로 드러나는 물질적·상징적 및 행동적 창조물로서 기술과 예술적 작품, 도구, 제도와 규율, 전통과 신화 및 집단적 의례와 의식 등을 총체적으로 일컫는다.

가치관(value)은 조직의 구성원들 대부분이 의식·무의식적으로 내면화해 보편적으로 인식하고 있는 행동의 지침으로서 위에서 제시한 '가공품과 창조물'을 지배하는 요소들이다.

기본전제(basic assumption)는 가치와 밀접히 연관된 개념으로서 일반적으로 조직원들이 의식하고 있지 않는 선험적 가치(preconscious value)라고 할 수 있다. 기본전제가 되는 요소들은 조직 구성원들이 너무도 당연하게 받아들이는 가정이기 때문에 논의나 논쟁의 대상이 되지 않는다. 그럼에도 불구하고 이러한 기본전제는 조직 구성원들의 지각과 사고 등에 영향을 미침으로써 구성원들의 태도 및 행동형성에 결정적인 역할을 한다. 이러한 기본전제는 조직과 환경과의 관계, 현실·시간·공간의 본질, 인간의 본성, 인간활동의 본질 및 인간관계의 본질 등을 포함한다.

2. Pascale과 Peters의 조직문화

R. Pascale과 A. Athos[3] 그리고 T. Peters와 R. Waterman[4] 등은 조직문화의 구성요소를 공유가치, 전략, 구조, 시스템, 구성원, 리더십 스타일, 그리고 기술의 일곱 가지로 나누어 정의하고 이 가운데 가장 핵심적인 의미를 갖는 것으로서 '공유가치'를 주장한다(김성국, 2008; 박내회).

- **공유가치**(shared value) : 공유가치는 일곱 가지 조직문화의 구성요소들 가운데 가장 중요한 것으로서 전통적으로 조직이 가장 중요하게 간주해 왔고, 주입시켜 온 가치관, 개념, 전통가치 및 기본목적 등을 포함한다. 이러한 가치는 조직의 목표 설정과 구성원의 행동 패턴 등에 영향을 미침으로써 조직문화 형성에 가장 중요한 기여를 한다.
- **전략**(strategy) : 조직이 목적 달성을 위해 설정한 중장기적 계획과 이에 따른 조직의 자원배분 유형 및 방법을 포함한다. 조직의 중장기전 전망 및 방향 설정 등을 결정하는 중요한 요소로서 조직의 운영을 위한 결정적인 프레임의 역할을 한다.

표 12-1 **조직문화 구성요소로서의 7S**

공유가치(shared values)	가치관, 개념, 전통적 가치, 기본 목적
전략(strategy)	중장기 계획과 조직의 자원배분 유형
구조(structure)	직무설계, 권한의 구성과 배분, 상호작용의 규칙 및 제도
시스템(systems)	의사결정 제도, 의사소통 제도, 정보관리제도, 보상 제도
구성원(staff)	인적자원의 구성, 전문적 지식, 욕구·동기, 태도·지각
리더십 스타일(style)	리더십 행동, 조직 구성원 간 상호작용 및 집단 간 관계관리
기술(skills)	능력, 동기부여, 조정 및 통합, 변화관리

출처 : Pascale, R.T. and Athos, A.G., The Art of Japanese Management(New York : Penguin Books, p. 202; Thomas J. Peters and Robert H. Waterman (1982), In Search of Excellence(New York: Harper and Row, Publishers), 1981, p.10.

- **구조**(structure) : 조직의 목표를 달성을 위한 전략을 수행하는 데 요구되는 직무 설계, 권한의 구성과 배분, 조직원들 간의 상호작용을 규율하는 조직 내 다양한 규칙과 제도 등을 포함한다.

- **시스템**(system) : 기업의 경영과 일상적인 조직운영에 관련되는 다양한 제도들을 의미한다. 의사결정의 방식 및 제도, 의사소통 제도, 정보관리 시스템, 임금 및 성과관리(incentives) 시스템, 목표관리 제도 등 조직의 목표를 달성하는 데 필요한 관리 및 운영체계 일체를 의미한다.

- **구성원**(staff) : 조직의 인적자원 요소로서 인적자원의 구성과 배분에 관련된 일체의 시스템을 일컫는다. 인적자원의 전문적 지식, 가치관 및 신념, 욕구와 동기 및 지각과 태도 등을 어떻게 구성·유지하고 적절한 방법으로 배분할 것인가의 이슈가 중심이 된다.

- **리더십 스타일**(style) : 조직원들의 행동 패턴과 방식을 의미하며, 특히 조직 내 리더십의 행동 유형을 일컫는다. 특히 리더십의 행동 스타일은 조직원들 간 상호작용의 성격과 유형을 결정한다는 점에서 중요하다.

- **기술**(skill) : 조직원들이 보유하고 실제 작업과정에 활용되는 능력 및 지식에 관련된 요소로서 동기부여, 통제, 통합조정, 갈등관리, 변화관리 및 구체적인 작업

기술 및 방법 등을 포함한다.

이상의 요소들은 상호 밀접한 관계를 맺고 있다. 기업조직은 이상의 요소들을 일관성 있게 통합함으로써 조직의 목표와 목적을 달성하는 데 있어서 각 요소들의 효과를 극대화할 수 있다.

3. Deal과 Kennedy의 조직문화

Deal과 Kennedy는 다른 차원에서 조직문화의 형성 및 발전에 기여하는 요소를 분석한다. 그들에 따르면 조직문화의 형성에 영향을 미치는 중요한 요소들로는 환경, 기본가치, 중심인물, 의례와 의식, 그리고 문화 네트워크 등이다.[5]

우선 기업 **환경**(environment)은 조직문화에 가장 영향을 많이 미치는 외부환경 요소이다. 각 기업이 시장에서 대면하는 제품, 경쟁회사, 고객, 기술, 각종 법률 및 제도, 정부의 정책 등에 따라 조직은 조직문화를 형성해 나간다.

조직의 **기본가치**(values)는 조직 구성원들이 지니고 있는 사고체계나 신념으로서 기업문화의 핵심적 구성 요소이다. 이는 구성원들이 행동하는 데 지표로 삼는 기본 지침으로서 구성원들에게 내재화된 공통의 가치에 해당된다.

중심인물(heros)은 조직이 기본가치를 구성하고 발전시키는 데 핵심적인 역할을 수행한 리더들을 일컫는다. 주로 기업의 창업주나 기업 성장을 이끌어 온 경영인으로서 구성원들의 역할 모델이 되는 인물들이 이에 해당한다. 예컨대, 우리나라 현대그룹의 창업주 정주영, 일본 마쯔시다 전기의 창업주 마쯔시다 고노스케 등이 이에 해당한다.

의례와 의식(rites and rituals)은 기업 내에서 일상적으로 행해지는 관행이나 행사 등을 일컫는다. 즉 업무의 수행이나 의사소통 및 구성원 간 네트워크의 형성 등에 있어 규칙적으로 관찰되는 관행이나 행동 등을 말한다.

문화적 네트워크(cultural network)는 조직의 가치나 신념 등을 전달하는 매개로서 조직의 가치를 내면화해 행동하는 핵심적 구성원들로 구성된다. 이러한 네트워크로서의 조직 구성원들은 조직문화의 형성에 중요한 기능을 담당한다.

이상의 이론적 접근을 종합하면 조직문화는 다음과 같은 몇 가지 개념적 특징을 갖는다. 첫 번째 조직문화는 오랜 시간에 걸쳐 조직 내 구성원들이 공식·비공식적 상호작용과 학습을 통해 공유하는 가치관, 철학, 상징 및 이상 등이다. 따라서 구성원들은 조직문화를 통해 조직의 가치와 철학을 내면화하며 이를 통해 조직원들의 사회적 결집이 강화된다.

제2절 조직문화의 중요성

이상에서 살펴본 바와 같이 조직문화는 조직 내 구성원들의 내적 통합을 형성하고 유지하는 데 있어 핵심적인 기능을 수행하며 이는 조직의 성과에 매우 중요한 영향을 미친다. 요컨대, 조직문화의 특성과 강도에 따라 기업의 효과성에 차이가 발생한다. 이 때문에 기업의 경영자들은 개별 기업에 적합한 조직문화의 형성과 발전에 지대한 관심을 갖는다. 우리는 기업의 문화가 기업경영의 어떠한 측면에 영향을 미치는지 살펴봄으로써 그 중요성을 이해할 수 있다.

우선, 기업의 조직문화는 기업의 전략 형성과 수행에 영향을 미친다. 기업의 경영전략을 구성하거나 선택할 때 조직문화는 이념과 가치의 형태로 그 과정에 영향을 미치며 전략을 수행하는 과정에서도 구체적인 행동에 영향을 행사한다. 예컨대, 기업이 추구하는 새로운 전략이 기존의 가치, 질서 및 행동양식에 조응하지 못할 때 양자 사이에 충돌이 발생하며 단기간에 새로운 기업문화가 형성될 수 있다고 기대하기 어렵기 때문에 새로운 전략은 실패할 가능성이 크다.

둘째, 기업의 조직문화는 기업 경쟁력의 원천으로서 기능한다. 기업조직의 경쟁력은 물질적 자원이나 자산 등에 의해서만 좌우되는 것은 아니다. 오히려 기업의 경쟁력을 결정하는 요소는 보이지 않는 대상으로서의 구성원들 간 내적 응집성, 의사결정 과정의 효과성, 업무수행의 통일성 등 비인지적 내용들로 구성된다. 따라서 이러한 비인지적 요소들을 결정하는 요소로서 조직문화의 중요성은 매우 결정적이다.

셋째, 상이한 2개의 조직이 결합하는 경우, 통합의 시너지를 만들어내기 위해서 조직문화가 중요하다. 특히 기업이 인수합병(M&A)을 시도하는 경우 문화적 요소는 매우 중요하다. 앞서 살펴본 바와 같이 기업의 문화적 속성은 다양하며 이렇듯 이질적인 두

문화의 통합은 매우 어렵기 때문이다. 이 때문에 기업이 인수합병을 통해 조직 차원의 통합을 구축했다고 하더라도 합병의 시너지 효과를 달성하기는 매우 어려우며 이러한 목표를 달성하기 위해서는 상이한 기업문화의 일체화가 전제로서 구축되어야 한다. 이러한 문화적 통일이 달성되지 못하면 종업원들의 조직 이탈 등으로 기업성과의 창출이 큰 어려움을 겪게 될 가능성이 높다.

넷째, 기업문화는 기업 내 소그룹 문화와 같은 내부의 다양한 차이들을 통합하는 기능을 담당함으로써 조직일체감을 강화한다. 어떠한 기업조직이건 다양한 내부문화가 존재한다. 예컨대 출신지역 문화, 출신학교 문화, 부서별 문화, 공장별 문화, 위계서열별 문화 등으로 분화된 다양한 문화적 균열들은 조직의 통합성 유지에 위협적인 요소들이다. 기업문화는 이러한 내부 다양성에 통일성을 부여하는 매우 중요한 기능을 담당한다. 따라서 이러한 기업문화가 부재하는 경우 내부 집단 간 문화적 특성의 차이로 인해 다양한 내부 갈등이 발생할 가능성이 높다.

다섯째, 조직문화는 조직의 의사소통 역량과 생산성에 영향을 미친다. 이질적인 내부집단 또는 구성원들 간 의사소통이 원활하지 않으면 조직의 생산성은 지체된다. 따라서 상황을 해석하고 교환하는 조직적 능력을 유지하는 데 바탕이 되는 기업문화는 기업의 생산성을 향상시키는 데 매우 중요한 기반이 된다.

이와 같이 기업문화는 기업의 전략 수립, 장기적 성장 및 생산성 향상을 위해 핵심적인 토대가 된다.

제3절 조직문화의 형성

조직문화는 한순간에 의도적으로 발생하거나 생성되는 것이 아니다. 중장기의 역사적 경험의 축적을 통해 구성되며 따라서 인위적으로 변화되거나 사라지지 않는다. 조직문화는 내부적으로는 조직의 역사적 경험, 즉 조직의 목표 구성, 역량 배치 및 구성원들 사이의 상호작용 과정을 통해 개발되며 아울러 외적 환경요인에 대한 적응과 조정의 과정을 통해 형성된다.[6]

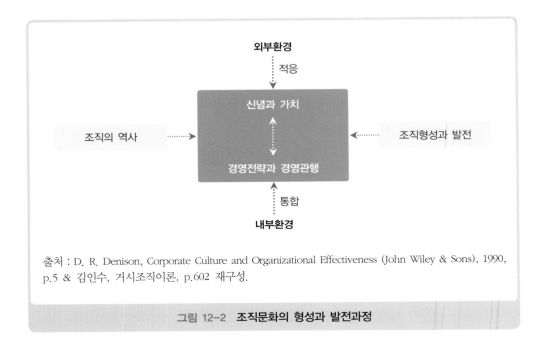

출처 : D. R. Denison, Corporate Culture and Organizational Effectiveness (John Wiley & Sons), 1990, p.5 & 김인수, 거시조직이론, p.602 재구성.

그림 12-2　조직문화의 형성과 발전과정

　　우선 기업을 둘러싼 외적 환경요인은 조직문화의 개발에 많은 영향을 미치며, 따라서 성공적인 기업은 끊임없이 변화하는 환경 속에서 다가올 변화를 예측하고 그에 대한 적절한 대응책을 마련해야 한다. 다음으로는 조직이 효과적인 성과를 달성하기 위해서는 구성원들 사이에 잠재한 내적 갈등을 최소화하고 내적 통합을 유도해야 하는데 이러한 통합의 유형 및 성격 또한 기업문화의 형성에 영향을 미친다. 요컨대, 기업을 둘러싼 외부환경과 그러한 환경에 대한 적응 과정에서 발생하는 조직 내 갈등의 통합 과정을 통해 조직 특유의 기업문화가 형성된다. 이러한 기업문화는 조직원들 사이에 공통의 신념과 가치로서 내면화되며 이는 앞서 살펴본 바와 같이 경영전략 및 경영관행과의 상호작용을 통해 변화하고 발전한다(그림 12-2 참조).

　　조직문화에 영향을 미치는 환경요소는 내부요소와 외부요소로 나눌 수 있다.

1. 내부환경 요소

조직문화의 형성에 영향을 미치는 내부환경 요인으로는 조직 구성원들의 특성, 조직구조적 특징 및 경영의 전통적인 가치나 철학 등을 들 수 있다. 조직 구성원들은 조직문화의 창조자이자 구현체로서의 의미를 갖는 가장 핵심적인 단위이다. 조직구조 및 조직의 가치관 또한 조직문화의 형성에 영향을 미치는 매우 중요한 요소들이다.

우선 조직 구성원들의 속성은 조직문화의 특징을 좌우하는 가장 기본적인 요소이다. 전문직 종사자 또는 연구개발직 종사자들로 구성된 기업은 생산직 육체노동자들로 구성된 조직에 비해 다양성, 개방성, 자율성 등을 중요한 가치로 고려할 가능성이 높다. 아울러 종업원들의 인구통계적 변수 또한 문화의 형성에 영향을 미친다. 여성종업원의 비율이 상대적으로 많은 경우, 그렇지 않은 경우에 비해 직장 내 분위기가 매우 다를 것으로 기대된다. 또한 장년과 노년층 종업원 비율이 많은 기업은 청년층 노동력중심의 기업에 비해 위계적, 가부장적 조직문화를 유지할 가능성이 높다.

조직 구조적 특징 또한 중요하다. 조직의 규모가 큰 대기업의 경우 공식적이고 규범적인 문화와 관행이 지배적인 반면, 중소규모의 기업은 비공식적이고 전통적인 문화적 속성이 강하게 나타나는 것이 일반적이다. 또한 조직구조가 중앙집권적인 기업의 문화는 분권적인 조직구조를 갖는 기업에 비해 의사소통, 구성원 간 상호작용, 직무의 할당 및 배분 등의 측면에서 매우 다르다.

마지막으로 기업이 창업 시부터 형성하고 유지해 온 전통적인 가치나 철학 또한 기업문화 형성의 중요한 변수이다. 인간중심적·공동체주의적 가치관에 기반한 기업의 문화와 혁신주의적 가치관에 기반한 기업의 문화는 다르다.

요컨대, 한 기업조직의 조직문화를 형성하고 발전시키는 데는 구성원들의 속성, 조직구조적 특징, 그리고 해당 기업의 전통적 가치관 등이 조직 내적 차원에서 중요한 영향을 미치고 있다.

2. 외부환경 요소

조직문화의 형성에 영향을 미치는 외부환경적 요인은 크게 세 가지로 구분된다. 우선 시장적 요소이며, 두 번째는 기업이 활동하고 있는 국가의 사회와 문화 그리고 규범과 관행 등이고, 세 번째는 국제 환경의 변화이다.

우선 시장환경의 변화는 기업조직이 문화를 형성하고 발전시키는 데 매우 중요한 요인이 된다. 제품 시장 내 고객들의 기업에 대한 기대와 요구 및 그 변화의 내용 및 방향 등은 조직에 영향을 미치며 이는 조직문화의 형성 및 발전에 매우 중요한 계기가 된다. 다음으로 노동시장의 특징 및 변화 또한 기업 조직문화의 형성에 중요한 영향을 미치고 있다. 외부노동시장에 기반해 유연고용 시스템을 유지하고 있는 기업과 내부노동시장에 기반해 장기 고용을 관행화한 기업의 문화는 매우 다르다. 유연 고용 시스템에 기반한 기업의 문화는 혁신적(innovative)이고 변화를 지향하는 속성이 강하게 나타나며, 내부노동시장에 기반한 장기 고용 시스템을 유지하는 기업의 경우 조직에 대한 충성심과 내적 통합성이 강하게 나타나는 경향을 보인다.

다음으로는 기업이 활동하고 있는 국가의 사회적 규범, 제도적 규칙 및 문화적 관행 등 또한 기업문화의 형성에 중요한 영향을 미친다. 기업의 구성원들은 기업 밖의 사회에서 규범, 규칙 및 관행 등을 학습하게 되며, 이러한 과정에서 내면화된 사회적 가치와 함께 기업의 구성원이 된다. 만일 기업의 문화가 이전에 학습한 가치와 대립하게 되면 종업원들은 조직 내에서 가치의 충돌 및 문화적 갈등을 겪게 되며, 이는 조직문화의 기반을 위협하게 될 것이다. 따라서 사회적 가치와 규범 등은 기업의 활동에 직접적인 영향을 미치게 되며 기업은 활동하는 국가의 사회적 가치를 고려한 조직문화의 형성을 도모해야 한다. 또한 국가의 지배적 가치는 기업들의 조직문화 형성과 경영관행에 영향을 미치고 있다. 예컨대, 정부의 형태 또는 집권 세력의 정책 지향은 기업 활동을 제약하는 중요한 제도적 요소가 된다.

마지막으로 국제환경의 변화이다. 변화하는 국제환경은 조직문화의 형성 및 발달에 중요한 영향을 미치며 이는 최근 들어 매우 중요한 요소로 인정되고 있다. 특히 자본의 이동뿐만 아니고 노동력의 이동 또한 과거에 비해 상대적으로 자유로워짐에 따라 기업조직 내에 외국인 구성원의 비중이 점차 확대되고 있다. 이러한 상황은 조직문화의 근본적 변화를 요구하고 있다. 지금까지는 매우 단일한 역사적 경험과 문화적 속성을 공유하던 기업조직들은 점차 다양한 문화에 대한 개방의 폭을 넓혀 가고 있으며 이러한 변화는 전통적 기업조직문화의 유형과 내용 및 속성을 변화시키고 있다. 아울러 해외진출의 급속한 증가에 따라 대기업들은 기업문화의 개방적 재구조화를 시도하고 있으며, 이는 기존의 기업문화와 규범적 질서들을 다양한 방식으로 변화시키고 있다.

제4절 조직의 성장과 조직문화

조직문화는 조직의 성장과 함께 변화해 간다. 이러한 조직문화의 변화는 앞서 살펴본 바와 같이 외부환경적 요인과 조직 내부적 요인으로 인해 변화한다. 조직 형성의 초기에 기업조직은 예측 가능한 환경의 구축을 통해 안정을 추구하며 이를 통해 조직 구성원들에게 일체감과 통일성을 제공한다. 이러한 안정적 초기화를 통해 형성된 조직문화는 시간의 경과에 따라 변화의 요소에 직면하게 된다. 새로운 조직원들의 지속적 유입으로 조직 내에 기존 문화와 질서를 유지하려는 보수적 경향과 새로운 가치를 지향하는 혁신적 경향이 충돌하게 되고, 이러한 보수와 혁신 간 갈등은 조직문화를 변화시키는 내적 동인으로 작용한다. 외부환경의 변화에 따른 조직적 적응의 필요 및 욕구 또한 조직문화를 변화시키는 중요한 요소이다. 조직문화를 둘러싼 이러한 내적 갈등으로 조직은 변화하게 되며 변화의 방향은 갈등하는 집단들 사이의 역관계(power relationships)에 따라 결정된다.[7]

　Schein은 조직의 발전단계와 각 단계에서 직면하게 되는 조직문화적 이슈들을 크게 세 단계로 분류해 설명한다. 첫 번째 단계는 창립시기와 초기 성장기, 두 번째 단계는 조직 성장기, 마지막으로 세 번째 단계는 성숙기이다. 창립시기와 초기 성장기는 창업자 및 창업자 가족 지배단계와 계승단계로 세분화되며, 성숙기는 변혁기와 해체기로 구분된다. 이러한 단계에 따라 나타나는 조직의 문화적 속성과 양태는 매우 다양하다.

1. 창립과 초기 성장기

기업조직의 창립 초기 조직의 문화를 형성시키는 핵심적 요소는 창업자의 가치와 철학이다. 조직이 성공적인 초기 설정을 마치고 목적달성에 성공하여 생존을 지속한다면 창업자와 그 동료들에 의해 형성된 문화는 조직 내에 지배적인 문화로 형성된다. 이렇게 형성된 조직문화는 다른 조직들과 구별되는 독특한 능력과 일체감의 원천으로 기능하며, 조직에 통일성을 부여해 일체감을 형성하고 아울러 조직의 구성원들을 하나의 가치와 목표로 묶어 주는 심리적 접착제의 역할을 수행한다. 이러한 문화적 일체감을 통해 조직의 구성원들은 통합과 명료성을 추구하며 이는 자기 조직을 다른 조직과 구별해

표 12-2 **창립 초기 성장기 조직문화의 기능**

구 분		문화의 기능
창립과 초기 성장기	창업자지배 · 가족지배	문화는 독특한 능력과 일체감의 원천이다. 문화는 조직을 하나로 묶어 주는 접착제의 역할을 한다. 조직은 문화를 통해 통합과 명료성을 추구한다. 몰입의 증거로서 사회화를 강조한다.
	계승단계	문화는 급진파와 보수파 간의 싸움터가 된다. 계승 후보자는 문화요소를 보전할 것인지 변화시킬 것인지에 따라 결정된다.

인식하게 하는 중요한 지렛대 역할을 한다.

요컨대 기업조직은 이 단계에서 문화를 보다 명확하게 정의하고 규범화하고자 하며, 이를 통해 구성원들에게 일체감과 통일성을 부여함으로써 조직 통합을 성취·유지하고자 한다. 또한 창업자들의 가치에 기반한 기업조직의 초기 문화가 형성되고 나면 이를 조직 내 지배적 문화로 유지하고자 하는 강한 경향이 발생하게 된다.

창업자에 의한 조직의 창립이 성공적으로 진행되고 이와 함께 초기 조직문화가 형성되고 난 후 조직은 2세, 3세로의 승계 과정을 경험하게 된다. 경영의 승계과정은 기존의 질서를 유지하고자 하는 조직 내 기득권 집단의 보수적 성향과 새로운 세대들의 혁신적 경향이 충돌하는 과정이다. 조직의 경영권을 승계할 후보자는 기존의 문화요소를 보전할 것인지 변화시킬 것인지에 대한 결정에 직면한다.

일반적으로 조직경영의 계승자가 창업자의 2세 등 신뢰할 만한 가족 또는 친척이라 할지라도 창업 시기 가치는 2세대의 가치와 충돌하게 되며 이로 인해 조직 내 문화 갈등이 나타난다. 이러한 갈등은 표면적으로는 조직 지배권을 둘러싼 권력 분쟁으로 나타나며 자기 집단의 권력 강화를 목표로 진행된다. 이는 조직문화를 변화시키는 중요한 기반이 된다.

2. 성장기

조직의 성장기는 조직 창립기의 지배구조가 더 이상 유효하지 않은 상태로서 창립자

표 12-3 **성장기 조직문화의 기능**

구 분	문화의 기능
성장기	새로운 하위문화가 생성됨에 따라 문화적 통합 정도가 약화된다. 중요한 목표, 가치관, 가정의 상실이 일체감의 위기를 초래한다. 문화변화의 방향을 관리하기 위한 기회가 제공된다.

가계가 더 이상 조직 경영의 지배적 권한을 소유하지 못한 상태를 말한다. 즉 여러 세대에 걸친 경영권 교체를 거쳐 전문경영진의 조직 내 힘이 가족 경영자들의 권한보다 더 커지게 되는 시점을 일반적으로 성장기로 지칭한다.[8]

이 단계의 조직은 문화적 관점에서 창립 및 초기 성장기와는 매우 다른 상황에 직면하게 된다. 우선 조직이 지속 가능한 성장을 유지하기 위해서는 계속되는 혁신과 성과를 통해 시장 내 지위를 확고하게 유지해야 한다. 이 과정에서 조직의 규모는 확장되며, 시장의 지리적 경계가 넓어지고, 새로운 제품 또는 서비스의 지속적 개발이 이루어진다. 또한 조직의 효율성을 극대화하기 위한 조직혁신과 M&A 등이 추진된다.

이러한 성장기 동안에는 조직의 규모가 커지면서 소기업 단위에서 보여졌던 일사분란한 통합형 조직문화는 더 이상 기능하지 못하게 된다. 또한 제품 및 서비스의 차별화와 기업조직의 지리적 분산으로 통합된 조직문화는 유지되기 어렵게 된다. 그 대신 소집단 또는 부서별 하위문화가 형성된다.

또한 조직문화의 여러 가지 요소들이 제도화되거나 조직 구조 내에 정착된다. 조직의 중요한 목표나 가치관, 가정 등은 제도화되어 조직의 공식적 요소로 흡수되어 일상적 관행으로 내재화되며 그 결과로 조직이 갖는 차별적 문화 요소들은 쇠퇴하게 되어 조직 일체감이 약화된다. 이 단계에서 조직은 새로운 가정, 새로운 가치관, 그리고 새로운 목표의 정립을 추구하게 되며 경영자들은 조직의 현재 위치와 앞으로 나아갈 방향을 고려하여 이러한 새로운 문화적 요소들을 어떻게 재구성할 것인지 결정해야 하며 이러한 과정이 조직개발이다.

3. 성숙기

조직의 지속적 성장은 내부에 강력한 기업문화를 만들어낸다. 이러한 기업문화는 외부 환경이나 시장에 변화가 발생하지 않는 한 조직의 생산성을 위해 매우 중요한 기반이 되지만 외부환경이 변화하는 경우 강한 기업문화는 오히려 조직 성장을 위한 걸림돌이 되기도 한다.

요컨대, 조직이 변화에 적응하고, 새로운 내용을 흡수하며, 변화를 추구해야 하는 상황에서 기존의 강한 기업문화는 변화에 대한 강한 저항요소로 작용한다. 시장이 포화 상태에 이르고 제품의 개선이 이루어지지 못해 조직이 더 이상 성장할 수 없을 때 기존 조직문화의 변화에 대한 저항이 크게 나타난다. 즉 조직이 성장기를 거쳐 성숙기에 진입하게 되면 더 이상 발전과 변화에 적응하지 못하게 되며 문화적 요소들 역시 보수적 · 보존적으로 바뀌게 된다. 조직 내 문화적 규범과 규칙들에 대한 믿음이 오랫동안 조직의 성공을 가져다준 경우는 훨씬 극단적 양상이 나타나게 된다.

이 단계의 조직은 기존 문화적 요소들에 대한 비판적 재검토를 허용하지 않는다. 이러한 단계에서 경영자들은 일대 변혁을 통해 조직 재생을 도모해야 하지만 기존 조직 문화에 대한 강한 믿음으로 인해 생존을 위해 새로운 전략이 필요하다는 사실을 인식하지 못하게 된다. 기존의 조직문화는 과거의 영광을 보전하고자 하며, 조직에 대한 자부심과 자기방어의 원천이 된다.

이렇듯 조직이 쇠퇴기에 접어들면 조직은 조직문화의 급진적 변혁을 통해 조직 재

표 12-4 조직 성숙기 조직문화의 기능

구 분		문화의 기능
성숙기	변혁기	문화변화는 필수적이지만 문화의 모든 요소를 변화시키는 것은 아니다. 문화의 핵심 요소를 확인하여 보존해야 한다. 문화변화는 관리되거나 점진적으로 진화하도록 내버려 둘 수도 있다.
	해체기	문화가 기본적으로 패러다임 수준에서 변화한다. 대규모 인력 교체를 통해 문화를 변화시킨다.
일반적 특징		문화가 혁신의 제약조건으로 작용한다. 문화는 과거의 영광을 보전하며 자부심, 자기방어의 원천이 된다.

생을 도모하거나 도산, 인수 또는 합병을 통해 조직을 전면적으로 재구축해 기존의 조직문화를 파괴·해체하게 된다. 이 경우 조직문화는 전면적 변화를 겪게 되며 조직은 구성원들의 대폭 교체를 통해 문화를 재구성한다. 이 단계에서 진행되는 문화 교체의 주요한 수단들은 강압적 설득, 방향전환 그리고 파괴와 재조직화 등이다.

제5절 조직문화와 조직행동의 변화

조직문화는 역사적 경험의 결과로서 조직 구성원들에게 내면화된 가치관이나 행동의 패턴 등으로 의식적 자극이 없이는 쉽게 변화하거나 사라지지 않는다. 그러나 조직의 성과를 지속적으로 향상시키기 위해서는 환경의 변화에 적극적으로 대응할 수 있도록 전략적 목표를 재구성하고 그에 따라 조직행동의 유형을 변화시켜야 한다. 이러한 과정을 통하여 조직문화의 변화가 이루어질 수 있다.

　앞서 살펴본 바와 같이 조직문화의 변화는 조직문화의 구현체인 조직 구성원의 가

표 12-5　조직문화 변화를 위한 개입활동

문화계층 실행계획단계	인공물 (artifacts)	관점 (perspective)	가치관 (value)
유도적 개입활동	최고경영자 훈계 경영방식의 변화 환경의 선택	외부의 경영자문 장기계획 수립 현재 문화와 바람직한 문화 간 괴리분석	바람직한 조직문화 제시 기존의 신화나 일화의 재평가
관리적 개입활동	새로운 목표와 환경 실내장식 변경	역할 모형 제시 교육훈련의 내용 작업 재설계 선발기준	표어, 홍보 경영스타일의 변화 경영이념의 제시 새로운 단기목표 제시
정착적 개입활동		보상체계 정책, 규정 통제체계	경영자의 솔선수범 의례, 의식

출처 : 김인수, 거시조직이론, 2008, p.620.

치와 규범 그리고 행동 패턴의 변화를 의미한다. 그러나 성숙기에 접어든 조직의 구성원들은 기존의 가치와 질서의 변화에 적극적으로 저항하는 경향이 강하며, 따라서 조직문화를 변화시키는 일은 전략적 판단이 요구되는 매우 어려운 과정이다. 조직문화의 변화를 위해서는 조직목표에 부합하는 계획의 수립이 있어야 하며, 그에 따라 조직 구성원들이 변화의 필요성을 인식할 수 있도록 적극적 개입이 필요하다.

조직문화의 변화와 개발을 위한 필요성이 조직 구성원들 사이에서 공유되면 조직문화 변화를 유도하고 새로운 조직문화를 개발하기 위한 조직 차원의 전략이 구성되어야 한다. 김인수 교수는 이러한 전략적 활동을 3차원의 실행계획단계로서 구체화하고 있다.

1. 유도적 개입활동

유도적 개입활동은 조직문화 변화의 필요성을 인식시키고 새로운 문화가 안착될 수 있는 조직 내 환경을 정비하며 구문화를 유지하려는 경향을 효과적으로 통제하고 새로운 문화의 도입에 대한 저항을 효과적으로 제거하기 위한 활동을 말한다. 이러한 유도적 개입활동은 세 가지 차원으로 분류해 전략화할 수 있다.

우선 인공물 차원에서는 최고경영자의 훈계, 경영방식의 변화, 환경의 선택 등이 주요하며, 관점 차원에서는 외부의 경영자문, 장기계획의 수립 그리고 현재 문화와 새롭고 바람직한 문화 간 차이를 분석하는 것이 핵심이다. 마지막으로 가치관 차원에서는 바람직한 조직문화를 제시하고 전통적으로 계승되고 있는 신화나 일화에 대한 재평가 작업이 필요하다.

이러한 일련의 과정을 통해 조직문화 변화의 필요성이 조직 내에서 공유되게 되면 조직은 조직문화에 대한 관리적 개입활동을 수행하게 된다.

2. 관리적 개입활동

관리적 개입활동이란 조직이 새로운 문화를 개발·구축하는 과정에서 수행하는 개입활동으로서 이 단계에서 조직은 새롭게 형성된 문화(가치 및 규범)적 요소들을 구성원들이 수용할 수 있도록 다양한 방법을 활용한다.

우선 인공물 차원에서는 새로운 목표와 환경을 설정해 교육하고 물리적 차원으로는 실내장식의 변화 등을 도모한다. 관점의 차원에서는 구성원들에게 바람직한 역할모형을 제시하고 교육훈련의 내용을 공개하며 직무 활동 차원에서 작업 재설계를 시도한다. 나아가 새로운 조직문화에 조응할 수 있는 신입사원 채용·선발 기준을 마련하는것도 중요한 내용이 된다. 마지막으로 가치관 영역에서는 표어나 홍보, 경영스타일의변화, 새로운 경영이념의 제시, 아울러 새로운 단기목표의 제시 등이 시도될 수 있다.

3. 정착적 개입활동

정착적 개입활동이란 앞선 관리적 개입활동을 통해 재구축된 새로운 기업문화를 강화하고 조직 내에 정착시키는 과정으로서 이 단계가 끝나면 구 조직문화로의 회귀 경향은대부분 사라지며 조직원들은 새롭게 형성된 문화나 가치에 따라 행동한다.

이 단계에서는 새로운 조직문화를 제도적으로 뒷받침할 수 있는 보상체계, 정책 및규정, 통제체계의 재설계가 필요하다. 이 외에도 새로운 기업문화의 심리적 내면화를위한 의례와 의식 등이 적극적으로 추진될 수 있다.

제6절 국가 간 문화차이와 조직문화

기업의 경제 활동이 국가 간 경계를 넘어서 확장되고 생산 활동의 근거지 또한 전지구적으로 확장되면서 초국적기업(transnational company) 조직은 세계 각국의 문화적 성향에 대한 관심을 확대하고 있다. 이러한 국가 간 문화적 차이의 실증적인 규명은Hofstede에 의해 이루어졌다.[9]

Hofstede는 각국의 기업활동과 관련된 문화적 특징을 설명함에 있어 네 가지 차원의 속성을 중심으로 비교한다. 네 가지 차원의 문화적 속성은 다음과 같다. (1) 개인주의 대 집단주의(individualism vs. collectivism), (2) 권력격차(power distance), (3) 불확실성 회피성향(uncertainty avoidance), (4) 남성적 성향 대 여성적 성향(masculinity vs. feminity).

표 12-6 **권력격차가 조직특성에 미치는 영향**

구 분	낮은 권력격차	높은 권력격차
국 가	오스트리아, 덴마크, 이스라엘, 스웨덴, 미국	브라질, 홍콩, 인도, 멕시코, 필리핀
조직특성	낮은 집권화 조직계층의 수가 적음 감독직 사원이 적음 임금격차가 낮음 육체노동과 정신노동에 대한 가치 동일	높은 집권화 조직계층의 수가 많음 감독직 사원이 많음 임금격차가 큼 정신노동이 육체노동보다 높이 평가됨

출처 : G. Hofstede, Cultur's Consequences (Sage Publications, 1984), p.107. 김인수, 거시조직이론, p.605 에서 재인용.

- **개인주의 대 집단주의** : 개인주의는 사회 또는 조직의 구성원들이 자기 자신이나 또는 가족 구성원의 이해를 우선적으로 고려하는 것을 말한다. 개인주의가 지배적인 문화적 환경에서는 구성원들 간의 사회적·조직적 연대(solidarity)가 약한 반면 개별 구성원들이 행사할 수 있는 자유의 영역이 매우 넓다. 반면 집단주의는 집단의 이익을 우선적으로 생각하며 집단 간 차별화 의식이 강하고 따라서 집단 내적 유대가 강하게 나타난다. 이러한 환경에서는 개인주의적 문화환경에 비해 개별 구성원들의 자유가 상대적으로 제한된다.

- **권력격차** : 사회 구성원들 사이의 권력 불평등의 정도를 말한다. 권력격차가 적은 사회 문화적 환경에서는 상이한 사회계층 사이의 사회적 상호작용이 활발하게 일어나며 계층 간 이동 또한 자유롭게 나타난다. 반면, 권력격차가 높은 문화적 환경에서는 상층계급과 하층계급 간 권력 배분의 정도 차가 매우 크게 나타나며 계층 간 사회이동 또한 매우 제한적으로 나타난다.

- **불확실성 회피성향** : 사회 구성원들이 불확실하고 모호한 상황에 불안감을 느끼고 탈피하고 싶어 하는 정도를 뜻한다. 불확실성을 회피하려는 성향이 강한 사회의 구성원들은 미래에 대한 예측 불가능성을 줄이기 위해 더 많은 규칙과 규범을 제정하려는 노력을 기울인다. 따라서 기업조직들 또한 즉자적 경영방식보다는 구조화된 제도나 규칙을 선호하며 안정을 추구하는 경향이 강하다.

표 12-7 **불확실성 회피**

구 분	낮은 불확실성 회피	높은 불확실성 회피
국 가	덴마크, 영국, 홍콩, 스웨덴, 미국	프랑스, 그리스, 일본, 페루, 포르투갈
조직특성	과업구조화 정도가 낮음 성문화된 규칙이 적음 전문가가 적음 위험추구 의례적인 행위가 적음	과업구조화 정도가 높음 성문화된 규칙이 많음 전문가가 많음 위험회피 의례적인 행위가 많음

출처 : G. Hofstede, Culture's Consequences (Sage Publications, 1984), p.142-143. 김인수, 거시조직이론, p.606에서 재인용.

- **남성적 성향 대 여성적 성향** : 사회 일반의 가치지향 또는 성향이 어떠한가에 결정 되는 속성으로 남성성이 지배적인 사회에서는 결단력, 완고함, 권위에 대한 인정 과 수용 등의 성격이 강하며, 여성적 속성이 지배적인 사회에서는 부드러움, 배 려와 섬김, 수평적 소통 등이 중요한 속성으로 나타난다. 따라서 기업경영의 스 타일 또한 남성성이 지배하는 사회에서는 가부장적 권위에 의존한 조직 유형이 효과적인 것으로 나타나며 여성성이 중심적인 사회에서는 수평적 소통 및 의사 결정 등이 기업경영의 일반적 속성이다.[10]

사례 1   신한은행·조흥은행의 M&A와 조직문화 통합

"…109년 전통의 최고(最古) 조흥은행과 24년 약관의 젊은 신한은행은 조직문화에서 차이가 있을 수밖에 없다. 지난 2년여의 통합과정에서 나름대로 '감성통합'에 성공했다는 평가를 받고 있지만 두 은행의 직원들은 여전히 통합 이후 발생할 충돌과 갈등에 대한 막연한 불안감…"(2006.3.29 연합뉴스)

이상은 신한은행의 조흥은행 인수합병 후 조직문화 통합과 재구성 과정에서 발생한 조직 구성원들의 심리적 불안과 갈등에 대한 내용이다. 조직의 인수합병은 조직문화에 대대적 변화 및 재구성을 수반한다. 문화적 통합이 이루어지지 않으면 내부적 갈등이 심화되어 물리적 통합의 시너지를 창출할 수 없기 때문이다. 신한은행과 조흥은행은 이러한 합병 후 조직문화 통합을 위해 다양한 노력을 기울였다.

우선 가장 전통 깊은 은행의 직원이라는 자부심을 갖고 있던 조흥은행 구성원들의 통합에 대한 반발과 적대감을 최소화하기 위해 법인명은 조흥은행으로 유지하고 은행명만 신한은행으로 하는 방안을 마련했다.

두 번째, 신한은행은 조흥은행을 인수하면서 '선통합-후합병'이라는 새로운 모델을 추진해 공식적 합병이 이루어지기 전부터 술자리 등을 통해 조직 구성원들 내부의 갈등을 최소화하고자 시도했으며 'FightingSprit'을 비롯한 다양한 감성통합 프로그램을 통해 문화적 일체감을 구축하고자 시도했다.

세 번째, 과거 출신은행 직원들만의 모임을 전면적으로 금지하고 출신에 대해 공개적으로 이야기하는 것을 금기시함으로써 파벌의 형성을 배격했다.

이러한 통합의 과정을 통해 신한은행의 '패기'와 조흥은행의 '경륜'이 조화되는 새로운 조직문화의 구축이 가능했으며 이에 기반해 새롭게 태어난 신한은행은 통합의 시너지 효과를 획득할 수 있었다.

토의

1. 두 은행에서 사용한 감성통합 프로그램을 조사해 보자.
2. 기업문화가 경험에 미치는 영향에 관해서 위 사례를 분석해 보자.

요 약

조직문화(organizational culture)는 한 조직을 다른 조직과 체계적으로 구별되게 해 주는 속성으로서 구성원들이 공유하는 의미체계로 정의할 수 있다. 이러한 조직문화는 조직 내에서 역사적으로 형성되어 조직원들에게 영향을 미치는 가치관, 행동양식, 고유한 상징 및 특성, 관리관행, 경영이념 등으로 구성된다.

조직문화의 중요성은 다음과 같다. (1) 기업의 조직문화는 기업의 전략 형성과 전략 수행에 영향을 미친다. (2) 기업의 조직문화는 기업 경쟁력의 원천으로서 기능한다. 기업의 경쟁력을 결정하는 요소는 보이지 않는 대상으로서의 구성원들 간 내적 응집성, 의사결정 과정의 효과성, 업무수행의 통일성 등 비인지적 내용들로 구성된다. (3) 상이한 2개의 조직이 결합하는 경우, 통합의 시너지를 만들어내기 위해서 조직문화가 중요하다. 특히 기업이 인수합병을 시도하는 경우 문화적 요소는 매우 중요하다. (4) 기업문화는 기업 내 소그룹 문화와 같은 내부의 다양한 차이들을 통합하는 기능을 담당함으로써 조직일체감을 강화한다. (5) 조직문화는 조직의 의사소통 역량과 생산성에 영향을 미친다.

조직문화는 한순간에 의도적으로 발생하거나 생성되는 것이 아니다. 중장기의 역사적 경험의 축적을 통해 구성되며 따라서 인위적으로 변화되거나 사라지지 않는다. 조직문화는 내부적으로는 조직의 역사적 경험, 즉 조직의 목표 구성, 역량 배치 및 구성원들 사이의 상호작용 과정을 통해 개발되며 아울러 외적 환경요인에 대한 적응과 조정의 과정을 통해 형성된다.

조직문화는 조직의 성장과 함께 변화해 간다. 이러한 조직문화의 변화는 외부환경적 요인과 조직 내부적 요인으로 인해 변화한다. 조직 형성의 초기에 기업조직은 예측 가능한 환경의 구축을 통해 안정을 추구한다. 안정적 초기화를 통해 형성된 조직문화는 시간의 경과에 따라 변화의 요소에 직면하게 된다. 새로운 조직원들의 지속적 유입으로 조직 내에 기존 문화와 질서를 유지하려는 보수적 경향과 새로운 가치를 지향하는 혁신적 경향이 충돌하게 되고 이러한 보수와 혁신간 갈등은 조직문화를 변화시키는 내적 동인으로 작용한다.

조직문화의 변화는 조직문화의 구현체인 조직 구성원의 가치와 규범 그리고 행동 패턴의 변화를 의미한다. 그러나 성숙기에 접어든 조직의 구성원들은 기존의 가치와 질서의 변화에 적극적으로 저항하는 경향이 강하며, 따라서 조직문화를 변화시키는 일은 전략적 판단이 요구되는 매우 어려운 과정이다. 조직문화의 변화를 위해서는 조직목표에 부합하는 계획의 수립이 있어야 하며 그에 따라 조직 구성원들이 변화의 필요성을 인식할 수 있도록 적극적 개입이 필요하다.

기업의 경제활동이 국가 간 경계를 넘어서 확장되고 생산 활동의 근거지 또한 전지구적으로 확장되면서 초국적 기업(transnational company) 조직은 세계 각국의 문화적 성향에 대한 관심을 확대하고 있다. 이러한 국가 간 문화적 차이의 실증적인 규명은 Hofstede에 의해 이루어졌다. Hofstede는 각국의 기업활동과 관련된 문화적 특징을 설명함에 있어 네 가지 차원의 속성을 중심으로 비교한다. 네 가지 차원의 문화적 속성은 다음과 같다. (1) 개인주의 대 집단주의(individualism vs. collectivism), (2) 권력격차 (power distance), (3) 불확실성 회피성향(uncertainty avoidance), (4) 남성적 성향 대 여성적 성향(masculinity vs. feminity).

참고문헌

1) Edgar H. Schein, *Organizational Culture and Leadership,* 2nd Edition, Jossey-Bass Psychology Series. 1996; T. E. Deal and A. A. Kennedy, "Culture: A new Look Through Old Lenses," *Journal of Applied Behavioral Science,* November 1983.

2) Edgar H. Schein, "Coming to New Awareness of Organizational Culture," Sloan Management Review (Winter 1984). p.4; Pettigrew, A. M., "On Studying Organizational Culture," *Administrative Science Quarterly,* Vol. 24 (1979), pp.570~581; Kerr, J. & J. W., Slocum, Jr., "Managing Corporate Culture Through Reward Systems," *Academy of Management Executive,* Vol. 1 (1987), pp.99~108.

3) Richard Tanner Pascale & Anthony J. Athos, *The Art of Japanese Management,* 1986; E. H. Burack, "Spirituality in the Workplace," *Journal of Organizational Change Management*

12, no. 3 (1999), pp.280-91.

4) Thomas J. Peters & Robert Waterman, *In Search of Excellence: Lessons from Americas Best Run Companies,* 1988; 김성국, 조직과 인간행동, 제4판, 명경사; Gordon, W. I., "Organizational Imperatives and Cultural Modifiers," *Business Horizons* (May-June 1984), pp.76~83.

5) Deal, T. E. & A. A. Kennedy, *Corporate Cultures: The Rites and Rituals of Corporate Life* (Mass.: Addison-Wesley, 1982); J. M. Higgins and C. McAllaster, "Want Innovation? Then Use Cultural Artifacts That Support It," *Organizational Dynamics,* August 2002, pp.74-84.

6) Denison, D.R., *Corporate Culture and Organizational Effectiveness* (John Wiley & Sons, 1990); 김인수, 거시조직이론, 개정4판, 무역경영사, 2008; Lee, S. K. J., and Yu, K. "Corporate culture and organization performance," *Journal of Managerial Psychology,* 2004, 19, 340-359.

7) Edgar H. Schein, *Organizational Culture and Leadership.* 2nd Edition, Jossey-Bass Psychology Series. 1996

8) 김인수, 거시조직이론, 개정4판, 무역경영사, 2008; H. M. Trice and J. M. Beyer, *The Cultures of Work Organizations* (Upper Saddle River, NJ: Prentice Hall, 1993)

9) Hofstede, G., "Cultural Dimensions in Management and Planning," *Asia Pacific Journal of Management,* Vol. 1(1984), pp.81~99; Totterdell, P., T., holman, D., Diamond, H., and Epitropaki, O. "Affect networks: A structural analysis of the relationship between work ties and job related affect," *Journal of Applied Psychology,* 2004, 89, 854-869; Hofstede, G., Culture's Consequences (Sage Publications, 1984).

10) N. J. Adler, *International Dimensions of Organizational Behavior,* 4th edition. (Cincinnati, OH: Southwestern, 2002), pp.67-69; Gill, R. & Wong, A., "The cross-cultural transfer of management practices: The case of Japanese human resource management practices in singaporte," *The International Journal of Human Resource Management,* Vol. 9, No. 1 (1998), pp.116~135; L.A. Bettencourt, K.P. Gwinner, and M.L. Meuter, "A Comparison of Attitude, Personality, and Knowledge Predictors of Service-Oriented Organizational Citizenship Behaviors," *Journal of Applied Psychology,* February 2001, pp.29-41.

제13장

조직변화와 조직개발

학습목표

1. 조직 전체 차원의 행동으로서 조직변화의 개념과 의미를 이해할 수 있다.
2. 조직변화가 요구되는 배경과 변화의 대상 · 형태를 이해할 수 있다.
3. 조직이 변화하는 과정을 설명하는 주요 이론을 이해할 수 있다.
4. 조직변화에 대한 구성원 저항의 원인과 행동, 관리방안을 이해할 수 있다.
5. 계획적인 변화관리 기법인 조직개발의 개념과 변화담당자의 역할을 이해할 수 있다.
6. 조직변화를 실행하는 데 활용되는 조직개발 기법을 이해할 수 있다.

제1절 조직변화의 개념

최근 기업을 둘러싼 환경은 날로 급변하고 있다. 변화의 속도가 빠를 뿐 아니라 변화의 내용도 예측할 수 없는 경우가 많다. 이러한 환경변화 속에서 조직들이 적응하여 자신을 적절히 변화시키지 못하면 조직은 성장과 발전을 도모하기 힘들고 생존마저 위태롭게 된다.

조직변화는 경쟁여건의 변화, 기술의 발전, 이해관계 집단의 다양화 및 노동시장 성격변화 등에 대응하기 위해 조직구조와 구성원의 행동을 변경시킬 필요가 있을 때 일어나게 된다.

조직변화란 조직을 구성하고 있는 인적자원, 구조, 기술 등의 조직 전반 차원에서 통합적인 변화가 일어나는 것을 의미한다. 조직은 시대와 환경에 따라 적절하게 체질을 개선하고 새로운 조직문화를 창조함으로써 경쟁력을 유지·확보할 수 있다.

일반적으로 변화란 외부 또는 내부 **압력**에 대한 **계획적**이거나 **비계획적**인 **반응**을 의미한다.[1] 변화는 한 상태에서 다른 상태로의 이동을 의미하며 이것은 조직 내의 개인, 집단, 아울러 조직 전체에 영향을 미친다.

환경변화에 대응한 기업의 변화는 환경의 변화 속도와 규모에 따라 다르게 설계될 수 있다.[2] 안정적인 환경에서는 변화의 거시적 파악과 적응으로 충분하지만, 역동적인 환경에서는 더 심도 있는 변화가 요구된다. 최근 기업을 둘러싼 환경변화의 속도와 범위가 커짐에 따라 조직은 적응하는 차원의 변화를 넘어서 계획적이고 전략적인 변화를 시도하는 것이 필요하게 되었다.

계획적인 조직변화는 적극적인 조직변신과 구조조정을 가능하게 하여 기업환경에 적합한 체질과 문화를 형성하게 해 준다. 최근에 요구되는 조직변화와 조직개발은 기업의 특정 부서나 사업 단위에서만의 변화가 아니라 기업체 전체, 즉 모든 구성원들의 기본적인 가치관으로부터 업무수행에 이르기까지 근본적인 변화를 추구하는 경우가 많다. 그것은 일부 부문이나 관리관행의 변화로는 기업에 요구되는 변화를 충족시키지 못할 뿐 아니라 기업의 경쟁력을 강화시키는 데도 큰 효과를 거둘 수 없기 때문이다.[3]

조직변화는 조직 내 개인·집단 차원의 변화와 조직 차원의 포괄적 변화로 구분할 수 있다. 개인의 변화는 조직 구성원의 행동, 가치관, 몰입, 만족도에 변화가 일어나는 것이며, 집단의 변화란 소집단 활동을 활성화하고 시너지를 최대화하기 위한 노력이 일어나는 것이다. 조직 전체 차원의 변화는 조직 내외의 요인을 고려하여 조직의 생존과 성장 능력을 향상시키고자 하는 것으로 개인이나 집단 차원의 변화 전체를 포괄한다.

조직변화는 조직을 환경에 맞추고 구성원의 행동을 변화시키는 활동이다. 따라서 조직변화의 궁극적 목적은 환경변화에 대한 조직의 적응력을 증대시키는 한편, 조직구조와 과업 관리과정을 합리화하고, 조직 내 개인과 집단의 가치관과 행동을 바꿈으로써 동기부여를 향상시키는 것이다. 즉 조직 내적으로는 구성원들로 하여금 장기적인 **비전**을 가지도록 하는 한편, 조직 외적으로는 조직의 장기적 생존을 위하여 환경변화에 적응하게 함으로써 조직의 효과성을 증진시키고자 하는 것이다.[4]

제2절 조직변화의 대상과 유형

1. 조직변화의 대상

조직변화는 구조, 기술, 조직 구성원의 변화를 모두 포함하는 개념으로 이들은 모두 조직변화의 대상이 될 수 있다.[5] 조직의 변화는 이 구성요소 중의 하나 또는 그 이상이 변경됨으로써 일어나며 이러한 구성요소들을 변화시킴으로써 조직변화를 촉진시킬 수 있다고 전제한다.

첫째, **조직구조**를 대상으로 하는 변화전략은 조직계층, 명령과 권한관계, 직무규칙, 절차, 책임 등의 구조를 바꿈으로써 합리적인 조직변화를 달성하고자 하는 것이다. 다시 말해 관리제도나 경영방침을 개선함으로써 생산성과 조직성과를 향상시키는 것이다.

둘째, **기술**을 대상으로 하는 변화전략은 새로운 설비의 도입, 생산방식 · 업무방식 변경, 자동화 · 첨단화 등 신기술 도입을 통해 조직의 효율과 성과를 개선하고자 하는 것이다.

셋째, **인간**을 대상으로 하는 변화전략은 구성원들의 태도, 지각, 기대, 행위 측면에 초점을 두고 훈련과 개발, 동기부여를 통해 조직의 성과를 개선하고자 하는 것이다.

2. 조직변화의 유형

1) 계획 여부와 발생 원천에 따른 분류

조직변화는 변화의 성격에 따라 먼저 계획적 변화와 비계획적 변화로 구별할 수 있다. **계획적 변화**(planned change)는 어떤 목적달성을 위해 의도적으로 시도되는 변화로서 조직이 환경변화에 능동적으로 대처하기 위해 사전에 수립한 계획에 의거하여 조직을 변화시키는 것이다.[6] 한편 **비계획적 변화**(unplanned change)는 예측하지 못한 외부환경의 변화로 인해 조직이 생존하기 위해 수동적으로 적응해 나가는 것으로 변화의 원인이 조직 내부가 아닌 외부에 있는 경우이다.

여기에 다시 Baron과 Greenberg(1989)은 조직의 변화를 유발하는 요인이 **내부**에서

표 13-1 **계획 여부와 발생 원천에 따른 조직변화 유형**

구 분	계획적 변화	비계획적 변화
내부적인 원인에 의한 변화	상품 혹은 서비스의 변화 관리시스템의 변화	인구통계적 변화 성과(생산성, 매출)의 변화
외부적인 원인에 의한 변화	신기술 도입 정보시스템·커뮤니케이션 수단의 변화	정부의 법규변화 경쟁의 변화

출처 : R. A. Barron & J. *Greenberg, Behavior in Organizations: Understanding and Managing the Human Side of Work,* Allyn and Bacon, 1989, p.563.

발생한 것인지 **외부**에서 발생한 것인지 구별하고 있다. 외부 변화요인으로는 조직을 둘러싼 경제, 기술, 사회, 정치, 국제적 환경 등이 포함된다. 내부 변화요인으로는 새로운 목표와 전략의 설정, 구성원들의 태도와 행동 변화 등이 있다.

(1) 계획된 내부 변화

계획된 내부 변화는 변화의 요인이 조직 내부에 있으며 조직에 의해 계획된 조직변화를 일컫는다. 이것은 기업이 사업 분야나 사업방식을 변화시킴으로써 상품이나 서비스의 성격이 바뀜으로 인해 **관리시스템**이 변화하는 것이다.

조직에 새로운 제품이나 서비스가 추가되면 조직은 설비의 변경과 회계와 마케팅 처리방식과 같은 관리시스템의 변화를 수반한다. 관리시스템의 변화는 가장 기본적이고 일반적인 조직변화의 형태로 시장경쟁력의 강화를 위해 조직의 효율성이나 이미지를 개선하고자 할 때 이루어진다. 조직관리의 변화를 유발하는 압력은 상위 경영층으로부터 생성되어 하향적으로 종업원에게 전달된다.

(2) 계획된 외부 변화

계획된 외부 변화는 변화의 요인이 조직 외부에 있으나 조직이 이를 계획적으로 수용하거나 대응할 때 일어나는 조직변화이다. **신기술**이나 **정보시스템**의 도입, **커뮤니케이션 수단**의 변경 등이 이에 해당된다. 이러한 것들은 조직이 외부환경으로부터 계획적으로 변화를 도입함으로써 이루어지는 것이다.

(3) 계획되지 않은 내부 변화

계획되지 않은 내부 변화는 조직 내부 요인에 통제할 수 없는 변동이 일어나는 것이다. 대표적으로는 구성원의 **인구적 구성**이 변화하거나 **생산성**이나 **매출** 등에 변화가 나타나는 것이다.

(4) 계획되지 않은 외부 변화

계획되지 않은 외부 변화는 조직이 통제할 수 없는 외부 요인으로부터 발생하는 변화이다. 대표적으로는 조직이 예측하거나 통제할 수 없는 **정부의 규제**와 **시장 경쟁환경**의 변화 등이다. 조직이 가장 잘 적응하고 해결해야 하는 상황은 이러한 변화에 대한 것이다.

2) 범위와 시점에 따른 분류

변화의 유형을 분류하는 다른 기준으로 변화의 범위와 시점에 따른 유형을 고려할 수 있다. 먼저 변화의 범위는 변화가 조직의 일부 부문에서 일어나는지 또는 조직 전체에서 일어나는지와 관련된 개념으로 부문적으로 일어나는 경우 점진적인 변화로, 전반적으로 일어나는 경우 전략적인 변화로 구별할 수 있다. 다음은 변화의 시점과 관련하여 환경변화의 이전에 일어나는지 이후에 일어나는지에 따라 전자의 경우 예측적 변화, 후자의 경우 적응적 변화로 분류할 수 있다.

이러한 변화의 범위와 발생 시기를 기준으로 다시 네 가지 유형의 조직변화 유형을 분류할 수 있다.[7]

(1) 조율적 변화(tuning change)

이는 앞으로 일어날 수 있는 주요 사건이나 환경변화를 미리 **예측**하고 사전에 조직시스템을 적절히 개선하고 조정하는 **점진적** 변화이다.

표 13-2 **범위와 시점에 따른 조직변화 유형**

구 분	변화의 범위가 부분적	변화의 범위가 전체적
환경변화 이전에 예측적 변화	조율적 변화	전환적 변화
환경변화 이후에 대응적 변화	적응적 변화	혁신적 변화

(2) 적응적 변화(adaptive change)

이는 시장 환경의 변화와 새로운 기술의 개발 등 주요 사건의 발생 후에 기존 전략이나 조직에 근본적인 변화 없이 **적응**해 나가는 **점진적**인 변화이다. 기업의 부문조직에서 일상적으로 일어나는 많은 변화가 이에 속한다.

(3) 전환적 변화(reorientation change)

이는 앞으로 다가올 큰 환경변화를 **예측**하고 조직체의 기본 성격과 경영전략의 기본 방향을 바꾸어 나가는 선제적 변화로서 내부 조직경영에 큰 혼선이나 고통을 최소화하고 조직의 연속성을 유지하면서 근본적이고 **획기적**인 변화를 가져오려는 것이 주요 목적이다.

(4) 혁신적 변화(re-creative change)

이는 조직환경의 변화에 맞추어 기존 전략과 시스템을 전반적으로 **변형**시키고, 조직의 기본가치와 권력구조에 충격을 가져오는 **전략적** 변화이다.

제3절 조직변화의 과정

1. Lewin의 세력 장 이론

Lewin(1951)은 세력 장 이론(force field theory)을 통해 조직에는 항상 변화를 강요하는 세력이 있는가 하면 전통을 고수하는 세력이 공존한다고 전제하고 이 두 세력의 크기가 균형을 이루고 있을 때에는 변화가 일어날 수 없다고 보았다. 따라서 조직이 변화하기 위해서는 변화에 대한 '촉진 세력'과 '억제 세력'의 크기가 달라져야 한다고 보았다.[8]

Lewin은 조직 구성원의 생각, 태도, 가치 등을 바꾸는 조직변화의 과정을 **해빙**, **변화**, **재동결**의 개념을 사용하여 설명하였다.

1) 해빙(unfreezing)단계

이 단계는 변화의 추진력과 저항력 사이에 균형이 깨어져서 변화의 동인이 형성되는

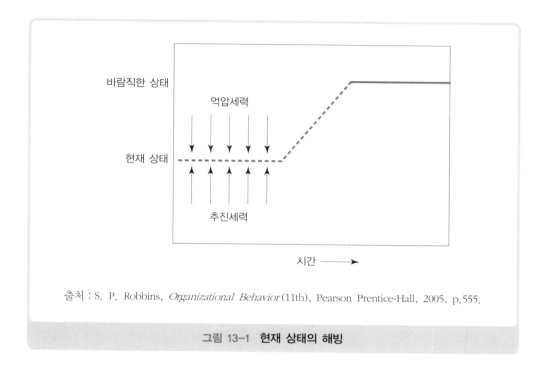

출처 : S. P. Robbins, *Organizational Behavior*(11th), Pearson Prentice-Hall, 2005, p.555.

그림 13-1 현재 상태의 해빙

단계이다. 해빙은 새로운 것을 받아들일 수 있도록 굳어져 있는 상태를 녹임으로써 변화의 필요성을 인식시키고 동시에 변화의 원활한 진행을 가져오게 준비하는 과정이다.

기존의 고정된 관념에서 벗어나지 못하면 새로운 관점과 가치관이 쉽게 받아들여지지 않고 나아가 저항심이 생기게 된다. 따라서 조직과 조직 구성원의 기존 관습, 규정, 전통, 습관 등을 허물고 변화된 상황을 받아들일 준비과정이 필요하다.

이 단계에서는 구성원들로 하여금 자신의 폐쇄적 관점, 불신적 태도, 안일한 과업행동 등 고정된 기존 가치관과 행동 경향에 대한 **문제의식**을 가지게 하는 것이 필요하다. 이러한 고정관념에서 탈피할 때 **개방적**이고 **새로운 관점**과 가치관을 수용할 수 있게 된다.

조직이 해빙단계에서 사용할 수 있는 수단으로는 **압력**을 **증가시키는** 방법과 **저항요인**을 감소시키는 방법이 있을 수 있다. 첫째는 구성원이 저항할 수 없는 압력이 조직 내부 또는 조직 외부에 존재할 때 과거의 생각과 태도, 행동이 바뀌는 것이다. 둘째는 구성원들이 새로운 것을 기꺼이 받아들일 수 있는 수단과 보상을 제공하는 것으로 의사소통, 교육, 참여 기회 제공, 인센티브 지급, 강제 등의 방법이 활용될 수 있다.

2) 변화(change)단계

이 단계에서는 추진력이 증가하고 상대적으로 저항력이 감소하여 새로운 정보와 견해를 바탕으로 태도와 행동의 변화를 시도하게 된다. 이미 조직과 구성원은 기존의 관습과 의식에서 해제되어 있는 상태이므로 변화관리자는 의도한 방향으로 **변화**를 **유도**하는 것이 가능하다. 조직변화는 조직의 **구조**, **기능**, **과정** 등 거시적인 변화뿐 아니라 구성원의 **의식**과 **태도** 등 미시적인 변화까지 포함하게 된다.

이러한 변화가 원활히 진행되기 위해서는 변화가 구성원들에게 발전을 가져준다는 것을 확신시켜 주는 것이 필요하다. 따라서 새로 도입된 직무방식에 대한 적응을 돕고 구성원들 간의 상호작용을 촉진시켜 업무로 인한 성취감과 사회적 욕구를 충족시켜야 한다. 구성원들의 기본 관점과 가치관, 의식 등 먼저 변화해야 새로운 행동이 나타날 수 있다.

3) 재동결(refreezing)단계

이 단계는 추진력과 저항력 사이에 새로운 **균형**이 생겨나 바람직한 변화의 상태가 **정착**되는 과정이다. 즉 재동결은 변화된 구조, 기능, 과정, 태도, 실제 행동들이 반복되고 강화되어 영구적인 행동변화로 고착화되는 단계이다.

효과적인 재동결을 위해서는 변화과정에 처한 구성원들에게 변화된 상태를 계속적으로 강화시켜 줄 수 있는 환경과 자극의 조성이 필요하다. 예컨대 변화 노력에 대한

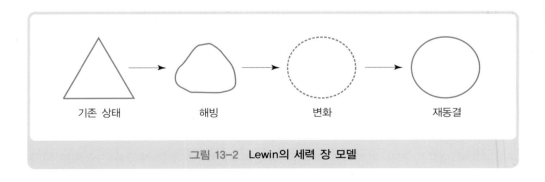

| 기존 상태 | 해빙 | 변화 | 재동결 |

그림 13-2 **Lewin의 세력 장 모델**

평가와 **보상** 관리, 구성원들 간 상호관계의 원만한 **조정**을 도모하는 것이다. 변화에 대한 재동결 노력이 없다면 새로 개발된 행동과 관습은 소멸되고 구성원들은 기존의 태도와 행동으로 회귀할 가능성이 높다. 이 단계에서는 변화와 개선을 주도하는 세력뿐 아니라 전체 구성원의 노력이 수반되어야 한다.

2. Greiner의 조직변화 과정

Greiner는 성공적인 조직변화는 조직구조 내의 권력 재분배에 의해 좌우된다고 전제하고 최고경영층의 공식적 **권한**과 영향력의 **재분배** 과정으로 변화의 발전단계를 설명하고 있다.

이 모형은 조직변화가 일어날 때 의사결정에 참여하는 권력구조의 변화에 따라 권력 공유의 수준이 높아진다고 보았다. Greiner의 변화발전 단계는 성공적인 변화를 이룩한 조직 사례에 대한 연구 결과를 바탕으로 하고 있는데, 각 단계는 전 단계가 완전히 실시된 후에 성공적으로 수행될 수 있고,[9] 또한 모든 단계를 전개해 나감에 있어 권력 공유에 의한 협동과 참여가 중요한 요소인 것으로 밝혀졌다.

권력구조의 변화와 관련된 자극과 반응의 관계는 아래의 6단계로 발전할 수 있다.

1) 압력과 각성(pressure and arousal)

이 단계는 내·외부적 요인에 의해 권력구조를 변경하여야 할 필요를 느끼는 단계로서 매출액 저하, 주주의 불만족 등 중대한 환경요인과 노조 파업, 낮은 생산성, 원가 상승, 부서 간 갈등 등의 **내부 여건**이 최고경영층에 압력으로 작용하여 **조직변화**에 대한 **각성**이 일어나는 상태이다.

그러나 한 가지 압력만이 존재할 때나 동시에 발생한 내·외부 압력이 서로 상쇄되는 경우에 최고경영층은 압력을 일시적이거나 비연속적인 것으로 생각하여 쉽사리 간과해 버릴 수 있기 때문에 압력요인의 파악에 신중을 기해야 한다.

2) 개입과 규명(intervention and reorientation)

권력구조에 강한 압력이 일어났다고 해서 최고경영층이 모든 문제를 통찰하고 해결을 위한 수정활동을 행하는 것은 아니다. 성공적인 조직변화를 위해서는 **외부인**의 **개입**이 필요하다. 외부인은 조직을 객관적으로 바라볼 수 있고 최고경영층을 도와 조직의 현황과 문제를 규명하여 변화를 위한 조직의 재구조화를 시도할 수 있다.

　　대개 이 단계에서 실패하는 경우가 많은데, 이유는 외부 전문가에 대한 조직의 노출을 꺼리거나 신뢰하지 않아 적절한 개입 없이 자체적으로 대규모 변화를 감행함으로써 한계를 드러내는 경우가 많기 때문이다.

3) 진단과 인식(diagnosis and recognition)

이 단계는 조직의 현안 문제에 대한 철저한 **진단**을 통해 문제의 소재와 원인을 파악하고 문제를 규명하는 단계이다. 이 과정에서 전체 구성원은 문제를 규명하고 그 원인을 발굴, 분석하기 위해 **정보수집**에 참여하고 협력하게 된다.

　　이때 조직의 각 수준에서 모두 참여하여 문제의 본질에 대한 철저한 진단과정을 거쳐야 한다. 이 단계에서는 최고경영층의 변화 의지 및 하위계층의 아이디어가 충분히 상호 전달되는 것이 필요하다.

4) 발견과 실행(invention and commitment)

이 단계는 인식된 문제에 대한 해결책을 수립하기 위해 집단적인 문제해결에 돌입하는 단계이다. 이때 전통적인 문제해결 방식에 의존하는 것은 도움이 되지 않는다. 외부 전문가의 지원하에 내부 구성원의 **창조적인 해결방안**을 모색하는 것이 필요하다.

　　새로운 방식을 **학습**하고 시도하는 과정에서 조직 전체 구성원은 **협동**과 **참여**의 정신으로 질높은 의사결정과 행동의 몰입을 가능하게 하는 해결안을 모색해야 한다.

5) 실험과 조사(experimentation and search)

이 단계는 해결안에 대한 **검증**의 단계로서 결정의 타당성과 현실성을 검토하게 된다. 상위층에서는 전략적 사항에 대해 중하위 계층에서는 업무적·정형적 사항에 대해 조직으로의 **수용**에 대한 **적절성**을 검토하는 것이다.

　　이때 조직 구성원들은 변화에 대응하기 위한 권력구조를 새로이 형성하게 되며, 최고경영층은 구성원의 선택에 지지를 보내는 것이 필요하다.

6) 강화와 수용(reinforcement and acceptance)

이 단계는 변화가 성과를 창출하고 조직에 **정착**하여 수용이 이루어지는 단계이다. 변화 시도에 따른 긍정적 결과가 확인되면 이러한 변화를 계속 지속하고자 하는 **확장효과**가 나타나게 된다. 따라서 전체 구성원의 참여가 일어나게 되고 변화 현상들이 제도화되며 지속적으로 실행될 수 있는 상태가 된다.

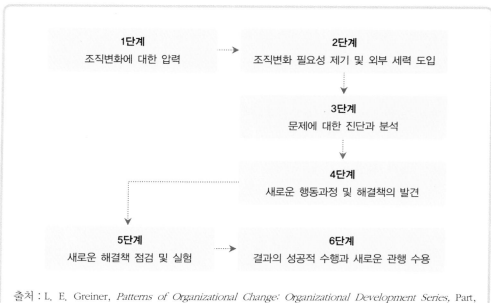

출처 : L. E. Greiner, *Patterns of Organizational Change: Organizational Development Series*, Part, Harvard Business Review, 1970, p.50.

그림 13-3 Greiner의 모형

제4절 조직변화에 대한 저항과 극복

1. 저항의 배경

조직변화에 대한 저항은 현재의 상태와 안정을 유지하고자 하는 속성으로 **변화에 거부·반발**하는 조직 구성원의 부정적인 성향을 말한다. 물론 변화에 대해 모든 사람이 저항하는 것은 아니다. 사람들은 변화에 대해 수용하기도 하고 저항하기도 한다. 그러나 대개의 경우 변화는 기존의 관행을 거부하고 기득권을 위협하므로 저항을 수반하는 것이 보통이다.

Lewin이 제시한 변화과정에 있어서 저항이 나타나는 단계는 '해빙'과 '변화' 단계에 해당한다. '해빙' 단계에서는 변화에 대한 문제제기를 부정하거나 거부하는 태도를 합리화한다. 변화에 대한 수용이 결정되어 진행되고 있는 '변화' 단계에서도 변화의 기법이나 범위에 대한 반대나 저항이 있을 수 있다.[10]

구성원과 조직이 변화에 거부감을 나타내는 가장 일반적인 이유는 불확실성, 공포감, 상실감, 관점과 판단의 차이, 이해부족 등 **개인적 요소**와 자원의 제약, 조화와 협동의 결여, 변화관리 기법의 부재, 역학관계 등 **조직적인 요소**에서 기인한다.[11]

또한 Strebel(1999)에 따르면 경영자와 구성원 간에는 변화에 대한 시각차가 존재한다. 경영층은 변화를 사업이나 조직의 **기회**로 간주하는 반면, 중간관리자 이하 구성원

표 13-3 변화에 대한 저항요소

저항 요소	저항 원인
위협	변화의 주도자는 신바람, 변화의 대상자는 위협을 느낌
불확실성	변화 후의 모습이 불확실하므로 현상에 안주하게 됨
당혹감	미래의 변화에 대한 준비 부족에서 당혹감이 발생함
체면 상실	과거 방식의 잘못, 최선이 아니었음에 대한 인정을 거부함
자신감 결여	새로운 스타일에 잘 적응할 수 있을지 두려움을 가짐
업무 과중	변화과정에서 업무 중복으로 인해 업무 과중이 발생함
파워 게임	새로운 변화로 권력의 이동이 수반될 것에 대한 두려움이 발생함

들은 기존 질서의 **붕괴**, **강요**로 인식하는 경향이 있다.

2. 저항의 원천

변화에 대한 저항은 조직 구성원의 개인적 차원에서 발생하는 경우도 있고, 집단이나 조직 수준에서 발생하는 경우도 있다.

1) 개인적인 저항 원인[12]

(1) 습관(habit)

인간은 습관의 동물이다. 우리는 매일 반복되는 일상사에 대해 매번 새로 의사결정을 하지 않는다. 인간은 복잡성에 대응하기 위해 **습관**이나 **일상화된 반응**에 의존한다. 이러한 익숙한 방식으로 반응하려는 성향이 변화에 적응하는 것을 방해하는 요소로 작용할 수 있다.

(2) 안정성(security)

안정성에 대한 욕구가 강한 사람들은 변화가 자신의 안전을 위협한다고 생각할 수 있다. 가령 기업이 새로운 장비를 도입하거나 새로운 사업에 진출한다는 발표를 했을 때 구성원들은 기업의 진보나 새로운 기회를 생각하기보다 자신의 일자리가 위협받는다고 생각하거나 새로운 것에 적응하는 것에 대한 두려움을 가질 수 있다.

(3) 경제적 요인(economic factors)

조직에 일어난 변화로 인해 자신의 기술이나 **숙련**, **경력의 가치가 절하**될 것으로 예측하는 경우 수입이 감소할 것으로 생각하여 거부감을 가질 수 있다.

(4) 새로운 방식에 대한 두려움(fear of unknown)

조직변화를 통해 **새로운 작업 방식과 기술**이 요구되는 경우가 많다. 그러한 경우 구성원들은 업무에 대한 부적응 우려와 학습에 대한 부담이 생겨날 수 있다. 그러한 변화가 개인에게 생소할수록 그리고 자주 반복될수록 적응에 대한 두려움과 피로가 발생할 수 있다.

(5) 선택적 지각(selective information processing)

개인의 지각은 자신에게 친근하거나 의미 있는 것에 대해서는 수용하지만 익숙하지 않거나 불필요하다고 생각하는 것에 대해서는 **무시**하는 경향이 있다. 조직변화의 필요성을 자각하지 않는 경우 새로운 시스템과 업무방식을 귀찮은 일로만 간주하고 옛날 방식이 더 우수하다고 생각할 수 있다.

2) 조직적인 저항 원인

(1) 구조적 관성(structural inertia)

조직은 **기존 체제를 유지**하려는 내적 메커니즘을 가지고 있다. 구성원 선발에 있어 조직의 경영이념에 부합하는 사람을 선호하며, 교육과 훈련을 통해 조직에 내재된 가치와 특정한 양식을 습득시킨다. 또한 각종 지침과 내규, 업무절차를 정해 둠으로써 구성원들의 행동을 **일정한 방식**으로 **유도**하거나 **제약**한다.[13]

조직이 이러한 내적 메커니즘과 성격을 달리하는 변화에 직면하게 될 때 조직은 구조적 관성에 의해 지속되던 것을 반복하며 새로운 체제를 거부하는 경향을 나타내게 된다.

(2) 집단 타성(group inertia)

집단은 그에 속한 개인들의 행동을 지배하는 **집단 규범**을 형성하게 된다. 규범은 구성원들이 자율적으로 만들어낸 사고와 행동의 암묵적 규칙이기는 하나 이를 어기는 것이 쉽지 않다. 따라서 개인은 변화를 원할지라도 그가 속한 집단이 변화를 거부한다면 독자적으로 행동하기가 쉽지 않다.

(3) 변화 범위의 제약(limited focus of change)

조직은 **상호의존적**인 **하위시스템**으로 구성되어 있다. 따라서 다른 부문의 변화가 같이 수반되지 않은 채 특정 부문만을 변화시키는 것은 쉽지 않다. 즉 한 하위시스템만의 제한된 변화 노력은 다른 하위시스템들의 저항으로 인해 실패할 가능성이 높게 된다. 가령 경영자가 기술공정을 변화시키면서 동시에 조직구조는 수정하지 않는다면 그 기술변화는 성공하기 어렵다.

(4) 전문성에 대한 위협(threat to established specialty)

조직변화가 어느 한 **집단**의 **존재 근거**를 **위협**할 때 해당 구성원이나 부서는 조직변화에 저항하게 된다. 예컨대 최종 사용자가 각 위치에서 전적으로 통제할 수 있는 정보시스템이 도입될 경우 중앙화된 정보시스템을 관리하던 전산부서는 위협을 느낄 수 있다. 또 기업이 교육훈련, 임금, 복리후생과 같은 중요 인적자원 관리 활동을 외부업체에 위탁하여 관리하려는 시도는 인사관리부서의 저항을 받을 수 있다.

(5) 권력관계에 대한 위협(threat to established power relation)

조직변화로 인해 의사결정 권한이나 **권력관계**에 대한 **재편**이 이루어진다면 조직 내에 장기간에 걸쳐 확립된 권력구조에 위협이 될 수 있다. 가령 근로자 참여적 의사결정기법이나 자율관리팀의 도입은 감독자와 중간관리자의 역할을 취약하게 만들 수 있으므로 이들로부터 저항을 유발하게 된다.

(6) 자원 분배체계에 대한 위협(threat to established resource allocation)

현재 조직에서 자원을 장악하거나 이익을 얻고 있는 집단은 조직변화로 인해 자원 재분배가 예측될 경우 저항하게 된다. 가령 조직변화로 인해 특정 부서나 개인이 누려온 **예산**이나 **지원인력**의 규모가 **축소**된다면 자원할당에 영향을 미치는 조직변화에 반감을 가질 수밖에 없을 것이다.

3. 저항의 극복방안

조직 구성원들이 변화에 대해 저항한다면 조직변화를 수행하기 어렵고 의도한 효과가 충분히 실현될 수 없다. 조직 구성원들은 대체로 변화에 호의적인 태도를 취하기 어려우므로 이러한 저항에 의한 **변화의 지연, 왜곡, 실패**를 경험하지 않기 위해서는 **전략적인 변화관리**가 필요하다.

　　조직변화를 성공시키기 위해서는 구성원들에게 충분한 정보를 제공하고 이해를 구하는 것이 중요하다. 이러한 취지에서 구성원들을 체계적으로 설득하고, 교육하고 자주 대화하는 것이 필수적이다. 또한 구성원들의 저항이 어디서 비롯되었는지 체계적으로 분석하여 그 해소방안을 마련해야 한다.

　　Covin과 Kilmann(1990)이 경영자, 학자, 컨설턴트 등 1,000명을 대상으로 조사한 결과 조직변화가 성공적으로 진행되는 데 긍정적인 영향을 미치는 요인으로 다음과 같은 것을 지적하고 있다.

　　첫째, **최고경영자의 지원**이다. 최고경영자는 조직변화에 대한 확고한 비전과 목표의식을 가지고 구성원을 설득하여 변화프로그램의 운영에 관심을 가지는 것이 필요하다.

　　둘째, 변화에 대한 **조직의 준비 상태**를 충분히 고려해야 한다. 조직의 미래에 대한 비전 공유와 실행계획의 수립, 필요자원의 확보 등 성공적인 변화를 위한 준비가 세심하게 이루어진 후 변화활동이 수반되어야 한다.

　　셋째, 변화과정의 전반에 **조직 구성원들의 참여**를 유인하는 것이 필요하다. 변화프로그램에 대한 주인의식과 이익을 공유하며, 다양한 태스크포스팀에 구성원을 참여시켜 영향력을 행사할 기회를 부여해야 한다.

　　넷째, 광범위하고 지속적인 **커뮤니케이션**이 이루어져야 한다. 커뮤니케이션을 통해 목표와 활동을 전달, 조정하며 구성원의 의견을 수렴할 수 있다.

　　다섯째, 조직 구성원들의 **변화필요성 인식** 정도에 따라 변화 정도가 달라진다. 변화의 필요성을 명확하게 구체적으로 이해하고 있을수록 변화가 효과적으로 이루어진다.

　　여섯째, 조직 구성원들이 변화활동에 참여하고 변화프로그램의 목표를 달성하는 정도에 대해 적절히 **보상**해야 한다. 보상을 통해 변화에 대한 확신과 지속적인 노력을 유인할 수 있다.

　　한편, 변화에 대한 저항이 발생할 경우 이를 극복하기 위한 구체적 방안이 실행되어야 한다. 교육과 커뮤니케이션, 구성원 참여, 촉진과 지원, 협상, 조작, 강제 등이 있을 수 있는데 이들 중 어떤 방법을 사용하는가는 상황에 따라 달라지게 된다.[14]

(1) 교육과 커뮤니케이션(education and communication)

조직변화에 대하여 미리 **교육**을 실시함으로써 변화의 필요성을 인식시키는 것이다. 이 방법은 구성원들이 변화에 대한 지식이 전혀 없거나 잘못된 정보를 가지고 있는 경우 적합한 방법이다.

(2) 구성원 참여(participation)

조직변화에 있어 구성원들의 **협조**가 매우 중요할 경우 일반 구성원을 변화의 설계와 진행과정에 적극 **참여**시키는 것이 필요하다. 구성원이 참여하고 동의한 사항에 대해서는 실행력을 확보할 수 있으며, 구성원들은 변화에 대한 필요성과 전문지식을 확보할 수 있다. 따라서 참여 방식은 변화에 대한 강요가 아닌 설득과 동의를 구하는 방식으로 접근하는 것이 필요하다.

(3) 촉진과 지원(facilitation and support)

조직변화로 인해 조직 구성원 간 영역 다툼이나 자원 갈등이 있을 때에는 관련된 **문제**를 **해결**하거나 **보장**해 줌으로써 저항을 극복할 수 있다. 또한 구성원들이 저항에 대한 두려움이나 의구심을 가질 경우 상담이나 훈련과 같은 적절한 **지원**을 실시하는 것이 필요하다.

(4) 협상(negotiation)

조직변화로 인하여 어떤 개인이나 집단이 상당한 이해관계를 상실할 경우에는 그에 대한 **보상**이나 **반대급부**를 약속함으로써 변화를 관철시키는 방법이다. 이는 상당한 비용이 소요될 수 있으나 저항세력의 영향력이 클 때는 실질적인 효과를 거둘 수 있다.

(5) 상황조작(manipulation)

이는 변화에 대한 정당성이나 설득력이 확보되지 않는 경우 **여건**을 **호도**하여 저항을 없애고자 하는 것이다. 가령 변화의 효과를 과장하여 설득하거나, 변화에 따른 부정적인 요소를 알리지 않거나, 저항세력을 매수하여 변화의 주요 임무를 부여하는 것 등이다.

(6) 강제(coercion)

이는 저항하는 집단에 직접적인 **위협**이나 권력을 가하여 변화를 관철시키는 방식이다. 예컨대 변화에 반대할 경우 불이익을 주거나 저항세력을 격리시키는 것이다. 조작의 경우와 같이 변화가 급하거나 변화의 목적이나 내용이 합리적인 명분을 확보하지 못한 경우 취하는 방법이다.

표 13-4 **변화관리 방식**

접근방법	적용되는 상황	장 점	단 점
교육과 커뮤니케이션	변화에 대한 정보가 부족하거나 부정확할 경우	일단 구성원들이 변화에 공감하게 되면 변화의 실행에 적극 협력하게 됨	조직규모가 커서 구성원들의 수가 많을 경우 매우 시간이 많이 걸림
저항하는 사람들의 참여와 몰입 유도	변화주도자가 변화를 설계하기 위해 필요한 정보를 충분히 가지고 있지 않거나, 변화에 저항하는 사람들이 강력한 힘을 가지고 있는 경우	참여하는 사람들은 변화의 실행에 몰입하게 되며 그들이 가진 관련 정보는 변화계획에 반영될 수 있음	참여자들이 계획을 적절하게 세우지 않으면 매우 많은 시간을 소비하게 됨
촉진과 지지	변화에 대한 적응 문제 때문에 사람들이 저항하는 경우	적응문제를 해결하는 최선의 방법	시간과 비용이 많이 들고 실패할 수도 있음
타협과 합의	변화에 저항할 수 있는 힘을 가진 특정 개인이나 집단이 변화로 인해 명백히 피해를 볼 경우	때때로 심각한 저항을 피할 수 있는 손쉬운 방법이 됨	상대방이 대등한 협상력을 가질 때 비용이 많이 들 수 있음
상황조작과 권위자 위촉	다른 방법들이 모두 효과가 없거나 너무 비용이 많이 들 경우	저항에 대해 비교적 빠르고 비용이 적게 드는 해결방법임	사람들이 조작되었다고 알게 되면 향후에 문제가 일어날 수 있음
공개적·암묵적 강압	변화의 속도가 중요하고 변화의 주도자가 강력한 권한을 가지고 있는 경우	효과가 빠르고 어떤 종류의 저항도 극복할 수 있음	변화주도자에 대해 매우 적대적일 경우 변화 자체가 위험해짐

출처 : John P. Kotter 저, 한정곤 역, 기업이 원하는 변화의 리더, 김영사, 1999.

제5절 조직개발을 통한 변화관리

조직개발(Organizational Development, OD)은 계획적인 **변화관리 기법**의 **집합체**로서 기업의 경쟁력 강화와 장기적인 효율성 및 경영성과의 향상을 목적으로 조직구조와 경영과정 그리고 구성원 행동과 조직문화의 개선을 가져오는 **체계적인 변화과정**이라고 할 수 있다. 개인, 집단, 조직체 수준에서의 행동변화와 개선은 자연적으로 이루어지지 않는다. 따라서 조직 내의 변화를 계획적으로 관리·촉진시키는 의도적 활동이 필요한 것이다.

조직개발은 조직변화의 한 방법으로서 조직효율성을 계속 유지하기 위해 조직을 변신하고 환경에 적응하는 조직으로 만들어 나가는 과정이다. 경영진 주도하에 조직효율 향상과 개선을 위해 **행동과학**을 이용한 **개선프로그램**을 실천하는 적극적이고 계획적인 조직변화 방법이라고 할 수 있다.

이와 같이 조직개발은 조직의 효율성과 직원 역량의 **의도적인 변동**과 개선을 목표로 하므로 인적자원과 조직의 성장, 협동적이고 참여적인 과정, 그리고 질문을 통한 문제해결을 중요시한다. 조직개발을 주도하는 것은 변화담당자이지만 구체적인 실행프로그램에 있어 구성원의 **참여**와 **협력**은 필수적이다.

1. 조직개발의 배경과 목적

조직개발은 구성원들의 가치, 태도, 신념 등을 변화시켜 새로운 조직문화를 형성하려는 의도적인 활동으로서 그 등장 배경은 다음과 같다.

첫째, 급격한 환경변화에 적응하기 위해 조직은 현재와는 다른 방식으로 운영하는 것을 요구받는다. 둘째, 조직을 변화시키는 최선의 방법은 가치체계인 조직문화를 변경하는 것을 필요로 한다. 셋째, 사회적 여건의 변화로 조직 구성원은 관료적인 관리를 거부하며 보다 민주적이고 수평적인 관리를 요청하고 있다는 점이다.

조직개발의 목표는 조직을 바람직한 상태로 변화시키는 것으로, 조직개발이 추구하는 바람직한 변화란 조직의 유효성을 높이는 것이다. 이러한 목표를 실현하기 위해서는 다음과 같은 하위 목표들을 추구하게 된다.[15]

첫째, 조직 구성원의 **신뢰**와 **지지**를 증대시키고자 한다.

둘째, 조직 내 문제를 회피하지 않고 **정면대결**하여 해결하는 능력을 키운다.

셋째, **커뮤니케이션**을 보다 개방화 · 다양화한다.

넷째, 구성원의 **사기**와 만족을 증대시킨다.

다섯째, 리더십 스타일을 **참여적 · 협동적**으로 변화시킨다.

여섯째, 집단 간 갈등을 해소한다.

2. 변화담당자의 설정

조직변화를 추진하는 세력을 **변화담당자**(Change Agent, CA)라고 한다. 변화담당자는 조직변화의 과정을 돕기 위해 의도적으로 간섭하는 존재로서 조직개발의 성공 여부는 변화담당자의 역할에 따라 큰 영향을 받게 된다. 변화담당자는 내부의 **경영자**나 선별된 **직원**, 외부의 **컨설턴트**들이 주축이 될 수 있다. 조직에 대한 이해와 위기관리 능력이 높은 경영자와 직원을 중심으로 변화담당자를 구성하되 내부자의 시각에서 볼 수 없는 문제의 발굴과 전문적인 해결책에 대한 자문과 조언을 구하기 위해 외부 컨설턴트의 도움을 받을 필요가 있다.

변화담당자가 주로 수행하게 되는 역할은 객관적으로 문제점을 찾고 그 문제점의 유형에 따라 실행할 변화의 유형과 방법론을 결정하는 것이다. 그런 다음 실행에 옮기고 그 효과를 평가하게 된다. 이러한 과정에서 구성원들에 대한 설득과 참여를 유도하는 것도 변화담당자가 수행해야 할 중요한 역할이다.

변화담당자는 조직개발 초기부터 최고경영자와 중간관리층과의 긴밀한 협의하에 변화의 전략적 목적과 단계적 목표, 세부적인 계획을 수립하고, 조직 구성원과 집단을 대상으로 실제 변화를 유도하고, 그 효과를 평가하기까지 변화관리 전반에 걸쳐서 중심적인 역할을 수행하게 된다. 변화추진자는 전문성과 객관성을 유지해야 구성원의 지지를 받을 수 있다.

변화담당자가 갖추어야 할 기본적인 요건은 다음과 같다.[16)]

첫째, 변화담당자는 조직개발과 관련한 진단과 교육훈련, 조직개발의 요건 조성 등 다양한 기능을 발휘하게 된다. 따라서 이러한 역할을 성공적으로 수행할 수 있는 **지식**과 **경험**, **성격** 및 **행동조건**을 갖추어야 한다.

둘째, 적시에 조직 각 부문과 계층에 대한 개입활동을 전개해야 하므로 **조직 전체**에 대한 **정보**를 보유하고 있어야 하며 기업 **내부**의 권력구조와 **영향관계** 등 비공식적 상호작용과 조직행동에 대한 이해도 갖추고 있어야 한다.

셋째, 조직개발 상황을 정확하게 **진단**하고 이에 적절한 접근방법과 **개입기법**을 적용할 수 있는 능력을 갖추어야 한다.

표 13-5 변화담당자의 역할

1. 조직의 현황과 문제점, 위기요인을 제시하여 조직변화의 여건을 조성한다.
2. 열정적이고 명확하게 의사소통하며 구성원 간 대화를 촉진시킨다.
3. 변화 노력의 신뢰성과 성과를 해치는 불합리한 고정관념이나 장애요인을 해소한다.
4. 구성원에게 학습과 창의, 도전의 기회를 제공한다.
5. 구성원으로부터 신망을 얻어야 하며 자신감과 인내력을 가져야 한다.
6. 대내외 협력자로부터 스폰서십을 구할 수 있어야 한다.

3. 조직변화를 가져오는 조직개발 기법

조직개발의 근본 가치는 조직과 구성원의 공동 성장, 협력과 참여, 탐구심에 높은 비중을 두고 있다. 따라서 권력, 통제, 갈등, 강요에 의한 방식은 조직개발에서는 낮은 평가를 받고 있는 관리수단인 반면, 개인 존중, 조직의 신뢰와 지원, 수평적 관계, 공개성, 구성원 참여가 조직개발의 적절한 수단이 될 수 있다.

조직변화를 위해 변화담당자들이 적용할 수 있는 조직개발과 개입방법을 살펴보면 다음과 같다.

1) 감수성 훈련(sensitivity training)

감수성 훈련은 **인지 훈련**과 형식을 탈피한 **집단 상호작용**을 통해 구성원의 행위를 변화시키고자 하는 기법으로 조직 구성원이 **사회관계**에서 보다 적합한 행동을 하도록 개발시키는 활동이다. 훈련의 내용은 각자의 행동을 객관화하여 관찰하게 함으로써 다른 사람들에게 자신이 어떻게 **인식**되는지 알게 하고, **역할연기**(role playing)를 통해 타인의 입장을 이해해 보는 기회를 제공하는 것이다.

이 훈련의 참가자들은 격리된 환경에서 집단을 형성하고 자유롭고 개방적인 분위기에서 행동과학 전문가의 지도에 따라 자기 자신에 대해 토론하고 타인과 상호작용하게 된다. 전문가는 참여자들이 아이디어와 신념, 태도를 적극적으로 표출할 수 있도록 돕는다.

감수성 훈련을 통해 심리전문가의 통제하에 자신이 타인에게 어떻게 비춰지고 있는지, 어떻게 하면 객관적이고 수용적인 행동을 하고 경직적인 사고를 변경할 수 있는지에 대해 집단토론함으로써 행동의 교정을 가능하게 한다.

감수성 훈련은 궁극적으로 **타인**에게 **감정이입**하는 능력을 증진시키고, **경청**하는 기술을 향상시키며, 열린 마음을 가지게 하고, 개인 차이에 대한 **인내력**을 높임으로써 갈등해결 능력을 키우게 해 준다.

2) 서베이 피드백(survey feedback)

서베이 피드백에서는 구성원을 대상으로 조직과 관련한 다양한 이슈를 묻는 **설문조사**를 실시하는 기법이다. 설문조사를 통해 구성원들의 **태도**를 **분석**하고 그 결과를 정리하여 구성원들에게 **피드백**하고 그에 대해 **토의**하게 한다. 설문조사의 내용으로는 조직 내 의사소통, 상하관계, 권한위임, 회의 분위기, 업무 관행, 구성원 결속력 등 다양한 요소에 대한 구성원들의 지각과 태도를 묻는 것이다.[17]

설문조사에서 나타난 문제에 대해 토론함으로써 해결책에 대한 **아이디어**를 찾고 그 실천에 대한 **동의**를 **형성**할 수 있다. 토론에서는 개인에 대한 공격이 아닌 이슈와 아이디어에 초점을 맞추도록 하는 것이 필요하다.

3) 과정자문법(process consultation)

과정자문법은 외부 **컨설턴트**를 **활용**하여 업무와 관련된 대인관계와 협력 문제에 대한 **전문적인 조언**을 구하는 기법이다. 컨설턴트들은 구성원들로 하여금 조직이 처한 상황이나 대인관계에 대해 스스로 파악할 수 있는 통찰력을 제시하며, 문제에 대한 해법을 찾는 과정에서 전문적인 조언과 자문을 행한다.

컨설턴트는 **안내자**이자 **코치**로서 구성원과 함께 어떤 프로세스를 개선할지 진단한다. 여기에서는 공동으로 접근하는 것이 중요한데 그 이유는 컨설턴트가 떠난 이후에도 조직구성원이 스스로 분석하고 해결할 수 있도록 하기 위해서이다. 뿐만 아니라 구성원은 문제를 가장 잘 알고 있으므로 직접 참여를 통해 가장 실질적인 진단과 대안 개발이 가능해지며, 선택한 대안에 대한 **실행력**도 확보하게 된다.

컨설턴트는 주로 문제를 발견하고 해법을 찾는 **시각**과 **방법론**을 **훈련**시키는 역할을 한다.[18) 또한 때로는 구성원이 스스로 전문가를 찾고 그 전문가를 어떻게 활용할지에 대한 지식을 알려 주기도 한다.

4) 팀 구축(team building)

팀 구축은 팀 구성원을 훈련시키는 기법으로 팀 구성원 간에 **신뢰성**과 **개방성**을 증가시켜 구성원들의 **조정능력**을 개선함으로써 **팀 성과**를 증진시키는 것이다. 즉 직무에 있어 구성원들이 협조적인 관계를 형성하여 성과를 높일 수 있도록 작업팀의 효율성을 개선하려는 기법을 일컫는다.[19)

감수성 훈련이 주로 개인을 개발시키기 위한 기법이라면 팀 구축법은 **집단**과 **조직 전체**의 협력과 조정을 개선시키기 위해 활용되는 기법이다. 따라서 이 방식은 구성원 간 활동이 상호의존적이고 협력이 중요할 경우 특히 필요한 조직개발 기법이다.

팀 구축은 구성원들로 하여금 팀 내에서 각자의 역할을 명확히 할 수 있도록 해 준다. 그런 다음 개인의 직무와 팀의 성과와의 관계를 분석하고 팀이 최고의 성과를 창출하기 위해 개인이 구체적으로 무엇을 해야 하는지를 생각하게 한다.

구성원들은 자발적으로 팀의 목적과 활동의 **우선순위**를 도출하며, 목적과 수단에 대한 자기 비판적 **토론**을 행한다. 그런 다음 업무의 핵심 프로세스를 어떻게 개선할지에 대해 **아이디어**를 낸다. 특정 팀에서 발견한 사항은 이후 전체 팀에 **공유되어 활용**될 수 있다.

5) 집단 간 개발(intergroup development)

집단 간 개발은 조직 내 집단이 타 집단에 대해 가지는 **편견**과 **이해 부족**을 **해소**하기 위한 기법이다. 실제 조직 내 여러 부서들은 같은 조직에 소속되어 있음에도 불구하고 경쟁하는 상태에 있으므로 협조하기보다는 **부서 이기주의**에 빠지기 쉽다. 이러한 갈등 상황은 조직 전체 차원에서 볼 때 유익하지 않은 경우가 대부분이다.

집단 간 개발을 위해 각 집단은 스스로 자신을 어떻게 인식하고 있는지 또 다른 집단에 대해서는 어떻게 인식하고 있는지 정리해 본다. 이렇게 정리한 사항을 전체 집단 간에 공유하며 비교해 본다. 비교를 통해 우리 집단의 인식과 타 집단의 인식에는 상당한 차이가 있음을 발견할 수 있는데 그러한 차이와 오해가 어디에서 연유한 것인지 찾아보는 것이 필요하다. 그 과정에서 **갈등의 원인**을 **분석**할 수 있고 집단 간 관계를 개선하기 위한 **해결책**을 공동으로 **개발**할 수 있다.

특히 이해의 상충이 큰 집단이나 부서에 이러한 개발 프로그램을 적용할 경우 조직의 화합과 성과 창출을 위해 크게 도움이 될 수 있다.[20]

6) 장점 탐색(appreciative inquiry)

대부분의 조직개발 기법은 조직의 문제와 단점에 초점을 두게 된다. 그러나 장점 탐색 기법은 조직의 **장점과 긍정적인 측면**을 강조하는 방식이다. 즉 해결해야 할 문제를 찾기보다 조직성과를 개선할 수 있는 독특한 속성과 강점을 찾고자 한다.

이 기법의 옹호자들은 기존의 문제해결 방식들이 과거의 실패를 반추하고 단점에 초점을 두므로 새로운 비전을 찾는 것이 힘들다고 주장한다. 따라서 조직이 잘하고 있는 것을 더 잘할 수 있도록 하는 것, 조직의 성공요인에서 추가적인 아이디어를 얻는 것이 더 의미가 있다고 본다. 즉 조직의 강점과 **경쟁우위**를 활용하도록 변화시키는 조직개발 기법인 것이다.

장점 탐색 과정은 대략 4단계로 구성되는데, 1단계는 **발견**(discovery)으로서 조직의 장점과 특성을 모두 찾아내는 것이다. 2단계는 **상상**(dreaming)으로서 조직의 긍정적인 미래를 꿈꿔 보는 것이다. 5년 후, 10년 후의 조직을 그려 보고 무엇이 달라졌는지 예측하고 통찰해 보는 것이다. 3단계는 **설계**(design)로서 발전을 위한 조직의 세부요소를 떠올리고 구성해 보는 것이다. 4단계는 **목표설정**(destiny)으로서 조직의 발전된 미래를 어떻게 달성하고 실천할지 토론하는 것이다. 이 과정에서 구체적인 실행전략을 개발하고 실천계획을 수립하는 활동이 수반되어야 한다.

7) 리엔지니어링(reengineering)

리엔지니어링은 조직체가 환경변화에 대응하여 획기적인 경영전략과 사업전략을 채택하거나 내부 조직구조의 개혁과 경영행동의 개선을 통해 조직의 경쟁력을 강화해 나가는 과정을 의미한다.

구체적으로 리엔지니어링은 **조직개편**이나 **구조조정**으로 언급되는 조직 전반의 개발 활동으로서 조직이 낡은 가치와 제도를 버리고 **미션**과 **비전**, **일하는 방식**, **프로세스**를 전면적으로 **재설계**하는 것이다.

리엔지니어링의 일반적 단계는 첫째, 조직의 **핵심역량**을 재정의하는 것이다. 기술·마케팅·품질·서비스·지식경영 등 경쟁사로부터 우리를 차별화시키는 역량을 무엇으로 할 것인지 결정해야 한다. 핵심역량은 조직 성공의 중요한 지침이 된다. 둘째, 조직의 가치를 증대시킬 수 있는 **핵심 프로세스**를 재구성해야 한다. 프로세스는 조직이 보유한 원재료, 자본, 정보, 노동력을 고객이 가치 있게 생각하는 제품과 서비스로 변환시키는 과정으로서 이 과정에서 효율성이 증진될 수 있도록 기능과 구조, 절차를 개선하는 것이다. 셋째, 새로 설계된 프로세스에 맞도록 조직을 수평적으로 **재조직화**하는 것이 필요하다. 기존의 관료적이고 세분화된 조직과 직무구조를 변화시키는 것이 요구된다. 조직의 계층수를 줄이고 실무자의 권한을 증대시키며, 작업자의 기술과 직무 범위를 넓히는 것이 포함된다. 또한 근로자는 공급자나 고객 등과 더 많은 상호작용을 하며 책임의 범위도 커지는 방향으로 가는 것이 필요하다.

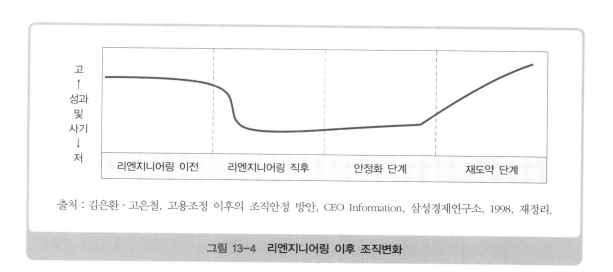

출처 : 김은환·고은철, 고용조정 이후의 조직안정 방안, CEO Information, 삼성경제연구소, 1998, 재정리.

그림 13-4 리엔지니어링 이후 조직변화

변화관리의 기술

우리는 지속적으로 변화하는 세계 속에서 살고 있다. 하지만 조직을 변화시키려는 대부분의 노력은 엄청난 비용을 치르며 실패했다. 수십 년 간의 연구 결과에 따르면 불행하게도 변화를 추진하는 시도의 50~70%는 실패로 이어진다. 그 이유는 주로 두 가지다. 첫째, 구성원들의 내적 상태 또는 동기부여를 소홀히 했기 때문이다. 둘째, 변화의 계획과 실행이 조직의 일상적인 업무와 결합하지 못한 채 겉돌았기 때문이다. 따라서 변화를 위한 노력은 구성원들이 무엇을 해야 할지, 어떻게 변화해야 할지 명확히 제시하고 이끌어야 한다. 또 구성원들에게 바라는 행동을 촉진하기 위한 작업환경을 설계하는 것이 중요하다.

아래에서는 조직변화를 이끌어 낼 수 있는 조직요인이 제시되어 있다. 이 중 네 가지 이상의 업무환경을 변화시켜야 실질적인 조직변화를 가져올 수 있다.

1. 조직

조직은 업무환경에 직접적인 영향을 미친다. 변화를 돕기도 하고, 억제하기도 한다. 주요 요소는 조직도, 직위의 추가, 보고체계, 직원간 역할관계, 직원 배치, 임시 또는 프로젝트 팀 설치 여부, 회의시스템 등이다.

2. 업무공간 설계

공간의 배치는 구성원들에게 큰 영향을 미친다. 물리적 공간이나 가상 공간에서의 근접성은 인간행동에 중요한 영향을 미친다. 서로 가깝게 있어야 원활히 소통할 가능성이 높아진다.

3. 과업

조직변화는 업무의 흐름이 효율적으로 진행될 수 있을 때 작동될 수 있다. 과업과 관련된 요소는 업무 변동, 업무흐름의 설계, 업무 프로세스의 표준화 정도 등이다.

4. 사람

사람이라는 요소를 제대로 파악하고 이들이 변화할 수 있는 여건을 조성하는 것이 필요하다. 사람들이 반복적으로 잘못된 성과를 낸다면 업무시스템에 오류가 있을 가능성을 살펴봐야 한다.

5. 보상

변화를 유인하고, 변화로 인한 성과에 대해 보상하는 것이 필요하다. 주요 고려 요인은 보상 대상, 보상의 종류와 시기, 내적 보상과 외적 보상, 보상구조의 변경 시 우려사항 등이다.

6. 측정

결과를 측정하고 평가할 수 없다면 사람과 조직을 최적의 상태로 관리할 수 없다. 새로이 설정된 목표가 잘 실행되는지 체크할 수 있는 평가기준을 수립하고 측정해 봄으로써 변화가 성공적으로 이행되고 있는지, 어떤 점이 문제인지 알 수 있다.

7. 정보 전달

정보의 양과 질이 좋을수록 의사결정은 적기에 제대로 내려질 수 있다. 정보분배는 개인의 성과에 중요한 영향을 미칠 수 있다. 조직 구성원은 업무성과에 대한 피드백을 충분히 그리고 신속히 받을 때 자신의 행동을 개선할 수 있다.

8. 의사결정권 분배

변화에 수반되는 조직, 과업, 정보, 업무공간과 조화를 이루는 의사결정 권한의 배분이 이루어져야 한다.

변화가 지배하는 시대에 경영자는 완전히 새 판을 짠다는 생각으로 조직의 변화를 설계하고 실행해야 한다. 점진적인 변화보다 급진적이고 대폭적인 변화가 더 쉽게 성공할 수 있다. 더불어 직원들이 변화의 내용이 무엇인지 명확히 이해할 수 있어야 하고, 업무시스템이 잘 조율되어 있어야 성공확률도 높아진다. 위 8개 요소 중 네 가지 이상을 활용할 수 있어야 업무환경을 충분히 바꿀 수 있고 사람들이 변화를 실감할 수 있다.

출처 : 그레고리 P. 셰어 · 캐시 A. 솔로몬 저, 오재현 역, 조직을 성공으로 이끄는 변화관리의 기술, 매일경제신문사, 2014, pp.5-140.

21세기를 바꾸고 있는 5가지 '빅 체인지'

21세기가 시작된지 15년이 넘게 흐르면서 우리 사회에는 5대 '빅 체인지(big change, 거대 변화)'가 일어나고 있고 이들 '빅 체인지'는 다시 다섯 가지 '넥스트 패러다임'을 탄생시켰다.

빅 체인지 ① 수평사회의 탄생

연공서열의 일방형 · 수직형 조직 시대, 즉 원웨이(one-way) 시대가 끝나고 쌍방향(two-way)의 소통이 중시되는 수평형 조직이 힘을 얻고 있다. 수평사회는 수직적 위계질서, 일방적인 지시형 권위주의 대신에 상호 존중의 수평적 관계, 파트너의 목소리에 경청하는 쌍방향 대화채널의 구축을 요구하고 있다. 더불어 창조성과 혁신이 살아 숨 쉬는 유연한 조직, 수평 조직으로 빠르게 리모델링을 하고 있다.

갑과 을로 대표되는 지배와 피지배 관계도 20세기가 만들어 놓은 수직문화의 대표적인 사례다. 수평사회는 지배와 피지배자, 갑과 을, 상사와 부하, 가부장적 위계질서, 명령과 복종, 피라미드 조직, 지시와 순종 등의 수직적 조직, 수직적 관계를 끝낼 것을 요구하고 있다. 가진 사람과 대기업의 '갑질 횡포'가 새로운 뉴스로

(계속)

떠오르는 것은 세상이 수평사회로의 변신을 요구하고 있기 때문이다.

수평사회가 말하는 수평조직은 유연한 팀형 조직을 말하며 쌍방향은 조직안팎과 소통하는 열린 조직을 의미한다.

빅 체인지 ② 수요자중심 사회의 탄생

20세기의 리더들은 자신의 생각을 일방적으로 아랫사람에게 밀어붙이는 방식(push)을 사용했다. 기업 역시 수요자(pull)의 입장을 먼저 고려하지 않고 공급자(supplier) 관점에서 제품과 서비스를 생산했다. 정부도 공무원들이 국가의 주인이라는 우월적 지위에서 탁상공론식 정책을 내놓았다. 하지만 21세기는 철저히 국민-고객, 즉 수요자 관점에서 판단할 것을 요구하고 있다.

국가와 정부, 기업은 이제 수요자가 무엇을 원하는지, 그 희망사항을 당겨서(pull) 그들이 원하는 정책과 제품, 서비스를 세상에 내놓아야 한다. 이처럼 공급자에서 수요자로의 '힘의 이동'은 수요자가 공급자보다 더 강력한 파워를 발휘하는 새로운 패러다임을 탄생시켰다.

빅 체인지 ③ 우뇌 사회의 탄생

20세기 산업화 시대에는 이성, 합리성, 합리적 기대 가설이 경제학과 경영학의 토대를 제공했다. 제품과 서비스의 수요자인 소비자, 즉 고객이 합리적 판단에 근거해 값싸고 품질 좋은 제품을 살 것이라는 강한 믿음 속에서 주요 의사결정이 이뤄졌다.

그런데 21세기 들어 수요와 공급의 법칙이 작동하지 않기 시작했다. 터무니 없이 비싼 가격에도 불티나게 팔리는 제품이 생겨나고 가격을 올릴수록 더 잘 팔리는 제품도 생겨났다. 즉, 소비자들은 이성적이고 합리적인 행동을 하지 않게 된 것이다. 과거에는 물건을 필요해서(need) 샀지만 지금은 좋아서(like) 또는 원해서(want) 구입하는 시대가 됐기 때문이다.

이는 세상의 변화와 크게 관련돼 있다. 논리성을 관장하던 '좌뇌'가 지배하던 사회를 이제 감성(emotion)이 지배하는 '우뇌(heartstorming)'의 시대로 패러다임이 변했기 때문이다.

빅 체인지 ④ 패시브 인컴 사회의 탄생

20세기 근로자들은 자신의 노동력을 팔아 부를 창조했다. 이른바 사람이 일을 해서, 즉 직접 행동(act)을 해서 소득을 창출했다(active income).

그런데 21세기는 사람이 일을 하지 않고 창출하는 소득인 '패시브 인컴(passive income)'이 더 큰 소득을 창출해 주고 있다. '패시브 인컴'이란 나(I)를 대신할 수 있는 분신, 즉 아바타(avatar)가 일을 하도록 하는 방식이다. 나를 대신할 수 있는 아바타에는 어떤 것들이 있을까? 대표적인 것이 돈과 시스템, 아이디어, 지식이다. 이런 것들이 사람을 대신해서 부를 창출해 주는 메커니즘이다. 즉 머니 워킹 메커니즘(money working mechanism)을 만들면 누구든지 일을 하지 않고 고소득을 창출할 수 있다.

빅 체인지 ⑤ 초연결 사회의 탄생

아날로그 시대를 이어받은 디지털 시대는 개인을 24시간 전파 네트워크 세계로 끌어들이고 있다. 시간과 공간을 초월해 전 세계 어디에 있든지, 서로 연결되는 초연결사회(hyper-connected society)를 탄생시켰다. 전 세계인 누구든지 음성과 영상, 문자메시지, 트위터, 페이스북, 이메일로 연결될 수 있다. 트위터에서 빌 게이츠나 미국 대통령의 팔로워(follower)가 되어 '친구'가 될 수 있다. 개인이나 기업들도 각국에 흩어진 사람들이 다양한 소셜 미디어와 비디오 콘퍼런스를 통해 연결되고 있다.

페이스북과 트위터와 같은 소셜네트워크서비스에 연결된 사람은 친구들의 일거수일투족을 들여다볼 수도 있고 여론형성에 동참할 수도 있다. 나 자신은 물론 우리 회사, 우리 조직은 21세기 넥스트 패러다임에 얼마나 익숙해지고 있는지 한번 자문해 볼 일이다.

출처 : 최은수, 21세기를 바꾸고 있는 5가지 '빅 체인지', 매일경제, 2015. 5. 15, 재구성; 최은수, 넥스트 패러다임, 이케이북, 2012.

사례 1 왜 사람들은 변화에 저항할까

로버트 키건과 리사 라헤이는 **변화 면역**이라는 책에서 인간은 보편적으로 새로운 사고와 행동 방식에 저항하게 되는데 그 이유는 오랜 시간에 걸쳐 적응하는 습관을 길러 왔기 때문이라고 주장한다. 어린 시절부터 딱히 도움이 되지 않더라도 안락함과 편안함을 주는 습관들에 강하게 매달리게 된다는 것이다. 낡은 슬리퍼처럼 편안하고 친근해진 습관을 떨쳐 내기란 쉽지 않다.

우리의 기본적 심리와 뇌의 작동방식은 비판적 사고와 의사결정을 저해한다. 그 이유는 다음과 같다.

- 우리는 변화를 반갑게 맞이하는 경우가 거의 없다.
- 뇌 구조는 습관적이고 일상적인 행동과 의사결정을 하기 쉽게 만들어졌다.
- 변화에 반응할 때 변화를 가져올 결정을 내리는

과정에 심리적 불편과 편견이 작동한다.

흡연, 잘못된 식습관, 몸을 많이 움직이지 않는 생활습관, 안전벨트 미착용 등은 때로 생명을 위협하지만 쉽게 바꾸지 않게 된다. 마찬가지 원리로 개인이나 팀, 조직문화는 '자신들의 방식'을 바꾸는 것에 저항하거나 기피, 심지어 결사적으로 지연시키려 한다. 왜일까? 해롭고 무기력한 조직문화, 근시안적 의사결정, 정보부족, 재정적 두려움, 시장의 요구에 대한 무지 또는 간과 등이 그 원인일 것이다.

모든 살아 있는 생물처럼 조직은 독특한 특징을 가진 복잡한 시스템으로 작동한다. 깊숙이 뿌리박힌 심리적이고 신경학적 요인들로 인해 저항과 기피, 또는 지연에 부딪혀 변화를 실행하기가 쉽지 않다.

변화를 저해하는 정신적 장애물을 살펴보면 다음과 같다.

정신적 탈진

새롭고 낯선 상황에 직면하면 뿌리 깊이 박힌 습관의 안락함이 위협을 받는다. 많은 에너지가 필요하고 지치게 된다. 힘든 운동을 하고 나면 근육이 말을 듣지 않듯이 정신적 근육도 제 기능을 발휘하지 못한다.

매몰비용 편향

많은 정신적 에너지를 쏟은 의사결정이 잘못된 결정이었을 경우 사실을 인정하기가 쉽지 않다. 그것이 잘못된 결정이 아닌 것처럼 보이도록 만들기 위해 더 많은 시간과 에너지를 들여 실수를 은폐하거나 잘못된 상태를 지속한다.

현상유지 편향

현재의 상태에 안주한 나머지 변화만이 회사를 살리는 길이라는 것이 명백한 상황에서조차 변화를 꾀하지 못하게 된다. 실수를 하는 것보다는 아무것도 하지 않는 것이 나으므로 행동 자체를 자제하는 것, 새로운 선택보다는 현상 유지가 낫다는 것, 그리고 편안함이 주는 현재의 조건을 좋게 보는 것 때문에 현상 유지 편향이 생긴다. 어떤 경우에는 기업 경영자들은 전격적으로 변화해서 새로운 방향으로 가고자 하는데 고객들이 오히려 현재 상태에 머물고 싶어 하는 경우도 있다.

출처 : 니콜 립킨 저, 이선경 역, 사장은 왜 밤에 잠 못 드는가, 더숲, 2013, pp.207-220.

토의

1. 변화를 거부하게 만드는 정신적 장애물을 극복하기 위한 기업의 전략에는 어떤 것이 있는지 떠올려 보자.
2. 최근 잦은 경영환경 변화에 대한 구성원의 피로감이 높다. 조직 차원에서 구성원을 치유하는 방안에는 어떤 것이 있는지 찾아보자.

사례 2 인문학이 경영을 바꾼다

기업경영, 왜 인문학에 주목하는가

경영의 복잡성이 증대하고 예측하기 어려운 위기가 빈번히 발생하는 환경에서 인문학에 대한 기업의 관심이 증가하고 있다. 글로벌 금융위기 등 통계적인 분석기법으로 예측이 어려운 현상에 대해 인간과 사회의 근원을 이해하는 인문학적 통찰력이 대안으로 주목받고 있다. 특히 글로벌 금융위기를 거치면서 금융공학과 기술 위주의 경영시스템에 대한 반성으로 균형잡힌 인문학적 사고의 필요성이 증가하고 있다. 기업간 기술 및 가격 차별화만으로는 경쟁우위를 점하기 어려운 상황에서 인문학이 경영의 새로운 돌파구로 등장하고 있다.

- 애플의 아이폰, 페이스북의 차별적 경쟁력인 '인간에 대한 이해'와 '인간의 본성충족'은 인문학에서 얻을 수 있는 가치와 일치한다. 소비자가 아이폰과 페이스북에 열광하는 이유는 첨단기술과 새로운 기능 때문이 아니라, '단순하고 편하고 재미있는 것을 원하는' 인간 본연의 욕구를 만족시켰기 때문이다.
- 기술공학중심의 문화를 지닌 구글도 채용 면접 시 "당신이 세상을 어떻게 바꿀 수 있는가?"라는 질문을 통해 인문학적 상상력을 평가하고 있다.
- 포스코는 신입사원 채용과 임직원 교육에서 '문리(文理) 통섭형' 인재관을 강조하고 있으며, 인도네시아와 인도 등 해외 제철소 운영과 관련하여 이슬람 문화 이해를 위한 강좌를 개설하였다.
- 존슨앤존슨은 '다양성 대학(Diversity University)'을 운영하면서 소수 인력이 조직 내에서 역량과 개성을 발휘할 수 있도록 지원하고 있다.
- 유니레버는 글쓰기 워크숍을 진행하고 연극배우가 연출하는 역할연기를 통해 직원의 커뮤니케이션 역량을 점검하는 등 인문학 교육 프로그램을 운영하고 있다.
- GM은 인류학자와 함께 작업장 문화를 진단한 결과, 직원 간에 칭찬보다 질책 횟수가 7배 이상 많은 문화가 협업에 걸림돌로 작용한다는 점을 발견하였다.
- 야후는 심리학, 문화인류학 등 25명의 인문학자로 팀을 구성하여 네티즌이 어떤 광고에 반응하고 클릭하는지를 연구한다.
- 삼성전자 디자인경영센터에는 다양한 인문학·사회과학 전공자가 디자인 및 기술 인력과 협업하고 있다. 디자인경영센터 내 인문학·사회과학 전공자는 전체 133명 중 20명으로 15% 수준이다.

출처 : 한일영·한창수·신형원·김진성, '인문학이 경영을 바꾼다', 삼성경제연구소 CEO 인포메이션, 2011. 8.

토의

1. 문학, 인류학, 심리학, 역사학이 기업경영에 어떻게 활용되고 유익을 초래할지 논리적으로 설명해 보라.
2. 휴대폰 제조와 자동차 산업에 인문학이 접목될 수 있는 부분을 찾아보라.

요약

조직변화란 조직을 구성하고 있는 인적자원, 구조, 기술 등이 유기적으로 결합하여 전체 조직차원에서 변화하는 것으로 조직은 시대와 환경에 따라 적절한 체질 개선과 조직문화의 창조를 통해 경쟁력을 확보하는 것이 필요하다.

조직변화는 구조, 기술, 조직 구성원의 변화를 모두 포함하는 개념으로 이들은 모두 조직변화의 대상이 될 수 있다. 조직변화의 유형은 변화의 계획 여부와 내·외부 발생원천, 변화의 범위와 시점에 따라 구분될 수 있다.

조직변화의 과정을 설명함에 있어 Lewin은 해빙, 변화, 재동결의 과정으로, Greiner는 최고경영층의 공식적 권한과 영향력으로 표현되는 권력 재분배 과정으로 설명하고 있다.

조직변화에 대한 저항은 현재의 상태와 안정을 유지하고자 변화에 거부·반발하는 조직 구성원의 부정적인 성향으로, 발생 원천은 개인적인 원인과 조직적인 저항 원인으로 구성된다. 변화에 대한 저항을 극복하기 위한 방안으로는 교육과 커뮤니케이션, 구성원 참여, 촉진과 지원, 협상, 조작, 강제 등이 있을 수 있다.

조직개발은 기업의 경쟁력 강화와 장기적인 효율성 및 경영성과의 향상을 목적으로 조직구조와 경영과정 그리고 구성원 행동과 조직문화의 개선을 가져오는 체계적인 변화 활동이다. 조직의 의도적인 변동과 개선을 위해 문제발굴과 해결을 돕는 변화담당자가 필요하다. 조직개발을 위해 적용할 수 있는 기법으로는 감수성 훈련, 서베이 피드백, 과정자문법, 팀 구축, 집단 간 개발, 장점탐색, 리엔지니어링을 들 수 있다.

참고문헌

1) T. D. Jick, *Managing Change: cases and concept,* Homewood: Irwin, 1993, p.1.

2) G. Jones, *Organizational Behavior* (4th), Harper Collins, 1996, p.564.

3) 이학종, 기업변신론 : 한국기업의 변신전략과 사례연구, 법문사, 1994, p.25.

4) 이지훈, 조직변화에 따른 구성원의 저항원천 및 행태와 조직활성화에 관한 연구, 경희대 박사학위논문, 1999, p.12.

5) H. J. Leavitt, "Applied Organizational Change in Industry: Structural, Technical, and Humanistic Approach, Rand McNally, Chicago, 1965, p.1145.

6) J. R. Gordon, *Organizational Behavior-A Aiagnostic Approach,* NJ Prentice-Hall, 1999, p.470.

7) D. A. Nadler et al., "Discontinuous Change: Leading Organizational Transformation," San

Francisco: Jossey-Bass, 1995.

8) S. L. McShane & M. A. Von Glinow, *Organizational Behavior,* Irwin, McGraw-Hill. 2000, pp.471-472.

9) L. E. Greiner, "Patterns of Organizational Change," Harvard Business Review, 1967, pp.119-130.

10) G. Jones, opt. cit., 1996, p.568

11) J. M. George & G. R. Jones, *Understanding and Managing Organizational Behavior,* Addison-Wesley. 1999, pp.683-685.

12) G. Watson, Resistance for Change, Washington D.C., National Training Laboratories. 1966, pp.493-496.

13) 로빈스 저, 김광점·박노윤·설현도 역, 조직행동론, 시그마프레스, 2006, p.401.

14) J. P. Kotter & L. A. Schlesinger, "Choosing Strategies for Change," Harvard Business Review March-April, 1979, pp.106-114.

15) Wendell L. French, "Organizational Development: Assumption and Strategies," California Management Review, Vol. 12, No. 2, 1969. pp.23-34. 민경호, 현대인사관리, 무역경영사, 2003, pp.158-159 재인용

16) A. D. Szilagyi & M. J. Wallace, *Organizational Behavior and Performance,* Scott Foreman Co., 1983, p.523.

17) P. Rosenfeld, J. E. Edwards & M. D. Thomas, *Improving Organizational Survey: New Directions, Methods, and Implications,* CA: Sage, 1993, pp.3-28.

18) E. H. Schein, *Process Consultation: Its Role in Organizational Development,* MA: Addison-Wesley, 1988, p.9.

19) W. Dyer, *Team Building: Issues and Alternatives,* MA: Addison-Wesley, 1994.

20) J. W. Lorsch & Dorsey, *Managing Group and Intergroup Relations,* Homewood, IL: Irwin-Dorsey, 1972, pp.329-343.

ㅊ

| 저자 소개 (가나다순) |

강정애
프랑스 파리 제1대학교 Ph.D
숙명여자대학교 총장
숙명여자대학교 경영학부 교수
한국인사관리학회 29대 회장

권순원
미국 코넬대학교 Ph.D
숙명여자대학교 경영학부 교수
일본 오하라연구소 객원연구위원

김현아
경원대학교 경영학 박사
코칭연구원 원장, 비즈니스·커리어 코칭
숙명여자대학교 외 강사, 경원대학교 경영대학원, 기업체 강의

양혜현
숙명여자대학교 경영학 박사
숙명여자대학교 강사
원광대학교 강의교수, 한양대학교, 한국방송통신대학교 외 강사 역임

조은영
숙명여자대학교 경영학 박사
국민대통합위원회 근무
숙명여자대학교, 세종대학교, 삼육대학교 외 강사 역임

태정원
숙명여자대학교 경영학 박사
숙명여자대학교 강사, 경영지도사
서강대학교 외 강사, 초당대학교 겸임교수 역임